슬픈 중국 : 문화대반란 1964-1976

"슬픈 중국" 3부작 제2권

슬픈 중국
문화대반란
1964-1976

송재윤

저자 송재윤(宋在倫)

1969년 서울에서 태어나 자랐다. 고려대학교에서 학사 및 석사 학위를 마치고, 미국 하버드 대학교에서 박사 학위를 받았다. 미국 테네시 주립대학교를 거쳐서 2009년 이후 캐나다 맥마스터 대학교에서 역사학과 교수로 재직하고 있다. 주요 저서로는 11세기 중국의 국가개혁과 유가경학사의 관계를 조명한 학술서 *Traces of Grand Peace: Classics and State Activism in Imperial China* (Harvard University, 2015)와 국적과 개인의 정체성을 탐구한 영문소설 *Yoshiko's Flags* (Quattro Books, 2018) 등이 있다. "슬픈 중국" 3부작을 완결하고, 현재 캐나다에서 과거 중화제국의 정치 담론과 현대 중국의 헌정 논쟁에 관한 학술서를 집필하고 있다.

슬픈 중국 : 문화대반란 1964-1976

저자 / 송재윤
발행처 / 까치글방
발행인 / 박후영
주소 / 서울시 용산구 서빙고로 67, 파크타워 103동 1003호
전화 / 02 · 735 · 8998, 736 · 7768
팩시밀리 / 02 · 723 · 4591
홈페이지 / www.kachibooks.co.kr
전자우편 / kachibooks@gmail.com
등록번호 / 1-528
등록일 / 1977. 8. 5
초판 1쇄 발행일 / 2022. 1. 25
    3쇄 발행일 / 2023. 9. 25
값 / 뒤표지에 쓰여 있음

ISBN 978-89-7291-709-0   04910
    978-89-7291-707-6   (세트)

마르크스주의의 진리는 수천, 수만 가지로 나뉘지만,

그 뿌리는 단 한마디로 집약된다.

조반유리(造反有理)! 반란을 일으킴에 그만한 이유가 있다!

— 마오쩌둥(毛澤東, 1893-1976)

혁명은 곧 조반이다.

마오쩌둥 사상의 영혼이 곧 조반이다.

— 칭화 대학 부속 중등학교 홍위병의 대자보

"무산계급의 혁명조반 정신 만세!"(1966년 6월 24일)

1966년 5월에서 1976년 10월까지 문화대혁명은

건국 이래 당과 국가와 인민이 겪은 가장 심각한 후퇴이자 손실이었다.

문화대혁명은 마오쩌둥 동지가 일으키고 이끌었다.

— 1981년 6월 27일 중국공산당 중앙위원회,

"건국 이래 약간의 역사문제에 관한 결의"

문화혁명 때 인민은 날마다 반란을 일으켰다.

그전에는 혁명을 만들고 있었지만.

— 2000년 노벨문학상 수상자 가오싱젠(高行健, 1940-),

『나 혼자만의 성경(*Le Livre d'un homme seul*)』

이 책에서는 문화혁명 시기의 상투어를 어느 정도 차용해서 쓰고 있다. 혼돈을 최소화하기 위해서 몇 가지 용어를 다음과 같이 정리해서 사용했다.

무투 武鬪와 문투 文鬪 : 무투는 몽둥이, 칼, 창, 총 등 살상 무기를 직접 들고 적인에게 폭력을 행사하는 무장투쟁을 말한다. 반면 문투란 말, 글, 대자보, 언론 등 언어적 수단을 총동원한 투쟁의 방법이다. 중공중앙은 문투를 기본 방침으로 내세웠지만 실제로는 무투를 용인하고, 고무하기도 했다.

조반파 造反派 : 마오쩌둥 사상의 보위를 외치며 등장한 문혁 당시의 급진적 군중 집단의 범칭이다. 초기에는 특권층 자녀들이 홍위병을 이끌면서 조반파가 되었는데, 1967-1968년에는 거의 모든 군중조직들이 자칭 조반파가 되었다.

보황파 保皇派 : 황제, 즉 마오쩌둥을 보위하는 집단이라는 의미인데, 보통 출신 성분이 좋은 기득권 세력을 가리켰다. 보황파가 부정적인 뉘앙스를 띠면서 보수파라는 용어가 더 많이 쓰였다. 자유민주주의 체제의 보수주의와는 무관하다. 한국어 용례와 혼동할 소지가 있어 이 책에서는 일반적으로 보수파보다는 보황파라는 용어를 사용했다.

공작조 工作組 : 퇴역군인, 정부 간부, 공무원들로 구성된 중앙정부 직속조직으로 문화혁명 초기 대학교, 중, 고등학교, 정부기관 등에 파견되어 군중조직의 혁명투쟁을 감시, 감독했다.

중앙문혁소조 中央文革小組 : 문혁 최초 3년 동안 마오쩌둥 직속의 당 최고 의결기구로서 중공중앙 정치국, 중앙서기처, 중앙군사위원회를 실질적으로 지배했다.

차례

프롤로그

대약진 운동(大躍進運動, 1958-1962)은 대기근으로 끝이 났다. 무너진 경제를 재건하기 위해서 류사오치(劉少奇, 1898-1969)와 덩샤오핑(鄧小平, 1904-1997)은 과감한 농업우선정책(1961-1965)을 추진했다. 그 결과 연평균 9.6퍼센트의 경제성장이 이루어졌다. 학정을 선정으로 뒤바꾼 스마트한 실용의 리더십이었다. 대기근을 초래하면서 천명을 상실한 마오쩌둥은 두 사람을 중공중앙의 권좌에서 밀어내기 위해서 치밀한 권력투쟁의 시나리오를 짰다.

중국 무산계급 문화대혁명(1966. 5-1976. 10, 이하 문화혁명 또는 문혁)은 마오쩌둥 최후의 혁명이었다. 그는 문혁 10년 대동란(大動亂)을 일으켜 죽는 날까지 권력을 유지할 수 있었지만, 그가 권좌에 있는 동안 중국 전역에서는 대혼란이 이어졌다. 민심은 더욱 강퍅해지고, 민생은 갈수록 피폐해졌다. 문혁이 개시된 이듬해인 1967년, 산업 생산량은 무려 14퍼센트나 감소했다. 식량 배급분이 줄어들고 생필품이 부족해졌다.

2년 넘게 집단 광기 속에서 "인민의 적"을 사냥하고, 비판하고, 모독하고, 구타하고, 베고, 찌르고, 쏴 죽이던 조반파 군중조직은 어느 순간 천하대란(天下大亂)의 주범들로 몰리고 있었다. 전국 각 성에 혁명위원회가 건립된 후 지방에서는 사실상 군부독재가 진행되었다. 지역 군대가 나서서 천하대치(天下大治)의 명분 아래 다수 인민을 탄압하기 시작했다. 그후

5-6년에 걸쳐서 정부 주도하에 대규모 대민 테러가 자행되었다. 10년의 세월 문혁의 광풍 속에서 지칠 대로 지친 인민들은 1976년 4월 청명절을 맞아서 톈안먼 광장으로 몰려나갔다. 그들은 광기의 시대를 규탄하며 새로운 시대의 희망을 외쳤다. "우리는 민주를 원한다! 파시즘은 물러가라!"

5개월 후인 9월 9일, 마침내 마오쩌둥이 숨을 거두었다.

죽기 며칠 전 그는 아내 장칭(江靑, 1914-1991)과 후계자 화궈펑(華國鋒, 1921-2008)을 앞에 두고 이렇게 말했다고 전해진다. "나는 한평생 장제스와 전쟁하고 문화혁명을 했다. 전자의 공로는 누구도 부인할 수 없겠지만, 후자에 대해서는 다른 견해도 있는 듯하다." 마오쩌둥 스스로 문화혁명의 오류를 인정했음일까?

1981년 6월 27일, 마오쩌둥 사후 5년이 지나서야 중국공산당은 문화혁명에 대한 공식 입장을 정리했다. "문화대혁명은 건국 이래 당과 국가와 인민이 겪은 가장 심각한 후퇴이자 손실이었다. 문화대혁명은 마오쩌둥 동지가 일으키고 이끌었다." 1960-1970년대 중국 전역을 폭력과 파괴, 원한과 광기, 보복과 린치, 고문과 학살, 분쟁과 내전의 악순환으로 몰아넣었던 문혁의 책임이 마오쩌둥에게 있다는 선언이었다.

이미 3년째 개혁개방의 기치 아래 실용주의 경제혁명이 진행되고 있었다. 중국공산당은 마오쩌둥에게 문혁의 책임을 묻고, 수백만 명에 이르는 피해자들의 명예를 복권시켰다. 광기와 폭력의 시대가 황급히 정리되었지만, 최종 책임자인 마오쩌둥의 권위는 훼손되지 않았다. 마오쩌둥 사상은 아직도 중국공산당의 이념적 기둥이며, 중화인민공화국의 헌법적 토대이다. 중국에서는 아직도 마오쩌둥이 살아 있기 때문에 문혁의 광풍은 언제든 다시 불 수 있다.

우리는 왜 다시 참혹했던 문혁의 검은 역사를 돌아보아야 할까? 적어도 일곱 가지 이유가 있을 듯하다.

첫째, 바로 지금 중국에서 때아닌 문혁의 바람이 거세게 불고 있기 때문이다. 시진핑(習近平, 1953-) 정부는 최첨단 디지털 장비를 총동원해서 인민을 감시하고, 문제의 인물들을 색출하여 처벌하는 정풍(整風)을 이어가고 있다. 기업인, 예술가, 교수, 작가, 연예인까지 문혁의 바람에 날려갔다. 실상 모든 인민이 순식간에 정풍의 표적이 될 수 있다. 변이 독감처럼 문혁의 바이러스가 퍼지고 있다. 10대 청소년들은 특히 문혁 바이러스에 취약하다. 시진핑 정권이 들어선 이후 더더욱 중등과정 이념 교육이 강화되고 있다. 일례로 2018년 중국 교육부는 중, 고교 역사 교과서에서 문혁관련 내용을 대폭 줄이고, "마오쩌둥의 착오"를 적시한 문장을 삭제했다. 학생들은 날마다 마오쩌둥 신화를 배우고 시진핑 사상을 익힌다. 그 결과많은 청소년들이 열광적 애국주의로 무장한 분노청년이 되었다. 시진핑과 분노청년의 관계는 마오쩌둥과 홍위병의 관계를 연상시킨다.

둘째, 문혁은 비단 중국만이 아니라 가장 발달한 민주제 국가에서도 얼마든지 일어날 수 있기 때문이다. 문혁은 광란 정치, 분쟁 정치, 조작 정치, 선동 정치, 폭민 정치, 집단 폭력, 다수독재의 산물이다. 생각의 다양성, 가치의 다원성을 부정하는 좌, 우 정권은 모두 문혁의 유혹에 빠졌다.

1923년 레닌(Vladimir Lenin, 1870-1924)은 "인민대중 전체의 문화적인 발전"을 위해서 문화혁명이 필요하다고 강조했고, 1930년대 스탈린(Iosif Stalin, 1879-1953)은 집산화와 산업화 과정에서 사회를 뒤바꾸는 대대적인 문화혁명을 강행했다. 1930년대 집권 초기부터 히틀러(Adolf Hitler, 1889-1945)는 바이마르 시대의 문화적 볼셰비즘을 탄압하고 반유대주의 게르만 민족주의로 사상, 예술, 문학을 획일화하는 대규모 문화혁명을 일으켰다. 2020년대 유럽과 아메리카의 선진국에서도 반자유적 좌파(the illiberal left)의 득세로 미국의 독립전쟁과 프랑스 혁명 이래 250년간 쌓아 올린 자유주의의 기본 가치가 위협당하고 있다는 우려의 목소리가 높다. 좌파 문화 권력의 PC(political correctness : 정치적 올바름) 운동에 반발하는 우파군중은 경제적 보호주의를 내걸고 자국 우선의 문화반란을 일으키고 있다. 요컨대 문혁은 바로 지금 우리의 현실일 수도 있다.

셋째, 1970년대 이래 한국 지식계가 마오쩌둥을 칭송하고 문혁을 미화하는 편향된 역사관에 사로잡혀 있기 때문이다. 1937년 런던에서 처음 출판된 에드거 스노(Edgar Snow, 1905-1972)의 『중국의 붉은 별(*Red Star Over China*)』은 1960-1970년대 글로벌 마오주의의 고전이 되었다. 1980년대 이래 한국의 대학가에서 이 책은 교양 필독서였다. 문제는 이 책이 40대의 젊은 지도자 마오쩌둥의 불완전한 영웅전이라는 점이다. 이 책에는 그후 마오쩌둥이 권력을 잡고 저지른 수많은 과오가 쏙 빠져 있다. 한국에는 아직도 이 책만을 탐독한 후 마오쩌둥을 존경하고 중국을 흠모하는 사람들이 적지 않다.

한국 지식계의 시대착오적 친중 사대주의는 1970-1980년대 리영희(李泳禧, 1929-2010)의 중국 관련 저서들을 통해서 강화되었다. 당시 글로벌 마오주의의 영향 아래에서 리영희는 편향된 정보만을 선취하여 중국혁명의 신화를 썼다. 그는 대약진 운동을 칭송하고, 심지어 마오쩌둥 인격숭배까지 긍정했다. 1980년대 후반 리영희는 자신의 오류를 자각했지만, 반성하고 참회하기보다는 개혁개방 이후 "중국에 대해서는 흥미를 잃었다"는 회피성 발언만을 남겼다. 리영희의 영향 아래 친중 사대주의에 매몰된 586세대는 현재 한국의 정계, 지식계, 문화계의 주류이다.

넷째, 문혁의 반면교사가 근대 입헌주의와 자유민주주의의 중요성을 알려주기 때문이다. 민주주의가 민주주의를 잡아먹고 독재정권을 불러들인 선례가 드물지 않다. 특정 집단이 권력을 독점하고 정부 내의 견제와 균형을 허물 때에 민주주의는 파괴된다. 중국공산당은 권력의 분립을 부정하고, 입법부와 행정부가 통일된 의행합일(議行合一)을 강조한다. 문혁의 과정을 세밀히 탐구하면, 국가 권력이 한 사람에게 집중되고 특정 집단에 의해서 장악되는 인민민주주의의 위험이 명확해진다.

다섯째, 냉전시대의 체제 경쟁은 자유민주주의와 자본주의 시장경제의 승리로 막을 내렸지만, 중국은 여전히 일당독재의 사회주의 국가로 남아 있기 때문이다. 경제규모 세계 2위의 중국은 인류의 보편가치를 거부하고 있다. 마오쩌둥에서 시진핑으로 면면히 이어지는 중국공산당 일당독재의 교묘한 방법을 이해하기 위해서 우리는 더욱 깊이 문혁 시기를 탐구해야 한다.

여섯째, 바야흐로 국제사회가 단순한 반중을 넘어 적극적인 비중(批中), 억중(抑中)의 방향으로 급변하고 있기 때문이다. 코로나-19 팬데믹 이후 전 세계 각국의 반중 정서는 사상 최고조에 달하고 있다. 자본주의 시장경제의 도입이 정치적 민주화로 이어진다는 냉전시대 닉슨(Richard Nixon, 1913-1994)의 패러다임은 실효성을 상실했다. 미국과 유럽, 아시아의 자유민주주의 국가들은 새로운 대(對)중국 외교전략을 모색하고 있다. 타이완 해협에서 군사긴장이 고조되면서 미국이 주도하는 대중국 국제연대가 강화되고 있다. 국제사회는 중국공산당 일당독재를 용인할 수 없다. 세계 시민 모두에게는 중국이 보다 자유롭고, 보다 민주적이고, 보다 열린 헌정질서를 세울 수 있도록 비판하고 견인할 의무가 있다. 이 책무를 다하기 위해서는 중국공산당의 역사적 과오를 낱낱이 밝혀야 한다.

마지막으로 문혁 시기의 극한 경험은 인간 본성에 관한 귀중한 성찰의 기회를 준다. 2006년 봄 나의 은사인 하버드 대학교의 맥파커(Roderick

MacFarquhar, 1930-2019) 교수는 학부 교양 수업 "외국 문화 : 중국 무산계급 문화대혁명"의 마지막 강의에서 계단식 강의실을 가득 메운 젊은 학생들의 반짝이는 눈동자를 보며 다음과 같이 말했다.

"우리 모두의 마음속에는 악의 씨앗이 뿌려져 있다. 법과 질서가 무너져서 감시와 통제를 벗어나면 우리가 무슨 짓을 할지 우리 스스로도 알 수가 없다. 문혁의 광기가 일깨워주는 인간 본성에 관한 불편한 진실이다."

이 한마디 속에 우리가 문혁시대의 어두운 역사를 탐구해야 하는 가장 중요한 이유가 담겨 있지 않을까. 모름지기 역사란 인간 본성에 관한 경험적 탐구이다.

제 1 부

대반란의 기원

혁명은 큰 유혹이다. 일시에 한 사회를 뒤바꿀 수 있다면 마다할 자 누구인가? 오로지 반혁명 세력밖에는 없다. 반혁명 세력만 제거되면 혁명이 완성될 수 있나? 1789년 프랑스 혁명은 자코뱅의 공포 정치(1793−1794)를 몰고 왔다. 러시아 혁명은 스탈린의 대숙청(1936−1938)으로 귀결되었다. 중국공산당 혁명은 인류사 최악의 대기근을 초래했다. 혁명이 역사의 반동으로 귀결되면, 반혁명이 오히려 새로운 혁명의 출발점이 된다.

특정 세력의 집권 그 자체가 혁명일 수는 없다. 집권이 불가역적 사회체제의 변동으로 이어질 때에만 혁명이라고 할 수 있다. 그럼에도 많은 사람들은 혁명이라는 단어를 함부로 사용한다. 특히 권력자는 자신의 집권 자체를 혁명으로 미화한다. 집권이 곧 혁명으로 인정되는 순간 통치의 전권을 거머쥘 수 있기 때문이다. 마오쩌둥의 정변이 혁명으로 미화된 까닭이 거기에 있다. 문화대반란이 문화대혁명으로 미화된 이유도 다르지 않다.

제1장

문화혁명의 두 기둥
인간 개조와 권력투쟁

십년호겁 : 10년 동안의 "대겁탈"

3년 전 초가을이었다. 맥마스터 대학교에서 신학을 공부하는 중국인 유학생 왕샤오춘(王曉春, 1968-)이 내게 메일을 보내왔다. 학부와 대학원에서 역사를 전공했다는 그는 학부 4학년생을 대상으로 하는 "문화대혁명" 수업에 참가하고 싶다며 정중히 허락을 구했다. 메일 말미에는 자신이 문화혁명이 한창이던 1968년 4월 중국 장시 성(江西省) 난창(南昌)에서 태어났다고 덧붙였다. 나는 여러 차례 난창 대학을 방문한 경험이 있기 때문에 왕샤오춘의 이력에 큰 호기심을 느꼈다. 어려서 문화혁명을 직접 경험한 산증인을 학부 수업에 매번 모실 수 있다면 교육적 효과가 얼마나 크겠는가? 흔쾌히 그의 청강을 허락했다.

며칠 후 설레는 마음으로 첫 수업에 들어갔는데, 왕샤오춘의 모습이 보이지 않았다. 10명 정도의 전공생들만 들어오는 소규모 세미나 수업이었다. 여느 때처럼 다양한 배경의 학생들이 세미나실의 타원형 탁자에 둘러앉아서 어색한 듯 입가에 엷은 미소를 띠고 있었다. 성별 비율도 엇비슷했고, 인종 비율도 적절했다. 지난 10년간 거의 매해 문화혁명 세미나를 개설해왔지만, 첫 시간에는 언제나 가슴이 뛰고 손에는 땀이 쥐어진다. 커튼을 치고 프로젝터를 켠 뒤 준비한 슬라이드를 스크린에 띄웠다. 학생들의 반짝이는 눈동자를 보면서 강의를 시작했다.

중국공산당 중앙위원회(이하 중공중앙)가 붙인 이 거대한 정치 운동의 공식 명칭은 "중국 무산계급 문화대혁명"이지만, 편의상 "문화혁명", "문혁" 등으로 줄여서 부른다. 1966년 5월 16일 중공정부의 공식 선언과 함께 시작된 문혁은 1976년 10월 6일 사인방의 체포로 막을 내렸다. 서구의 학자들은 문혁을 "마오쩌둥 최후의 혁명(Mao's Last Revolution)"이라고 부른다.

중국인들의 기억에서 그 10년의 세월은 극단의 시대이자 광기의 역사이다. 문혁 당시 가장 큰 타격을 입은 청소년들은 자기계발의 시간을 잃고, 개성을 잃고, 교육받을 기회조차 잃어버린 상실의 세대가 되었다. 문혁 이후 그들이 남긴 트라우마의 기록은 '상흔문학'이라는 새로운 장르를 이룰 정도였다.

그때 문이 살짝 열리더니 스포츠머리에 검은 뿔테 안경을 쓴 청바지 차림의 중년 사내가 고개를 내밀었다. 검게 탄 피부, 근육질의 다부진 몸집, 무신경한 옷차림인데 안경 너머 눈빛은 형형했다. 얼핏 보면 짐꾼처럼 보이지만, 잘 보면 장시간 지적 연마에 힘써온 학인(學人)의 얼굴이었다. 학생들에게 왕샤오춘의 특이한 이력을 소개했다. 학생들은 큰 박수로 그를 환영했다.

학생들의 박수에 당황한 듯 겸연쩍은 웃음을 짓는 그에게 물었다.

"중국 사람들은 문화혁명을 보통 뭐라고 부르지요? 중국어로 이야기해

주세요."

왕샤오춘은 씩씩하게 큰 목소리로 대답했다.

"십년호겁(十年浩劫)!"

호겁의 사전적 의미는 "대재난"이다. 글자를 뜯어보면 "커다란 겁탈"이라는 의미이다. 겁탈이란 위협이나 폭력을 써서 타인에게서 무엇인가를 강제로 빼앗는 행위를 이른다. 중국인들은 문화혁명의 광기와 폭력에 치를 떨면서 그 시대를 한마디로 겁탈의 시대라고 부른다. 과연 문화혁명은 어떤 사건이었나? 왜 하필 겁탈의 시대인가? 우리는 왜 바로 지금 여기에서 문혁의 역사를 공부해야 하는가?

피해의 규모 : 1억1,300만 명이 정치적 타격을 입다!

2013년 10월 25일 베이징 대학 스탠포드센터에서는 "마오쩌둥 시대를 기록하다"라는 주제로 학술대회가 개최되었다. 이 학술대회에서 중국의 자유주의 학술지 『염황춘추(炎黃春秋)』의 편집자 양지성(楊繼繩, 1940-)은 "노선, 이론, 제도 : 문화혁명에 대한 나의 생각"이라는 제목의 논문을 발표했다.1) 중국 관영 통신사인 신화사 기자 출신으로 1950-1960년대의 중국의 현실을 직접 취재했던 칭화 대학 출신의 양지성은 이후 대약진 운동의 참상을 깊이 탐구한 『묘비(墓碑)』와 문화혁명의 광기를 추적한 『천지번복(天地翻覆)』을 출판한 중국의 대표적인 비판적 지식인이다.

문혁이 발생한 근본 원인은 1949년 건국 이래 17년간 중국을 지배했던 중국공산당의 이념과 정치노선이라고 주장한 후, 양지성은 청중의 눈앞에 충격적인 자료를 공개했다. 바로 1982년 9월 12-13일 제12기 중앙위원회 제1차 전체회의에서 중앙위원회 부주석 예젠잉(葉劍英, 1897-1986)이 직접 폭로한 문혁 피해자 규모와 관련된 수치였다. 예젠잉은 이미 1978년 12월 13일 정치국 확대회의에서 문혁 피해자 관련 수치를 폭로한 적이 있었다. 1978년과 1982년의 수치에는 몇 가지 차이점이 있었다.

우선 1978년의 폭로를 보면, 문혁이 진행된 10년의 대동란 동안 ① 전국적으로 잔혹하게 박해당한 사람들은 1억 명에 달했다. ② 745만 명이 박해를 당했다. ③ 420만 명이 구속 상태에서 심문을 받았다. ④ 172만8,000여 명이 자살했는데, 그중 고등 지식분자가 20만 명 정도였다. ⑤ 1970년 한 해 동안 13만5,000여 명이 사형당했다. ⑥ 전국적 무장투쟁의 과정에서 23만7,000여 명이 사망하고, 703만여 명이 부상당하거나 회복불능한 불구가 되었다. ⑦ 약 7만1,200호의 가정이 전면적으로 파괴되었다.2)

1982년에 예젠잉이 다시 폭로한 내용을 보면, 문혁 10년 동안 ① 1억 1,300만여 명이 정치적 타격을 입었고, 그중 55만7,000여 명이 실종되었다. ② 대규모 무장투쟁이 4,300여 건 발생했고, 그 과정에서 12만3,700여 명이 사망했다. ③ 약 250만 명의 간부들이 비투(批鬪 : 비판투쟁)의 미명 하에 집단 린치를 당했고, 30만2,700여 명의 간부들이 불법 구금되었다. 그중 11만5,500여 명의 간부들이 비정상적으로 사망했다. ④ 도시에서는 약 481만 명의 각계 인사들이 역사 반혁명 혹은 현행 반혁명, 계급 이기분자(異己分子 : 적대분자), 반혁명 수정주의자, 반동학술권위 등으로 낙인찍히고, 그중 68만3,000여 명이 비자연적으로 사망했다. ⑤ 농촌에서는 520만여 명의 지주, 부농(대부분의 중, 상농 포함)과 그 가속들이 박해를 받아서 약 120만 명이 비자연적으로 사망했다.3)

예젠잉이 발표한 이 두 자료 외에 1984년 5월 중공중앙에서 2년 7개월에 걸친 조사와 검증을 통해서 발표한 새로운 조사 결과도 있다. 그 발표

상하이의 학생들이 비투 대상을 짓밟으며 적인을 향한 마오쩌둥의 투쟁 수법을 직접 체현하고 있다. (타이완 매체 『전구중앙잡지[全球中央雜誌]』 2016년 6월 호, "대륙 문혁 50년 : 한 판의 집체 광란 호겁", 55)

에 따르면 문화혁명이 일어난 10년의 세월 동안 420만여 명이 구금 상태에서 취조를 당했고, 172만8,000여 명이 비자연적으로 사망했다. 13만 5,000여 명이 현행 반혁명의 죄목으로 사형에 처해졌다. 무장투쟁으로 23만7,000여 명이 사망했으며, 703만여 명이 부상당하거나 회복불능의 불구가 되었고, 7만여 호의 가정이 파괴되었다.4)

과연 어느 수치가 문혁의 현실에 부합할까? 중국의 인민해방군 10대 원수 가운데 한 명인 예젠잉은 1976년 10월 6일 중공 주석 화궈펑을 도와서 전격적으로 사인방을 체포하고 문혁에 종지부를 찍었던 군부의 최고실력자였다. 이후 중공정부는 인민들의 분노를 잠재우기 위해서 수백만 문혁 피해자들에 대한 대규모 복권을 추진했다. 1969년 11월 12일 감금 상태에서 병사한 국가주석 류사오치의 명예는 1980년 2월에 복권되었다. 개혁개방을 추진하는 중공중앙으로서는 문혁의 광기를 만천하에 공개할 절실한 이유가 있었다. 문혁 당시에는 개혁개방을 주장하면 누구든 반혁명 수정주의자의 멍에를 써야 했기 때문이다.

반면 1984년이면 이미 개혁개방이 추진된 지 5년이나 지난 후이다. 이 시기에 중공중앙은 상품경제의 개념을 도입하여 경제 자유화 및 시장경제를 적극적으로 추진하고 있었다. 이미 문화혁명 시기의 피해자들은 복권된 상태였다. 개혁개방의 당위를 역설하기 위해서 문혁의 피해를 강조할 긴박한 필요는 없었다는 이야기이다. 바로 그런 이유에서 1984년에 이루어진 중공중앙의 발표보다는 1978년 예젠잉의 발표가 사실에 더 가깝지 않을까 추측된다. 물론 정보가 투명하게 밝혀지지 않았기 때문에 아직 그 수치를 확정할 수는 없다.

때로는 한 장의 그림이 백 마디 말을 능가한다. 피해자의 수치는 수백 편의 논문보다 더 생생하게 현실을 보여준다. 스탈린은 대숙청으로 최소 60만에서 최대 120만을 학살했다. 히틀러는 1941-1945년까지 유럽의 독일 점령지에서 홀로코스트를 자행하여 유럽 거주 유대인의 3분의 2에 달하는 600만 명을 조직적으로 학살했다.

예젠잉의 발표에 따르면, 문혁 10년의 광란 속에서 마오쩌둥은 약 1억 1,300만 명에게 정치적 타격을 입히고, 수백만을 죽음으로 내몰았다. 그럼에도 중국에서는 바로 그 마오쩌둥이 오늘도 미화되고 신격화된다. 모든 지폐에 그의 초상화가 그려져 있고, 모든 대학의 교정에는 그의 동상이 세워져 있다. 중국 어디에서든 건물 벽에 적힌 마오쩌둥의 "명언들"이 눈에 띈다.

놀란 학생들의 입이 벌어져 있었다. 뒤통수를 한 대씩 얻어맞은 표정이었다. 문화혁명 시절 장시 성 난창에서 태어나서 유년기를 보낸 왕샤오춘은 스크린 위에 펼쳐진 통계를 공책에 열심히 받아적고 있었다. 아마도 그 통계를 직접 본 적은 없는 듯했다. 잠시 침묵이 흘렀다. 잠시 후 보라색 비단 히잡으로 두 볼과 목을 감싼 아미라가 조심스럽게 손을 들고 질문했다.

"그런데 왜 '문화혁명'이라고 부르나요? 문화를 바꾸는 혁명이라는 의미인가요? 아니면 문화를 이용해서 사회 자체를 바꾸는 혁명인가요?"

'문화의 혁명'인가? '혁명의 문화'인가?

아미라는 학부 2학년 때에 내가 담당하는 "현대 중국" 강의를 수강한 학생이었다. 아미라의 부모는 모두 1996년에서 2001년 사이 캐나다로 흘러들어온 1만1,000여 명 아프간 난민에 속해 있었다고 한다. 난민 가정에서 나고 자란 문화충돌의 경험 덕분이었을까, 수업 시간마다 아미라는 핵심을 찌르는 영리한 질문을 던지고는 했다. 문화혁명은 문화를 바꾸는 혁명인가? 문화를 수단 삼아서 사회를 바꾸는 혁명인가? 문화의 혁명인가? 혁명의 문화인가? 이 질문을 곰곰이 곱씹어본다.

산시 성(陝西省) 북부 옌안(延安)의 토굴 속에 혁명의 사령부를 차리고 대략 70만 당원을 이끌던 마오쩌둥은 1940년 1월 9일 문화협회의 강연 "신민주주의론"에서 이미 문화혁명의 필요성을 강조했다. 당시 그는 문화혁명이 정치혁명에 복무한다는 묘한 말을 남겼다. 공산주의 이론에서 문화는 그 자체로 목적이 될 수 없다. 문화는 수단이다. 목적은 혁명이다. 그럼에도 마오는 "문화혁명이 정치혁명과 통일전선을 이룬다"고 말했다. 어떤 의미일까?

마오는 문화를 바꾸면 인간의 본성까지 교정할 수 있다고 믿었다. 1960년대에 그는 전 인민들을 향해서 낡은 사상, 낡은 문화, 낡은 풍속, 낡은

습관을 척결하라고 요구했다. 이른바 파사구(破四舊)의 구호였다. 낡은 것
들을 모두 제거하면 새로운 인간으로 거듭날 수 있을까? 마오는 힘들지만
가능하다고 생각했다.

명대 중엽 마음의 철학자 왕양명(王陽明, 1472-1529)에 따르면, 우리는
누구나 마음의 양지(良知)를 움직여서 성인이 될 수 있다. 양지란 악의 기
미를 자각하고 제거하는 "좋은" 마음의 "지각(知覺)" 능력과 의지를 이른
다. 왕양명의 깨달음에 따르면, 인간은 누구든 마음속의 양지를 환히 밝히
면 강도처럼 마음에 찾아드는 사특한 욕망을 물리치고 선한 본성을 실현
할 수 있다.

마오쩌둥은 왕양명의 양지 대신 비판과 자아비판을 제안했다. 여기에
서 비판이란 공산당원 모두가 주변 동료들의 언행을 관찰하면서 작은 잘
못까지 빠짐없이 지적하고 문책하는 집체적인 감시와 처벌의 의식이었
다. 자아비판이란 개개인이 스스로의 그릇된 행실, 불온한 사상, 더러운
잡념을 전부 고백하고 반성하고 용서를 구하는 공개적인 참회와 고백의
의식이었다. 그 과정을 통해서 구폐와 악습을 청산해야만 공산주의적 인
간으로 거듭날 수 있다고 여겨졌다. 그런 의미에서 마오쩌둥의 문화혁명
이란 결국 공산주의의 실현을 위해서 인간의 정신 상태를 바꾸는 과정이
었다.

1850-1860년대 태평천국의 난을 주도했던 홍수전(洪秀全, 1814-1864)
은 어느 날 천상으로 올라가서 몸속의 썩은 장기들을 들어내고 새 장기를
받는 꿈을 꾸었다. 어린 시절 홍수전을 흠모했던 마오쩌둥은 전 인민의
재탄생을 희망했다. 새로운 공산주의적 인간형을 주조하기 위해서 그는
당원 모두에게 전면적인 사상 개조를 강조했다.

명목상 마오의 문화혁명은 이기적 존재를 이타적 존재로 교정하는 사회

공학의 실험이었다. 이는 인간의 뇌를 송두리째 세척한 후, 흰 천에 수를 놓듯이 마르크스-레닌주의를 아로새기는 작업이었다. 외과의가 수술칼을 놀려 환자의 뇌 속에서 암세포를 도려내듯이 인간의 뇌수에서 묵은 때와 낡은 허울을 모조리 씻어버리려는 발상이었다.

정풍 운동, 사상 개조의 폭력

1940년대 초엽 장제스(蔣介石, 1887-1975)는 충칭(重慶)에서 힘겹게 항일 투쟁을 이어가고 있었다. 한편 서북 지역 옌안의 오지에 있던 마오쩌둥은 공산당 조직을 재정비하기 위해서 정풍 운동(整風運動, 1942-1945)을 시작했다. 그가 문화혁명을 언급하고 2년쯤 지나서였다. 국민당 점령지에서 중국공산당에 입당한 4만여 명의 도시 청년들이 옌안으로 몰려들었다. 마오는 그들을 대상으로 대대적인 사상 개조 운동을 실시했다. 사상 개조의 방법은 역시나 비판과 자아비판이었다.[5]

마오는 큰 집회에 청년들을 모아놓고 교차비판을 통해서 티끌만 한 허물까지 폭로하도록 했다. 서로 멱살을 잡고 뺨을 때리게 하는 야만의 폭력 집회였다. 동료는 적이 되었고, 친구는 밀고자로 둔갑했다. 비판은 광기의 마녀사냥이었다. 자아비판은 강요된 고해 성사였다. 마녀사냥으로 "중죄" 가 폭로된 청년들은 투옥된 상태로 국민당 간첩으로 몰려서 고문을 받았다. 채찍질, 손목 묶기, 무릎 꿇리기 등 전통적인 가혹 행위 외에도 장시간 수면박탈 등의 신종 고문이 동원되었다.[6]

옌안의 한 대학에서 고백을 강요하는 간부의 등쌀에 못 이긴 한 사내가 "베갯머리 이야기는 적지 않는 거죠?"라고 소리쳤고, 주변에서 웃음이 터져나왔다. 이에 마오는 그 대학의 모든 교사와 교직원이 간첩이라고 선언했고, 며칠 후인 1943년 8월 9일 그 대학 학생들의 절반 이상이 간첩이라고 단언했다. 엿새 후인 1943년 8월 15일, 마오는 고문에 대해서 말했다. "너무 빨리 치지도 말고, 너무 오래 끌지도 말라. 잘 보고 있다가 딱 적당할 때, 바로 그때 일격에 교정하라!"[7] 누구든 고문에 못 이겨 간첩 행위를 했다고 고백하면 인민 재판에 불려나가서 공범을 폭로해야 했다. 끝까지 결백을 주장하면 밧줄에 묶여서 구치소로 끌려갔다. 그 과정에서 많게는 1만 명이 처형되었다.

옌안 시절 마오는 공포 정치의 기술을 마스터했다. 1940년대부터 죽는 날까지 마오는 시종일관 문화혁명을 이어갔다. 중국의 정치는 온통 대중 동원, 집단 감시, 상호 문책, 동료 고발, 자백 강요, 인민 재판, 즉결 처형, 우파 사냥, 사상 개조의 연속이었다. 1966-1976년의 문화혁명은 1940년대 정풍 운동의 전국적 확대라고 할 수 있다. 그런 의미에서 마오쩌둥은 일평생 문화혁명을 추구했던 "문화혁명가"였다. 문화혁명은 마오쩌둥 사상의 요체였다. 알파이자 오메가였다.

정치 권력과 마오의 권력투쟁

중국공산당의 어두운 역사를 접하는 학생들의 얼굴은 조금 굳어 있었다. 잠시 어색한 침묵이 흐르는데, 초콜릿을 입에 넣고 씹으면서 제니퍼가 물었다. 곱슬머리를 정성스럽게 땋아내린, 두 볼이 통통한 귀여운 흑인 아가씨이다.

"좋은 의도가 나쁜 결과를 초래할 수 있다는 역사의 아이러니인가요? 인간 개조를 강조했던 마오의 순수한 의도는 이해할 수 있을 듯해요."

나는 웃는 얼굴로 학생을 보면서 말했다.

"마오 주석은 우리 마음속의 가장 붉고 붉은 홍태양!" 마오쩌둥 인격숭배는 1940년대 옌안에서 시작되었으며, 1960년대 문화혁명 당시 최고조에 이르렀다. (공공부문)

"어떤 식으로든 인간의 본성을 근본적으로 개조할 수 있다고 생각하나요? 누구든 진심으로 그렇게 생각하고 있다면 진정 마오주의자라고 할 수 있습니다."

마오쩌둥을 단지 공산 유토피아를 꿈꾼 순수한 몽상가로 볼 수는 없다. 정풍 운동 직전까지 마오는 당내 권력을 장악하기 위해서 일대의 정치투쟁을 벌이고 있었다. 마침내 그는 경쟁자 왕밍(王明, 1904-1974)을 밀어내고 당내 최고지위를 획득했다. 왕밍은 모스크바에 유학하던 시절 소련 공산당의 지도를 받은 "28명의 볼셰비키들"의 영수였다. 왕밍과 맞부딪쳤기 때문에 마오가 소련의 영향에서 벗어나서 독자노선을 걸었다고 해석하기도 하지만, 구소련 비밀문서에 따르면 실상은 정반대였을 수 있다.

오히려 마오가 스탈린의 강력한 지지를 얻었기 때문에 정치투쟁에서 승리했다고도 볼 수 있기 때문이다. 1940년 3월, 마오의 오른팔 저우언라이 (周恩來, 1898-1976)는 직접 모스크바로 가서 30만 달러의 혁명 자금을 얻어왔다. 1941년 7월 3일에 스탈린은 중공중앙에 100만 달러를 추가 지원했다.8)

소련의 지원을 확보하여 당권을 장악한 마오는 이제 스스로 대원수 스탈린을 닮아갔다. 1941년 8월 마오는 1930년대의 기록을 수정하기 시작했다. 그는 특히 1931-1934년 중공 내부에서 일어난 투쟁의 역사를 다시 쓰게 했다. 마오는 스스로가 당내의 독단론자, 주관주의자 및 좌파 기회주의자들을 물리치고 중국의 현실에 맞게 마르크스주의를 창의적으로 토착화했다고 자부했다. 또한 자신이 레닌과 스탈린의 저작물을 깊이 탐구하여 중국식 공산혁명의 새로운 가능성을 열었다고 선전했다.

역사를 새로 쓴 마오는 이제 당원들에게 인격숭배를 요구했다. 정풍 운동이 거세질수록 그의 권력은 더욱 강화되었다. 마오에게 문화혁명은 더 큰 권력을 가지기 위해서 날마다 읊조리는 주문(呪文)과도 같았다.

제2장

스탈린, 마오에게 혁명을 가르치다!

호리호리하고 잘생긴 키란은 러시아 혁명사 '오타쿠'이다. 어려서부터 전쟁사를 즐겨 읽은 그는 고교 시절 본격적으로 공산주의 혁명 이론에 빠져들었고, 구소련의 상징인 망치와 낫 문양 아래에 소련공산당을 의미하는 "CCCP"가 쓰인 티셔츠를 자주 입었다고 한다. 대학 입학 후에 키란의 생각은 바뀌었다. 아렌트(Hannah Arendt, 1906-1975)와 솔제니친(Aleksandr Solzhenitsyn, 1918-2008)의 저작을 정독하며 스탈린 정권의 폭력성을 직시했기 때문이다. 그는 이후 대학원에서 러시아 현대사를 전공하고 솔제니친의 『수용소 군도(*Arkhipelag Gulag*)』에 관한 석사 학위논문을 썼다.

엔안 시절 마오쩌둥의 정풍 운동에 대한 설명이 끝났을 때, 키란이 침착한 목소리로 질문했다. "1940년대 초반이면 스탈린의 대숙청이 이미 끝난 시점인데, 혹시 마오가 스탈린의 전체주의적 통제를 모방하지는 않았나요?" 당시 공산권 전역에서 스탈린이 누린 절대 권위를 모른다면 결코 던질 수 없는 예리한 질문이었다.

테러 정치와 군중집회

마오쩌둥의 명령을 따라서 정풍 운동을 기획한 제1의 인물은 캉성(康生,

1898-1975)이었다. 1936년 캉성은 모스크바에서 소련 비밀경찰(NKVD)의 긴밀한 협조 아래 수백 명의 중국인 유학생들을 반혁명분자로 몰아서 숙청했다. 스탈린 시대 소련 경찰의 축적된 비밀정찰, 고문취조 및 사상 검증의 기법이 캉성을 통해서 그대로 중국공산당에 전해졌다. 이 역시 스탈린의 기획으로 보인다. 1937년 11월 모스크바의 코민테른에서 중공 대표로 활약하던 왕밍과 캉성을 전용 비행기에 태워서 옌안으로 급파한 사람이 바로 스탈린이기 때문이다.[1]

옌안에 도착한 후, 캉성은 곧 왕밍을 저버리고 마오쩌둥의 편에 섰다. 당시 옌안의 마오쩌둥은 절대 권력자로서 카리스마를 내뿜고 있었다. 중공 내부의 역학관계를 파악한 모스크바도 곧 마오쩌둥을 중국공산당의 최고영도자로 인정하기 시작했다. 1938년부터 소련의 지식계에서 게릴라 혁명투사 마오쩌둥을 칭송하고 숭배하는 풍조가 생길 정도였다. 그즈음 모스크바에서는 에드거 스노가 쓴 마오쩌둥 전기 『중국의 붉은 별』의 러시아어 축약본이 2만5,000부나 인쇄되었다.[2]

캉성은 마오에게 꼭 필요한 인물이었다. 그는 모스크바 유학파의 약점을 잘 파악하고 있었고, 모스크바의 정치 상황에 밝았으며, 러시아어에 능통했다. 또한 마오처럼 캉성도 서예와 시작(詩作)에 깊은 조예가 있어서 두 사람 사이에는 정치적 입장뿐만 아니라 여러 방면에서 넓은 공감대가 있었다.

또한 캉성은 1930년대 상하이(上海)의 은막의 스타였던 장칭을 마오와 직접 연결한 인물이기도 했다. 주변 사람들이 장칭의 방종한 행실을 들춰내자 캉성은 나서서 장칭의 방패막이가 되어주었다. 결국 세 번째 아내 허쯔전(賀子珍, 1910-1984)과 헤어진 마오쩌둥은 1939년 11월 19일 장칭과 네 번째 결혼 생활을 시작했다. 놀랍게도 캉성과 장칭은 1930년대 초반에 밀애를 나눈 사이로 알려져 있다. 만약 두 사람이 연인관계였음이 사실이라면, 캉성은 절대 군주를 포섭하기 위해서 미인계를 쓴 간교한 인물이다.3)

1966년 이후 캉성과 장칭은 중앙문혁소조를 장악하면서 문화혁명의 중심인물로 부상한다. 장칭은 문화혁명 사인방 중의 우두머리로 맹활약했다. 캉성 역시 마오를 지근거리에서 보좌하며 문화혁명을 주동했다. 문화혁명 내내 두 사람은 마오쩌둥에게 고삐를 잡힌 채 달려가는 쌍두마차의 두 말과도 같았다. 마오의 분신으로서 캉성은 스탈린식 공포 정치의 상징이었으며, 장칭은 대중선동의 구심이었다.

마오쩌둥, 스탈린을 답습하다

대장정이 진행되던 1935년 1월이었다. 불과 한 달 보름 전 공산당군은 후난 성(湖南省) 상 강 유역에서 국민당군의 공격에 무려 4만의 병력을 속수무책으로 궤멸당한 상황이었다. 마오쩌둥은 구이저우 성(貴州省) 북부에서 개최된 쭌이 회의(遵義會議)에서 모스크바 유학파의 리더 보구(博古, 1907-1946)에게 전패의 책임을 물어 논쟁에서 승리한 후, "28명의 볼셰비키들"을 제치고 당권을 장악했다.

1936년 겨울 옌안에 입성한 공산당군은 혁명의 진지를 바닥부터 다시 건설해야 했다. 마오쩌둥은 토굴에 칩거하면서 원대한 공산혁명의 청사진을 그렸다. 자신들보다 수십 배 강한 화력으로 중무장한 국민당 장제스와의 전쟁을 통해서 마오쩌둥은 혁명이란 낭만적인 모험이 아니라 목숨을 건 전쟁임을 뼈저리게 깨달았다. 혁명전쟁의 승리를 위해서는 전 당원을 결속할 수 있는 완벽한 이념이 필요했다. 그는 혁명의 실현을 위해서는

스탈린과 마오의 상하관계를 분명하게 보여주는 1950년대 초 소련의 포스터. 깍듯한 자세로 스탈린을 올려다보는 그림 속의 마오는 왼손에 레닌의 저서를 들고 있다. (공공 부문)

다섯 가지 조건이 필수임을 알게 되었다. 강력한 군사력, 소련과의 연대, 대중조직의 확대, 이념의 통일, 절대적 리더십이었다.

이 시점에서 스탈린은 모스크바의 캉성을 마오의 곁에 심었다. 스탈린은 옌안 시절의 마오를 "동굴의 공산주의자"라고 부르며 조롱했다. 기껏 소수의 비정규군을 이끄는 반군 지도자나 게릴라 전사쯤으로 낮춰 보았다는 뜻이다. 스탈린은 왜 캉성을 마오에게 보냈을까? 캉성이 스탈린식 공포 정치를 직접 모스크바의 현장에서 보고 듣고 몸소 익힌 영리한 인물이기 때문이었다. 캉성을 곁에 보냄으로써 스탈린은 마오에게 사회주의 혁명이란 낭만적인 휴머니스트의 투쟁이 아니라 모든 수단을 동원하여 인간 사회를 전면 개조하는 잔혹한 비타협의 사회 공학임을 일깨우려고 한 듯하다. 스탈린의 의도대로 캉성은 옌안으로 몰려든 꿈 많은 청년 당원들을 겁박하고, 심문하고, 고문하고, 조련하여, 그들을 공산주의적 인간형으로 개조하고자 했다.

물론 그 모든 공작의 최종 책임자는 캉성이 아니라 마오였다. 마오가 캉성의 기술을 이용하여 인간 개조를 시도했다. 그 당시 마오는 대원수 스탈린을 흠모하며 그의 저작을 열독하고 있었다. 마오는 자발적으로, 적극적으로, 체계적으로 스탈린의 통치술을 답습했다. 마오와 캉성의 조화로운 결합은 스탈린주의가 중국 땅에서 조직 관리의 야전 수칙으로 토착화했음을 보여준다.

끝없는 정치 운동, 1950년대의 문화혁명

정풍 운동을 일으키는 과정에서 마오는 인신구속, 강제구금, 고문과 취조, 수면박탈 등의 스탈린식 공포로 당원들을 감시하고 처벌했다. 동시에 그는 군중집회를 일상적으로 개최해서 선전, 선동과 집단 최면의 기회로 삼았다.

마오는 특히 군중노선과 군중집회의 중요성을 강조했다. 군중노선이란, 군중의 요구와 제안을 적극적으로 수용해서 "군중의 지혜를 집약하는" 민중주의적 정책계발의 원칙을 의미했다. 군중집회란, 관판대회 혹은 관제 집회를 의미한다. 시간, 장소, 목적 및 세세한 구호는 물론, 동원되는 군중의 규모 역시 정부가 정했다.

돌아보면, 중국공산당의 역사는 군중집회의 연속이었다. 매번 중요한 정책이 입안되면, 중공정부는 대규모 군중집회를 통해서 그 정책을 선전하고 또 합리화했다. 군중집회야말로 사상을 개조하고 인격을 교정하는 가장 요긴한 집체적 최면 의식이었다. 마오는 군중집회를 혁명의 연속이

1950년대 초반 진압반혁명 운동 당시의 모습. 10대 소녀들이 차례로 마르크스, 엥겔스, 레닌, 스탈린, 마오쩌둥, 김일성의 초상화를 들고 행진하고 있다. (공공부문)

라고 생각했다. 그는 오직 대규모 집회를 통해서만 군중의 계급 의식을 버리고 혁명 정신을 고취할 수 있다고 믿었다.

집회에 불려나간 인민은 정부의 요구대로 사회주의 건설의 당위를 부르짖고, 집산화의 깃발을 흔들고, 반혁명 세력을 비판하고 투쟁해야만 했다. 인민은 일찌감치 집회와 시위의 권리를 박탈당한 상태였지만, 거의 매일같이 집회에 참여해야만 했다. 집회에 나서지 않는 인민은 적인(敵人 : 인민의 적)으로 몰려서 처형되었다. 군중집회는 곧 집체적 정신 무장의 의식이자 강제적 사상 개조의 과정이었다.

요컨대 문화혁명이란 스탈린의 공포 정치와 마오쩌둥의 군중집회가 결합된 정치 운동이었다. 날마다 개최되는 군중집회에서 성난 인민들은 스탈린식 테러리즘으로 적인을 공격해댔다. 그 과정에서 마오쩌둥이 직접 제창한 인민민주독재가 인민의 광장을 무대로 광적으로 펼쳐졌다. 중국 헌법「총강」제1조에 명시된 중국공산당의 최고 통치 원리가 바로 그 인민민주독재이다.

반지(反知)의 황제 : "비판적 지식인을 숙청하라!"

키가 크고 어깨가 넓은 쑨은 논문의 각주까지 빠짐없이 읽어오는 성실한 책벌레였다. 복잡한 집안 사정으로 10대 시절 상당 기간 집을 떠나서 길거리를 떠돌며 살았다는 그는 유난히 성숙하고 사려 깊은 친구였다. 무슨 이야기든 학우의 말을 끝까지 듣고 부드럽고 진지하게 대화를 끌어가는 침착하고 성실한 역사학도였다.

쑨은 박사과정을 밟으며 1930년대 스탈린 정권하에서 숙청된 굴라크(Gulag : 소련의 강제수용소)의 지식인들을 연구하고 있었다. 그는 모스크바를 직접 방문해 굴라크의 포로들이 남긴 일기, 서간, 그림 등을 발굴했다. 사생활의 깊은 구석까지 침투한 스탈린 전체주의의 실상을 밝히려는 의도였다. 스탈린 독재를 향한 그의 관심은 이미 그가 학부생이던 시절부터 시작되었다.

학부 4학년 때에 쑨은 "문화대혁명" 세미나에 참석해서 1940-1950년대 중국의 집단수용소 라오가이(노개 : 노동 개조[勞動改造]의 줄임말)를 다룬 훌륭한 기말 보고서를 썼다. 마오쩌둥은 비판적 지식인들을 모두 잡아서 대규모 집단수용소에 감금했다. 쑨의 연구에 따르면, 마오쩌둥의 지식인 탄압은 집권 초기 스탈린의 방법과 크게 다르지 않았다. 스탈린은 비판적 지식인들을 이 잡듯 색출해서 시베리아의 오지에 유폐했다. 스탈린 시대 소련의 굴라크는 마오 시대 중국의 라오가이로 이어졌다.

1931년 10월 블라디미르 레비츠키(Vladimir Levitsky, 1873-1937)가 가족에게 보낸 스물네 번째 편지 속 굴라크의 풍경 스케치. 부르주아 전문가로 분류된 레비츠키는 1931년 시베리아 10년 도형을 선고받고 굴라크에 수감되었다. 러시아 기록보관소에서 손이 직접 찾아낸 자료.

문화혁명은 기본적으로 반우투쟁(反右鬪爭)이었다. 쉽게 말하면 우파 사냥이었다. 우파의 대부분은 지식분자들이었다. 문화혁명은 결국 지식분자를 숙청하는 반지의 폭력이었다. 여기에서 반지란 지성을 거부하고 지식을 폄하하는 문명 파괴적 태도를 이른다. 마오는 지식분자를 의심하고, 경계하고, 혐오한 반지의 황제였다.

반지성주의는 좌, 우 전체주의 정권의 공통 특징이다. 정치적 반대를 억압하지 않고서는 철권통치를 유지할 수 없는데, 정치적 반대자들은 대개 전문가 집단에 속한 지식인들이기 때문이다. 1920-1930년대 스탈린은 다수의 작가, 언론인, 예술가들을 감옥에 처넣고 학살했다. 스페인 내전 기간 동안 프랑코 정권이 반동적 백색 테러(1936-1939)를 통해서 제거한

20만의 반정부 세력의 대다수도 지식인들이었다. 1970년대 캄보디아 킬링 필드의 주범 폴 포트(Pol Pot, 1925-1998) 역시 수십만 명의 지식인들을 학살했다. 문화혁명 당시 마오의 오른팔이었던 캉성은 공개적으로 폴 포트의 노선을 지지했다. 폴 포트 노선이 마오주의의 분파였음은 많은 학자들의 연구가 증명한다. 스탈린에서 마오를 거쳐 폴 포트로 이어지는 반지의 계보를 어렵지 않게 볼 수 있다.4)

마오의 지식인 혐오는 뿌리가 깊었다. 그는 1921년 7월 말 중국공산당 창당대회에 참석했던 13명 가운데 1명이었다. 혁명가로서는 최고의 이력을 얻었지만, 당시 그는 베이징 대학 도서관의 사서에 불과했다. 1920년대 베이징 대학 교정은 다양한 사상이 만개하던 백가쟁명의 해방구였다. 그 교정에서 마오는 우쭐대고 뽐내는 거만한 대학생들에게 극심한 열등감을 느꼈다고 알려져 있다. 특히 리다자오(李大釗, 1889-1927)는 마오쩌둥에게 씻을 수 없는 모욕감을 주었다. 마오쩌둥보다 불과 4세 연상이었던 그는 베이징 대학의 도서관장으로서 천두슈(陳獨秀, 1879-1942)와 함께 중국공산당을 창건한 인물이었다. 5개월간 베이징 대학 도서관에서 사서로 일하면서 마오쩌둥은 자괴감에 사로잡혔다. 그는 날마다 "신문을 읽으러 오는 사람들의 이름을 기입하는" 단순노동에 시달렸다. 이후 그는 "그 사람들이 나를 인간으로 보지도 않았다"고 회상했다. 그들 속에 섞여서 정치와 문화를 논하고자 했지만, 아무도 후난 성 방언을 쓰는 도서관 사서 따위에는 신경을 쓰지 않았다. 베이징 대학 교정에서 그가 느낀 열등감은 이후 그가 절대 군주에 오른 후에는 걷잡을 수 없는 반지의 폭력으로 표출되었다.5)

마오는 1950년대 내내 언론인, 학자, 문인은 물론 과학자들까지 일상적으로 탄압했다. 그는 무산계급의 노고를 모른 채 "펜대만 놀려대는" 지식인들의 "부패한 영혼"을 교정하려고 했다. 교정의 방법은 강제노역이었다. 1950년대 초반부터 책잡힌 지식인들은 전부 노예노동을 강요하는 라오가이에 감금되었다. 황무지나 광산에 위치한 라오가이에 끌려가면 노예노동의 일상이 펼쳐졌다. 한 연구에 따르면, 마오가 지배한 27년 동안 연평균 100만 명씩 도합 2,700만 명이 라오가이에서 처형되거나 자살하거나 과로사했다.6)

인사출동 : 우파 사냥의 기술

농부는 농사를 짓는다. 노동자는 생필품을 만든다. 상인은 상품을 유통한다. 지식인은 무엇을 하나? 전국시대 맹자(孟子, 기원전 372-289)가 던진 질문이다. 맹자는 지식인들이 침략전쟁을 일삼는 제후들에 대항하여 인과 의라는 보편 도덕을 지키는 존재라며 그들의 사회적 가치를 옹호했다. 덕분에 그는 우원(迂遠)하다고 비판받고 조롱당했다. 천하를 통일한 진시황(秦始皇, 기원전 259-210)은 이사(李斯, ?-기원전 208)의 건의를 수용하여 분서갱유를 실시했다.

진시황보다 더 위대한 인물임을 자처했던 마오는 진시황보다 더 철저히 지식인을 탄압했다. 1939년 12월 1일 중공중앙에서 마오는 선포했다. "지식인들의 참여 없이 혁명의 승리는 불가능하다! 지식인들을 포섭하라!" 그렇게 적극적인 선전, 선동으로 지식인들을 유인했지만, 막상 중공 점조직을 타고 젊고 발랄한 도시 출신 지식층이 몰려들자 마오는 그들을 박해하기 시작했다.

앞에서 살펴보았듯이, 옌안의 정풍 운동 당시 마오는 캉성을 통해서 불온분자를 가려내게 했다. 그 방법은 놀랍게도 표현의 자유였다. 마오는 청년 당원들을 향해서 자유롭게 당의 오류를 지적하고 문제점을 비판하라고 격려했다. 마오가 거듭 다그치자 순진한 청년들은 속내를 털어놓고 중공정부를 비판하기 시작했다. 기다렸다는 듯 마오는 180도 태도를 바꾸어 그들을 숙청했다. 동굴 속의 뱀을 꺼내기 위해서 연기를 피우는 인사출동의 속임수였다. 마오는 이후 그 방법을 양모(陽謨)라고 불렀다. 공공연한 음모(陰謀)라는 의미인데, 양(陽) 자를 거짓, 가짜의 뜻으로 풀면, '거짓 꾀'라는 의미가 된다.

1956년 말부터 마오는 그 케케묵은 양모를 다시 들고 나왔다. 그는 "비판 없는 발전은 없다"며 지식인들에게 정부에 대한 비판을 요구했다. 전국 곳곳에 "백화제방(百花齊放) 백가쟁명(百家爭鳴)"의 구호가 나붙었다. 이미 당할 대로 당해온 지식인들의 입은 굳게 닫혀 있었다. 마오는 그들을 부추기며 유혹했다. 열린 비판과 다양한 사상의 중요성을 강조하는 마오의 연설이 관영매체를 타고 날마다 전국에 울려퍼졌다. 비판자의 신변 안전을 보장하는 공개적인 약속이나 다름없었다. 이에 용감한 지식분자들이 먼저 입을 열었고, 머뭇거리던 자들도 이내 뒤따랐다. 그들은 일제히 성난 비판의 언사를 내뿜기 시작했다. 날마다 대자보가 붙었고, 정부기관에는 항의를 담은 격서가 쏟아졌다.[7]

지식인들의 비판은 위협적이었지만, 마오는 꾹 참고 그들의 항의를 가만히 듣고만 있었다. 숨어 있는 우파들이 모조리 나올 때까지 집요하게 기다리는 전술이었다. 뱀처럼 숨어 있던 비판 세력이 모두 굴 밖으로 기어 나왔다고 여겨지던 1957년 7월 무렵, 중공정부는 일제히 공개적인 우파 사냥을 개시했다. 2년간 지속된 반우파 투쟁(1957-1959)으로 대략 55만 명이 라오가이로 직행해야 했다.

마오에게 숙청당한 지식인은 두 종류였다. '도덕적 비판자'와 '전문가 집단'이었다. 마오는 도덕적 비판자들을 반혁명분자로 몰아갔으며, 정부의 요직에는 전문가들 대신 "붉은 투사"를 기용했다. 그 결과 언론계, 문화계, 교육계, 과학기술계에는 어용 지식인들만 득실거리게 되었다. 대장부는 사라지고 아전 무리만 넘쳐나는 공산주의 관료행정의 흑암(黑暗)이었다. 그곳에서는 진실을 탐구하는 과학자는 간 데 없고 영혼 없는 기술자만 잔류했다.

무소불위의 권력을 쥔 마오는 대약진 운동을 개시했다. 그는 우선 전대미문의 대규모 집산화(集産化)를 추진했다. 농민들은 텃밭을 강탈당하고, 아궁이를 잃고, 사생활까지 잃어버린 채 집단 농장의 농노로 전락했다. 그들은 누천년 축적해온 자생의 지혜를 상실하고 굶주리기 시작했다.8)

마오는 농민들에게 15년 만에 미국과 영국을 따라잡자며 대규모 철강 생산을 요구했다. 그의 주문에 따라서 농촌 마을 뒷마당에는 작은 용광로들이 독버섯처럼 돋아났다. 과학 상식을 부정하는 최악의 정책이었지만, 아무도 비판하지 않았다. 거짓말을 읊조리는 어용지식인이 펜대를 놀리고 마이크를 장악했기 때문이다. 관료 집단은 통계를 조작하고, 관영매체는 가짜 뉴스를 생산했다. 과장하고 조작하는 부과풍(浮誇風), 획일적 규정을 강요하는 공산풍(共産風), 단숨에 큰 성과를 내려는 광열성(狂熱性)이 만연했다.9)

무비판의 궤도에서 마구 달려간 일당독재의 폭주였다. 결과는 인류사 최악의 대기근이었다. 대약진 기간 중 대략 3,000만-4,500만, 출생하지 못한 인구를 포함하면 7,000만이 넘는 인명이 희생되었다.

인류사 최악의 대기근이 발생하고 불과 4년 후 마오쩌둥은 문화혁명을 일으켜 더 큰 규모로 지식인들을 숙청하기 시작했다. 1969년 마오는 홍위병을 낙후된 농촌에 하방(下放)시켜 강제노동에 시달리게 했다. 그는 하방된 홍위병들에게 "지식청년"이라는 이름을 선사했다. 책과 연필 대신 농기구를 들고 혁명 정신을 배우라는 주문이었다. 마오는 참된 지식은 책이 아니라 노동에서 나온다고 믿었다. 일면 그럴싸하지만, 지식노동의 부가가치를 모르는 전형적인 반문명의 태도, 곧 반지의 발상이었다.

마르크스-레닌주의 인식론에 따르면, 모든 진리주장에는 계급적 당파성이 있다. 1930년대부터 마오는 입버릇처럼 지식인은 인민의 이익에 복무해야 한다고 강조해왔다. 그의 눈에 비판적 지식인들은 계급적 당파성을 버리고 인민을 배신한 세력일 뿐이었다.

마오가 직접 나서서 칼을 휘두를 필요도 없었다. 마오를 추종하는 좌파 지식인들이 자발적으로 광기의 마녀사냥을 이끌었다. 그들의 선동에 이끌린 10-20대의 홍위병 조직은 반혁명 세력을 색출해 집단 폭행을 이어갔다. 마오쩌둥은 그들을 향해서 "조반유리(造反有理)!"라고 말했을 뿐이었다. 반란을 일으킬 만한 정당한 이유가 있다는 말이었다. 홍위병식 인민 재판, 광장의 집단 린치, 무법적 인권유린이 정당하다는 선언이었다. 전체주의 절대 군주의 초법적 발언이 아닐 수 없었다.

제3장

문혁 전야
짧았던 관리자의 꿈

지금도 세계 곳곳에서는 다양한 형태로 문화혁명이 지속되고 있다. 2017년 3월 캐나다 토론토 대학교의 저명한 심리학자 조던 피터슨(Jordan Peterson)이 차로 한 시간 거리의 맥마스터 대학교 교정을 방문했다. 그는 "정치적 올바름과 표현의 자유"를 주제로 강연을 할 계획이었다. 강의실에는 100여 명 이상의 학생들이 운집해 있었는데, 갑자기 들이닥친 시위대의 격렬한 항의로 강연이 취소되고 말았다. 일부 학생들은 강의를 듣고 싶다고 외쳤지만, 과격한 소수가 결국 다수를 압도했다.

2016년 캐나다 하원은 트랜스젠더 등 성소수자의 인권을 보호하기 위해서 그들을 칭할 때에 당사자가 원하지 않는 특정 대명사를 사용하지 못하도록 금지하는 C-16 법안을 통과시켰다. 피터슨은 해당 법안이 표현의 자유를 침해한다며 반대했던 소수파 지식인이었다. 이 때문에 그날 시위대는 "혐오 발언에는 표현의 자유가 없다"라는 구호를 내걸고 "트랜스 공포증 똥 덩어리"라는 욕설을 외쳐댔다. 피터슨은 시위대를 향해서 당당하게 집단적 사유를 버리라고 촉구하며 논리적으로 표현의 자유를 옹호했다.

제이컵은 그날 현장에 있었다. 머지않아서 그는 세계적인 베스트셀러가

된 피터슨 교수의 『12가지 인생의 법칙(12 Rules for Life)』을 정독했고, 시위대의 항의가 한 정교한 사상가를 향한 부당한 폭력이라고 생각했다. 이후 그는 피터슨 교수를 교정으로 초빙했던 동아리 "격차를 극복하라!"에 가입해서 주요 일원으로 활약하고 있다고 했다. 첫 강의가 끝난 후, 그가 다가와서 내게 물었다.

"마오가 표현의 자유를 보장한다고 해놓고는 비판적인 지식인들을 숙청했다고 하셨는데, 대기근이 발생한 후에도 중국인들은 마오를 전혀 비판하지 못했나요?"

대기근의 참상을 어떻게 덮었을까?

마오쩌둥의 대약진 운동은 인류사 최악의 대기근을 초래했다. 대약진은 대실패였다. 홍콩의 한 언론이 날카롭게 풍자했듯이 "대약진(The Great Leap Forward)"이 아니라 "대역진(The Great Leap Backward)"이었다. 앞이 아니라 뒤로 달려간 혁명이었다.

제이컵의 물음대로 왜 중국인들은 대기근을 겪고도 마오를 비판할 수조차 없었을까? 어떻게 그는 계속 절대 권력을 유지할 수 있었을까? 물론 마오 앞에서 대약진 운동의 실패를 비판한 인물도 있었다. 대표적으로 1959년 8월 루산 회의에서 마오에게 직언했던 국방장관 펑더화이(彭德懷, 1898-1974)가 있다. 그는 대약진 운동의 폐해를 낱낱이 고발하면서 정책의 근본적인 수정을 요구했다. 이에 격노한 마오쩌둥은 당장 그와 그의 직속 부하들을 파면했다.

펑더화이를 파면한 마오의 이미지는 명나라의 충신 해서(海瑞, 1514-1587)를 파면한 가정제(嘉靖帝, 1507-1566)를 꼭 빼닮았다. 역사학자 우

1967년 7월 홍위병 집회에서 비투당하는 펑더화이. 당시 69세. (공공부문)

한(吳晗, 1909-1969)이 해서와 가정제의 이야기를 담아 집필한 희곡『해서파관(海瑞罷官)』은 1961년 베이징 경극단이 상연하면서 선풍을 일으켰다. 앞으로 살펴보겠지만, 이 희곡은 1965년 11월 말부터 중국 전역에 몰아닥친 문화혁명 폭풍의 중심이 된다.

펑더화이가 파면된 이후 사람들은 모두 숨을 죽이며 마오의 눈치만 살피고 있었다. 결국 국가주석 류사오치가 나섰다. 1962년 1월 11일부터 2월 7일까지 대약진 운동의 오류를 평가하고 반성하는 7천인 대회가 열렸다. 중앙과 지방정부의 주요 간부들 7,000명이 참석한 사상 최대 규모의 중앙 공작회의였다. 대약진 운동의 성과와 실패를 점검하는 이 대회에서 국가주석 류사오치는 대기근의 "3할이 천재(天災), 7할이 인화(人禍)"라고 선언했다. 마오를 겨냥한 예리한 공격이 아닐 수 없었는데, 놀랍게도 마오는 그 자리에서 대참사의 모든 책임이 자신에게 있다고 순순히 인정했다. 빅브라더의 인간선언일까? 과연 그는 진실로 스스로의 과오를 인정하고 반성했을까?

7천인 대회 이후 마오는 베이징(北京)을 떠나서 남방을 순회했다. 중앙의 제1선을 류사오치에게 맡긴 후, 스스로 제2선으로 물러난 셈이었다. 일단 그 정도에서 최고영도자에 대한 책임 추궁은 멈추었다. 대기근의 책임에서는 중공중앙의 그 누구도 자유롭지 못했다. 대약진 운동 당시 중공중앙 위원들은 모두 혁명열(革命熱)로 "머리가 더워져서" 마오의 급진적인 정책을 지지했기 때문이다.1)

마오의 권력투쟁 : 타오르는 이념전쟁의 불씨

마오쩌둥은 제2선으로 물러났지만, 그의 상징적 권위는 흔들리지 않았다. 여전히 그는 중공중앙 총서기이자 중앙군사위원회 주석이었다. 경제를 망친 후, 그가 매달릴 수 있는 유일한 희망의 끈은 이념투쟁뿐이었다. 그는 이념의 전도사를 자처하고 나섰다.

1960년 마오는 이미 농촌에서 반부패, 반낭비, 반관료주의의 기치를 내걸고 삼반 운동(三反運動)을 일으켰다. 곧이어 1961년 1월 1일 그는 인민공사 간부들이 일상적으로 저지른 "좌의 착오"를 일소하기 위해서 농촌사회에 침투한 반혁명 세력을 숙청하는 정풍정사 운동(整風整社運動)을 전개했다. 당시 농촌에서는 간부들의 가혹 행위가 일상적으로 일어났다. 전부 중앙의 무리한 할당량을 맞추려는 지방의 궁여지책이었지만, 마오는 바로 그런 악질 간부들이 모두 국민당의 잔류 세력이라고 주장했다. 1962년 9월 마오는 부르짖었다. "절대로 계급투쟁을 잊지 말자!" 1963년 2월에는 류사오치가 연설하던 중에 끼어들어서 발언하기도 했다. "요즘 돼지고

기 세 근, 담배 몇 갑 정도에 매수되는 자들이 참으로 많아. 오직 사회주의 교육만이 수정주의를 막을 수가 있다!"

이로써 사회주의 교육 운동(1963-1966, 이하 사청 운동[四淸運動])이 개시되었다. 표면상 정치, 경제, 조직, 사상 측면에서 모든 부패를 일소하는 운동이었지만, 실제로는 교육 운동이 아니라 혹독한 숙청의 과정이었다. 운동이 벌어진 2-3년의 세월 동안 7만7,560여 명의 간부들이 학살되었고, 도시와 농촌에서 약 532만7,350명이 박해를 받았다. 5,760여 개의 사회조직이 반당, 반사회주의 집단으로 몰렸으며, 조직원 중 27만6,250여 명이 적대 세력으로, 55만8,220여 명이 인민 내부의 모순 세력으로 지목되어서 고난을 당했다. 많은 학자들은 사청 운동이 문화혁명의 전초전이었다고 해석하고 있다.[2]

독재는 망각의 늪

대기근을 일으킨 후 마오는 어떻게 비판의 화살을 피해갈 수 있었는가? 첫째, 당시 중국에는 언론의 자유가 지극히 제한되어 있었기 때문이다. 언론이 침묵의 카르텔을 유지했기 때문에 대기근의 참상은 세상에 널리 알려지지 못했다. 오히려 중공중앙은 방송과 신문을 정책 홍보와 대중 동원의 수단으로 악용하고 있었다. 날마다 확성기를 타고 중공중앙의 선전, 선동이 진행되었다. 비판 언론이 부재한 상황에서 개개인의 기록도, 은밀한 입소문도 큰 전파력을 발휘하지 못했다. 고난의 실체험자들은 모두 소멸했고, 지방정부가 남긴 파편적 기록들은 문서 더미 속에 파묻혀버렸다. 따라서 누구도 마오쩌둥의 명백한 실정을 비판할 증거도, 단서도 찾지 못했다. 역으로 마오쩌둥을 칭송하고 숭배하는 풍조가 일어났다. 국방장관 린뱌오(林彪, 1907-1971)는 군대에서 마오쩌둥에 대한 인격숭배를 개시했다. 머지않아 마오는 날마다 인민의 눈동자에 강림하는 인격신(人格神)으로 격상되었다.

　권력을 쥔 자는 필사적으로 정보를 왜곡하고 기록을 조작한다. 집체의 기억은 정치적으로 재구성된다. 인류의 역사는 너무나 쉽게 정치적으로 조작되고 편의적으로 왜곡된다. 나태한 지성은 절대로 역사의 실상을 알아낼 수 없다. 목숨을 건 역사투쟁 없이 진실은 드러나지 않는다. 인류사 최악의 대기근도 망각의 늪에 잠길 수 있다. 여전히 중국을 지배하는 마오쩌둥 신화가 알려주는 불편한 진실이다.

붉은 투사의 정치, 대재앙을 몰고 오다!

문화혁명 연구의 세계적 권위자 맥파커 교수는 중공 지도자들을 크게 투사 유형과 관리자 유형으로 나누어서 분석한다.3)

　투사형 지도자들은 정치투쟁을 일삼아 권력의 기반을 닦고, 넓히고, 굳힌다. 그들은 숭고한 이념을 제시하고, 정치적 의제를 설정하고, 혁명의 드라마를 연출한다. 인간 집단을 인민과 적인, 아군과 적군, 혁명 세력과 반혁명 세력 등으로 양분한다. 자신들이 절대 선의 편에 서서 절대악과 투쟁한다고 주장한다. 사냥개처럼 정적을 물어뜯고, 피의 숙청을 감행한다. 현실 정치에서 붉은 투사들은 강력한 권력을 발휘한다. 인민의 목을 조이는 공산 유토피아의 고삐가 그들의 손에 꼭 쥐어져 있기 때문이다.

　반면 관리자형 지도자들은 크고 작은 정책들을 입안하고, 행정상의 실무를 처리한다. 경제성장을 도모하고 사회적 안전망을 구축한다. 그들은 현실의 한계를 점검하고 점진적인 개선책을 모색한다. 논쟁을 통해서 이념적 정당성을 인정받기보다는, 현실에서 정책의 성과를 입증하여 사후적으로 실적 정당성(performance legitimacy)을 획득하려고 한다.

중국 현대사 최고의 투사형 지도자는 단연 마오쩌둥이다. 문화혁명을 주동했던 중공중앙 부주석 캉성, 국방장관 린뱌오와 장칭을 위시한 사인방은 모두 전형적인 이념형 투사들이었다. 관리자형 지도자로는 국가주석 류사오치, 국무원 총리 저우언라이, 중앙서기처 총서기 덩샤오핑, 경제관료 천윈(陳雲, 1905-1995) 등을 꼽을 수 있다.

투사와 관리자가 맞붙어 싸우면 어떻게 될까? 과연 누가 이길까? 대약진 운동에서 문화혁명으로 이어지는 중국의 정치사는 매번 투사가 관리자를 잡아 패고 무너뜨리는 야만적인 정치투쟁의 연속이었다. 왜 관리자들은 늘 붉은 투사의 공격을 받고 그로기 상태로 내몰려야 했을까? 중국 정치사의 수수께끼이다.

마오는 타고난 게릴라 투사였다. 1950년대 중후반 그는 정책의 반대자들뿐만 아니라 잠재적 비판자들까지 모두 색출해서 격리했다. 모두의 입에 재갈을 물린 후, 마오는 현란한 혁명의 구호로 인민의 의식에 최면을 걸어 집체적인 정신 승리의 늪으로 서슴없이 들어갔다.

1927년 3월 마오는 "후난 성 농민 운동 고찰보고"를 발표했다. 중국의 농민 운동에서 공산혁명의 가능성을 발견한 마오는 "오류를 바로잡기 위해서는 한계를 넘어 극한까지 가야 한다!"는 묘한 말을 남겼다. 수천 년 봉건제도의 모순을 일소하기 위해서 극좌노선을 맨 끝까지 밀고가야 한다는 극단론이었다. 당시 30대 중반이었던 마오의 문장 속에는 이미 혁명가 특유의 조급증과 강박증이 드러나고 있었다.

마오가 제시한 "대중 운동의 법칙"에 따르면, 노동자와 농민은 불굴의 혁명 정신과 삶의 지혜를 체득한 무산계급이다. 마오는 무산계급의 혁명 정신이 강력한 지도력과 만나면 대약진의 경제성장이 가능해진다고 믿었다. 이것이 그가 제창했던 대중노선의 핵심이었다.

마오는 프롤레타리아 정신이야말로 최고의 철학, 문학, 과학기술을 낳는 창의성의 원천이라고 믿었다. 일례로 1957년 중국 문단에 속한 작가는 1,000명 미만이었는데, 이듬해인 1958년에는 전국적으로 20만 명의 작가들이 양성되었다. 엄격한 문학 수업을 거친 전문작가들 대신에 삶의 경험을 진솔한 언어로 표현한 모든 사람들에게 작가의 칭호가 부여되었다. 이러한 상황은 과학기술 분야에서도 크게 다르지 않았다. 마오는 전문가 대신 붉은 투사를 선호했다.

마오쩌둥의 이론에 따르면, 지식인들의 위계질서는 가장 높은 곳에 노동자와 농민이, 그 아래에 기술자와 과학자가, 또 그 아래에 사회과학자와 인문학자가 위치하는 역(逆)피라미드의 구조로 재편되어야 했다. 과학자와 기술자 집단에서도 기술자가 상부를 차지하고, 수학이나 이론물리학 등의 순수과학은 아래쪽으로 밀려났다. 가장 밑바닥에 몰려 있는 순수이론 과학자, 탐미주의 문학가, 실존주의 철학자 등은 반혁명의 멍에를 써야 했다.

마오가 늘 동경하고 칭송했던 혁명적 무산계급은 현실에서 살아 숨쉬는 실존의 인간이 아니라 공산주의의 이념적 요청에 따라서 만들어진 허구의 인민일 뿐이었다. 토머스 홉스(Thomas Hobbes, 1588-1679)에 따르면, 인간은 누구나 이기적이며 죽음을 두려워한다. 그러한 인간을 향해서 마오는 공산주의 혁명의 실현을 위한 이타적 희생을 강요했다. 중국공산당 치하 중국의 인민은 이기심뿐만 아니라 죽음의 공포까지 극복해야 했다. 그 결과는 인류사 최악의 대기근이었다.

짧았던 관리자의 전성시대

1962년부터 1965년까지 류사오치와 덩샤오핑은 국가적 위기를 책임지고 타개하는 관리자로서의 면모를 유감없이 과시했다. 그들이 추진했던 경제회복 운동은 머지않아서 큰 효력을 발휘했다. 몇 가지 경제지표를 살펴보자.

1960년 대기근의 악재로 최저점(1억4,500만 톤)까지 떨어졌던 농업 생산량은 1965년에 1957년 수준까지 회복되었다. 사탕수수 등 비(非)곡물 생산량도 대약진 이전 수준까지 회복되었다. 곡식은 10퍼센트, 면화는 50퍼센트, 채유(菜油) 생산량은 60퍼센트나 늘어났다. 육류 및 재목의 생산량도 1957년보다 40퍼센트 증가했다. 1965년 3,300만 헥타르에 관개사업이 이루어졌고, 그중 25퍼센트의 농지는 기계 펌프로 관수되었다.[4]

산업 부문의 성과도 두드러졌다. 1963-1965년 경공업은 연평균 27퍼센트, 중공업은 17퍼센트의 생산량 증가를 보였다. 1965년에는 철, 전기, 시멘트, 중기의 생산량이 1957년의 2배 수준에 이르렀다. 소비재 생산량도 현격히 늘어났다. 재봉 기계는 4배, 자전거는 2배 더 많이 생산되었다. 석유 및 석유화학 생산 부문도 큰 성과를 보였다. 1965년 국내 총생산량은 1957년보다 29퍼센트, 1962년보다 51퍼센트 증가했다.[5]

투사의 정치는 국민경제를 망쳤지만, 관리의 리더십은 경제를 살렸다. 이처럼 가시적인 성과를 냈음에도 류사오치와 덩샤오핑은 왜 보다 적극적으로 신경제정책을 옹호하지 못했을까? 이들을 단순히 합리적 관리자일 뿐이라고 생각하면 큰 오산이다. 그들도 뼛속 깊숙이 공산혁명의 투사였다. 실용적으로 백묘(白描)의 방법을 채택했을 뿐, 이념적으로 그들은 모두 흑묘(黑苗)를 자처했다.

왼쪽부터 덩샤오핑, 류사오치, 저우언라이. 대약진 이후 신경제정책을 주도적으로 추진했던 인물들이다. 팔에 홍위병 완장을 찬 모습을 보면, 문화혁명이 막 시작된 1966년 여름으로 추정된다. (공공부문)

앞에서 언급했듯이 530만의 직, 간접적 피해자를 낳은 사청 운동은 마오쩌둥이 제창했다. 붉은 투사 마오는 스스로의 경제적 실정을 가리기 위해서 다시금 계급투쟁의 기치를 들었다. 마오의 요구에 부응해서 류사오치는 사청 운동을 직접 주재했다. 그 과정에서 류사오치와 마오가 갈라섰다는 주장도 있지만, 실제로 문헌을 살펴보면 류사오치가 주도적으로 잔혹한 숙청의 칼날을 휘둘렀음이 분명해 보인다.

1962-1966년 류사오치는 경제정책의 방향을 우측으로 선회했다. 동시에 그는 계급투쟁의 깃발을 들고 지방의 간부들을 숙청하는 붉은 투사의 면모를 과시했다. 수정주의의 오명을 벗기 위한 방어적 행동이었을까? 주

자파(走資派 : 자본주의의 길을 걷는 세력)라는 낙인을 피하기 위한 연극이었을까? 아니, 그보다는 류사오치가 스스로 강한 신념의 공산주의자였음을 상기할 필요가 있다.

류사오치는 한평생 공산주의 혁명의 실천이야말로 한 개인을 멸사봉공(滅私奉公)의 완전한 인격체로 고양시키는 가장 숭고한 이념이라고 굳게 믿었다. 1939년 7월 옌안의 마르크스-레닌 학교에서 행한 유명한 강연 "공산당원 수양론"에서 류사오치는 공산당원은 혁명을 실천하는 과정에서 인격을 도야하고 자아를 실현하는 지속적인 수양과 단련을 해야 한다고 주장했다. 전통 유가(儒家)의 심신수양론까지 인용한 이 연설은 많은 당원들을 감동시킨 명강으로 평가받았지만, 문혁의 광풍 속에서 류사오치가 홍위병들에게 비투를 당할 때에는 반혁명적 봉건 사상의 결정적인 증거가 되고 말았다.

공산주의자의 신념을 견지한 채로 류사오치는 신경제정책을 실시했다. 대약진 운동의 처참한 실패 후에도 그는 공산주의 이념 자체는 부정하지 않았다. 고작 실용주의라는 허술한 명분으로 경제적 동기를 슬그머니 인정했을 뿐, 공산주의의 이론적 모순과 계획경제의 한계에 대해서는 자각도, 회의도 없었던 듯하다. 이론과 실천의 괴리였다. 이상과 현실의 분열이었다. 그 점이 바로 류사오치의 최대 패착이었다.

제 2 부

"천하대란"의 시나리오

혁명은 목숨을 건 도박이다. 성공 확률은 낮지만, 승자는 모든 권력을 독식한다. 도박꾼은 일확천금을 노린다. 혁명가는 정권의 획득을 꿈꾼다. 모든 도박꾼이 혁명가는 아니지만, 모든 혁명가는 도박 근성이 있다. 집권한 혁명가는 권력을 담보로 더 대담한 도박에 뛰어든다. 20세기 모든 사회주의 혁명이 테러 정치로 귀결된 이유가 여기에 있었다. 유토피아의 환상에 사회의 모든 재원과 인력을 걸었다가 전부 잃었기 때문이다. 목숨을 건 도박으로 권력을 얻었기 때문에 거듭되는 정책 실패로 정치 밑천을 탕진한 후에도 혁명가는 영구집권을 꿈꾼다. 권력을 놓치는 순간, 스스로 자코뱅의 단두대를 피할 수 없음을 잘 알기 때문이다.

제4장

저격수의 등장
대반란 제1막 제1장

국가 속에 더 깊은 국가(deep state)가 있다. 정부 안에 그림자 정부(shadow government)가 있다. 그들은 밤낮으로 음모를 꾸민다. 정보를 조작하고 사실을 변조한다. 현실은 가상이다. 진실은 착각이다. 자유는 예속이다. 모르는 것이 힘이다. 비밀을 지키려면 먼저 스스로를 속여야 한다. "지금도 빅브라더께서 너희를 지켜보고 계신다."

마오는 국가 속에 더 깊은 국가를 세우고 정부 안에 그림자 정부를 만들었다. 그의 음모는 치밀했다. 그가 친 덫은 촘촘했다. 그는 철두철미 자신을 속여서 비밀을 지켰다. 스스로도 100퍼센트 속았기 때문에 그는 인민을 감쪽같이 속일 수 있었다. 국가 속의 깊은 국가에 칩거하면서 그는 혁명의 시나리오를 썼다.

그 드라마의 제1막 제1장은 역사학자 우한의 희곡 『해서파관』이었다.

저우언라이, 반수정주의를 강조

1965년 11월 30일 화요일 베이징 시내. 최저기온 영하 8도의 싸늘한 날씨. 바람이 북에서 남으로 슬그머니 방향을 바꾼 그날은 매캐한 석탄재가 날렸음에도 푸르스름한 하늘빛이 수줍게 드러나는 맑은 날씨였다. 이른 새벽부터 베이징 시내는 북적였다. 자전거를 타고 어딘가로 향하는 청년들, 더운 물을 실은 수레를 끌고 가는 노인들, 재잘거리며 등교하는 학생들, 일터로 가기 위해서 버스에 오르는 노동자들. 모두가 분주히 바쁜 일상을 서두르고 있었지만, 사람들의 입에 오르내리는 큰 사건이나 사고는 딱히 없어 보였다.

그날 「인민일보(人民日報)」의 1면의 머리기사는 전날 저우언라이 총리가 알바니아 국경일 행사에서 발표한 연설문이었다. "세계 인민의 반미, 반수정주의 투쟁은 승리에 승리를 거듭하고 있다"는 큰 제목 아래에 중국 언론 특유의 장중한 요약이 달린 기사였다.

> 오늘날 전 세계는 대격변과 대분화, 대개조의 과정을 통과하고 있다. 마르크스–레닌주의의 대오와 세계 인민의 혁명 역량은 신속하게 커지고 있다. 거대한 반미혁명의 새로운 폭풍이 일어나고 있다! 미 제국주의에 맞서서 마르크스–레닌주의를 보위하고 세계 무산계급과의 국제연대와 세계혁명의 인민대오를 결성하기 위해서는 무엇보다 반드시 흐루쇼프의 수정주의에 반대해야 한다.[1]

이 시점의 중국에서 미 제국주의에 대한 반대가 특히 강조된 맥락은 어렵지 않게 이해된다. 1964년 8월 베트남 북부 해역에서 통킹 만 사건이 발생한 후, 미국의 존슨 행정부는 베트남에 18만4,000명의 전투병을 배치했다. 베트남 전쟁이 전면전으로 확대되면서 중국의 언론은 날마다 반미 선전으로 채워지고 있었다. 그런 상황에서 묘하게도 저우언라이는 반미보다 오히려 반수정주의가 더 시급하다고 주장했다. 외부의 적보다도 내부의 적이 더 큰 문제라는 지적일까?

이날 저우언라이가 발언한 내용은 당시 소련의 상황과도 잘 맞물린다. 1965년 9월부터 흐루쇼프의 후임 알렉세이 코시긴(Alexei Kosygin, 1904-1980)이 집권하면서 소련에서는 임금 인상과 노동 복지, 소비재 공급 확대 등을 골자로 하는 "1965년 소련 경제개혁"을 개시했다. 소련의 과감한 경제개혁은 마오쩌둥에게는 수정주의의 악몽으로 다가왔다. 그는 1950년대부터 흐루쇼프의 경제개혁을 "수정주의"라며 강력하게 비판해왔다. 그런 맥락에서 저우언라이가 부르짖은 수정주의 비판은 얼핏 당연한 이야기 같지만, 당시 정국에서는 결코 예사롭지 않은 격변의 예고일 수도 있었다. 류사오치와 덩샤오핑의 경제개혁이 이미 4년째 착착 진행되고 있었기 때문이다. 1965년 11월 한 달 동안 언론에 게재된 기사들을 훑어보면 뜻밖에도 수정주의와 관련된 기사는 그다지 많지 않음을 알 수 있다. 물론 반제국주의와 반수정주의는 최고지도자 마오쩌둥의 양대 구호였다. 이미 10년이 넘는 세월 동안 사람들은 그 소리를 귀에 못이 박히도록 들어왔다. 특히나 정치 도시였던 베이징의 시민들에게 반제국주의, 반수정주의는 진부한 상투어일 뿐이었다. 1970년대 한국의 반공, 방첩 구호 같았다고나 할까.

한데 어쩐 일인가? 1965년 11월 30일, 바로 그 상투어가 1면 머리기사의 표제에 올랐다. 기사를 보면 그다지 중요한 사건은 아닌 듯하다. 앞에서 살펴본 것과 같이 저우언라이 총리가 알바니아 대사관 행사에서 의례적인 연설을 했을 뿐이다. 그렇다면 왜 「인민일보」는 저우언라이의 반제, 반수정주의 발언을 1면의 머리기사로 뽑았을까? "제국주의는 때려잡지 않을 수 없으며, 수정주의는 싸워서 무너뜨리지 않을 수 없다!" 중앙정부에 닥친 심상치 않은 변화의 조짐일까?

"해서를 비판하라!" : 최초의 음모

그날 신문의 전체를 훑어보면 심상치 않은 조짐이 감지된다. 「인민일보」
5면의 전면과 6면의 하단 학술연구란에는 한 무명 문필가의 문예비평이
게재되었다. 200자 원고지 100매에 18개의 미주까지 달린 긴 글이었다.
그 당시 「인민일보」는 전체 분량이 6면에 지나지 않는 얇은 일간지였다.
흔히 5-6면에 문예 관련 기사가 실리고는 했지만, 전면이 통째로 한 편의
문예비평에 할애된 사례는 극히 드물었다. 저자는 베이징이 아니라 상하
이에서 활약하던 야오원위안(姚文元, 1931-2005)이라는 신예였다. 게다
가 문제의 평론은 20일 전 이미 상하이의 「문회보(文匯報)」에 발표된 글
이었다.

야오원위안의 글 제목은 "신편 역사극 『해서파관』 비평"이었다. 대체
왜 「인민일보」는 이미 다른 언론에 게재되었던 신예 비평가의 긴 평론을
옮겨서 실어야 했을까? 「인민일보」에 게재된 후 곧이어 전국 대부분의
주요 언론이 같은 비평문을 전재했다. 아무도 그 이유를 알 수 없었다.
배후에 최고영도자 마오쩌둥이 있음을 눈치챈 사람은 거의 없었다. 또한
이 사건이 치밀하게 기획되고 은밀하게 추진된 문화혁명 제1막 제1장 첫
꼭지의 방백임은 누구도 알지 못했다.

우한의 『해서파관』, 혁명의 불쏘시개!

『해서파관』은 1961년 역사학자 우한이 쓴 베이징 경극단의 극본이다. 해
서는 가정제에게 직언했던 명나라 충신이다. 우한은 명나라의 태조 주원
장(朱元璋, 1328-1398)의 전기 『주원장전(朱元璋傳)』으로 유명한 당대

1965년 11월 30일 「인민일보」 5면. 야오원위안의 "신편 역사극 『해서파관』 비평" 바로 위에는 1957년에 발표된 마오쩌둥의 연설문을 인용하여 학술연구의 다양성을 옹호하는 "편집인의 견해"가 실려 있다.

최고의 명나라 역사연구자이다. 문필가로 최고의 문명을 날린 그는 당시 베이징 시의 부(副)시장이었다.

1958년 12월 마오쩌둥은 후난 성 창사(長沙)의 전통 악극 "생사패(生死牌)"를 관람한 후부터 "해서의 정신을 배우라!"고 훈시하고 다녔다. 허위 보고를 일삼는 간부들을 질타하기 위함이었다. 명대 역사에 정통했던 우한은 마오쩌둥의 특명을 받아서 『해서파관』을 집필했다. 일곱 차례 수정을 거쳐서야 그는 간신히 작품을 완성할 수 있었다. 대충의 줄거리는 다음과 같다.

명나라 수상 서계(徐階, 1503-1583)는 은퇴 후 귀향한다. 그의 아들 '서영'
은 부랑아이다. 그는 농민의 토지를 강탈하고, 농민 '조옥산'의 아들을 죽게
한다. 그도 모자라서 조옥산의 손녀 '소란'을 납치한다. 소란의 어머니 '홍
씨'는 관아에 가서 억울함을 호소하지만 이미 매수당한 현령 '왕명우'는 조
옥산을 처형하고 홍씨를 쫓아버린다. 마침 응천부 순무(巡撫)로 부임한 '해
서'는 이 사건의 진상을 파헤치는데……. 서계는 해서에게 토지를 헌납할
테니 이 사건을 덮자고 제안한다. 해서는 불법 점유지는 백성의 땅이며,
죄인은 벌을 받아야 한다고 선언한다. 격분한 서계는 조정의 신하들을 움직
여 해서를 탄핵하고, 신임 순무 '대풍상'은 급히 내려와서 해서의 눈앞에
파면의 칙서를 내밀지만, 해서는 황제의 직인을 보면서도 굽힘 없이 죄인들
을 참수하라고 명령한다.

극본이 발표되고 경극이 상연되자 언론의 찬사가 이어졌다. "풍부하고
깊은 의미를 담고 있으며", "관중에게 상상의 여지를 남겨주는" 수작, "역
사연구와 현실참여의 능숙한 결합", "옛날을 빌려와서 오늘날을 풍자하
는" 고위금용(古爲今用)의 전범 등. 역사연구를 혁명의 무기로 활용했다
는 긍정적인 평가도 있었다. 마오쩌둥 역시 경극을 관람한 이후 작품을
칭찬했다.2)

경극의 성공에 고무된 우한은 1961년 10월부터 1964년 7월까지 베이징
시위원회의 기관지 『전선(前線)』에 언론인 덩튀(鄧拓, 1912-1966), 작가
랴오모사(廖沫沙, 1907-1990)와 함께 우난싱(吳南星)이라는 필명으로 60
여 편의 풍자성 칼럼 "삼가촌 찰기록(三家村札記錄)"을 연재했다. 풍부한
역사 지식을 활용한 이들의 칼럼은 큰 반향을 일으키며 대중에게 널리 읽
혔다.

문제의 연재물 "삼가촌 찰기록"의 저자들. 왼쪽부터 덩퉈, 우한, 랴오모사. 이들은 문혁 초기 최초로 공격의 표적이 되었다. (공공부문)

1965년 11월 말 우한은 폭풍에 말려들었다. 그는 갑자기 반혁명 수정주의자로 몰리고 있었다. 전국에서 쏟아지는 비판의 화살이 그를 고슴도치로 만들었다. 곧이어 덩퉈와 랴오모사에게도 불똥이 튀었다. 두 사람이 우한을 변호했기 때문이다. 물론 그들의 이마에도 반혁명분자의 낙인이 찍혔다. 그들은 항변을 이어갔지만 더 극심한 비난과 매도가 잇따랐다. 그들이 써온 모든 글들은 반혁명 활동으로 매도되었다. 당시의 글을 한 편 들춰보면 섬뜩한 언어에 모골이 송연해지고 머리칼이 주뼛 솟는 느낌이 든다.

이들의 반당, 반인민, 반사회주의의 추악한 면모는 이미 백일하에 폭로되었다. 공명정대한 노동자, 농민, 병사들과 혁명간부, 혁명적 지식인들이 '삼가촌' 반당 집단에 대한 올곧고 엄격한 비판을 가했다. 이들의 글은 모두……독초들이다.

문혁 당시 역사학자 우한을 공격하는 홍위병들. 위의 포스터에서 홍위병의 창살이 뚫은 "삼가촌"은 우한, 덩퉈, 랴오모사가 연재했던 칼럼 "삼가촌 찰기록"을 의미한다. 오른쪽 상단을 보면 한 홍위병의 손에 야오원위안의 "신편 역사극『해서파관』비평"이 들려 있다. (공공부문)

집단 광기의 표적이 되어서 수개월간 비난과 욕설에 시달린 사람의 심정은 어떨까? 섬세한 감성을 지녔던 시인 덩퉈는 반년 동안 지속된 집단적 언어폭력을 견디지 못했다. 1966년 5월 17일, 결국 그는 스스로 목숨을 끊었다. 중공중앙이 저 유명한 "5-16 통지"를 돌려서 문화혁명을 공식화한 바로 다음 날이었다. 반면 우한은 덩퉈처럼 자살할 기회도 없었다. 홍위병 집회에 끌려다니다가 1968년 3월 감옥에 갇힌 우한은 1969년 10월 60세의 나이로 쓸쓸히 옥사했다.

음모의 통치술, 속임수의 리더십

정부 안의 그림자 정부에서 마오쩌둥은 열심히 혁명의 시나리오를 구상하고 있었다. 숙청의 스리 쿠션을 치기 위함이었다. 우한은 베이징의 시장인 펑전(彭眞, 1902-1997)과 절친했다. 또한 펑전은 국가주석 류사오치의 측근이었다. 마오는 류사오치를 실각시키기 위해서 펑전을 노렸고, 펑전을 잡기 위해서 먼저 우한을 쳤다. 베이징의 인적 네트워크에서 가장 약한 고리를 자르려는 의도였다. 결국 우한은 문화혁명의 불쏘시개가 되고 말았다.

마오는 중공중앙이 장악한 베이징 대신 상하이를 혁명의 근거지로 삼았다. 그는 상하이 배우 출신인 장칭을 상하이로 보내서 그곳에서 문혁의 핵심조직을 만들게 했다. 상하이 문예계의 중심인물이었던 장춘차오(張春橋, 1917-2005)는 장칭과 긴밀하게 연결된 문화계 핵심인사였다. 장춘차오는 만 34세의 신예 문학평론가 야오원위안을 이념투쟁의 저격수로 발탁했다. 이들은 이후 사인방의 핵심인물로 맹활약한다.

마오의 밀유(密諭)에 따라서 야오원위안은 우한의 『해서파관』을 공격하는 비평문을 집필했다. 마오는 야오원위안이 제출한 아홉 번째 수정본을 출판 직전 여러 차례 첨삭했다. 이 한 편의 글은 국가 속의 깊은 국가에서 마오가 기획하고 감독하고 수정한 문혁의 뇌관이었다.

마오는 베이징의 언론에 글을 게재하고자 했으나 「인민일보」는 야오원위안의 글에 관심을 보이지 않았다. 부득이 야오의 글은 1965년 11월 10일 상하이의 「문회보」에 먼저 실렸다. 그리고 20일이 지나서야 그 글은 「인민일보」 5면과 6면 학술연구란을 장식했다. 20일 사이에 대체 무슨 일이 일어났을까?

폭군의 권모술수, 현대 중국의 비극

1965년 12월 역사학자 우한은 죽음으로 내몰리고 있었다. 어느 날 갑자기 마오를 숭배하는 지식인들이 4년 전에 발표된 그의 희곡『해서파관』을 일사불란하게 공격한 탓이었다. 우한은 학계 및 예술계에 똬리를 튼 반혁명, 수정주의 세력의 상징이 되었다.

마오쩌둥의 혁명 이론에 따르면, 혁명은 언제나 아군과 적군의 식별에서 시작된다. 좌파 혁명가들은 흔히 적아 구분의 편의를 위해서 1명을 가려내 인격적으로 살해한다. 진영을 갈라서 인민을 적과 동지로 양분하는 판에 박힌 수법이다. 우한을 향한 문예계의 비판이 고조되자 그를 옹호하는 집단이 순식간에 부각되었다. 우한의『해서파관』을 놓고 중국의 학계와 문예계가 두 편으로 선명하게 갈라졌다. 얼마 후 언론의 기고문과 관영매체의 선전을 통해서 마오를 추종하는 극좌 세력이 실체를 드러냈다.

문혁의 제1선에는 야오원위안과 치번위(戚本禹, 1931-2016) 등 30대의 젊은 신예들이 배치되었다. 제2선에는 관펑(關鋒, 1919-2005), 장춘차오, 왕리(王力, 1922-1996) 등 40대의 중견 지식인들이 포진했다. 그 뒤에는 마오쩌둥 사상의 이론가 천보다(陳伯達, 1904-1989)와 정보통 캉성, 공안계 권력자 셰푸즈(謝富治, 1909-1972), 문예계의 대모(大母) 장칭이 있었다. 문혁의 사령탑에는 최고영도자 마오쩌둥이 버티고 있었지만, 그는 이미 호화열차에 몸을 싣고 베이징을 떠난 후였다. 그는 우한(武漢)과 항저우(杭州)의 고급 주택을 오가며 베이징의 정치판을 원격 조정했다.

마오는 경제를 망치고 민생을 위기로 내몬 폭군이었다. 인민의 심장에 불을 질러 정적들을 모두 도려내는 음모와 계략의 명수이기도 했다. 폭군의 권모술수, 여기에서 현대 중국의 모든 비극이 시작되었다.

제5장
"지옥의 길은 선의로 포장되어 있다!"

선한 의도가 악한 결과를 낳기도 한다. 정의를 부르짖는 권력자가 불의의 화신이 되기도 한다. 금욕이 파산을 부르기도 한다. 탐욕이 빈민을 구제하기도 한다. 이타심이 빈곤의 악순환을 야기할 수도 있다. 이기심이 번영과 발전의 동력이 되기도 한다. 민주주의가 전체주의를 낳고, 권위주의가 민주화의 초석을 놓기도 한다. 인간의 현실은 복잡하고, 역사의 궤적은 난해하다. 단순한 일반화는 어리석다. 섣부른 예측은 위태롭다.

『시경(詩經)』에 적혀 있듯이 지혜로운 사람은 "살얼음 위에 올라선 듯 깊은 물 앞에 선 듯" 조심조심 돌다리를 두드리며 나아갈 수밖에 없다. 격정이 실패를 부르고 모험이 파멸을 초래한다는 사실을 잘 알기 때문이다. 유럽의 속담대로 "지옥의 길은 선의로 포장되어 있다." 과연 20세기 공산주의 운동은 선의로 포장된 파멸의 길이었다.

20세기 동유럽 및 아시아의 공산주의 정권들은 극적으로 실패했다. 공산주의 명령경제는 미증유의 권력 집중과 자원 배분의 비효율을 초래했다. 사적 소유권이 박탈된 개개인은 국가의 농노로 전락했고, 경제 활동의 자유를 빼앗겼다. 수천 년간 개개인은 머리를 써서 유용한 상품을 만들고 돈을 벌어 집안을 일으키고자 했다. 이제 그들은 코뮌의 우리에 갇힌 가축 신세를 면하지 못했다. 경제 활동의 지혜와 진취적 개척의 정신은 파괴되었다.

공산주의 정권의 인격숭배

공산주의 혁명으로 중국의 모든 재산이 중앙정부에 귀속되었다. 중앙정부의 권력은 고작 300-400명이 속했을 뿐인 중공중앙에 집중되었다. 중공중앙은 다시금 정치국 상무위원 7-9명에 종속되었다. 정치국은 최종적으로 최고영도자의 지휘 아래에 놓였다. 만민평등과 인간해방을 지향하는 사회주의 정권인데, 일인지배의 극단적인 경제적, 사회적 불평등 구조를 낳고 말았다. 이율배반의 모순을 봉합하기 위해서 20세기 공산주의 정권들은 예외 없이 인격숭배를 추진했다.

공산주의 정권의 인격숭배는 어떻게 가능할까? 공산주의자들은 마르크스(Karl Marx, 1818-1883), 엥겔스(Friedrich Engels, 1820-1895), 레닌 등을 역사적 합법칙성을 발견하고 공산혁명의 전략을 제시한 과학적 사회주의자들이라며 칭송한다. 과학기술의 복잡한 원리를 몰라도 인민은 그 혜택을 누릴 수 있다. 과학적 사회주의를 몰라도 인민은 인간해방의 혜택을 누릴 수 있다. 그 혜택을 최대화하기 위해서 인민은 무조건 당의 명령에 복종해야 한다. 무조건적 복종은 혁명적 자기헌신으로 미화된다. 결국 인민 개개인은 "나쁜 머리"를 써서 자발적으로 생각하지 말고, "영묘하고도 천재적인" 혁명적 지도자의 명령에 따라서 가축처럼 우직하게 일을 하라는 주장이다. 인격숭배는 노예의 도덕이다. 플라톤 철인통치의 조악한 복사판이다. 전체주의 정권의 지배 이데올로기이다.

마오쩌둥, 인격신이 되다!

마오쩌둥 인격숭배는 문화혁명의 이념적 기둥이었다. 1950년대 초부터 중공중앙은 지속적으로 마오쩌둥 사상을 정립하고 선전했다. 1951년부터 1977년에 걸쳐 5권의 정본으로 출간된 『마오쩌둥 선집(毛澤東選集)』은 1925년 이래 마오쩌둥이 남긴 소논문, 팸플릿, 연설문 등 모든 저작의 집대성이었다.

1964년 1월 5일 국방장관 린뱌오는 인민해방군의 정신 무장을 위해서 『마오쩌둥 어록(毛主席語錄)』을 출판했다. 중국에서는 "홍보서(紅寶書)" 또는 "소홍서(小紅書)"라는 별칭으로, 손바닥만한 작은 책자라서 서구에서는 "작고 붉은 책(A Little Red Book)"이라고 불린 이 책은 최초에는 23개 주제 아래에 200개 어록을 채록한 형태였다가 이내 25개 주제 267개 어록으로, 이후 33개 주제의 427개 어록으로 증보되었다. 공산당, 계급투쟁, 군중노선 등 공산주의 이론뿐만 아니라 청년, 여성, 문화예술, 학습 방법 등 사회발전과 자기향상의 교안까지 담긴, 그야말로 마오쩌둥 사상의 요체였다. 편찬자 린뱌오의 서문에는 이런 구절이 있다. "수많은 대중이 이해하는 순간, 마오쩌둥 사상은 마르지 않는 힘의 원천이 되고 무한한 권력의 정신적 핵폭탄이 된다!" 과연 소홍서는 문화혁명의 경전이 되었다.

1950년대까지 공산권에서는 1937년에 편찬된 스탈린의 『볼셰비키 당사, 속성 강좌(History of the Communist Party of the Soviet Union : Short Course)』가 가장 널리 보급된 관제 베스트셀러였다. 『마오쩌둥 어록』은 그 책의 보급량을 수백 배 웃도는 베스트셀러가 되었다. 1967년 5월경에 이르자 『마오쩌둥 어록』은 공산권뿐만 아니라 영국과 프랑스, 독일과 일본까지 널리 보급되었다. 일설에 따르면, 이후 이 책자는 전 세계적으로 65억 부 정도가 유포되었다고 한다. 『성경』에 버금가는 세계 최대의 베스트셀러였다.

1967년경 단체로 『마오쩌둥 어록』을 읽고 있는 홍위병의 모습. (공공부문)

　"소홍서"의 편찬과 출판을 관장한 린뱌오는 군에서부터 마오쩌둥 인격 숭배를 개시했다. 머지않아서 마오는 살아 숨쉬는 불멸의 인격신으로 떠받들어졌다. 1964년 이후 그는 중국 방방곡곡에서 태양으로 군림했다. 당, 군, 민 모두 날마다 마오의 어록을 읊조렸다. 마오는 혁명의 지도자를 넘어서 인생의 스승이 되었다.

　밤낮으로 "마오쩌둥 주석 만세!"를 외쳐대는 수억의 인민대중 없이 문화혁명은 일어날 수 없었다. 그들은 중공정부의 선전에 의해서 날마다 체계적으로 훈련되고 조정되고 세뇌당한 마오쩌둥의 추종자들이었다. 요컨대 문화혁명은 인격숭배의 결과였다. 인격숭배가 낳은 관제의 대중 운동이었다.

마오의 건망증, 혹은 바보 시늉

마오쩌둥 치하 중공정부는 중앙에 집중된 권력을 유지하기 위해서 인격숭배를 강요했다. 표면상 당시 중국의 인민들은 모두 열광적으로 마오쩌둥 인격숭배에 빠져들었던 듯하다. 대기근의 참상을 겪은 중국 인민들이 어떻게 그토록 불합리한 개인숭배의 미망에 사로잡혔을까? 개인숭배의 광열을 비판하고 거부했던 비판 세력은 과연 한 사람도 없었을까? 물론 어느 사회나 아웃라이어(outlier)는 있기 마련이다.

1962년 덩퉈는 "건망증 전문치료"라는 칼럼을 썼는데, 그 내용을 보면 마오쩌둥을 조롱하는 풍자로 읽을 수도 있다.

> 건망증을 보이는 사람은 늘 식언을 해서 도무지 믿을 수가 없다. 심지어는
> 타인에게 그 사람이 일부러 미친 척하고 바보 시늉을 하지 않나 의심하게
> 만든다. 절대로 신임할 수 없다! (중략) 극심한 증상이라도 드러나면 절대
> 안정을 취해야 한다. 아무 말도 하지 말아야 하며, 아무 일도 해서는 아니
> 된다. 억지로 말을 하고 일을 하면 대란을 일으킬지도 모른다.

마오쩌둥은 1957년 사상의 다양성을 옹호하며 지식계의 자유로운 비판을 허용한 후, 곧바로 반우파 투쟁을 일으켜 50만여 명의 지식인들을 숙청했다. 실로 무서운 "건망증"이 아닐 수 없었다. 반우파 투쟁을 생생히 기억

하는 사람들은 덩퉈의 글에서 촌철살인의 풍자를 읽었을 듯하다.

면도날처럼 날카로운 풍자였지만, 언론인의 저항은 문혁의 쓰나미 앞에서 작은 집채도 되지 못했다. 반년 동안 사상의 자유를 옹호하며 역사학자 우한을 변호했던 덩퉈는 결국 인격살해의 화살을 견디지 못하고 1966년 5월 17일 스스로 목숨을 끊었다. 「인민일보」의 편집권을 통해서 저항한 평전 역시 곧 홍위병의 조롱거리로 전락하고 말았다. 덩퉈의 글을 실은 평전의 이야기는 잠시 뒤로 미룬다.

만민평등의 사회주의 이념이 어떻게 인격숭배와 공존할 수 있을까? 이는 20세기 공산주의자들의 정신적 타락이며 이념적 파산일 뿐이다. 어떤 이유에서라도 만민평등을 내건 사회주의 정권이 지도자를 "최고 존엄" 따위의 말로 미화할 수는 없다. 마르크스의 인간학 역시 모든 인간은 존엄하고, 모든 인간은 평등하다는 전제 위에 서 있다. "최고 존엄"이란 전체주의 전제 정치의 독재 유지 수단일 뿐이다. 인격숭배야말로 마오주의의 가장 어두운 단면이다.

좌파와 극좌파의 투쟁

정치투쟁은 인간의 숙명인가. 열혈 공산당원들끼리 모이면 그들은 다시 좌우로 나뉘어 죽고 죽이는 싸움을 벌인다. 1960년대 중공중앙의 핵심인물들은 모두가 빛나는 혁명 이력을 자랑하는 "붉디붉은" 투사들이었다. 그럼에도 그들 가운데 다수는 문혁 당시 반혁명, 수정주의, 우경분자로 몰려 숙청되고 말았다.

1927년 12월 11일 취추바이(瞿秋白, 1899-1935)는 2만 병력을 투입하여 광둥 성(廣東省) 광저우(廣州)를 점령하고는 불과 이틀 만에 국민당군에 궤멸당했다. 리리싼(李立三, 1899-1967) 역시 1930년 7월 후난 성 창사를 점령하지만 며칠 후 국민당군의 반격으로 패주하고 말았다. 이어서 왕밍을 위시한 모스크바 유학파 "28명의 볼셰비키들"이 당권을 장악했는데, 그들의 무모한 군사전략은 당의 존립을 위태롭게 만들었다.

1930년대 마오쩌둥은 취추바이의 맹동주의(盲動主義 : 맹목적인 행동주의), 리리싼의 모험주의, 왕밍의 교조주의 등을 대표적인 "좌의 착오"라고 비판했다. 가령 1937년 7월에 발표한 "실천론"에서 그는 다음과 같이 말했다.

우리는 좌익 공담주의(空談主義)에 반대한다. 그들의 사상은 객관적 과정의 일정한 발전 단계를 넘어 환상을 진리로 간주하고, 또 먼 미래에나 실현 가능한 이상을 억지로 지금 당장 적용하려고 든다. 대다수 사람들의 당면한 실천과제에서 유리되고, 당면한 현실을 벗어난다. 이들의 사상은 행동상 모험주의로 표출된다.

1930년대 마오쩌둥은 현실을 벗어난 일체의 공상, 맹동과 모험을 따옴표를 붙여서 "좌"라고 불렀다. 20년쯤 지난 1955년, 그는 또 다음과 같이 "좌"를 비판했다.

"좌"란 무엇인가? 시대를 초월하고 당면한 눈앞의 상황을 무시한 채 정책과 방침에서, 또 행동에서 모험적으로 나아가는 것이다. 투쟁의 문제에서, 쟁론을 일으키는 문제에서도 어지럽게 싸우는 것, 그것이 바로 "좌"이다. 좋지 않다.

입으로는 극좌의 위험에 경종을 울렸지만, 만년의 마오에게 절제된 균형 감각이나 중용의 미덕 따위는 기대할 수 없었다. 특히 1957년 이후 마오쩌둥의 정치적 행보는 좌경화의 극단이었다. 대약진 운동의 실패 이후 마오는 더욱더 왼쪽 끝으로만 달려갔다. 성마른 혁명분자의 강박증을 흔히 좌익 소아병(infantilism)이라고 부른다. 젊은 시절 그는 좌익 소아병을 앓는 극좌의 맹동과 모험을 비판했다. 어쩌면 마오는 늙어서야 좌익 소아병을 앓았던 듯하다. 그 병증의 표출이 바로 문혁이었다.

문혁의 개시, 좌우의 사상전쟁

1965년 12월 중국의 지식인들은 좌우 사상전에 돌입했다. 역사학자 우한을 옹호하는 지식인들은 학술토론의 독립성과 사상의 자유를 부르짖었다. 언론 지면을 장악한 극좌의 저격수들은 그들을 단숨에 반혁명분자로 몰아갔다.

앞에서 살펴보았듯이 우한은 1960년대 역사극『해서파관』의 극본을 직접 썼다. 1965년 당시 베이징 시의 부시장이었던 그는 경극의 성공으로 더 큰 명성을 얻었다. 바로 그때『해서파관』이 문혁의 도화선이 되었다. 『해서파관』의 내용은 분명 마오쩌둥에 대한 풍자로 읽힐 수 있다. 명나라 가정제는 직언하는 충신 해서를 파면했다. 마찬가지로 마오쩌둥은 1959년 여름 루산 회의에서 대기근의 참상에 관해서 직언하는 국방장관 펑더화이를 파면했다. 그럼에도 마오쩌둥은 해서를 칭송하고, 해서를 닮으라며 우한에게『해서파관』의 대본을 쓰게 했다.

직언을 꺼리는 간부들을 경계하고 질타하는 순수한 의도였을 수도 있다. 극 중의 가정제는 간신들의 요설에 속은 잘못밖에 없었다. 마오 역시

간부들의 허위 보고에 속았다면, 대약진의 오류는 거짓을 유포한 자들에게 귀속된다. 마오는 면죄부를 얻을 수도 있다. 그러나 설령 그렇다고 해도 충신 해서는 펑더화이의 화신이었다. 이런 맥락에서 보면 해서를 파면한 후 사약을 내린 가정제는 바로 마오가 된다. 펑더화이는 충신이며, 마오쩌둥은 기껏 혼군(昏君)이라는 비판을 면할 수 없다. 과연 그가 그 함의를 몰랐을까?

주치의 리즈수이(李志綏, 1919-1995)의 회고에 의하면, 그 역시 마오의 계략일 수도 있다. 리즈수이의 주장대로 마오가 모든 상황을 미리 내다보고 함정을 파놓았을 수도 있다. 이후 해서를 칭송했던 자들은 문혁의 칼날을 피할 수 없었다. 뱀을 동굴 밖으로 끌어내는 "인사출동"의 전술이었다. 거듭되는 마오의 공공연한 음모, 거짓 꾀, 곧 양모였다.

후스와 우한, 극좌의 우파 사냥

극좌의 저격수들은 실로 많은 무기들을 가지고 있었다. 문혁 당시 인민의 공적은 흑오류(黑五類)였다. 흑오류란, 지(地), 부(富), 반(反), 괴(壞), 우(右), 곧 지주, 부농, 반혁명 세력, 파괴분자(혹은 악랄분자) 및 우파 등 다섯 부류의 검은 무리를 의미한다. 이와 더불어 국민당 반동파와 수정주의 당권파(當權派)가 문혁 당시 집중적인 타도 대상이 되었다. 극좌 저격수들이 휘두르는 언어의 무기들은 실로 막강한 파괴력을 발휘했다. 그 연원을 추적해보면, 이 모두는 마오쩌둥 사상으로 귀결된다.

역사학자 우한은 저장 성(浙江省) 이우(義烏)의 빈농 출신이었다. 1940년대 후반 그는 중국민주동맹에 참여했다. 중국민주동맹은 중국공산당의 영도 아래에서 1949년 9월 말 중국인민 정치협상회의에 참여한 제2의 민

1955년 우한과 그의 아내 위안전(袁震, 1907-1969), 딸 우샤오옌(吳小彦, 1954-1976)의 모습. 위안전은 1969년 3월 18일 강제노역에서 풀려난 직후 사망한다. 60일 후 우한은 감옥에서 가혹 행위를 당하다가 병사한다. 딸은 성폭행당하고 투옥된 후 1976년 9월 23일 자살한다. 사인방이 체포되기 불과 2주일 전의 일이었다. (공공부문)

주당파였다. 출신과 정치 이력 측면에서 그에게는 결격사유가 없었다. 따라서 극좌의 저격수들은 우한의 인격을 살해하는 방법을 찾았다. 1965년 12월부터 극좌의 저격수들은 후스(胡適, 1891-1962)와 우한의 사제관계를 부각하는 전술을 쓰기 시작했다.

후스는 백화 운동을 주도한 5-4 운동의 상징이었다. 그는 컬럼비아 대학교에서 존 듀이(John Dewey, 1859-1952)의 지도를 받은 철학자였다. 1928년 우한은 상하이의 중국 공학에 입학했는데, 당시 그 대학의 총장이 바로 후스였다. 후스가 베이징 대학의 교수로 부임하자, 우한은 후스의 추천을 받아서 칭화 대학에 입학해 명나라 역사를 연구했다. 이후 우한은 칭화 대학의 교수가 되었고, 학장도 역임했다.

국공내전이 막바지로 치달을 때, 우한은 스승 후스에게 공산주의로의 전향을 설득했지만, 후스는 국민당 정부를 따라서 타이완으로 떠났다. 우한은 그렇게 후스와 사상적으로 확연히 다른 길을 걸었다. 그후 20년 가까이 공산당원이자 학계의 권위자로서 흠결 없는 학술 업적과 이력을 쌓아왔지만, 저격수들은 우한을 후스의 추종자로 몰아세웠다. 대표적으로 1965년 12월 8일 발표된 치번위의 "혁명을 위한 역사연구"는 1920-1930년대 후스가 제창했던 초(超)계급의 순수객관의 실증사관이야말로 자산계급의 관점이라고 비판했다. 1966년 봄이 되자 우한과 후스를 엮는 정치적 비방은 점점 더 고조되었다. 급기야 1966년 6월 3일 「인민일보」는 1930-1932년 우한과 후스가 주고받은 12장의 서신과 후스가 우한에게 써준 추천서까지 전면 공개했는데, 그 내용은 중국 역사에 관한 진지한 학술적 대화일 뿐이었다. 우한이 후스의 추천으로 칭화 대학에 진학했으며, 이후 후스에게 학술 자문을 구했다는 35여 년 전의 사실만을 들어 우한을 반동학술권위, 반혁명분자로 몰아간 마녀사냥이었던 셈이다. 상식적으로 억지주장에 불과했지만, 마타도어(matador : 흑색선전)의 효력은 대단했다.

후스는 공산주의 대신 자본주의를, 마오쩌둥 대신 장제스를 선택한 대표적인 자유주의 사상가였다. 후스와 우한의 사상적 유대관계가 증명되는 순간, 우한은 국민당 반동파로 낙인찍힐 수밖에 없었다. 저격수의 총탄이 그의 심장에 명중했다. 이미 우한은 소생불가능의 상태에 내몰렸다. 그의 목숨은 3년 더 연장되었지만, 이는 잔혹한 형틀에 묶인 삶일 뿐이었다. 스스로 공산주의자를 자처한 우한으로서는 억울한 일이었다. 문혁의 광기 속에서 좌를 우로 몬 극좌의 비극이었다.

제6장

독재의 시작은 비판여론 탄압

독재의 알파는 비판여론 탄압이다. 독재의 오메가는 헌법 개정이다. 독재
자는 문인들의 입을 틀어막는다. 시민의 대자보를 단죄한다. 진실을 파헤
치는 언론을 범죄시한다. 실상을 드러내는 논문은 죄악시한다. 독재자는
반대를 반동으로, 비판을 반역으로, 풍자를 신성모독으로 몰고 간다. 공포
에 질린 나머지 모두가 입을 닫으면, 독재자는 헌법을 뜯어고쳐 국체를
바꾸려고 든다. 독재의 합법화가 독재의 완성이기 때문이다.

앞에서 살펴본 바와 같이, 1965년 11월 10일 돌연히 신예 비평가 야오
원위안의 긴 글이 상하이의 「문회보」에 게재되었다. 역사학자 우한의 역
사극 『해서파관』을 이념적 독초라고 혹평한 문예비평이었다. 그후 2주일
에 걸쳐서 그 글은 저장 성의 「절강일보(浙江日報)」, 산둥 성(山東省)의
「대중일보(大衆日報)」, 장쑤 성(江蘇省)의 「신화일보(新華日報)」, 푸젠
성(福建省)의 「복건일보(福建日報)」, 안후이 성(安徽省)의 「안휘일보(安
徽日報)」, 장시 성의 「강서일보(江西日報)」 등에 전재되었다. 심상치 않
은 이념전쟁의 조짐이 전국으로 확산되고 있었는데……. 어찌된 일인지
18일이 지나는 동안 수도 베이징에서는 어떤 지면에도 그 글이 실리지 않
고 있었다.

당시 베이징 시장은 중공중앙 정치국 상무위원 펑전이었다. 펑전은 베

이징의 모든 언론에 그 글을 게재하지 말라고 명했다. 전국이 벌겋게 물이 드는데, 아슬아슬하게 베이징만 사상의 해방구로 남아 있는 형국이었다. 펑전이 저항하자 상하이 시위원회는 야오원위안의 비평문을 단행본으로 출판해서 전국에 유포하려고 했다. 이에 따라서 11월 24일 상하이의 신화서점이 전국의 지점에 출판 압박을 가했다. 전국의 다른 지점에서는 모두 출판하겠다는 의사를 알려왔지만, 베이징 지점은 답신을 미루고만 있었다. 닷새가 지나자 베이징 지점도 마지못한 듯이 동의서를 전송했다. 결국 야오원위안의 문장은 11월 30일 「인민일보」의 학술연구란에 실렸다. 11월 28일 총리 저우언라이가 완강히 저항하는 펑전을 직접 만나서 야오원위안의 글을 신속히 게재하라고 독촉했기 때문이었다. 물론 저우언라이는 펑전에게 이 사태의 배후가 마오임을 알렸다.1)

마오의 압력으로 야오원위안의 글을 「인민일보」에 전재하게 되었지만, 펑전의 저항은 수그러들지 않았다. 일단 그는 신문의 학술연구란에 지면을 할애해서 글을 게재한 목적이 학술임을 분명히 밝혔다. 아울러 "편집인의 견해"에서 1957년 마오가 제창한 "백화제방"을 인용하며 사상의 다양성을 옹호했다. 마오의 압박에 저항하기 위해서 마오 자신의 어록을 들이민 셈이었다.

이후 「인민일보」는 한 달여에 걸쳐서 좌우논쟁의 장(場)이 되었다. 펑전은 논쟁을 통해서 불합리한 이념을 물리치고 사상의 자유를 확대할 수 있으리라고 기대했는데……

2월 제강, 최후의 저항

1965년 2월 펑전은 무익한 논쟁을 종식하기 위해서 5인 소조(五人小組)

회의를 소집한다. 5인 소조는 1964년 7월 마오쩌둥의 명령에 따라서 구성된 중공중앙의 특별 조직으로, 문예계의 정풍 및 학술 비판의 임무를 부여받았다.

조장은 펑전이었다. 부조장은 국무원 부총리이자 중앙선전부 장관 루딩이(陸定一, 1906-1996)였다. 나머지 3명은 문예계의 거장 저우양(周揚, 1908-1989), 신화사 사장 겸 「인민일보」의 편집장 우렁시(吳冷西, 1919-2002), 문화부의 부부장(副部長, 차관) 캉성이었다.

그중 1940년대부터 비밀정보 총책으로 활약한 캉성은 자타가 공인한 마오쩌둥의 오른팔이었다. 문혁 기간 내내 캉성은 사인방과 더불어 극좌파의 지략가로 활약했다. 5인 소조에 박아둔 심복 캉성을 통해서 마오는 실시간으로 그들의 은밀한 대화를 도청하듯이 훤히 전해듣고 있었다.

5인 소조 회의에서 펑전은 노골적으로 우한의 변호인을 자처하고 나섰다. 그는 『해서파관』 논쟁은 순수한 학술토론일 뿐이며, 우한과 펑더화이가 조직적으로 연계되어 있다는 일부 과격분자들의 주장은 사실무근이라고 주장했다. 마오의 심복 캉성은 그 자리에서 아무런 반론도 제기하지 않았다.

다음 날 루딩이는 선전부를 통해서 그동안 전개된 조사의 보고서를 작성했다. 2월 5일 펑전은 세 차례에 걸쳐서 수정한 보고서를 들고 중공중앙 정치국 상무위원회에 보고했다. 류사오치, 저우언라이, 덩샤오핑 등 중앙 행정의 실권을 쥐고 있는 당권파들은 펑전의 보고서를 승인했다. 2월 7일 보고서의 최종본이 우한 시의 고급 주택에 체류하는 마오에게 타전되었다. 펑전의 보고서는 이후 "2월 제강(提綱)"이라고 불리게 되었다.

2월 제강이 마오에게 전달된 바로 다음 날 펑전은 루딩이, 캉성, 우렁시와 함께 비행기를 타고 우한 시로 가서 마오를 알현했다. 이미 중공중앙의 승인을 얻은 펑전은 자신감 넘치는 목소리로 마오에게 2월 제강의 내용을 전달했다. 마오를 앞에 둔 그는 실사구시의 정신을 강조하며 진실 앞에서 만민이 평등하다고 말했다. 마오쩌둥 사상을 마오 자신에게 확인해준 셈이었다. 마오가 물었다. "우한이 당과 사회주의에 반대하는가? 또 우한은 펑더화이와 정치적으로 연결되어 있는가?" 펑전은 두 가지를 모두 부인했다.

그 짧은 접견에서 마오는 속내를 철저하게 감춘 채 별일 없다는 듯 2월 제강을 승인했다. 닷새 후인 1966년 2월 13일, 중공중앙은 2월 제강을 인쇄해서 기밀 문서의 형식으로 당내에 배포했다. 이는 문제의 2월 제강을 중공중앙의 당권파가 공식적으로 승인했음을 의미했다.

2개월간 펑전은 학술토론을 용인하고 최소한의 사상적 다양성을 지키고자 발버둥 쳤다. 베이징 시장으로서 그는 버티고 싸웠지만, 학술토론의 방어선은 곧 무너지고 말았다. 마오가 당권파를 향한 이념 공세를 이어갔기 때문이다. 마오의 지시에 따라서 직접 행동에 나선 주인공은 바로 그의 아내 장칭이었다. 1966년 4월 10일 중공중앙은 린뱌오의 요청에 따라서 장칭의 주재로 개최된 군부대의 "문학, 예술 공작 좌담회의 기요(紀要)"를 반포했다. 이 문건에는 다음 구절이 삽입되었다.

건국 이래 우리는 마오쩌둥 사상을 정면으로 부정하는 반공산당, 반사회주의 세력의 독재 아래에서 살아왔다!

놀랍게도 마오쩌둥이 중공중앙의 당권파 모두를 독재 세력으로 규정한 셈이었다. 최고영도자가 중공중앙을 독재의 기구라고 단정하는 부조리한 상황이었다. "해방" 이후 17년간 중국공산당의 역사 전체가 반혁명 세력의

"삼반분자 펑전" 홍위병 집회에서 비투당하는 펑전. 홍위병들이 비판의 의미로 펑전의 이름에 X를 그어놓았다. 삼반은 반공산당, 반사회주의, 반마오쩌둥 사상을 의미한다. (공공부문)

독재였다는 충격적인 선언인데, 그 근거는 고작 마오쩌둥 사상에 대한 반대였다.

돌이켜보면, 야오원위안의 『해서파관』 비평은 마오가 깔아놓은 밑밥이었다. 그 밑밥을 먹기 위해서 호수의 물고기들이 떼를 지어 몰려들기 시작했다. 배후에 숨어서 싸늘한 침묵을 지키고 있던 마오는 마침내 촘촘하게 짜인 큰 그물을 던졌다. 펄떡거리던 물고기 떼가 일시에 그물에 걸려드는 순간이었다. 누구든 우한의 편에서 야오원위안을 비판하게끔 방치한 후, 그들의 말과 글을 증거 삼아서 숙청하는 판에 박힌 마오 방식의 정치 보복이었다.

캉성의 일지에 따르면, 마오는 1965년 여름부터 치밀하게 모든 상황을 기획하고 있었다. 혁명의 시나리오에 따라서 마오는 11월 초에 호화열차를 타고 유유히 베이징을 떠나서 남방으로 향했다. 이후 그는 항저우와 우한의 고급 주택에 머물면서 문혁의 불길을 댕겼다. 1966년 7월 중순 우한의 양쯔 강에서 수영하는 장면을 연출한 후 마오가 무려 8개월 만에 베이징으로 복귀했을 때, 문혁의 불길은 이미 활화산처럼 타오르고 있었다.

5-16 통지, 대반란의 허가증!

1966년 5월 18일 중국의 국방장관 린뱌오는 정치국 확대회의에서 다음과 같은 발언을 했다.

> 혁명의 근본 문제는 바로 정권의 문제이다. 정권을 얻으면 무산계급 노동 인민은 일체를 획득한다. 정권을 잃으면 일체를 상실한다.……정권은 무엇 인가? 한 계급이 다른 계급을 압박하는 도구이다. 정권은 (반대 세력을) 진압하는 권력을 말한다.

일찍이 1927년 3월 마오쩌둥은 "혁명은 한 계급이 봉기를 통해서 다른 계급을 무너뜨리는 폭동"이라고 규정한 바 있었다. 마오쩌둥의 이 명언을 원용해서 린뱌오는 "정권은 한 계급이 다른 계급을 압박하는 도구"라고 단언했다. 분명 그는 무산계급의 정권 획득 그 자체를 혁명의 완성이라고 생각했다. 반면 혁명의 실현을 위한 구체적인 정책에 대해서는 큰 관심이 없었다.

마오쩌둥의 총애를 받아서 국방장관의 지위에 오른 린뱌오는 문혁 초기 중공정부의 2인자로 급부상했다. 그런 린뱌오가 바로 이 시점 "혁명은 곧 정권의 탈취"라고 선언한 이유는 무엇일까? 이틀 전 정치국 확대회의에서 공식적으로 문화혁명의 개시를 알리는 이른바 "5-16 통지"가 채택되었기 때문이었다.

거수로 만장일치 통과된 5-16 통지는 무산계급 문화대혁명의 개시를 알리는 중공중앙의 공식 포고문이었다. 5-16 통지의 작성에는 마오쩌둥의 수족들인 비밀정찰의 귀재 캉성, 중공의 이론가이자 마오의 유령작가 천보다, 이후 사인방으로 맹활약하는 장칭과 장춘차오, 『홍기(紅旗)』의 편집인 관펑 등이 참여했다. 그들은 2월 제강의 10대 죄악을 지적하면서 펑전 등을 반혁명분자로 몰아갔다. 그가 우한의 희곡 『해서파관』을 옹호하고, "진실 앞에서 만민이 평등하다"고 주장했다는 이유였다.

마오쩌둥의 의도를 간파한 저우언라이는 1966년 5월 21일 총리 정치국 회의에 "문화대혁명은 지방이 아니라 중앙, 국제정세가 아니라 국내정세, 당외가 아니라 당내, 하급 관료가 아니라 고급 관료에 집중된다!"고 발언했다. 상황이 급변하자 2월 제강에 동조한 인사들은 서둘러 발뺌을 했다. 2월 제강 자체가 반사회주의, 반마오쩌둥, 반공산당의 증거물이 되었기 때문이다.

중공중앙에서 중책을 맡고 있던 4명의 핵심인물이 가장 먼저 문혁의 형

1966년 5월 16일 배포된 중공중앙의 2급 비밀 문서 중발 267. 이후 "5-16 통지"로 알려졌다. 이 문서는 1년 후인 1967년 5월 17일 「인민일보」에 게재되었다.

틀에 올랐다. 베이징 시장 펑전, 중앙군사위원회 연합참모총장 뤄루이칭(羅瑞卿, 1906-1978), 중앙선전부 장관 루딩이, 중난하이(中南海)의 실무를 관장하는 중앙판공청의 주임 양상쿤(楊尙昆, 1907-1998)이었다.

펑, 뤄, 루, 양 4대 가족을 몰아내라

1966년 5월 18일 린뱌오의 연설문에 따르면, 펑전은 중앙서기처를 쥐락펴락했다. 뤄루이칭은 군권을 장악했다. 루딩이는 문화, 사상전선의 지휘관이었고, 양상쿤은 국가의 기밀, 정보 및 정부의 연락망을 관장하던 인물이었다. 린뱌오는 "정변을 일으키기 위해서는 신문, 방송, 문학, 영화, 출판 등 선전매체와 군대를 동시에 장악해야" 한다고 말했다. 바로 이 4명이 정부를 장악하고 반혁명의 정변을 꾀하고 있음을 염두에 둔 발언이었다.

마오쩌둥은 이미 1965년 11월 중순 베이징을 떠날 때에 양상쿤을 파면해서 몰아내고는 대신 그의 심복 왕둥싱(汪東興, 1916-2015)을 그 자리에 앉혔다. 이어서 린뱌오는 자신의 아내 예췬(葉群, 1917-1971)이 뤄루이칭을 보좌하던 중앙군사위원회 부비서관 샤오샹룽(肖向榮, 1910-1976)을 공격하도록 했다. 마오쩌둥은 펑전을 잡기 위해서 우한을 조준 타격했고, 린뱌오는 뤄루이칭을 잡기 위해서 우선 샤오샹룽을 조준했다.

대부분 눈치조차 챌 수 없었지만, 그러한 조치들이 야오원위안의 『해서파관』 비판과 정교하게 맞물리고 있었다. 반년 전부터 마오는 겉으로는 우한의 『해서파관』을 비판하면서 물밑에서는 군부의 거물을 몰아내는 2개의 작전을 짜고 있었다. 노회한 영도자가 불면의 밤을 보내며 짜낸 정변의 모략이었다.

1966년 6월부터 펑, 뤄, 루, 양 4대 가족을 향한 지독한 인민 재판이 전개되었다. 중난하이에서는 중공중앙의 핵심인물들이 모두 모인 가운데 이들을 규탄하는 첫 번째 집회가 열렸다. 곧이어 베이징 전 지역에서 집회가 이어졌다.

정변, 집권 세력의 교체

인민 재판의 광기 속에서 날마다 조리돌림당하던 뤄루이칭은 결국 건물 밖으로 뛰어내려 자살을 시도했다. 미수에 그쳐 생명을 부지했지만, 그는

부러진 다리로 홍위병에게 들려 비투의 단상에 오르는 뤄루이칭의 모습. (공공부문)

한평생 불구가 되고 말았다. 그가 병원에 있는 동안 그의 아내는 그를 대신하여 집회에 불려나가서 비투를 당했다. 연말부터는 홍위병들이 뤄루이칭을 들것에 싣고 가서 비투의 단상에 올렸다.

비투는 한 개인의 영혼을 산산이 짓밟는 탈법의 인격살해, 초법의 집단 린치였다. 비투의 단상으로 끌려나온 반혁명분자들에게는 두 팔을 양옆에서 잡아 비틀며 머리채를 짓누르는 제트기 자세의 고문이 행해졌다. 홍위병들은 그들의 머리에 우스꽝스러운 모자를 씌우고 욕설을 퍼붓고 침을 뱉고 손찌검을 하고 발길질을 했다. 피해자들은 비투의 단상에서 무릎을 꿇거나 우두커니 선 채로 몇 시간이고 군중의 비난과 욕설을 감내해야 했다.

가족 친지를 엮는 연좌제도 일상적으로 행해졌다. 루딩이 역시 자신의 아내와 함께 홍위병 집회에 끌려나가서 지속적으로 비투를 당했다. 또한 그의 아들과 3명의 처제들도 각각 6-9년 동안 옥살이를 해야 했다. 그의 장모는 감옥에서 병사했다.

베이징 시장 펑전의 운명도 크게 다르지 않았다. 그는 거의 날마다 집회에 불려나가서 비판과 모욕, 조롱, 고문을 당해야 했다. 물론 문혁의 칼바람은 펑전 한 사람에게 국한되지 않았다. 베이징 시위원회의 부시장 10명이 그해 6월 모두 파면되었다. 그를 보좌하던 81명의 관원들은 곧 쥐도 새도 모르게 구속되었다.

펑전의 사람들이 모두 축출된 후, 지방에서 새로 발탁된 당성 좋은 관원들이 베이징 시위원회의 요직에 낙하산을 타고 내려왔다. 쉽게 말하면, 이 모두는 펑전 집단을 모두 축출하고 마오쩌둥의 수족들로 정부조직을 전면 개편하는 과정이었다. 혁명은 결국 정변일 뿐이었다.

정변 속에서 자행된 가혹 행위는 곧 수많은 사람들의 자살로 이어졌다. 5월 18일 역사학자 우한을 변호했던 언론인, 문제의 연재물 "삼가촌 찰기록" 공동집필자, 베이징 시위원회 서기처의 서기 덩퉈가 생애 마지막 작품을 완성한 후 다량의 수면제를 복용하고 영면했다. 불과 이틀 전 중공중앙은 5-16 통지를 채택했고, 「인민일보」는 덩퉈를 반도(叛徒)로 몰아 단죄하는 『홍기』의 비평 전문을 옮겨와서 실었다. 반도로 몰린 덩퉈는 죽음으로써 스스로의 결백을 증명하려 했나? 그의 유서에는 다음과 같은 말이 보인다.

내 이 마음은 영원히 경애하는 당을 향하며, 경애하는 마오 주석을 향하고 있다. 이제 내가 그대들을 떠나니 다시금 크게 외치게 해다오! 위대하고,

1966년 홍위병 집회에 끌려나와서 비투당하는 펑전, 루딩이, 뤄루이칭, 양상쿤의 모습(왼쪽부터 순서대로). (공공부문)

영광되고, 언제나 옳기만 한 중국공산당 만세! 우리들의 경애하는 수령님
마오 주석 만세! 위대한 마오쩌둥 사상 만세![2]

그렇게 덩퉈는 당과 수령을 향해서 영원한 충성을 외치며 스스로 목숨을 끊었다. 당의 주장대로 당이 무조건 옳다면 어떻게 충성스러운 그를 반도로 몰아가는 오류를 범할 수 있나? 만약 그가 당과 수령을 원망하고 저주하면서 자살했다면, 그를 반도로 몰아간 당의 결정이 옳았다는 이야기가 된다. 당과 수령에 충성을 거듭 맹세한 후 스스로 목숨을 끊음으로써 덩퉈는 당과 수령이 자신을 반도로 몰아가는 오류를 범했음을 몸소 증명해 보인 셈이었다.

"문화혁명 대군을 검열하는 마오 주석!" "그대들은 국가의 대사에 관심을 기울여야 한다. 무산계급 문화대혁명을 철저하게 진행해야 한다." 문혁 당시의 분위기를 잘 보여주는 판화 작품. 이 작품 속에서 마오쩌둥 옆에 선 인물이 바로 린뱌오이다. 1969년 린뱌오는 마오의 후계자로 공식 지명되지만, 1971년 9월 13일 비행기를 타고 소련으로 망명하다가 추락사한다. (공공부문)

5월 23일, 덩퉈에 이어서 톈자잉(田家英, 1922-1966)이 중난하이에 위치한 자신의 거소 잉푸탕에서 목을 맸다. 그는 마오쩌둥의 총애를 받으며 정치 비서로 18년간 활약한 마오쩌둥의 최측근이었다. 문혁 초기의 광풍 속에서 그는 "마오쩌둥 저작을 조작한" "일관된 우경분자"로 몰려서 정직 당한 후 반성을 강요당하고 있었다. 18년간 마오의 지근거리에 있던 사람이 우경분자라면, 마오쩌둥의 목숨이 위협받고 있었다는 이야기가 될 수도 있었다. 살아남았다면 그는 대역무도한 음모죄를 쓰고 처참하게 죽임을 당했을 터였다. 따라서 그의 죽음 역시 마오쩌둥에 대한 강렬한 항의로 해석될 여지가 있다. 가령 양지성은 톈자잉이 "마오쩌둥의 행위에 동의하지 않아서 절망에 이른 나머지 목을 매고 자살했다"고 해석했다.3)

국제 업무를 담당하던 베이징 시의 관원도 한 달 후인 6월 25일에 외국과 불법 접촉을 했다는 혐의에 시달리다가 목숨을 끊었다. 또한 7월 10일 베이징 시위원회 선전부장 리치(李琪, 1914-1966)가 치번위에게 실명으로 비판당하고 집회에 불려나가서 비투를 당한 후 극단적인 선택을 했다. 7월 23일에는 2월 제강의 초안을 작성한 서기 한 사람이 또 스스로 목을 맸다.4)

끝도 없는 자살의 행렬이었다. 문화혁명의 폭풍이 채 일기도 전이었다. 문혁 시절 자살은 집단 린치에 내몰려 극한의 고통에 시달리던 수많은 사람들에게는 마지막 탈출구가 되었다. 전체주의 정권하에서 자살은 무력한 개인이 거대 권력에 맞서는 저항의 수단일 수 있었다. 1970년대 대한민국의 저항시인 김지하는 "풍자냐, 자살이냐" 물었다. 문혁 시절 덩퉈에게는 풍자의 기회조차 허락되지 않았다. 풍자는 곧 반혁명의 중죄였기 때문이다.

제7장

조반유리
천하대란의 시작

문화혁명은 표면상 마오쩌둥을 보위하는 혁명군중의 자발적인 대중 운동이었다. 대중 운동이란 정부에 맞서는 자발적 시민의 저항을 이른다. 과연 문화혁명이 대중 운동일까? 정부가 인민을 동원했다면 국가 주도의 관판(官辦) 운동에 불과하다.

벨기에 출신의 오스트레일리아 작가 피에르 릭만스(Pierre Ryckmans, 1935-2014, 필명 Simon Leys)는 1970-1980년대 마오주의 문화혁명을 흠모하는 서구의 좌익 인텔리들을 비판하면서 일갈했다. "문화혁명은 대중 운동이라는 허구의 연막을 치고 권력의 최상부에서 소수의 사람들이 벌인 권력투쟁일 뿐이었다."[1]

여전히 의문은 남는다. 마오쩌둥은 어떻게 그 수많은 군중을 움직여 "천하대란"을 일으킬 수 있었을까? 행정의 실권을 상실한 최고영도자 마오는 어떻게 혁명적 군중을 움직일 수 있었을까? 왜 다른 지도자들은 마오처럼 대중의 정신세계를 지배할 수 없었을까?

1960년대 중반 중국의 인구는 7억5,000만 명에 달했다. 그 거대한 대륙을 일순간 혁명의 도가니에 몰아넣은 마오의 권력은 군중을 움직일 수 있는 그의 초인적 카리스마에서 나왔다. 물론 마오를 향한 인격숭배는 정치적 선전, 선동의 결과였다. 1940년대 초반부터 중국공산당은 마오를 구심 삼아서 전일적 대중지배의 기술을 계발해왔다. 그렇다고 해도 대중이 그토록 마오를 추종하고 숭배한 까닭은 무엇이었을까?

마오의 5-7 지시 : 늙은 혁명가의 몽상

마오의 카리스마는 그의 거대한 몽상에서 나왔다. 그는 유토피아의 꿈을 꾸고, 대중에게 그 꿈을 실현하는 청사진을 제시했다. 물론 그의 청사진은 비현실적이었다. 대약진 운동 당시 마오는 무리하게 인민공사를 기반으로 한 사업을 추진해서 인류사 최악의 대기근을 초래했다. 그럼에도 그는 1960년대 중반까지 코뮌이라는 구상을 포기하지 않았다. 1966년 5월 7일 국방장관 린뱌오에게 보낸 서신에서 그는 인민공사 대신 "커다란 학교(大學校)"라는 발상을 전달했다.

> 린뱌오 동지, 세계대전이 없는 조건하에서 군대는 '커다란 학교'가 되어야 한다. 제3차 세계대전이 일어나면, 이 커다란 학교는 전쟁 이외에도 다른 많은 일을 할 수가 있다.……정치를 배우고, 군사를 배우고, 문화를 배울 수 있다. 농업 및 부업에 종사할 수 있다. 중소 규모의 공장을 세워서 필요한 산품(産品)을 만들 수 있다. 또한 자산계급을 비판하는 문화혁명에 수시로 참가할 수 있다. 그렇게 하면 군학(軍學), 군농(軍農), 군공(軍工), 군민(軍民)이 모두 결합될 수 있다.2)

이 서신은 문화혁명의 정신을 담은 이른바 "5-7 지시"라는 이름으로 널리 유포되었다. 이 문건에서 마오는 ① 사회적 분업의 철폐, ② 육체노

"마오 주석 5-7 지시의 광휘 어린 대도를 따라서 용맹스럽게 전진하세!" (chinese posters.net)

동과 정신노동의 차별 철폐, ③ 상품 교환이 소멸된 자급자족의 자연경제를 지향했다. 나아가 당과 정부의 통합, 의회와 행정의 합일, 삼권의 통합을 주장했다. 심지어는 상비군 대신 각 단위 인민의 자위적 무장을 제시하며, 지방자치의 실현까지 부르짖었다. 직종별 분업도 없고 지역적 특화도 없는 자급자족 공산주의 사회의 기본 단위를 서둘러 달성하려는 야심찬 기획이었다. 대약진의 인민공사에는 공(工), 농(農), 상(商) 학(學), 병(兵)의 다섯 직종이 공존했는데, "커다란 학교"의 구상에서는 상(商)이 배제되었다.

이는 상품경제와 화폐제도까지 부정하는 공산 근본주의자의 몽상이 아닐 수 없었다. 좌우를 떠나서 근대 국가의 경제 상식을 전혀 모르는 과격한 무식자의 궤변이었다. 대기근의 참상을 빚은 마오가 더 과격한 유토피아의 망념을 대중 앞에 제시한 셈이었다.

"마오쩌둥 사상의 위대한 홍기를 높이 들고 우리의 군대를 마오쩌둥 사상의 커다란 학교로 만들자!", "우리는 반드시 마오쩌둥의 지시를 따라서 잘 싸우는 군대가 됨과 동시에 잘 공작하는 부대, 생산하는 부대가 되어야 한다. 군학, 군농, 군공, 군민을 모두 아우르는 마오쩌둥 사상의 대학을 만들자! 문무와 공농을 겸하는 공산주의 신인을 배양하자!"(chineseposters.net)

그럼에도 혁명군중은 그의 몽상에 열광했다. 그들은 밤낮으로 『마오쩌둥 어록』을 읽고, 마오가 성취한 중국혁명의 위대함에 감동받고, 마오가 제시하는 이상적 비전에 도취했다. 마오의 가르침대로 그들은 공산주의적 인간으로 거듭나고자 노력하는 순수하고 우직한 혁명분자들이었다. 물론 그들의 순수와 우직 속에는 잔악한 폭력이 내포되어 있었다.

요컨대 1960년대 중반 중국인들의 정신세계는 마오쩌둥 사상이 쉽게 발아할 수 있는 비옥한 토양이었다. 홍위병의 열정이 마오의 몽상과 공명한 셈이다. 대중 영합주의의 꿈은 언제나 달콤하다. 대중은 그 꿈에 현혹당하고 만다. 문화혁명은 결국 대중 영합주의의 나락이었다.

최초의 마르크스주의 대자보?

1966년 5월은 천하대란의 첫 달이었다. 린뱌오에게 "커다란 학교"의 구상을 밝힌 지 사흘 만인 5월 10일, 마오는 베이징 시위원회의 인원을 전격 교체했다. 곧이어 정치국 확대회의에서 5-16 통지를 채택했다. 이로써 문혁의 기본 정신이 분명하게 공표되었다.

마오는 지난 6-7개월간 당, 정, 군의 반혁명분자들을 송두리째 잡아들이는 촘촘한 그물을 짜고 있었다. 『해서파관』의 저자 우한을 공격해서 베이징 시장 펑전을 무릎 꿇렸다. 군부를 장악하기 위해서 대원수 뤄루이칭을 숙청하고, 중앙선전부의 루딩이와 중난하이의 정보통 양상쿤도 몰아냈다. 특히 「인민일보」 등 중공중앙의 기관지들을 장악하고 있었던 베이징 시장 펑전을 실각시킴으로써 마오는 중공중앙의 선전매체를 모두 틀어쥐게 되었다.

이제 대중을 격분시켜 광장으로 달려가게 하는 공격적인 독재의 마케팅(marketing dictatorship)이 요구되었다.[3) 관(官) 주도의 선전, 선동은 그 효과가 제한적일뿐더러 역효과를 낼 우려도 있었다. 관이 나서기 전에 민이 자발적으로 나서야만 그럴싸한 혁명의 시나리오가 완성될 것이었다. 관민합작의 선전, 선동은 무서운 괴력을 발휘하기 마련이었다. 누구나 원한다면 언제든 손쉽게 써서 붙일 수 있는 대자보는 혁명군중의 자발적 의사 표현 매체로 인식되었다. 문혁 기간 내내 관제 언론은 특정 대자보들을 골라서 집중적으로 조명하는 방법으로 관민합작의 아지프로(agitprop)를 이어갔다.

1966년 5월 25일 베이징 대학의 식당 벽에 1,400자 정도의 비교적 짧은 대자보가 붙었다. 베이징 대학 철학과 당서기 녜위안쯔(聶元梓, 1921-

2019) 등 7명의 명의로 작성된 이 대자보는 총장, 대학부 부부장, 베이징 대학 당위원회 부서기 등을 "마오쩌둥 사상에 반대하는 수정주의자"들이라고 비난하고 모독하는 내용을 담고 있었다. 기다렸다는 듯 마오는 이 대자보를 "파리 코뮌의 선언"이라며 극찬했다. 방송과 언론은 뒤따라서 "최초의 마르크스주의 대자보"라고 선전했다. 그 결과 이 짧은 대자보는 문혁의 도화선이 되었는데…….

그 내용을 뜯어보면 의외로 공허하다. 이 대자보는 "전국에 장렬하게 문화대혁명이 일어나는 이때, 베이징 대학은 군만 믿고 미동도 없이" "수많은 교수와 학생들의 혁명적 요구를 압제하고 있다!"라고 비난한다. 아울러 "학교의 당 조직이 지도력을 강화해서 맡은 바 직무를 고수해야 한다!"는 대학 본부의 지시를 반혁명적이라며 공격한다. 결국 중공중앙의 5-16 통지를 지지하면서 펑전의 퇴위는 정당하다고 선언하는 셈이다. 이 대자보는 마지막으로 "일체의 혁명적 지식분자들이여, 전투의 시기가 왔도다!"라고 절규하며 유명한 세 구절의 구호로 끝을 맺는다.

당 중앙을 보위하라!
마오쩌둥 사상을 보위하라!
무산계급독재를 보위하라!

대자보의 대표 집필자인 녜위안쯔는 문화혁명이 일어나는 동안 5인자의 지위에 올라서 혁명투사로서의 경력을 쌓은 인물이다. 1978년 4월 투옥된 녜위안쯔는 1983년 반혁명 행위와 모욕죄 등으로 17년 형을 언도받았고, 1986년 가석방되었다. 녜위안쯔는 2010년 90세의 나이로 그 대자보가 누구의 외압도 없이 7명이 합심하여 작성한 자발적 격문이라고 주장했

1966년 6월 5일 자 「인민일보」는 1면에 최초의 대자보 이후 베이징 대학에서 일어난 문화혁명의 움직임을 대서특필했다. "마오 주석과 당 중앙의 위대한 호소에 따라서 베이징 대학에서 압박당하던 무산계급 혁명파가 일어났다! 그들은 총장 루핑을 영수로 하는 자산계급 보황파의 통치를 뒤엎는다! 그들은 자본주의를 복원하려는 음모를 분쇄하는 투쟁에서 승리를 이어가고 있다. 자산계급 보황파는 광대한 군중에 포위되어 있다!"

지만, 다수 연구에 따르면 문제의 대자보는 치밀하게 기획된 문혁의 불쏘시개였다.

일개 대학의 식당 벽에 붙은 대자보 한 장이 어떻게 전국적 혁명의 도화선이 될 수 있었을까? 관영매체의 힘을 빌리지 않고서는 불가능한 일이었다. 설령 외부의 간섭이 없었다는 녜위안쯔의 진술이 사실이라고 해도, 마오쩌둥의 명령 아래 관영매체가 그 대자보를 대서특필하고 집중 조명했음은 부인할 수 없다. 결국 이는 대자보와 신문이 결합된 관민합작의 아지프로였다. 게다가 학자들의 연구에 따르면, 외부 세력의 개입을 전면 부정한 녜위안쯔의 진술은 설득력이 없다. 앞으로 살펴보겠지만, 문제의 대자보가 작성되기 전 베이징 대학에 공작조로 파견된 캉성의 아내 차오이어우(曹軼歐, 1903-1989)가 녜위안쯔에게 접근했기 때문이다.

관민합작의 아지프로 : 대중 운동에 불을 붙이다

문혁 전 기간을 통틀어 가장 강력한 선전, 선동의 매체는 다름 아닌 마오쩌둥의 입이었다. 그의 모든 발언은 삽시간에 공적 매체를 타고 전국 전역에 울려퍼졌다.

1966년 6월 1일 항저우에 머물던 마오쩌둥은 문제의 대자보에 대해서 다음과 같이 훈시했다. "신화사를 통해서 이 대자보의 전문을 방송하고, 전국의 모든 일간지, 주간지 등에 그대로 발표해야 한다. 충분히 그럴 필요가 있다. 베이징 대학에 그러한 반동의 보루가 남아 있다면, 바로 거기에서 반동 타도를 시작할 수 있다!" 흥분한 마오쩌둥은 동시에 캉성에게 전화를 걸어서 이 대자보야말로 "1960년대 베이징 공사의 선언이며, 파리 코뮌보다도 의의가 크다"고 소리쳤다.4)

6월 1일 중앙 인민방송국은 녜위안쯔의 대자보를 집중 조명했다. 중앙의 관영매체에서 스포트라이트를 받자 이내 지방의 모든 신문들이 따라왔다. 전국의 이목이 거의 동시에 베이징 대학에 나타난 한 장의 대자보에

1966년 8월 16일 톈안먼 광장에서 녜위안쯔 및 좌파 인텔리들을 맞이하는 마오쩌둥의 모습. 왼쪽 앞에 선 단발의 안경 낀 여성이 녜위안쯔이다. (공공부문)

쏠리게 되었다. 곧이어 전국의 유수 대학들과 중, 고등학교에도 대자보의 물결이 이어졌다. 그해 6월, 비로소 마오쩌둥이 밤을 지새우며 기획한 무산계급 문화대혁명의 불길이 타오르기 시작했다.

6월 1일 자 「인민일보」 사설 "전국 최초의 마르크스주의 대자보"에는 다음과 같은 구절이 등장했다. "마오 주석에게 반대하고, 마오쩌둥 사상에 반대하고, 마오 주석과 당 중앙의 지시에 반대하는 모든 자는……실제적으로 이미 타도당한 착취계급의 이익을 대표하고 있다." 마오쩌둥 보위만 외치면 혁명 행위라고 믿는 당시의 집체적인 맹목에 대해서 비판적 언론인 양지성은 다음과 같이 일갈한다.

문혁 당시 대자보를 작성하는 베이징 사범대학의 학생들. 큰 글씨로 쓴 "폭력혁명 만세!"라는 구호가 인상적이다. (공공부문)

어떤 이는 문혁 시기 마오가 군중에게 '민주'를 주었다고 하지만, 그 당시 민주에는 삶과 죽음을 가르는 명확한 한계선이 있었다. 그 누구도 마오 주석, 마오쩌둥 사상, 당 중앙에 대해서는 절대로 반대할 수가 없었다. 사람들은 오로지 무릎을 꿇어야만 조반할 수 있었다. 마오의 면전에 무릎을 꿇어야만 조반이 가능했다.5)

문화혁명의 핵심문구는 단연 "조반"이었다. 모든 권위에 저항한다며 일어난 홍위병을 향해서 마오는 그 유명한 "조반유리!"를 부르짖었다. 조반의 사전적 의미는 "반란을 일으키다, 반역하다, 반항하다" 정도이다. 직역하면 반란에 합당한 이유가 있다는 말이지만, 그 뜻은 반란을 일으켜야 마땅하다는 당위 명제에 가깝다. 여린 촉수의 젊은 영혼들에 깃든 인격신 마오쩌둥의 신탁 또는 정언명령이었다.

아무리 거세게 들불처럼 일어난다고 해도, 반란은 최고권력을 향한 저항일 때에만 의미가 있다. 절대 권력자 앞에 무릎을 꿇고서 그의 의도에 따라 그의 정적에 대해서만 반란을 일으킨다면, 이는 마오의 호위무사가 되라는 주문에 지나지 않는다. 진짜 반란을 일으키라는 요구가 아니라 오히려 반란을 진압하라는 주문에 가깝다. 절대 권위에의 도전을 부정하기 때문이다. 돌이켜보면, 문혁 당시의 조반이란 1950년대 내내 진행된 진반 운동(鎭反運動) 내지는 숙반 운동(肅反運動)의 연장이었다. 혁명군중의 자발적 봉기처럼 연출될 뿐, 실제로는 정부의 호출에 인민이 부응하는 상명하복의 군중동원이었다. 마오가 제창한 인민민주독재의 원칙에 따라서 인민이 적인을 억압하는 다수의 폭력에 지나지 않았다.

쌍쌍투쟁 : 권력투쟁의 멜로드라마

모든 권력투쟁은 일면 유치하다. 권력자들이야 거대한 명분과 숭고한 가치를 들먹이며 권력투쟁의 당위를 선전하지만, 싸움의 진짜 이유는 열등감, 공격본능 따위인 경우가 적지 않다. 1960년대 중반 중공중앙의 권력투쟁은 한 편의 막장 멜로드라마를 연상시킨다. 진부한 혁명의 구호들 대신 시기, 질투 등 인간의 어두운 파토스가 정치투쟁의 진짜 이유일 수도 있다.

마오쩌둥, 린뱌오, 캉성은 모두 정치투쟁의 대리인으로 아내를 전면에 내세우거나 뒤에서 은밀히 이용했다. 마오는 펑전을 잡기 위한 계략으로 장칭을 상하이로 보내서 문단의 좌파 비평가들과 결탁시켰다. 린뱌오는 군부의 거물 뤄루이칭을 치기 위해서 아내 예췬으로 하여금 그의 심복 샤오샹룽을 공격하게 했다. 캉성은 아내 차오이어우를 베이징 대학에 밀파해서 교정의 극좌파를 규합해 "최초의 마르크스주의 대자보"를 작성하도록 조종했다.

아내를 이용한 점에서는 국가주석 류사오치도 예외가 아니었다. 1966년 6월 왕광메이(王光美, 1921-2006)는 류사오치의 뜻에 따라서 공작조를 이끌고 칭화 대학으로 들어갔다. 이후 그녀는 홍위병 집회에 불려나가서 집요하게 성적 모욕을 당했는데, 일련의 사건들은 장칭의 질투 및 증오와 결코 무관하지 않았다. 장칭은 1930년대 상하이 은막의 스타로서 옌안에서 최고영도자 마오쩌둥의 정부인이 된 인물이었다. 장칭은 7세 연하의 미인 왕광메이가 영부인이 되어서 해외 순방을 다니는 현실을 받아들이지 못했다. 홍위병들은 인도네시아 순방 때에 왕광메이가 양장에 진주목걸이를 했다는 이유로 그녀의 목에 탁구공 목걸이를 달고 집회에 끌고다니며 공공연히 성적 모욕을 가했다.

중공중앙 최고위층 부부들은 대부분 1940년대 옌안에서 만나서 자유연애를 통해 결혼한 커플들이었다. 문혁 시절 그들이 펼친 쌍쌍투쟁은 숱한 이야깃거리를 남겼다. 그중 1966년 5월 20일 중공중앙 확대회의에 배포된 린뱌오 명의의 문건이 단연 압권이다.

나는 증명한다.
1. 나와 혼인할 때, 예췬은 순수한 처녀였으며 혼인 후에도 그녀는 줄곧 정조를 지켰다.
2. 예췬과 왕스웨이는 사랑한 적이 전혀 없다.

1962년 인도네시아 영부인 하르티니 수카르노(Hartini Sukarno)를 접견하는 장면. 왼쪽부터 마오쩌둥, 장칭, 그리고 국가주석 류사오치의 아내 왕광메이. 왕광메이를 향한 장칭의 질시는 문혁 멜로드라마의 심리적 배경이 된다. (공공부문)

　3. 라오후(아들 리궈의 별명)와 더우더우(딸 리헝의 별명)는 모두 나와 예췬
　　의 친자녀들이다.

　4. 옌웨이빙의 반혁명적 서신에 적힌 내용은 모두 요설이다.

린뱌오, 1966년 5월 14일.6)

　왕스웨이(王実味, 1907-1947)는 옌안 시절 정풍 운동에 희생당한 비운의 문인이었다. 옌웨이빙(嚴慰冰, 1918-1986)은 중앙선전부 장관 루딩이의 아내인데, 익명으로 린뱌오에게 예췬의 부정한 행실을 폭로하는 서신을 수십 통 보냈다고 전해진다. 루딩이와 린뱌오의 대립이 아내들 사이의 지저분한 싸움으로 표출되었다는 이야기이다.

　문혁 당시에는 극비였으나 치정에 얽힌 중공중앙의 권력투쟁은 이후 널리 인구에 회자되는 가십이 되었다. 권력자들은 근엄한 얼굴로 정치적 비장미를 연출하지만, 대중은 권력자들의 뒤를 캐고 그들의 위선을 조롱하고 희화한다. 어느 사회에서나 술자리 이야깃거리는 민심의 풍향계로 여겨진다. 독재정권 아래에서는 더더욱 그러하다.

1966년 초 이미 차오이어우는 공작조를 이끌고 베이징 대학에 들어가서 활약하고 있었다. 중공중앙이 5-16 통지를 발표한 직후, 군중의 참여를 유도하기 위해서 마오가 요구하고 캉성이 기획하고 차오이어우가 실행에 옮긴 "조반"의 드라마였다.

권력자들은 함정을 파고, 음모를 짜고, 배신을 일삼고, 대중을 기만한다. 명예를 걸고 정당하게 결투하는 중세의 기사도는 현실의 정치판에서는 기대하기 어렵다. 권력투쟁은 대부분 비열하고, 치졸하고, 지저분하고, 잔인하다. 목숨을 건 권력투쟁에서 승리하면 권력자는 도덕의 분질을 하고 정의의 가면을 쓴다. 대중은 권력자들을 가십거리 삼아서 비난할 수는 있지만, 그들의 민낯을 있는 그대로 볼 수는 없다.

마오쩌둥의 주치의 리즈수이가 목숨을 걸고 마오쩌둥의 사생활을 기록한 이유가 바로 거기에 있었다. 그에 따르면 "불세출의 영도자" 마오쩌둥 역시 성내고, 탐내고, 시샘하고, 방황하는 일개 평범한 인간일 뿐이었다. 문화혁명의 정치투쟁은 치정과 원한이 뒤섞인 한 편의 멜로드라마를 방불케 한다. 인간 마오쩌둥의 시기심과 증오심이 문화혁명의 직접적 동기였을 수 있다는 이야기이다.

제8장

대반란의 서곡, 말려드는 중공중앙

권력투쟁의 진흙탕에서는 어제의 동지가 오늘의 적이 될 수 있다. 절친했던 친구가 불구대천의 원수가 되기도 한다. 선악이 착종한다. 가치가 전도된다. 좌우가 뒤바뀐다. 덧없는 정치의 불확실성 때문에 권력투쟁에서는 덕망과 실력, 지략, 용기 등 인물의 비르투(virtù)보다 포르투나(fortuna)가 더 크게 작용할 수 있다. 그리스 신화 속 운명의 여신인 포르투나는 변덕이 심하고 장난스럽다. 아무리 뛰어난 인물이 '자유의지'에 따라서 뼈를 깎는 노력을 하더라도 운이 따르지 않으면 모든 것을 잃을 수 있다.

1966년 중공중앙의 5-16 통지로 문혁이 공식적으로 개시된 후 최초의 50일은 진정 포르투나의 시간이었다. 앞에서 살펴보았듯, 1966년 5월 25일 베이징 대학에 나붙은 1,400자의 길지 않은 대자보가 천하대란을 일으키는 문화혁명의 도화선이 되었다. 대자보를 대표로 집필한 인물은 베이징 대학 철학과의 녜위안쯔였다. 그는 1964-1965년의 사청 운동 당시 교내 혁명투쟁에서 베이징 대학 당위원회와 첨예하게 대립한 인물이었다.

사청 운동, 문혁의 전조

1964년 7월 2일 중앙선전부 부부장 장판스(張磐石, 1905-2000)는 10명의 조사단을 이끌고 베이징 대학으로 들어가서 거의 두 달에 걸친 철저한 조사를 한 후, 교내에 제국주의의 첩자들, 장제스의 특수 간첩, 부패 세력 및 부랑아들이 설치고 있으며, 베이징 대학 당위원회가 계급투쟁의 중요성을 망각하고 있다는 보고서를 작성했다. 1964년 11월 초, 210명의 공작조가 베이징 대학 교정에 진입했다. 그렇게 베이징 대학 당위원회를 비판하는 계급투쟁이 개시되었다.[1]

바로 이때 녜위안쯔 등 "좌파"가 계급투쟁의 선봉에 나섰다. 그들은 베이징 대학 총장이자 당서기인 루핑(陸平, 1914-2002), 부서기 펑페이윈(彭珮雲, 1929-) 등을 표적 삼아서 표독하고도 집요한 계급투쟁의 십자포화를 퍼부었다. 베이징 대학이 "자본주의의 용광로"이며 "자산계급이 통치하는 학교"라는 선언이 그들이 주장하는 바의 핵심이었다. 이후 베이징 대학의 "계급투쟁"은 2개월 후까지 지속적으로 전개되었다. 장판스의 보고서에 따르면, 전교 20개 장소에서 대면투쟁이 일어나 "격렬하고, 첨예하고, 활발하고, 생동감 있게" 벌어졌다. 대면투쟁이란 크고 작은 대중집회에 반혁명 혐의자를 잡아놓고 직접 혐의를 추궁하고 단죄하는 인민재판이었다.

그 과정에서 녜위안쯔는 좌파투사로 급부상했지만, 역시 포르투나가 변덕을 부렸다. 베이징 시장이었던 펑전이 베이징 대학 사태에 개입하면서 반전이 일어났다. 그는 노골적으로 루핑과 펑페이윈을 감싸고돈 후, 베이징 대학 사청 운동의 과도함을 비판했다. 반격의 기회를 얻은 루핑은 1965년 1월 23-24일 이틀간 공작조를 비판하면서 적극적인 자기항변을 이어갔다. 2월 20일 마침내 중앙선전부의 루딩이는 "루핑은 좋은 사람인데, 실수를 했을 뿐"이라는 유권해석을 내리고, 3월 3일 덩샤오핑으로부터 승인을 받았다. 이로써 베이징 대학의 사청 운동은 일단 수습되었다.[2]

1964년 전국적으로 진행된 사회주의 교육 운동의 한 장면. 부농을 비판하는 농민을 물끄러미 바라보는 아이들의 표정이 인상적이다. 사회주의 교육 운동은 농촌에서는 사청 운동, 도시에서는 오반 운동으로 전개되었는데, 그 모든 과정이 이후 사청 운동으로 불렸다. 사청 운동은 흔히 문화혁명의 전조로 인식된다. (공공부문)

1965년 4월 29일 루딩이는 장판스가 이끄는 공작조를 해체하고, 중앙선전부 부부장 쉬리췬(許立群, 1917-2000)을 새로 조직한 공작조의 영도자로 앉혔다. 6월 29일에는 펑전이 베이징 대학이 "자본주의의 용광로"가 아님을 분명히 선언했다. 루핑을 공격하던 녜위안쯔 등 학내의 좌파 세력은 이제 비투의 대상으로 전락하고 말았다. 좌파는 우파로 몰리고, 우파는 다시금 좌파가 되어서 극적으로 소생하는 장면이 연출되었다.3)

1965년 10월 11일, 녜위안쯔는 마오쩌둥과 류사오치 앞으로 "베이징 대학 사청 운동에 관한 의견"이라는 제목의 서신을 작성해서 보냈다. 이 서신에서 녜위안쯔는 스스로 사청 운동의 과정에서 지나치게 과격한 투쟁을 벌였음을 시인했다.4)

루핑은 베이징 대학의 간부, 교사 및 학생들로 구성된 공작조를 조직했다. 농촌 지역의 사청 운동에 그들을 파견하기 위함이었다. 녜위안쯔는 철학과 서기직을 박탈당한 채 베이징 근교의 화이러우(懷柔)의 사청 운동에 투입될 예정이었다. 아무도 내다보지 못했지만, 상황은 불과 넉 달 만에 급변을 맞이했다. 1966년 2월 이후 펑전과 루딩이가 마오쩌둥의 공격을 받고 하루아침에 삼반분자의 멍에를 쓴 채 추락하는 예측불허의 상황이 벌어졌다. 그렇게 권력투쟁의 대변국이 예고된 후, 중공중앙은 기다렸다는 듯이 5-16 통지를 반포했다. 포르투나가 녜위안쯔 쪽으로 돌아서는 순간이었다. 펑전과 루딩이가 만신창이로 파직당한 상황에서 두 사람과 직결된 베이징 대학의 본부가 무사할 리 없었다. 녜위안쯔로서는 눈이 번쩍 뜨이는 반격의 기회가 아닐 수 없었다.

이미 몇 달 전부터 마오쩌둥의 오른팔 캉성은 아내 차오이어우에게 사주해 베이징 대학에서 문혁의 불길을 지피고 있었다. 차오이어우는 베이징 대학에서 녜위안쯔와 만나서 사태를 논의하기 시작했다. 5-16 통지가 정치국 확대회의를 통과해서 중공중앙의 공식 노선으로 채택되자 녜위안쯔는 차오이어우와의 협의를 거쳐 곧 행동에 나섰다. 녜위안쯔는 6명의 좌파들과 함께 "최초의 마르크스주의 대자보"를 작성했다. 베이징 대학 당위원회를 "반당, 반사회주의, 반마오쩌둥 사상"의 기지로 규정하는 이 대자보는 순식간에 문혁의 돌풍을 일으켰다. 위협을 느낀 대학 당위원회는 매일 밤 회의를 열고 수천 장의 대자보를 써 붙이며 반격을 시도했지만, 몰아치는 문혁의 광풍을 막을 길은 없었다.

관영매체, 혁명의 불길에 기름을 붓다!

1966년 6월 1일 마오쩌둥은 "최초의 마르크스주의 대자보"를 전국의 매체를 통해서 발표하라고 지시하고, 그날 저녁 중앙 인민방송국은 그 사건을 집중 보도했다. 곧바로 전국의 당 기관지들이 문화혁명의 팡파르를 불어 댔다. 관영매체의 선전, 선동은 강력한 동원력을 발휘했다. 일단 문혁의 광풍이 불자 혁명의 불길은 순식간에 전국으로 번져나갔다. 대학 교정이 삽시간에 불타는 벌판이 되었다. 전국의 대학에서는 좌파 학생들이 학교의 당위원회에 공격의 포문을 열었다.

한 통계에 따르면, 중국 최고의 명문 칭화 대학의 교정에는 6월 한 달 동안에만 6만5,000여 장의 대자보가 붙었다. 상하이 선전부의 통계에 따르면, 6월 18일 이전까지 무려 8만8,000여 장의 대자보가 붙었고, 1,390명에게 반혁명 세력의 낙인이 찍혔다. 상하이 시 정부의 집계에 따르면, 6월 첫 주에 270만 명이 순식간에 문혁의 물결에 동참했다.5)

마오쩌둥은 이미 문화혁명의 표적은 관료 집단 내부의 최상층이라고 언급한 바 있었다. 마오의 교시에 따라, 대학가의 투쟁은 우선 총장, 대학 간부 및 교수들을 겨냥했다. 그해 6-7월 언론은 날마다 "반혁명 흑방(黑幫)"의 발본색원을 부르짖고 있었다. 관영매체의 선전, 선동으로 학생들의 투쟁은 점점 더 과격한 양상으로 치달아 6월 18일에는 급기야 폭력사태가 발생했다. 상황은 6월 21일 중공중앙 확대회의에서 덩샤오핑이 "무정부주의 현상은 제지되어야 한다"는 발언을 하기에 이르렀다.

마오쩌둥의 숨겨진 계략

문혁의 화마가 교정을 덮치자 중공중앙은 1966년 6월 초부터 기민하게 베이징의 교육문화기관 곳곳에 7,239명의 대규모 공작조를 파견했다. 6월 3일부터는 지방의 당위원회도 공작조를 보낸 상태였다. 1950년대부터 대규모 정치투쟁이 전개될 때면 중앙정부는 공작조를 파견하여 "질서정연하

문화혁명을 일으킨 마오쩌둥은 학계, 문화계, 정부기관 등 모든 단위에서 권위에 도전하는 군중의 반란이 필요하다고 주장했다. 마오쩌둥이 고안한 "조반유리"와 "혁명무죄"는 그 당시 중국의 집단 의식을 드러내는 문혁의 핵심어이다. (공공부문)

고 합법적인" 계급투쟁을 관장하게 했다. 공작조는 대부분 퇴역 장교들과 간부들로 구성되어 있었다.6)

1966년 6월 9일 칭화 대학의 교정에도 500명의 공작조가 투입되었다. 그 500명 공작조의 영도급 인사 중에는 류사오치의 아내 왕광메이도 포함되어 있었다. 바로 그날 류사오치와 덩샤오핑은 저우언라이와 함께 비행기를 타고 항저우로 가서 마오쩌둥을 알현했다. 그들은 마오쩌둥에게 다시 베이징으로 복귀해서 중공중앙을 지도해달라고 읍소했지만, 마오는 넌지시 그 부탁을 뿌리치면서 묘한 말을 남겼다.

"문화대혁명에 관해서는 말야, 그저 손을 떼야 해. 혼란을 두려워 마! 손을 딱 놓아야 군중을 격동시킬 수 있어. 일을 크게 벌일 수가 있는 거야.

그래야만 우귀사신(牛鬼蛇神 : 소 머리 뱀 몸뚱이 귀신들. 반혁명분자의 폄칭)들을 모두 끌어낼 수가 있어. 공작조를 보낼 필요도 없어. 우파들의 파괴 행위도 두려워 말아. 베이징 대학의 대자보 한 장으로 문화대혁명의 불길이 타오르기 시작했잖아. 이건 아무도 막을 수 없는 혁명의 폭풍이야! 이번 운동에서 적극분자들(조반파)이 솟아났어. 이들을 믿고 혁명을 끝까지 밀고 가야만 해!"7)

이미 베이징 곳곳에 공작조가 파견되고 있던 상황이었다. 그런 사실을 훤히 아는 마오는 혼란을 두려워 말라며 공작조를 꼭 보낼 필요도 없다는 말을 했다. 류사오치와 덩샤오핑으로서는 당황하지 않을 수 없었다. 과연 마오의 숨은 의도는 무엇이었을까?

오야붕과 꼬붕의 권력관계

현실 정치에서 2인자는 영원히 1인자의 "꼬붕"으로 살아야만 하나? 정치 투쟁의 링 위에서 2인자가 1인자를 제치고 권력의 정상으로 올라가기란 쉽지 않다. 2인자는 흔히 1인자를 최고의 영도자로 만든 1등 공신이기 때문이다. 1인자가 무너지는 순간, 2인자는 바로 그 1인자를 옹립한 책임을 져야 한다. 정치판에서도 흔히 "꼬붕"이 "오야붕"에 종속되는 야쿠자의 생존 논리가 관철된다.

중공중앙 서열 제2위의 국가주석 류사오치와 제3위 저우언라이는 최고 영도자 마오쩌둥의 영원한 "꼬붕들"이었다. 대약진 운동이 대기근으로 귀결된 후에도 류사오치는 마오쩌둥의 권위에 도전하지 않았다. 2022년 현재까지 중국에서는 제대로 마오 격하 운동이 일어난 사례가 없다. 마오가 무너지면 중국공산당이 무너지고, 중국공산당의 붕괴는 중공중앙 베테랑

혁명가 모두의 몰락을 의미하기 때문이다.

　1959년 국가주석의 지위에 오른 류사오치는 대기근을 수습하고 민생을 챙겨야 했다. 1962년부터 덩샤오핑과 함께 실용주의 경제개혁을 추진했지만, 류사오치는 정치 운동을 경시할 수 없었다. 마오가 제창한 사청 운동은 류사오치의 영도 아래 전개되었다. 류사오치는 대기근의 참상을 목도한 후 "역사가 우리를 단죄할 것"이라며 마오쩌둥을 압박하기도 했지만, 국정의 중대사에서는 마오를 거역할 수도, 비판할 수도 없었다. 마오가 그를 국가주석에 앉힌 정치적 "오야붕"이었기 때문이다.

　1960년대 중소 분쟁의 결과, 중국 전역은 "수정주의 반대!", "수정주의를 반대하고 방지하자!" 등의 구호로 뒤덮인 상황이었다. 실용적 경제개혁을 추진하던 류사오치와 덩샤오핑은 이미 수정주의자로 몰리고 있었다. 류사오치로서는 이념적 선명성을 증명하지 못하면 스스로 수정주의자로 몰릴지도 모르는 위기의 순간이었다. 확실한 좌파만이 우파의 방법을 차용할 수 있는 극한 정치의 역설이었다.

1966년 6월의 반우파 투쟁

1965년 11월부터 1966년 5월 말까지 마오쩌둥은 문화혁명의 기반을 닦았다. 1966년 6월 9일 류사오치와 덩샤오핑이 항저우로 날아가 마오에게 베이징으로 돌아와달라고 간청했지만, 마오는 슬그머니 그 요청을 뿌리친 채 계속 남방에서 시간을 보내고 있었다. 대약진 운동의 실패 이후 마오쩌둥은 "절대로 계급혁명을 잊지 말자!"는 구호를 외치며 전국적인 대중 운동을 일으키기 위해서 불철주야 노력해왔다. 1966년 6월 드디어 대중노선의 광풍이 일어났지만, 혁명의 파도를 보면서도 그는 입을 다문 채 시간만

"반당 반사회주의 흑방노선을 행하여 맹렬히 불을 지르자!" 문화혁명 당시의 풍경.
(공공부문)

끌고 있었다.

1966년 5월 말부터 중앙 인민방송국을 비롯한 모든 언론이 문혁의 바람을 일으키자 전국의 모든 대학에서 대자보의 물결이 일었다. 베이징에서 시작된 문혁의 광풍은 곧 지방에도 몰아쳤다. 6월 첫 주, 상하이에 대자보의 홍수가 일어났다. 이미 언급했듯 6월 초에 7,239명의 공작조가 베이징의 교육문화기관 및 언론사로 파견되었다. 거의 동시에 상하이 역시 40여 개 대학에 공작조를 파견했다. 대부분 퇴역 장교들로 구성되어 있던 공작조는 1964년 이래 중국공산당 관료조직의 정치부 등에서 민간인으로 근무하던 사람들이었다. 지방의 공작조 역시 각 지역의 군구(軍區)를 통해서 조직되었다. 중공중앙의 전통에 따라서 현장에 투입된 공작조는 표면상 문화혁명을 영도하는 임무를 맡았지만, 숨어 있는 우파의 색출 및 단죄가 본래의 임무였다.

그해 6월과 7월 언론 지면에는 "반혁명 흑방"이라는 용어가 자주 등장했다. 과연 누가 반혁명 흑방에 속하는가? 그 누구도 확실히 알 수 없는 상황이었다. 공작조는 부르주아 사상을 설파하거나 수정주의의 교수법을 확산한 교사들을 색출하여 비판하라고 지시했다.

공작조 대 조반파, 시위의 폭력화

학생들은 사소한 과거의 언행까지 문제 삼아 대학 총장, 대학 간부, 교수들을 공격하기 시작했다. 일례로 베이징 대학의 총장 루핑은 기숙사 벽에 낙서를 금지했다는 이유로 반혁명 흑방으로 몰렸다. 그를 몰아가던 홍위병들은 낙서 금지 조치 때문에 벽에 마오 주석의 어록을 적고 싶어도 적을 수 없었다는 불평을 늘어놓았다.

혁명의 잣대를 들이대면 모두가 떳떳하지 못한 구석이 있기 마련이다. 모두가 공격의 대상이 될 수도 있고, 공격의 주체가 될 수도 있다. 학생들 사이에서도 균열이 일어났다. 처음에는 기세등등한 당권파의 자녀들이 문혁의 주체로 등장했지만, 이후 당권파가 반동으로 몰리자 그들 역시 비판의 대상으로 전락했다.

1966년 여름 마오쩌둥의 지시에 따라서 류사오치는 문화혁명의 진두지휘를 맡았다. 마오는 대규모 군중 운동을 벌일 때마다 책임의 소재를 명확히 했다. 1957년 반우파 투쟁은 중앙서기처의 총서기 덩샤오핑의 작품이었고, 사청 운동은 이미 언급한 대로 류사오치의 작품이었다. 물론 모든 운동의 배후는 마오쩌둥이었다. 그는 황제의 지위에서 관망할 뿐, 직접 나서지 않았다. 류사오치와 덩샤오핑은 맡은 바 임무를 확실하게 수행함으로써 마오의 총애를 받았고, 덕분에 중공중앙 최고위원회의 당권파가 될 수 있었다. 마오의 명을 받들어 마오의 뜻에 따라서 움직였기 때문에 그들은 행정의 실권을 쥐고 경제개혁을 추진하면서도 마오에게 종속될 수밖에 없었다.

1966년 6월 3일 중공중앙 정치국 상위는 공작조가 문화혁명 과정에서 질서를 유지할 수 있도록 다음 8개 조항을 승인한다.

1. 대자보는 교내에만 붙인다.
2. 집회는 학습 및 공무를 방해할 수 없다.
3. 거리집회는 불허한다.
4. 외국인 학생의 참여는 금지한다.
5. 비판 대상자의 집에서는 비판투쟁을 금지한다.
6. 안전에 각별히 주의해야 한다.
7. 구타 및 부당 행위는 금지한다.
8. (공작조는) 적극적으로 영도하고 본분을 다한다.

이처럼 문혁의 파도가 전국을 뒤엎는데, 마오는 7개월 넘게 지방에 체류하고 있었다. 류사오치와 덩샤오핑은 공작조를 파견해서 평화적인 방법으로 문혁의 계급투쟁을 지휘하고자 했지만……. 학생들은 이미 "혁명무죄 조반유리"의 암시를 따라서 과격하고도 극렬한 문혁의 계급투쟁을 이어가고 있었다. 공작조와 조반파가 격렬하게 맞붙기 직전이었다. 급기야 큰 지진의 전조처럼 1966년 6월 18일, 베이징 대학에서 대규모 폭력시위가 발생했다. 그해 여름, 노회한 게릴라 전사 마오의 시나리오대로 모든 일이 착착 진행되고 있었다.

제9장
"혁명은 폭동이다!"

언어중추의 발전은 호모 사피엔스의 진화적 특징이다. 호모 사피엔스는 본질적으로 호모 로퀜스(Homo loquens : 언어적 인간)이다. 인간은 언어로 세상을 인식하고, 소통하고, 세상을 바꾼다. 언어는 인류문명의 핵심이지만, 치명적인 한계이기도 하다. "산(山)"의 실체는 "산"의 이름보다 한없이 크다. 산을 산이라고 부르는 순간, 산을 안다고 여긴다면 심대한 착각이다. 선방(禪房)에 붙어 있는 경구처럼 "산은 산이지만, 산은 또 산이 아니다." 일찍이 언어의 속임수에 빠진 어리석은 자들을 향해서 노자(老子, ?-?)는 말했다.

아는 자는 말하지 않고, (知者, 不言)
말하는 자는 알지 못한다. (言者, 不知)

혁명의 시대에는 불의의 공습처럼 무차별 말의 폭탄이 떨어진다. 그 폭탄을 맞으면 누구도 무사할 수 없다. 가벼운 찰과상도 깊은 정신적 후유증을 남긴다. 제대로 맞으면 사망에 이른다. 문혁 10년의 대동란 중에 수많은 사람들이 정치적 타격을 입었다. 타격의 양상은 복잡다단하지만, 피해자가 언어의 폭격을 맞았다는 사실은 공통적이다.

혁명의 광풍이 몰아치면 언어적 착오가 인간세를 지배한다. 정치투쟁의 기본은 마타도어이다. 반대자에게 "나쁜 이름"을 들씌워 그를 악인으로 몰아가는 야비한 수법이지만, 정치꾼들은 실체와 이름을 쉽게 혼동하는 인간의 틈을 파고든다. 제 아무리 위대한 성과를 이룩한 사람이라도 흔해빠진 정치적 낙인만으로 인격살해를 하고 정치적 사망에 이르도록 할 수 있기 때문이다.

역사의 굴곡을 거쳐온 인간 개개인의 정체가 고작 반혁명분자, 수정주의자 따위 단순한 오명으로 환원될 수 있을까? 반혁명분자라는 주어에는 이미 자산계급 대변자, 국민당 잔당, 제국주의 부역자 등의 서술어가 줄줄이 내포되어 있다. 반혁명분자의 낙인이 찍히면 항변의 기회도 없이 제거되어야 하는 인민의 적이 될 수밖에 없다.

정치폭력은 언어적 낙인에서

문화혁명 시기에 어린 홍위병들은 사방에서 잡아온 반혁명분자들을 무릎 꿇리고 팔을 뒤로 꺾어 제압한 후, 얼굴에 침을 뱉으며 독침 같은 말의 폭탄을 쏟아냈다. 반당, 반사회주의, 반마오쩌둥 사상, 반마오 주석, 자산계급 대변자, 제국주의의 주구 등, 단어 하나하나가 그들의 과격한 행동을 정당화했다. 요컨대 문화혁명의 폭력성은 언어의 속임수에서 발생했다. 혁명의 말장난에 전 인민이 속수무책으로 놀아난 셈이다.

문혁 초기의 일례를 살펴보자. 1966년 6월 15일 난징(南京)의 신화사는 난징 대학에서 발생한 한 사건을 보도했다. 다음 날 베이징의 「인민일보」에 게재되면서 전국에 알려진 기사이다.[1] 베이징 대학에서 불기 시작한 문화혁명의 광풍이 전국에 몰아치던 시점이었다. 1966년 6월 1일 중앙 인민방송국에서 베이징 대학의 7인이 작성한 최초의 대자보를 보도했다. 이 틀날인 6월 2일, 난징 대학의 교정은 술렁이고 있었다. 학생들 사이에서는 난징 대학도 베이징 대학에 호응하여 조반투쟁에 나서야 한다는 주장이 일기 시작했다. 정오경 교정에 최초의 대자보가 게재된 후 초저녁까지 300장에 달하는 대자보들이 어지럽게 나붙었다.2)

베이징 대학과 마찬가지로 난징 대학의 혁명사생(革命師生 : 교수와 학생)들은 "반당 반사회주의의 반혁명분자" 쾅야밍(匡亞明, 1906-1996)의 반동적 죄행을 적발하고 단죄했다. 쾅야밍은 난징 대학 당위원회 제1서기이자 총장이었는데, "야비하고 비루하고 독랄(毒辣)한 음모를 꾸며서 교내 혁명군중의 운동을 진압하고 반당, 반사회주의의 반혁명노선으로 나아갔다"는 혐의를 썼다.

또한 대자보는 쾅야밍이 문화혁명을 배반했다고 집중 공격했다. 그 근거는 난징 대학 출판부에서 출간했던 1930년대 좌파문학 관련 서적이었다. 쾅야밍이 그 책에서 학술토론에의 참여를 독려하면서 실사구시의 원칙을 강조했다는 이유였다. 1965년 12월 베이징 시장 펑전은 학술토론과 실사구시를 근거로 역사학자 우한을 변호했었다. 난징 대학의 혁명사생들은 바로 그 점을 적시하며 쾅야밍 총장을 베이징의 반혁명 세력과 연계된 철두철미한 수정주의자로 몰고 갔다. 게다가 그가 "무의식"과 "객관성" 등 서구 자산계급의 철학 개념을 사용했다는 이유로 그를 반당, 반사회주의 흑색노선의 옹호자라고 비난했다. 쾅야밍은 또 자산계급의 대표이자 "자산계급 보황파의 얼굴"이라는 오명도 써야 했다. 그가 혁명사생에게 모멸, 저주, 협박을 가하면서 광적인 반혁명 활동을 전개했다는 인신공격도 이어졌다.

쾅야밍이 맞은 말의 화살을 열거해보면, 반당분자, 반사회주의분자, 반

"무산계급 혁명조반파여, 연합하라!" 문혁 당시의 포스터. (공공부문)

동분자, 반혁명분자, 흑방, 흑색노선 수정주의자, 자산계급의 대표, 보황파의 얼굴, 우귀사신 등등이 있다. 그 단어 하나하나가 모두 독전(毒箭)이었지만, 그때까지는 그래도 "말의 화살"일 뿐이었다. 문혁 최초의 본격적인 폭력투쟁은 얼마 후 베이징 대학에서 일어났다.

언어폭력에서 신체폭력으로

1968년 6월 18일 베이징 대학에서 최초의 폭력적 혁명투쟁이 일어났다. 당시 베이징 대학에 파견된 공작조는 신속히 난투 상황을 수습한 후, 현장의 상황을 알리는 보고서를 작성해서 중공중앙에 올렸다.

이 보고에 따르면, 6월 18일 오전 9시에서 11시 공작조가 전체회의를 하는 사이 베이징 대학 교정에서는 화학과, 생물학과 등의 여러 단위에서

"주석 어록을 위하여"의 악보를 들고 아코디언을 연주하며 군중에게 노래를 가르치는 악대의 모습. 가사는 "마르크스주의는 수천 갈래로 갈라져도 결국 '조반유리' 한마디라네!"이다. (공공부문)

난투가 벌어졌다. 대략 40-60여 명에 대한 폭력적인 비투가 발생했다. 과격분자들은 교내에 흑방분자들을 처벌하는 투귀대(鬪鬼臺)와 참요대(斬妖臺) 등을 설치한 후, 교내의 주요 책임자들, 당 간부들, 교수들, 반동학생들에 대한 비투를 거행했다. 얼굴에 흑칠하기, 긴 모자 씌우기, 무릎 꿇리기, 옷 찢기, 주먹으로 때리기, 발로 차기, 가두행진, 가두비투 등의 폭력이 자행되었다.

가해자 중에는 깡패와 부랑아도 있었고, 신원을 속이고 혁명대오에 잠입한 국민당원과 베이징 대학 부속 고등학교의 퇴학생도 섞여 있었다. 베이징 대학 학생들 중에도 영웅심에 빠져서 폭력을 휘두른 극렬분자들이 있었다. 그들은 투쟁 대상을 향한 폭력뿐만 아니라 여성들의 "가슴을 주무르고, 엉덩이를 때리고, 음부를 만지는 등" 성범죄도 저질렀다.

공작조는 바로 현장으로 달려가서 이들의 난타 및 난투를 중단한 후, "진정한 좌파의 혁명 행동"을 촉구했다. 그들은 무산계급 혁명의 질서를 유지하기 위해서 앞으로의 투쟁은 공작조로부터 비준을 받아야 하며, 소수 극렬분자에 의한 난동은 반혁명으로 간주하겠다는 엄격한 규정을 제시했다.

규율과 질서를 지키는 이성적이고 합리적인 문화혁명이 과연 가능할까? 중공중앙의 당권파들은 비폭력의 합법적 계급투쟁을 강조했다. 특히 류사오치는 6-18 사건에 관한 베이징 대학 공작조의 보고서를 간략한 보도 형식으로 전국에 배포했다. 극렬분자의 과격 행위를 제어하기 위한 선제 조치였다. 물론 마오는 류사오치의 조치를 인정하지 않았다. 이미 40년 전 자신의 출세작 "후난 성 농민 운동 고찰보고"에서 마오는 말한 바 있었다. "혁명은 폭동이다!"

이분법과 흑백 논리 : 당권파와 조반파의 투쟁!

편 가르기는 정치투쟁의 기본이다. 위기에 봉착하면 위정자들은 흔히 국민을 두 편으로 갈라서 싸움을 붙인다. 지지자들을 규합하여 반대 세력을 제압하려는 진부한 꼼수이지만, 정치투쟁에서 그보다 더 효율적으로 대중을 동원할 수단은 없다. 국민을 분열시키기 위해서 그들은 어김없이 이분법과 흑백 논리를 구사한다. 대부분 거짓 선동과 흑색선전이지만, 그 파괴력은 막강하다. 생업에 바쁜 군중은 쉽게, 반복적으로 이분법의 속임수에 말려들기 때문이다.

1949년 건국 이후 중공정부는 바이러스를 퇴치하듯이 인민의 의식을 소독해왔다. 인민의 의식에서 부르주아 잔재, 자유주의의 유혹, 자산계급의 유습을 도려내어 세척한다는 발상이었다. 의식의 세척과 소독을 위해서도 역시 이분법과 흑백 논리가 최고의 효력을 발휘한다. 혁명/반혁명, 무산계급/자산계급, 민족/반민족, 민주/반민주, 친일/반일, 친미/반미, 친제국주의/반제국주의, 친수정주의/반수정주의 등등⋯⋯.

1953년 마오쩌둥은 전체 인구를 95퍼센트의 인민과 5퍼센트의 적인으로 나눈 바 있다. 그는 문혁 당시에도 총인구의 5퍼센트 정도가 자산계급의 이익을 대변하는 반혁명 수정주의자들이라고 주장했다. 마오쩌둥의 이분법은 소수에 대한 다수독재의 논리를 깔고 있었다. 다수의 혁명군중이 소수의 반당, 반사회주의 세력을 독초 뽑듯이 제거해야 한다는 이른바 인민민주독재의 발상이었다.

자유와 권리의 주장은 제국주의자의 음모로, 전통적 가치의 표출은 착취계급의 봉건적 유습으로, 동정심 따위 감정은 불순한 부르주아 인도주의로 치부되던 시절이었다. 그렇게 이분법과 흑백 논리로 세뇌된 혁명군중이 없었다면, 문혁은 결코 일어날 수 없었다.

"우귀사신을 모두 쓸어버리자!"

1966년 5월 25일 베이징 대학에 마오쩌둥이 극찬한 "최초의 마르크스주의 대자보"가 나붙은 후, 중국의 대학가 및 중, 고등학교는 술렁이기 시작했다. 곧이어 1966년 6월 1일 중국공산당 기관지 「인민일보」의 1면 머리기사로 사설 "우귀사신을 모두 쓸어버리자!"가 실렸다. 이 사설이 문혁의 도화선에 불을 지폈다.

"우귀사신을 모두 쓸어버리자!" (1966년 6월 1일 「인민일보」 1면 사설)

"무산계급 문화대혁명이 이제 세계 인구 4분의 1을 차지하는 사회주의 중국에서 고조되고 있다!"는 격앙된 문장으로 시작되는 이 사설은 공, 농, 병 "수억 명의 혁명군중을" 향해서 "마오쩌둥 사상을 무기 삼아 사상문화의 진지에 똬리를 튼 다수의 우귀사신을 모두 쓸어버릴 것"을 촉구했다. 또한 린뱌오가 말했듯 "혁명의 근본 문제는 바로 정권의 문제"이며, "이데올로기, 종교, 예술, 법률, 정권" 등 이른바 상부구조에서 핵심은 바로 정권이라고 규정하면서, "정권을 잃으면 일체를 상실한다"며 혁명군중의 총궐기를 요청했다.

1965년 겨울까지만 해도 「인민일보」의 편집진은 "백화제방 백가쟁명"을 부르짖으며 사상의 다양성과 학술토론의 중립성을 옹호하던 베이징 시장 펑전의 지휘를 따랐다. 펑전이 축출된 이후 「인민일보」의 편집권은 마오쩌둥에게 완전히 장악된 상태였다. 날마다 모든 지면이 마오쩌둥을 보위하고 칭송하고 절대시하는 인격숭배성 기사로 도배되었다. 「인민일보」는 마오의, 마오에 의한, 마오를 위한 기관지로 변질되었다. 1966년 6월 2일부터 「인민일보」 1면 오른쪽 상단 칸에 마오쩌둥의 어록이 게재되기 시작했는데, 이는 마오 사후 1년 반이나 지난 1978년 3월 25일까지 하루도 빠짐없이 지속되었다.

류사오치는 긴장할 수밖에 없었다. 문화혁명이 사회주의 체제를 유지하고 마오쩌둥 사상을 보위하는 대규모의 계급투쟁이며 체제전쟁임이 명확했기 때문이다. 이후 50일 동안 류사오치는 국가원수로서 문화혁명을 총지휘하는 중책을 맡게 되었는데…… 베이징을 떠나 있던 마오쩌둥은 비밀 창구를 통해서 날마다 베이징의 상황을 보고받고만 있었다. 이윽고 게릴라 전술의 마스터 마오쩌둥은 류사오치 등 당권파를 몰아내기 위해서 편 가르기와 좌우 뒤집기의 전술을 구사했다.

칭화 대학의 반우파 투쟁 : 공작조 대 조반파

1966년 6월 초, 베이징의 대학가와 중, 고등학교는 혁명의 광열에 휩싸여 있었다. 모두가 들고 일어나 사회 곳곳에 암약하는 자산계급 반혁명 세력과 일대의 계급투쟁을 치러야만 하는 극한 상황이었다.

6월 중순, 중공중앙은 "문화혁명의 철저한 이행과 교육제도의 철저한 개혁을 위해서 마오쩌둥의 지시와 군중의 요구에 따라" 신입생의 선발을 반년 늦추는 조치를 취했다. 정규과정이 마비된 대학과 중, 고등학교에서는 혁명의 난투와 난동이 들불처럼 일어났다. 급기야 6월 18일 베이징 대학에서는 과격분자들의 폭력 행위가 일어나기까지 했다.

류사오치는 한시바삐 문화혁명의 혼란을 수습하고 경제개혁을 이어가고자 했다. 이미 경제는 악화일로를 걷고 있었다. 생산량은 목표치에 미달했고, 산업재해는 증가하고 있었다. 그런 상황에서 류사오치는 대규모의 공작조를 지방에 파견하여 계급투쟁을 고취하는 극적인 캠페인을 연출할 수밖에 없었다. 당시 중공중앙의 당권파들은 1957-1959년의 반우파 투쟁 때처럼 중공중앙이 대규모의 정치 운동을 주도해야 한다고 믿고 있었다. 공작조는 교정에서 자행되는 난투와 난동에 강경하게 대처했다. 이에 따라서 이른바 반간요(反干擾 : 소요 행위 반대)가 공작조의 기본 노선이 되었다.

1966년 6월 9일, 류사오치의 지시를 따라서 513명의 공작조가 칭화 대학 교정에 진입했다. 당시 칭화 대학에는 이미 문혁의 불길이 치솟고 있었다. 학내는 온통 대자보투성이였다. 주로 칭화 대학 당위원회의 부패를 폭로하고 교수들의 죄행을 지적하는 내용이었다. 베이징 시위원회를 비판하는 대자보도 있었으며, 그해 봄에 파면되고 추락한 펑, 뤄, 루, 양 4명의 반혁명분자들을 비난하는 글도 많았다.

베이징 대학과 마찬가지로 학생들은 칭화 대학의 당서기 겸 총장인 장난샹(蔣南翔, 1913-1988)을 집중적으로 공격했다. 그가 마르크스주의를 배신하고 수정주의의 유혹에 넘어갔다는 비판이 이어졌다. 이에 칭화 대학의 당위원회는 교수들과 학생들의 비판을 제약했고, 격분한 학생들은 공격의 수위를 높여만 갔다.

1966년 6-7월 류사오치의 특명을 받은 공작조는 칭화 대학의 교정에서 1957-1959년의 반우파 투쟁을 재현했다. 그들은 교수 및 학생 중에서 과격분자들을 색출해서 반혁명 우파의 멍에를 씌우고 질서를 어기지 않는

1966년 6월 2일부터 1978년 3월 25일까지 「인민일보」는 오른쪽 상단에 매일 마오 쩌둥 어록을 게재했다. (1966년 6월 2일 「인민일보」)

한법적 권력투쟁을 실현하기 위해서 본격적으로 과격분자들을 감시하고 억압했다.

　그 결과 칭화 대학의 교정에서 공작조는 무려 700여 명의 반혁명분자를 색출했다. 공작조의 취조를 견디지 못한 자공과(自控科)의 젊은 교수 스밍 위안(史明遠, 1936-1966)이 스스로 목숨을 끊는 비극도 발생했다. 칭화 대학의 학생들은 더욱 강경한 노선을 취했다. 마침내 공작조와 과격분자 들의 갈등은 격렬한 내부의 투쟁으로 비화되었는데…… 7월 중순 마침내 베이징으로 복귀한 마오쩌둥은 곧바로 "혁명군중을 억압한" 류사오치를 문책하기 시작했다. 류사오치가 혁명군중을 억압한 반동분자로 몰릴 위기 에 봉착한 순간이었다. 당권파와 혁명군중을 분열시킨 후, 급작스럽게 공 수를 뒤바꾸는 마오쩌둥 특유의 편 가르기와 좌우 뒤집기 전술이었다.

제10장

권력자의 도그마
독선은 재앙이다

권력자의 독단은 나라를 망친다. 지도자의 독선은 사회를 해친다. 독단은
오도된 확신에서 나온다. 독선은 정신병적 유아론의 발로이다. 경험이 적
고 견문이 좁은 인간은 독단의 우물 속에 머무른다. 사상의 다양성, 가치
의 다원성을 인정하지 않는 자는 독선의 늪에 빠져든다. 범부의 독단, 필
부의 독선도 위험하기 그지없다. 하물며 비대한 대륙국가 최고권력자의
독단, 최고영도자의 독선임에랴.

파멸을 부른 최고영도자의 독단

아일랜드 역사학자 핼리데이에 따르면, 1949년부터 1976년까지 27년 동
안 마오쩌둥의 절대주의 통치 아래에서 7,000만 명 이상이 목숨을 잃었
다.1) 인류사에서 역사가 가장 긴 문명을 창건하고 확산해온 중국 대륙에
왜 그토록 처참한 재앙이 발생했나? 최고권력자의 독단, 최고영도자의 독
선 때문이었다.

마르크스는 19세기 중엽 스스로 역사의 합법칙성을 밝혀냈다고 확신한
독단론자였다. 그의 과학적 사회주의는 소외된 무산계급에게 유토피아의

문혁 시기, 베이징 대학 부속 고등학교에서 학생들이 교장을 비투하는 모습. (공공부문)

희망을 주었지만, 돌이켜보면 공산주의는 인민의 아편일 뿐이었다. 20세기 모든 사회주의 정권은 관료행정의 부패와 빈곤의 덫에 빠져 처참하게 실패했다. 유럽 학자들의『공산주의 흑서(*Le Livre noir du communsme*)』에 따르면 20세기 공산주의 정권에서 희생된 사람들은 최소 9,400만 명에 달한다. 공산주의 정권의 실패는 마르크스의 이념적 독단에서 기인한다.[2]

"인류의 역사는 계급투쟁의 역사"라는 마르크스-엥겔스의 유물사관은 젊은 마오쩌둥의 뇌리에 무서운 독단의 씨앗을 뿌렸다. 과도한 집산화로 최대 4,500만이 아사하는 대기근을 초래한 후에도 마오쩌둥은 "자나 깨나 계급투쟁"을 외치며 전 중국을 혁명의 광열 속에 몰아넣었다.

1978년 이후 덩샤오핑은 개혁개방의 기치를 높이 들고 만신창이가 된 인민을 다독이며 말했다. "맨발로 미끄러운 돌을 살살 밟으면서 강을 건너자"고. 중국이 오랜 독단의 잠에서 깨어나서 현실에 눈을 뜨는 순간이었다. 계급투쟁 대신 "실사구시"가 새 시대의 표어가 되었다. 그 간단한 실용의 지혜를 얻기 위해서 중국은 실로 비싼 수업료를 지불해야 했다.

마오쩌둥 사상을 보위하라!

마오쩌둥은 마르크스, 레닌, 스탈린을 이어서 사회주의 혁명의 구루가 되고자 했다. 1966년 8월 초 중국공산당은 『마오쩌둥 선집』을 대량으로 출판, 유통하기로 결정했다. 마오쩌둥 사상을 널리 보급하고 확산하기 위함이었다. 마오쩌둥 사상은 마오쩌둥이 스스로 고안하고 제창한 정치, 군사, 경제 이론의 체계를 이르는데, 중공정부는 '마오쩌둥 사상'이라는 공산주의 신상품을 전 세계 사회주의권에 수출하려고 했다. 그 배경에는 반미제국주의와 반소 수정주의가 깔려 있었다.

문화혁명이 시작되던 1966년 여름, 베트남 전쟁이 더욱 격화되었다. 그해 5월 28일 남베트남에서 3명의 비구니 승려들이 분신한 후, 다음 달까지 무려 9명이 잇따라 분신하는 충격적인 사태가 발생했다. 5월 말에 미군 사상자의 수가 최고조에 달하자 미국의 대통령 존슨(Lyndon Johnson, 1908-1973)이 전면전을 선포하고, 6월 말 미 공군은 최초로 북베트남의 주요 도시를 공습해 정유시설을 파괴했다. 한편 소련은 1964년 10월 흐루쇼프(Nikita Khrushchyov, 1894-1971)가 실각한 이후 알렉세이 코시긴의 지도 아래 이윤 동기와 상품경제를 골자로 하는 탈(脫)스탈린 수정주의 경제개혁에 박차를 가하고 있었다.

마오쩌둥은 미국의 "제국주의적 만행"을 규탄하면서 동시에 소련의 수정주의 노선을 비판했다. 언론이 날마다 베트남 전쟁의 실황을 상세히 보도하면서 미 제국주의를 규탄하기에 여념이 없던 시절이었다. 중공중앙은 사회주의의 정도(正道)를 이탈한 소련공산당을 향하여 비판의 수위를 높였다. 가령 1966년 6월 20일 베이징에서 개최된 아시아, 아프리카 작가회의의 공동성명에는 "소련 수정주의자들은 세계혁명의 반역도당"이라는 선언이 담길 정도였다.

문화혁명의 밑바탕에는 중국만이 세계혁명을 주도할 수 있으며, "마오쩌둥 사상이 세계혁명의 지도이념"이라는 생각이 깔려 있었다. 이제 와서 돌아보면 이는 자국 중심의 몽환적인 현실 인식과 일인숭배의 종교적 광열이지만, 문혁 초기 전국에서 일어난 홍위병들은 진지하고도 심각하게 마오쩌둥 사상을 흡입했다.

국방장관 린뱌오가 1966년 3월 11일 발표한 글 "공업, 교통의 전선에서 마오 주석의 저작을 공부하고 활용하자"에는 다음과 같은 문단이 있다.

> 우리 나라는 위대한 무산계급독재의 사회주의 국가이다. 7억의 인구가 있으니 반드시 통일의 사상, 혁명의 사상, 올바른 사상이 필요한데, 바로 마오쩌둥 사상이 그것이다. 이 사상이 있기 때문에 왕성한 혁명의 힘을 견지할 수 있으며, 올바른 정치의 방향을 확정할 수 있다.……마오쩌둥 사상은 노동인민이 자발적으로 생산한 이념이 아니라 마오 주석이 직접 위대한 혁명 실천의 기초 위에서 천재적으로 마르크스-레닌주의 사상을 계승하고 발전시키고, 또 국제 공산주의 운동의 새로운 경험을 종합하여 마르크스-레닌주의를 첨단의 새로운 단계로 제고한 결과물이다.

린뱌오는 문혁이 시작되기 전부터 이미 인민해방군에서 마오쩌둥 인격숭배를 주도한 인물이었다. 당시 중국은 원자폭탄과 수소폭탄까지 자체 개발해서 100년의 국치를 씻고 소련에 필적하는 군사대국으로 발돋움한 직후였다. 린뱌오는 이제 중국이 마오쩌둥 사상이라는 최첨단의 혁명 이론을 통해서 세계혁명의 주도국이 되어야 한다고 주장했다. 마오쩌둥 사상은 중국이 소련을 제치고 세계혁명의 지도국가로 성장하기 위한 불가분의 정신적 무기였다. 린뱌오가 마오쩌둥 사상이 마르크스-레닌주의를 넘어선 사회주의 세계혁명의 새로운 단계라고 선전한 이유가 거기에 있다.

당시 어린 학생들은 마오쩌둥 사상을 학습하라는 린뱌오의 당부를 진지하게 받아들였다. 1966년 5월 29일, 칭화 대학 부속 중, 고등학교에서 최초의 홍위병이 결성되었다. 그날 교내에 몇 명의 학생들이 모여서 "마오쩌둥 사상의 절대 권위를 특별히 사수해야 한다!"라고 선언했는데, 그들의 움직임은 곧 홍위병 조직의 전국적 발흥으로 이어졌다.

6월 초, 베이징 지질학원 부속 중, 고등학교, 베이징 석유학원 부속 중, 고등학교, 베이징 대학 부속 중, 고등학교, 베이징 광업학원 부속 중, 고등학교 및 베이징 제25중, 고등학교의 학생들이 연이어 홍위병, 홍기, 동풍 등의 비밀결사를 결성했다. 이들의 선언문에는 다음 구절이 포함되어 있었다.

> 우리는 홍색 정권을 보위하는 위병(衛兵)들이다. 중공중앙과 마오 주석은 우리들의 큰 산이다. 전 인류의 해방은 결코 포기할 수 없는 우리의 책임이다. 마오쩌둥 사상은 우리들이 하는 모든 행동의 최고 지침이다. 우리는 선언한다. 중공중앙을 보위하고, 위대한 영도자 마오 주석을 보위하기 위해서 우리는 견결하게 마지막 한 방울의 피까지 전부 흘릴 것이다.

마오쩌둥 사상은 7억 인구를 하나로 묶는 통일의 사상, 혁명의 사상, 올바른 사상이었나? 1966년 6월 21일 「인민일보」 1면 오른쪽 상단 마오쩌둥 어록 칸에는 이런 글귀가 적혀 있다. "올바른 정치관념이 없다면 영혼이 없는 것과 같다!" 여기서 올바른 정치관념이란 물론 마오쩌둥 사상을 이른다. 최고권력자의 독단, 최고영도자의 독선이 어린 학생들의 뇌수를 파고드는 과정은 그러했다. 최고권력자의 독단, 최고영도자의 독선은 이제 7억 중국인의 의식을 지배하는 유일사상이 되었다.

게릴라 전사의 승부수

좌우를 막론하고 독재정권은 군중을 앞세워 인민(혹은 국민)을 통제한다. 군중은 일반적으로 다수대중을 지칭하지만, 다수대중은 실체가 모호하다. 광장의 군중이 전체 인민을 대변한다고 볼 수는 없다. 광장의 군중에 반대하는 밀실의 개개인이 오히려 다수일 수도 있다. 그럼에도 독재정권은 군중을 앞세워 다수를 선점한 후, 곧바로 다수를 내세워 인민(혹은 국민)을 사칭한다.

근대의 정치 사상가들이 입헌주의와 민주주의를 결합해 자유민주주의를 제창한 이유가 여기에 있다. 군중지배(mob rule)는 곧 다수독재이며, 다수독재는 곧 '민주주의'의 자멸임을 역사의 시행착오를 통해서 경험했기 때문이다. 아리스토텔레스의 통찰대로 민주주의가 타락하면 아나키(anarchy)가 된다.

중국 문화혁명 당시 홍위병은 "진짜 민주주의"를 부르짖었지만, 그들의 혁명 운동은 최악의 아나키를 낳고 말았다. 홍위병을 앞세운 인민독재는 결국 마오쩌둥 한 사람의 황권통치에 불과했다. 그는 과연 어떻게 거대한 대륙에서 수억의 인민 위에 군림하는 절대 권력을 유지할 수 있었을까? 이제 마오쩌둥이 10-20대의 청소년 및 청년과 결합되는 정치적 마술쇼를 되짚어보자.

마오쩌둥은 1965년 11월 초 홀연히 호화열차를 타고 베이징을 떠나 우한과 항저우 등지의 고급 주택에서 무려 8개월을 머물렀다. 그가 수도의 중난하이에 머무는 동안 당권파의 쿠데타로 권좌에서 밀려나는 악몽에 시달렸다는 내부자의 증언도 있다. 도망치듯 남방으로 내려간 마오쩌둥이 1966년 2월 측근의 군부 장성들에게 지시해 베이징의 수도방위대를 퇴각시킨 후 선양(瀋陽)의 부대를 동원해서 수도를 포위하는 친위 쿠데타를 일으켰다는 재야 연구자들의 "2월 병변설(兵變說)"도 있다.3)

수도를 벗어나 있던 8개월간 마오쩌둥은 놀랍게도 베이징의 권력층을 완벽하게 허물어뜨렸다. 그는 베이징 시장을 축출하고, 베이징 시위원회를 해체하고, 중앙의 언론을 완전히 장악했다. 물론 그가 노린 사람은 류사오치와 덩샤오핑이었지만, 그는 직접 권력투쟁의 메가폰을 잡기보다는 그들에게 문화혁명의 지휘를 맡겼다.

1966년 6월 초부터 7월 중순까지 50일간 류사오치는 문혁을 지휘했다. 그는 비판투쟁의 현장에 대규모의 공작조를 파견했고, 공작조는 그의 명령을 따라서 질서 있는 계급투쟁을 연출하려고 했다. 마오가 의도했을까? 공작조와 과격분자의 대립은 갈수록 격화되었다. 대학가의 급진 세력은 마오쩌둥 사상을 내걸고 혁명은 조반이라며 갈수록 과격한 시위를 벌이며 폭력적인 양상을 보였다.

6월 말부터는 류사오치의 딸 류타오(劉濤, 1944-)가 재학하던 칭화 대학에서 가장 극적인 투쟁이 전개되었다. 류사오치의 아내 왕광메이가 칭화 대학에 공작조의 중책으로 파견된 상태였지만, 칭화 대학 조반파의 창끝은 결국 류사오치를 겨누고 있었다. 모욕을 느낀 류사오치는 칭화 대학 조반파의 상징적 인물로 부각되던 공정화학과 3학년생 콰이다푸(蒯大富, 1945-)를 집중 비판하라고 명령했다.

6월 24일 공작조는 콰이다푸를 비판하는 변론회를 열었다. 그 현장에서도 콰이다푸는 "교수대에 오르더라도 나는 혁명가임을 선포하겠노라!"는 터무니없이 대담한 자기변호로 일관했다. 현장에 있었던 양지성이 당시 콰이다푸의 배후에 마오쩌둥의 측근이 있었다고 의심할 정도였다. 7월 4일 공작조는 그를 우파로 몰아서 구금했는데, 7월 28일 마오쩌둥의 뜻에 따라 공작조가 전면 철수하게 되면서 콰이다푸는 칭화 대학 홍위병의 대표로 다시 태어나게 되었다.

황제의 군중독재

1950-1960년대 내내 이념 교육, 정치적 세뇌, 공포 정치, 대중 동원, 숙청이 이어졌다. 당시 중국의 정치적 토양은 문혁이 발아하기에 최적의 조건을 갖추고 있었다. 그 비옥한 투쟁의 토양에서 싹튼 혁명의 맹아들이 바로 홍위병이었다. 그들은 미처 다 자라지 못한 청소년들이었지만, 일단 사회주의 혁명투사의 완장을 차고 나서는 잔인한 집단 광기에 휩싸였다. 그들이 내면에 잠복된 폭력성을 드러낼 수 있었던 결정적인 계기는 바로 마오쩌둥이 홍위병에게 보낸 서신이었다.

7월 16일 마오쩌둥은 양쯔 강에서 수영대회에 참석해 큰 강의 급류를 따라 16킬로미터를 떠다니는 노익장을 과시했다. 이틀 후 8개월 만에 베이징으로 복귀한 마오쩌둥은 류사오치를 노골적으로 무시하는 태도를 보였다. 7월 24-26일, 마오쩌둥은 작심한 듯 공작조의 파견이 큰 잘못이라고 비판했고, 7월 28일에는 공작조의 전면적인 철수를 명령했다. 이어서 그는 8월 1일부터 개최된 중앙위원회 제11차 전체회의에서 류사오치의 공작조 파견은 "부르주아의 편에 서서 무산계급의 혁명을 탄압한" 행위라고 비판했다. 이로써 류사오치는 실권을 잃고 그로기 상태에 내몰렸다.

1966년 8월 1일 마오쩌둥이 홍위병에게 쓴 서신이 대량으로 인쇄되어

마오쩌둥에게 열광하는 홍위병. (공공부문)

전국에 배포되었다. 이 서신은 칭화 대학 부속 중, 고등학교의 홍위병 조직이 작성한 두 장의 대자보 "무산계급의 혁명조반 정신 만세!"(1966년 6월 24일)와 "재론 : 무산계급의 혁명조반 정신 만세!"(1966년 7월 4일)를 마오쩌둥이 직접 읽고 쓴 답장의 형식을 취하고 있었다. 제1대자보는 "조반유리"를 강조하고, 제2대자보는 "낡은 사상, 낡은 문화, 낡은 풍속, 낡은 습관"을 모두 깨부수라는 이른바 "파사구"를 부르짖는 내용이었다. 홍위병에게 보낸 마오쩌둥 최초의 서신은 다음과 같았다.

> 그대들은 6월 24일과 7월 4일에 붙인 두 장의 대자보를 통해서 노동자, 농민, 혁명적 지식분자 및 혁명파를 착취하고 억압한 지주계급, 자산계급, 제국주의, 수정주의 및 그들의 주구를 향해 분노와 비난을 표출했으며, 반동파에 대한 '반란이 정당함(造反有理)'을 설명했다. 이에 나는 그대들에게 열렬한 지지를 표한다.……마르크스가 말했다. 무산계급은 자신의 해방을 넘어 인류 전체를 해방해야 한다고. 전 인류를 해방시키지 못한다면, 무산계급 스스로도 결국 해방을 얻지 못한다. 동지들이여! 이 도리를 주의하라!

마오의 답신이 공개되기 전인 1966년 7월 27일, 칭화 대학 부속 중, 고등학교의 홍위병들은 제3대자보를 작성했다. 마오 주석을 향한 어린 학생들의 존경심이 혁명적 전투 의식으로 표현된 대자보였다.

> 우리들은 마오 주석의 가장 충실한 홍위병이다! 마오 주석께 무한 충성하며, 가장 견결히, 가장 용감히, 가장 충실히 무산계급 문화대혁명의 최고 지시를 집행해야만 한다. '조반!'이라는 마오 주석의 최고 지시를! 조반은 무산계급 혁명의 전통이다. 홍위병이 계승하고 발양해야 할 전통이다.……우리는 과거에도 반란을 일으켰고, 현재에도 반란을 일으키고, 장래에도 계속 반란을 일으킬 것이다. 계급과 계급투쟁이 존재하는 한 반란을 일으킬 것이다. 모순이 존재하는 한, 반란을 일으킬 것이다. 혁명적 조반 정신은 100년, 1,000년, 1만 년, 1억 년 동안 계속 필요하다.……홍위병 전사여, 이미 반란을 일으켰으니 끝까지 밀고 나가자! 위를 우러러보며 앞으로 나아가자! 혁명의 대폭풍이 더욱 맹렬히 몰아치도록! 무산계급 혁명조반 정신 만세! 만만세!

요컨대 마오쩌둥은 "조반유리"라는 한마디로 홍위병들과 일심동체로 결합되었다. 홍위병들은 조반유리의 깃발을 들고 대반란의 광열에 빠져들어서 분주히 베이징의 거리를 휩쓸고 다녔다. 1980년 중공정부의 공식 통계에 따르면, 1966년 8-9월 베이징에서만 3만3,695호가 털리고, 8만5,196호의 가정이 축출되고, 1,772명이 어린 홍위병에게 맞아 죽은 이른바 "홍팔월(紅八月)"의 서막이 올랐다.

제11장

천하대란, 홍위병 학살극의 배경

역사상 수많은 권력자들이 편집증에 시달리다가 비참한 죽음을 맞이했다. 권력투쟁의 과정에서 심신이 피폐해지기 때문일까. 사마천(司馬遷, 기원 전 145-86)의 비유대로 권력은 무거운 그릇이다. 한평생 무거운 그릇을 얻으려고 쟁투하기 때문에 권력자들은 교활하고, 치졸하고, 잔인해진다. 오죽하면 권력투쟁을 진흙탕의 개싸움이라고 할까. 계략, 음모, 사기, 술수, 협잡, 공갈, 협박, 식언, 망언, 망동, 거짓말, 린치, 테러⋯⋯. 일상적으로 자행되는 정치범죄의 사악함은 상상을 절한다. 그중에서도 특히 미성년층을 정치투쟁의 불쏘시개로 써먹는 수법이 최악이다.

홍위병의 준동

전체주의 정권은 집요하게 청소년층을 파고든다. 나치 독일의 히틀러 유겐트, 파시스트 이탈리아의 오페라 나치오날레 발릴라, 소련의 콤소몰 등은 대표적인 전체주의 정권의 준(準)군사적 청소년 조직들이었다. 제2차 세계대전 막바지까지 가장 필사적으로 연합군에 맞선 독일 병정들이 10대였던 히틀러 유겐트였음은 잘 알려진 바이다.

어린 시절 히틀러 유겐트로 활약한 저명한 역사학자 헤르만 그라믈

1960년대 후반 홍위병의 모습. (공공부문)

(Hermann Graml, 1928-2019)은 당시 청소년들이 나치에 매료된 이유를 열거하면서 제3제국의 강력한 정치 권력, 나치 정권의 선전, 선동 및 애국 교육, 비밀결사 형식의 조직 활동, 히틀러 인격숭배의 흡입력, 나치 정권이 연출한 현대적인 분위기 등을 꼽는다. 아울러 그는 나치가 청소년들에게 가부장적 질서와 종교적 권위 등 전통과 금기를 파괴하는 정치적 폭력의 기회를 제공했다고 설명한다.

그라믈의 설명은 문혁 시절 홍위병 조직에도 적용될 수 있다. 당시 중국 공산당은 절대적 권위를 가지는 최강의 권력기구였고, 문혁 당시 중국의 청소년들은 공산주의 이념에 철저히 세뇌당하고 훈습된 상태였다. 강력한 정치 권력과 이념 교육이 있었기 때문에 마오쩌둥은 살아 있는 인격신으로서 청소년의 의식을 지배했다. 나치즘과 마찬가지로 마오쩌둥 사상에는 낡고, 늙고, 병들고, 뒤처진 모든 것을 파괴하는 근대화의 이미지가 있었다. 문화, 사상, 풍속, 습관 등 네 가지 낡은 것을 타파하고 네 가지 새로운 것을 세운다는 "파사구 입사신(破四舊, 立四新)"의 구호가 이를 압축한다. 결정적으로 마오쩌둥은 청소년들에게 초법적인 반란의 권리를 보장한 후, 그들을 정치투쟁의 최전방으로 내몰았다.

1966년 7월 8일, 마오쩌둥이 아내 장칭 앞으로 보낸 편지에는 "천하대치를 위해서 천하대란을 일으키겠노라!"라는 말이 적혀 있었다. 1966년 8월 천하대란을 일으킨 주체는 바로 홍위병이었다. 홍팔월의 학살극은 그렇게 시작되었다.

"사령부를 폭파하라!"

1966년 8월 1일부터 12일까지 제8기 중앙위원회 제11차 전체회의가 열렸다. 1966년 8월 5일, 마오쩌둥은 "사령부를 폭파하라! 나의 대자보 한 장"이라는 제목의 글을 연필로 적었다. 이틀 후, 약간 수정된 그 글의 복사본이 전체회의에 배포되었다. 200자 원고지 한 장 분량의 짧은 글 속에서 마오쩌둥은 "지난 50일간 중앙에서 지방까지 어떤 영도 동지가 반동적 자산계급의 입장에서 자산계급의 독재를 실행해왔고", "자산계급의 위풍을 조장하고 무산계급의 의지와 기개를 훼멸했다"고 비난했다.

마오가 대자보 속에서 언급한 "영도 동지"는 의심의 여지없이 국가원수 류사오치였다. 마오의 창끝이 류사오치와 덩샤오핑의 목을 겨눈 상황이었다. 마오는 어설프게 실명을 언급하며 그들을 공격하지 않았다. 문혁은 대중노선에 따라서 대중의 의지대로 진행되어야 하는 민중의 혁명이었다. 마오의 시나리오에 따르면, 류와 덩은 혁명군중의 자발적인 봉기로 권좌에서 축출되고 숙청되어야 하는 자산계급의 주구였다.

그림 속의 커다란 문건은 마오쩌둥의 "사령부를 폭파하라! 나의 대자보 한 장"이다. 벽보에는 "자산계급의 반동노선을 철저히 비판하라!"가 적혀 있다. 최고영도자 마오쩌둥이 외친 "조반유리"와 "사령부를 폭파하라"는 구호는 홍위병 폭력으로 이어졌다. 1976년 8월 문화혁명 집단화보 창작단의 작품. 이 작품은 1976년 9월에 마오가 사망하기 한 달 전까지도 "사령부를 폭파하라"라는 구호가 사용되었음을 보여준다. (chineseposters.net)

8월 8일 마오의 주도 아래 "무산계급 문화대혁명에 대한 중앙위원회의 결정 16조"가 채택된다. 대강의 내용을 요약하면 다음과 같다. 문혁은 군중이 스스로 해방되어 자발적으로 혁명을 주도하는 "사회주의 혁명의 새로운 단계"이다. 마오가 즐겨 말하듯이 누구든 수영을 배우려면 직접 물속에 들어가야 하고, 사회주의 혁명투사로 거듭나려면 직접 혁명을 일으켜야 한다. 마오쩌둥 사상 대중노선의 원칙에 따라서 중공중앙은 무조건 군중을 신뢰하고, 군중에 의지하고, 군중의 지휘를 존중해야 하며, 무엇보다 "손을 놓고 군중을 발동시켜야만" 한다.

실제 혁명의 과정에서 95퍼센트의 인민이 단결하여 5퍼센트의 우파분자들과 수정주의자들을 고립시켜야 한다. 이때 중앙문혁소조, 문혁위원회, 문혁대표대회 등 중앙의 조직은 군중노선의 구심이 되어서 인민의 대동단결을 견인해야 한다.

16조의 마지막은 "마오쩌둥 사상이 문혁의 지도이념"이라는 방침이었다. 요컨대 16조는 마오쩌둥 사상과 군중노선이 날실과 씨실로 직조된 중공중앙의 공식 문건이었다. 16조의 모든 행간에서 류사오치에 대한 경멸과 증오가 읽히는데, 이는 그가 바로 투쟁의 현장에 공작조를 파견하여 군중을 억압한 반동 집단의 수장이었기 때문이다.

전체회의가 진행되는 과정에서 류사오치의 몰락은 이미 공식화되었다. 그 결과 중공중앙 정치국 상위 서열 제6위였던 린뱌오는 제2위로 올라가고, 서열 제2위의 국가원수 류사오치는 제8위로 밀려났다.

10대의 반란, 홍위병의 학살극

"혁명은 무죄이다!" "혁명은 폭동이다!" "반란은 정당하다!" "사령부를 폭파하라!" "낡은 것을 파괴하라!" "혁명을 일으켜야 혁명을 배운다!" 1968년 8월 공적 매체를 통해서 날마다 전 중국에 하달되던 마오쩌둥의 행동명령이다.

마오쩌둥 사상의 핵심은 바로 "군중의 자발적 반란"이었다. 군중의 자발성을 억압하는 모든 조치는 반동적 자산계급의 음모로 인식되었다. 베이징에서 시작된 홍위병 조직은 일시에 전국으로 확산되었다. 대학 및 중, 고등학교에 국한되었던 홍위병의 활동은 초등학교까지 확산되었고, 수개월 안에 노동자, 농민의 혁명 운동으로 비화되었다.

1966년 8월 9일 「인민일보」 1면에는 "무산계급 문화대혁명에 대한 중앙위원회의 결정 16조"가 게재되었다. 문혁 16조는 이후 문화혁명에 관한 중공중앙의 기본 원칙이 되었다.

당시 언론에서는 일언반구도 언급되지 않았지만, 그해 여름 베이징에서는 대규모 살육전이 벌어졌다. 8월 말부터 9월 초까지 집중적으로 일어난 홍위병의 폭력은 1949년 해방 이전의 지주, 자본가 및 그 후예를 지칭하는 계급 천민과 반동적 지식분자들에게 가해졌다. 홍위병은 반동의 후예는 반동이라는 "혈통론"을 처형의 이유로 내세웠다. 사회주의 혁명이 빚어낸

홍위병의 비투 장면. 모욕을 주기 위해서 절반만 삭발하는 음양두(陰陽頭) 처벌. (공공
부문)

새로운 신분제가 아닐 수 없었다.

10대의 홍위병들은 민가를 급습하여 샅샅이 뒤지고 터는 "초가(抄家)"
를 일삼았다. 그들은 모든 유물을 박살내고, 계급 적인을 색출하여 살육하
는 백주의 테러를 이어갔다. 베이징의 창핑 현(昌平縣)과 다싱 구(大興區)
에서는 특히 잔혹한 학살극이 펼쳐졌다.

곤봉으로 때려 죽이고, 작두로 썰어 죽이고, 밧줄로 매달아 죽이고, 심
지어는 영유아의 팔다리를 짓밟고 당겨 찢어 죽이는 광란의 대학살이었
다. 1980년 12월 20일 「북경일보(北京日報)」는 1966년 8월과 9월 사이
베이징에서 홍위병에게 맞아 죽은 피해자의 숫자가 1,772명이라고 보도
했다. 10대의 청소년들이 대체 어쩌다 이토록 잔혹한 학살극의 주역이
되었을까?

"혁명무죄!" : 홍위병의 대학살

나치 정권에서 홀로코스트를 자행한 친위대 장교 아돌프 아이히만(Adolf Eichmann, 1906-1962)은 1961년 예루살렘의 법정에서 자신이 이마누엘 칸트(Immanuel Kant, 1724-1804)의 정언명령에 따라서 살았다고 진술했다. 그 법정을 참관한 철학자 한나 아렌트는 아이히만의 정신을 분석하면서 "악의 상투성(the banality of evil)"이라는 개념을 제시했다. 전체주의 정권하에서 개개인은 정교한 기계 속의 작은 부속이 되어서 주어진 명령을 수행할 뿐이다. 그런 상황에 길들여지면 끔찍한 정치범죄도 일상의 업무에 지나지 않는다.

1966년 8-9월, 10대 홍위병들은 분명 "악의 상투성"에 길들여진 상태였다. 그들은 살인이 허용되는 무법 상태에서 혁명의 사명감에 들떠 학살을 감행했다. 그 이면에는 법질서의 해체와 도덕적 혼돈이 깔려 있었다. 물론 그들은 최고영도자의 암시에 따라서 임무를 수행했을 뿐이다.

홍위병 폭력은 교내에서 시작되었다. 1966년 8월 5일, 베이징 사범대학 부속 여중의 교감 볜중옌(卞仲耘, 1916-1966, 당시 50세, 여)이 홍위병의 집단 구타로 사망했다. 홍위병이 살해한 최초의 교사였다. 8월 중순을 지나면서 폭력은 교외로 확산되었다. 홍위병의 테러 행위는 민가를 급습 및 약탈하고, 문화유산을 조직적으로 파괴하고, 대규모의 학살을 자행하는 3단계로 전개되었다.[1]

문화 파괴 : 홍위병의 반달리즘

많은 학자들의 연구에도 불구하고 홍위병 폭력의 진상을 모두 규명하는 일은 여전히 요원하다. 중공정부가 민감한 과거사는 웬만하면 덮고 가리려고 하기 때문이다. 그럼에도 이따금 지방정부의 자료들이 홍수에 씻겨 나간 민둥산처럼 모습을 드러내고는 한다. 가령 문혁이 종식되고 거의 10년이 지난 1985년 4월 8일, 베이징에서 개최된 인민정치협상회의에서 비뇨기과 전문의 출신의 상하이 정협위원 마융장(馬永江, 1914-2004)은 문혁 당시 상하이의 12개 구역에서 습격당한 민가의 총 면적이 대략 124만 제곱미터에 달한다고 발언했다. 문혁 시절 "좌의 난동"을 극복하고자 하는 상하이의 적극적인 노력을 알리기 위함이었다. 그는 문혁 때 피해를 입은 민가의 82.7퍼센트, 대략 102만5,900제곱미터의 면적이 원 주인들에게 돌아갔고, 18만9,800제곱미터에 달하는 화교의 재산도 97.7퍼센트 환급되었다고 말했다.2)

홍위병들은 반동 세력의 재산을 조사하고 몰수한다는 초가를 명분으로 삼아서 민가를 습격했다. 부정확한 통계에 따르면 1966년 8월과 9월 동안 베이징에서는 8만5,198명이 원적을 박탈당하고, 3만3,695호의 민가가 홍위병의 습격을 받았다. 상하이에서는 8월 23일에서 9월 8일까지 8만4,222호의 민가가 초토화되었는데, 그중에는 교사 및 지식분자의 주거지가 1,231호 포함되어 있었다.3)

역시 정확한 수치일 수는 없지만, 1987년 2월 23일 자 「북경만보(北京晚報)」에서는 홍위병의 약탈 행위가 구체적으로 명시된 기사를 찾아볼 수 있다. 이 기사에 따르면, 베이징에서만 5.2톤의 황금, 17.3톤의 백은, 5,546만 위안 정도의 현금, 61만3,600점의 골동품이 압수되었다고 한다. 베이징에서 문혁 기간 중에 몰수당한 민가의 수는 52만 호를 헤아리고, 그중에서 개개인이 제멋대로 들어가 살았던 가옥의 수는 8만2,230호에 달했다.4)

상하이에서는 금은 등의 귀금속 외에도 미화 334만 달러와 330만 위안화 상당의 외화, 370만 위안의 현금과 채권 등이 압수되었다. 1966년 10월, 공산당의 공식 문건에는 전국의 홍위병들이 "착취계급"에게서 65톤의 금을 압수했다는 기록이 있다.5) 쑤저우(蘇州)에서는 약탈당한 민가의 수가 6만4,056호에 달했고, 17만 점 이상의 재물과 유물을 갈취당했다. 홍위병들은 민가를 급습하면 가구, 의복, 화장품, 두건 등 생활용품까지도 전부 강탈했다.6)

또한 홍위병들은 문화유산과 공공의 재산을 파괴했다. 문혁 10년 동안 베이징의 국가지정 유적지 6,843곳 중에서 4,922곳이 훼멸되었는데, 그중 다수가 1966년 홍팔월의 광란 속에서 저질러진 만행의 결과였다. 홍위병들은 자금성을 파괴할 계획까지 세웠지만, 저우언라이가 군대를 급파하여 접근을 막았다.7)

1966년 11월 베이징의 홍위병 수백 명은 기차를 타고 산둥 성의 취푸(曲阜)로 내려가서 4주일간 머물면서 그 지역 홍위병들과 함께 공부(공자 유적지)의 문화재 6,618점을 파괴했다. 공자(孔子, 기원전 551-479)에 대한 적개심은 지식분자에 대한 경멸로 표출되었다. 홍위병들은 유물뿐만 아니라 공공 도서관도 파괴했다. 문화혁명이 벌어지는 동안 전국 1,100개의 현 단위 이상의 도서관 중에서 3분의 1이 폐관되었고, 랴오닝(遼寧), 지린(吉林), 허난(河南), 장시, 구이저우 등지에서만 700만 권의 서적이 훼멸되었다.8)

살인의 허가증 : "흑오류를 처단하라!"

홍위병 집단이 타격한 대상은 주로 지주, 부농, 반동분자, 파괴분자(악랄분자), 우파 등의 흑오류, 곧 '다섯 부류의 검은 집단'이었다. 해방 이후 17년이 지나 흑오류는 이미 제거되거나 강제노역에 시달리고 있던 때였다. 그런 현실에서도 홍위병들은 법적 근거도 없이 마구잡이로 정치 천민들을 색출해서 박해했다. 그 결과 1966년 8월 18일에서 9월 15일까지 베이징 인구의 1.7퍼센트에 달하는 7만7,000여 명이 축출되었고, 전국적으로 39만7,000여 명이 도시에서 추방되었다. 보금자리를 잃고 추방된 정치 천민들은 헐벗고 굶주린 채 객사하거나 유민이 되어서 떠돌았다.

홍위병들은 계급 적인들을 잡아서 구타하고, 고문하고, 모독하는 광기의 비투를 이어갔다. 수많은 사람들이 홍위병의 표독한 구타 때문에 목숨을 잃었다. 모멸감을 이기지 못한 사람들은 자살을 택했다. 중국의 관방 통계에 따르면, 1966년 가을 베이징에서만 1,772명이 살해되었다. 같은 해 9월 상하이에서는 704명이 자살하고, 534명이 살해되었다.9)

홍위병들이 모두 처음부터 폭력적이지는 않았다. 1966년 8월 6일, 칭화 대학 부속 중, 고등학교, 인민 대학 부속 중, 고등학교, 베이징 항공대학 부속 중, 고등학교의 홍위병 집단은 폭력 행위를 경계하고 비판하는 "긴급 호소문"을 발표했다. 그들은 인신 난타, 부랑 행위, 국가재산 파괴 행위 등을 일삼는 "가짜 좌파조직을 해체하자"고 선언했다.

1966년 8월 13일 베이징 노동자 경기장에는 7만 명의 홍위병들이 운집했다. 폭력을 근절하겠다며 소유맹(小流氓 : 부랑아) 10여 명을 단상에 올리고 비투하기 위해서였다. 주최 측에서는 집단 폭행을 기획하지 않았지만, 확성기로 부랑아들의 범죄 행위가 공포되고 이에 격분한 군중의 함성이 경기장에 요동치자 난폭한 집탄 구타가 발생하고 말았다. 피투성이가 되어서 단상에 쓰러지는 부랑아들을 목도한 7만의 군중은 광적으로 살기 등등한 구호를 외쳐댔다. 그 집회에 참석했던 중앙문혁소조의 부조장 왕런중(王任重, 1917-1992)은 눈앞에서 벌어지는 광기 어린 집단 폭력을 지켜보고만 있었다. 바로 그 순간 잔혹한 집단 폭행을 또렷이 지켜본 7만의 군중은 어떤 메시지를 받았을까. 현장에 참석했던 사람의 회고록에 따르면, 바로 그 집회가 홍위병이 폭력화되는 결정적인 계기였다.[10]

곧이어 1966년 8월 중순부터 11월 말까지 톈안먼 광장에서 열 차례에 걸쳐서 큰 집회가 열렸다. 마오쩌둥은 군중과의 직접 대면을 원했고, 중공 중앙은 무료로 교통편과 숙식을 제공하면서 전국의 홍위병들을 수도로 불러들였다. 덕분에 도합 1,200만 명의 군중이 톈안먼 관장에 모여 멀리서나마 마오쩌둥을 배알하는 영광을 누렸다. 수개월 동안 톈안먼 광장에서 치러진 정부 주도의 대규모 군중집회는 "인민의 적"에 대한 적개심을 부추기고 대민 테러를 정당화하는 집단 최면의 의식이었다.

제12장
태양신의 숭배자들

1966년 8월 18일, 수도 베이징에서 첫 번째 홍위병 집회가 거행되는 날이었다. 톈안먼 광장은 새벽 1시부터 100만의 홍위병 군중으로 가득했다. 새벽 5시가 되자 마오쩌둥이 군장 차림으로 톈안먼의 성루에 올라 눈앞의 군중을 내려다보았다. 당시 서열 제2위였던 린뱌오는 대규모 군중 앞에서 황홀경에 빠진 채 17분간 연설을 했다. 평소 신경쇠약으로 골방에서 벌벌 떨던 린뱌오는 군중 앞에서 생동하는 힘을 내뿜었다. 그는 홍위병들을 향해서 모든 낡은 것들을 다 깨부수라며 "파사구!"를 외쳤다.

집회는 베이징 사범대학 부속 여중 홍위병 조직의 부주석이었던 만 17세의 쑹빈빈(宋彬彬, 1949-)이 마오쩌둥의 왼팔 위에 홍위병 수장(袖章)을 달아줄 때에 절정에 달했다. 마오는 어린 소녀의 이름을 물었고, "쑹빈빈"이라는 이름을 듣고는 "문질빈빈(文質彬彬)의 '빈'이냐?" 되묻고 "야오우마(要武嘛 : 무[武]가 필요하지?)"라는 의미심장한 한마디를 흘렸다. 언론의 대서특필로 이 대화가 알려지자 홍위병 집단은 들끓기 시작했다. 얼마 후 쑹빈빈은 마오의 뜻에 따라서 잠시 이름을 쑹야오우(宋要武)로 바꾸고 홍위병의 대표로 활약했다.

그로부터 열흘 전 제8기 중앙위원회 제11차 전체회의에서 중공중앙이 채택한 "문혁 16조"에는 "요용문투, 불용문투(要用文鬪, 不用武鬪)"라는

1966년 8월 18일, 톈안먼 광장의 성루에 올라가서 마오쩌둥에게 홍위병 수장을 달아 주는 쑹빈빈의 모습. (공공부문)

구절이 명시되어 있었다. 무력투쟁을 금지하고 글[文]로 투쟁하라는 중공 중앙의 공식적인 요구였다. 마오쩌둥은 "야오우"라는 한마디로 중공중앙 이 채택한 문투(文鬪)의 원칙을 조롱했다. 무장투쟁에 나서라는 홍위병을 향한 최고영도자의 주문이었다.

이튿날인 1966년 8월 19일 「인민일보」는 1면에 홍위병의 수장을 단 마 오의 사진과 함께 톈안먼 광장의 백만군중 집회를 대서특필했다. 전국에 우후죽순으로 생겨나던 홍위병 조직의 성원들은 홍위병 수장을 맨 마오쩌

1966년 8월 19일 「인민일보」 1면(왼쪽). 쑹야오우라는 이름으로 게재된 쑹빈빈의 칼럼(오른쪽).

둥의 사진을 보며 감동의 도가니에 빠져들었다. 최고영도자 마오 주석이 직접, 어린 홍위병이야말로 혁명의 주체임을 확인해주었기 때문이다.

1966년 8월 21일 자 「인민일보」에는 쑹빈빈이 작성한 칼럼 "내가 마오 주석께 수장을 달아드렸다"가 게재되었는데, 이 글에는 그녀의 본명 대신 쑹야오우라는 새 이름이 걸려 있었다. 앞에서 언급했듯이 바로 그날 마오 쩌둥은 쑹빈빈에게 이름을 묻고는 "야오우마(무가 필요하지)"라는 의미심 장한 말을 건넸다. 쑹빈빈이 마오쩌둥의 뜻을 받아서 쑹야오우로 이름을 바꾸었다는 사실은 전국의 홍위병의 심장에 다시금 불을 지르는 계기가 되었다.

대다수의 홍위병들은 "야오우"라는 마오의 한마디가 시시하게 글과 말 로 싸우는 문투에 그치지 말고 직접 흥기를 손에 들고 피 흘리며 싸우라는 무투의 명령임을 간파했다. "혁명은 무죄이며, 반란은 정당하다." 홍위병들은 이제야 그 의미를 파악했다. 그들의 눈앞에는 살인까지 허용되는 무법천하가 펼쳐졌다. 학교 수업은 중단된 상태였다. 책 대신 곤봉과 몽둥이를 든 어린 학생들은 성적으로 우열을 가리는 대신 잔혹한 학살을 두고 경쟁했다.

홍위병의 집단 구타로 베이징 사범대학 부속 여중의 교감 볜중옌이 사망한 비극은 이 집회가 열리기 불과 13일 전에 발생했다. 앞에서 언급한 바와 같이 문혁 최초로 학생들이 교사를 때려죽인 사건이었다. 쑹빈빈은 당시 이 학교에 재학 중이었고, 막대기를 들고 교감을 때린 학생들 틈에 끼어 있었다. 그가 폭력에 어느 정도 가담했는가는 여전히 논란거리이다. 쑹빈빈은 1980년 미국으로 유학을 떠났고, 현재도 미국에 체류하고 있다. 2007년 개교 90년을 맞은 베이징 사범대학 부속 실험 중학은 영예로운 교우 90명에 쑹빈빈을 포함해서 큰 논란을 빚었다. 2014년 1월 12일 쑹빈빈은 문혁 당시 홍위병들에게 타살된 볜중옌 교감에 대한 사죄를 공식적으로 표명했지만, 논란은 가라앉지 않고 있다.[1]

한편 쑹빈빈은 인민해방군 장군 출신으로 1980-1990년대 8대 원로 중한 명으로 꼽힌 쑹런충(宋任窮, 1909-2005)의 딸이다. 그러한 중공 내부의 "관시(關係 : 관계)" 덕분에 그는 전국 홍위병의 대표로 발탁되어서 마오쩌둥에게 홍위병 수장을 달아주는 영광을 누릴 수 있었다.

전체주의 정권의 궤변론자들

20세기 인류는 스탈린, 히틀러, 마오쩌둥, 김일성, 폴 포트 등이 이끈 전체주의 정권을 경험했다. 이들 전체주의 정권은 공통적으로 인권유린, 인격숭배, 사상 통제, 검열, 국가 테러리즘의 양상을 보였다. 제2차 세계대전 직후 전체주의의 기원을 분석한 정치철학자 한나 아렌트에 따르면, 스탈린과 히틀러의 생명은 바로 열광적인 군중의 지지였다.

　마오쩌둥의 전체주의 역시 열광적인 군중의 지지 위에서 실현되었다. 문혁 초기 중앙문혁소조의 왕리, 관펑, 치번위 등 3대 필간자(筆杆子 : 붓대, 문인)라고 불리던 극좌의 '지식분자들'은 마오쩌둥을 인민을 계몽하고 영도하는 "불세출의 영묘한 수령"으로 칭송했다. 권력의 정당성을 고작 한 개인의 "영웅적인" 카리스마에서 찾는 허술한 논변이었다.

　정상적인 문명사회에서 그런 몰상식한 궤변을 설파하는 '지식분자'는 사회적 매장을 면할 수 없을 테지만, 1960년대 중국에서는 그 허술한 논변이 마술적인 집단 최면의 효과를 발휘했다. 마오를 절대 계몽 군주로 숭배하는 군중의 광열은 인류 보편의 가치를 파괴하고 가족윤리를 해체하는 파멸적 결과를 초래했다. 자신의 어머니를 반혁명분자로 고발하며 총살한 한 홍위병의 참회는 당시의 상황을 웅변한다.

어머니를 반혁명분자로 고발한 홍위병

당시 안후이 성 구전 현(固鎭縣)에서 소학교를 막 졸업한 12세의 한 소년이 "쑹야오우"의 혁명 정신에 큰 자극을 받았다. 소년은 즉시 본명을 버리고 장홍빙(張紅兵, 1956-)으로 개명했다. 붉은 병정이 되겠다는 의지의 표현이었다.

　그로부터 3년 6개월 후인 1970년 2월 13일 밤, 16세의 홍위병 장홍빙은 자신의 어머니 팡중모(方忠謀, 1926-1970)를 '반혁명죄'로 고발했다. 신고를 받은 무장 군인들은 곧바로 몰려와서 그의 어머니를 트럭에 짐짝처럼 신고 가버렸다. 이후 장홍빙은 군중의 틈에 섞여 인민 법정의 재판관이 모친의 판결을 읽는 순간을 목격했다. "사형에 처한다! 즉각 집행!" 그의 모친은 재판 후 두 달이 채 지나기도 전에 형장의 이슬로 사라졌다. 1970년 4월 11일. 향년 44세.

소년의 모친 팡중모는 해방이 되기 전 간호병으로서 인민해방군 활동에 참가했다. 기초적인 보건 지식만 가지고 의료 현장에 투입되었던 이른바 "맨발의 의사(赤脚醫生)"였다. 1965년 당시 그녀는 구전 현 병원의 문진부 부주임이었는데, 문혁이 시작되고 남편이 주자파로 몰려 비투를 당하면서 온 집안에 고난의 급물살이 휘몰아쳤다. 1968년 5월부터 시작된 청리계급대오 운동(淸理階級隊伍運動, 1968-1976, 이하 청계 운동)은 "3,000만을 타격하고 최소 50만에서 최대 150만을 학살했다"는 최악의 전체주의 테러였다. 그 시기에 팡중모는 특수 간첩 혐의의 지주분자로 몰려 구금 상태에서 날마다 문초를 당했다. 1950년대 초에 그녀의 부친이 지주계급으로 분류되어 숙청되었다는 이유였다.

1970년 2월 13일, 장홍빙은 어머니의 낡은 수첩에 적힌 "고귀한 자가 가장 우둔하고, 비천한 자가 가장 총명하다"는 어귀를 발견했다. 당시 마오쩌둥이 직접 인용해서 널리 회자되었던 문구였다. 장홍빙은 어머니에게 소리쳤다. "팡중모! 우리의 위대한 영도자 마오 주석을 폄하하려는 건가?" 격분한 모친은 류사오치는 무죄라고 주장하며 격렬하게 마오쩌둥 인격숭배를 비판했다. 남편과 아들이 반혁명 행위라며 무섭게 질책하자 그녀는 마오쩌둥의 초상화까지 들고 와서 불태워버렸다.

돌아올 수 없는 강을 건넌 후, 그녀는 난생처음 담배를 물고 뻑뻑 피웠다고 한다. 장홍빙의 아버지는 신고를 한다며 집을 뛰쳐나갔다. 혹시나 아버지가 마음이 약해져서 어머니를 신고하지 못할까 우려했던 장홍빙은

2016년 5월 31일 문혁 발발 50주년을 맞아 방영된 중국의 봉황위성TV "차갑고도 따뜻한 인생"에서 어머니를 죽음으로 내몬 죄를 참회하는 장훙빙. (화면 캡처)

그날 밤 직접 모친의 반역 행위를 고발했다. 긴 세월이 지나 변호사가 된 장훙빙은 문혁 당시 혁명의 광열에 휩싸여 스스로 씻지 못할 중죄를 저질렀음을 깨닫고 통곡했다.[2]

여기에서 당시 장훙빙의 양친이 모두 반동분자의 혐의를 쓰고 수난을 겪고 있었음에 주목해야 한다. 문화혁명의 열기가 고조되면서 지주나 부농 집안 출신의 홍위병들은 더더욱 과격하게 투쟁하는 양상을 보였다. 성분의 약점을 보완하기 위해서 그들은 더 극단적인 행동을 취해야 했다. 그런 상황에서 친어머니를 반혁명분자로 고발하는 행위는 혁명성을 표출하는 극단의 조치였다. 출신 성분을 만회하려는 한 소년의 처절한 처세술이었던 것이다.

홍위병 집단의 내분에 관해서는 앞으로 차차 상술하기로 하고, 일단 문혁 당시 중국에서 널리 유행했던 혁명가곡의 가사를 되짚어보자.

하늘땅이 크다 해도

당의 은혜처럼 크지 못하지

부모가 가깝다고 해도

마오 주석처럼 가까울 수는 없지!

마오쩌둥 사상은 혁명의 보배

누구든 그를 반대하면 우리들의 적!

    마오쩌둥은 스탈린을 이어서 지상에서 공산주의를 실현하는 전 인류의 절대 계몽 군주가 되기를 염원했지만, 인격숭배와 테러 정치를 일상화한 그의 통치는 반(反)계몽의 극치였다.

제13장

사회주의 신분제도
"혈통이냐, 능력이냐?"

돼지 '나폴레옹'이 인간 '필킹턴' 씨와 마주 앉아서 카드놀이를 하고 있는데, 창밖에서 그들의 모습을 엿보는 동물들은 돼지와 인간을 분간할 수 없다. 조지 오웰(George Orwell, 1903-1950)의 소설 『동물농장(Animal Farm)』의 마지막 장면이다. 볼셰비키 혁명이 스탈린의 테러 정치로 변질되는 과정을 고발한 이 작품은 문학사에 길이 빛날 알레고리를 품고 있다.

세월이 흐를수록 오웰의 풍자는 더욱 빛을 발하는 듯하다. 이른바 혁명 세력의 반칙과 특권이 날마다 폭로되고, 표리부동한 권력 집단에 대한 대중의 분노가 갈수록 증폭되고 있기 때문이다. 불평등 혁파, 착취 종식, 부패 척결, 적폐 청산……. 혁명의 구호를 외치며 등장한 "정의의 사도들"이 권력을 잡고 나서는 스스로 특권층이 되어버린다. "돼지"가 "인간"의 흉내를 내고 있나? 아니면 "인간"이 "돼지"의 마스크를 벗어 던졌나?

권력의 세습 : 중공정부의 흑암

권력 세습과 특혜 독점에서 중국공산당을 능가할 조직은 드물다. 2012년 시진핑 집권 당시 중공중앙 정치국 상무위원 7명 중 3명이 혁명원로의 아

毛主席是世界人民心中最红最红的红太阳

"마오 주석은 세계 인민의 마음속 가장 붉고도 붉은 홍태양!" 광저우 미술학원 혁명
위원회, 1969년 선전화. (공공부문)

들 또는 사위였다. 중국인들은 흔히 이들을 전통시대 황실귀족에 빗대서
"태자당(太子黨)"이라고 부른다. 태자당에는 늘 홍이대(紅二代), 홍후(紅
後), 홍귀(紅貴) 등의 꼬리표가 붙는다. 대를 이어 권력을 누리는 "붉은
귀족"이라는 의미이다.

태자당을 장쩌민(江澤民, 1926-)계의 상하이방(上海幫)과 후진타오(胡
錦濤, 1942-)계의 공산주의청년단에 맞서는 제3의 당파라고 오인하기 쉽
지만, 실상 태자당은 독립적인 당파라기보다는 혁명투사의 자손들에게 부
여된 세습적인 엘리트 지위이다. 당파와 상관없이 장쩌민, 리펑(李鵬,
1928-2019), 후진타오의 직계 자녀들은 모두 태자당으로 분류된다. 오늘
날에도 태자당은 중공정부 조직의 주요 보직이나 국영기업의 경영권을 장
악하여 막대한 권력을 누리고 있다.

태자당 293명의 경력을 추적한 마카오 대학의 토니 장(Tony Zhang) 교

수는 2019년 연구에서 중공정부의 권력 승계는 "집체적 엘리트의 재생산"이라고 주장했다. 실제로 중국공산당의 파워-엘리트 집단은 대를 이은 권력의 승계에 집요한 관심과 노력을 경주해왔다.[1]

건국 초부터 일찍이 중국공산당은 혁명 유공자들을 정치계와 관계의 요직에 앉히는 논공행상식 권력 배분을 해왔다. 그 결과 1950-1960년대를 거치면서 혁명 유공자의 자녀들은 교육과 취업, 승진 등 모든 방면에서 남다른 특권과 특혜를 누릴 수 있었다. 문화혁명이 막 시작되던 1966년 여름, 중국의 중, 고등학교 학생들은 이미 출신 성분에 따라서 신분이 나뉘어 있을 정도였다.

고위 관료 자제의 "혈통론"

1966년 8월 이후 홍위병은 보수파와 급진파로 양분되었다. 이후 두 집단은 각각 보황파와 조반파라고 불렸다. 사전적으로 "보황"은 황제를 보위한다는 뜻이다. 문혁의 맥락에서 황제란 절대 권력자 마오쩌둥을 지칭한다. 조반파 역시 마오의 뜻을 따라서 반란을 일으키는 마오주의자 집단이었다. 두 집단은 모두 마오쩌둥의 호위 세력을 자처했지만, 출신 성분과 정치노선 측면에서 절대로 섞일 수 없는 물과 기름 같은 관계였다.

문혁 초기 고위 관료의 자제들은 각 학교에 배치된 공작조의 지시를 따라서 계급투쟁의 선봉에 나섰다. 혁명간부, 혁명열사, 혁명군인, 공인 및 농민 집안 출신임을 내세운 이들은 스스로를 홍오류(紅五類 : 다섯 붉은 무리)라고 불렀다. 홍오류는 지주, 부농, 반혁명분자, 파괴분자 및 우파분자 등 흑오류를 계급투쟁의 대상으로 삼았고, 봉건사회의 착취계급 및 부르주아 잔류 세력의 완벽한 제거를 목표로 삼았다. 그들은 흑오류를 "개새

"부모가 영웅이면 아이는 호걸!" 소위 "혈통론"을 선전하는 포스터. 홍군이 인민을 해방하는 장면을 통해서 혁명분자의 혈통이 신성함을 드러내려는 의도인 듯하다. 1966년 추정. (공공부문)

끄들(狗崽子)"이라고 불렀다. 흑오류의 입장에서는 터무니없는 신분적 멸시와 계급 차별이 아닐 수 없었다.

1966년 8월 12일 베이징 공업대학 문혁소조의 조장 탄리푸(譚力夫, 1942-)가 쓴 대자보에는 이런 대구가 적혀 있었다.

부모가 영웅이면 아이는 호걸이고! (老子英雄兒好漢)
부모가 반동이면 아이는 먹통이다! (老子反動兒混蛋)

최고 검찰원 부검찰장의 아들인 탄리푸는 전형적인 "붉은 귀족"이었다. 1966년 8월 20일 학생 변론회에서 그가 행한 연설이 언론에 공개되면서 그의 "혈통론"은 전국적 반향을 일으켰다. 특히 간부의 자제들은 열광적으로 탄리푸의 주장에 동조했다. 출신 성분이 좋은 학생들은 퇴색한 군복을 구해 입고 동(銅)이 박힌 혁대를 손에 쥔 채 여기저기 계급 적인을 찾아다녔고, 출신 성분이 나쁜 동급생들을 잡아놓고 구타하고 고문하는 사건들도 발생했다. 베이징 시내의 많은 중, 고등학교에서 흑오류 자제에 대한 신분 차별성 집단 폭행이 일상적으로 일어났다.2)

계급 천민의 반란

마오쩌둥은 중공중앙의 당권파를 축출하기 위해서 문화혁명을 일으켰다. 혈통론을 부르짖는 홍오류는 대부분 고위 관료, 혁명간부 등 권력층의 자녀들이었다. 마오가 보기에 혈통론은 당권파의 이익에 복무하는 신분 유지의 궤변일 뿐이었다.

마오의 계급론에서는 출신 성분뿐만 아니라 정치 사상과 혁명 활동이 중시된다. 출신 성분이 좋아도 사상과 활동이 불량하면 정치 천민으로 전락할 수 있다. 이는 반대로 사상과 활동이 출중하면 성분의 한계를 극복할 수도 있다는 이야기이다. 1966년 8월 초 중앙문혁소조의 장칭과 천보다는 탄리푸의 "혈통론"을 비판하면서 다음의 새로운 대구를 제시했다.

부모가 영웅이면 아이는 (부모를) 계승하고! (老子英雄兒接班)
부모가 반동이면 아이는 (부모를) 배반해야! (老子反动兒背叛)

이 구호대로라면 비록 부모가 반동이라고 하더라도 그러한 부모를 배반할 수만 있다면 흑오류도 혁명의 주체가 될 가능성이 있다. 이후 혁명가곡이 되어서 널리 불린 이 대구는 흑오류를 일깨우는 신분해방의 나팔 소리였다.

그해 8월부터 조반파는 급속하게 동지들을 규합했다. 1966년 9월 6일, "수도 대전원교(大專院校 : 고등 교육기관의 통칭) 홍위병 조반사령부"가 성립되었다. 물론 조반파의 구성원 모두가 흑오류는 아니었다. 대개의 경우 중간 계급 출신이 지도부를 구성했고, 조반파로 넘어온 홍오류도 더러 있었다. 중요한 것은 문혁에 참여하려는 흑오류는 전부 조반파에 속했다는 사실이다. 출신 성분이 나쁠수록 투쟁은 과격한 양상을 보였다. 결국 '신분 차별'이 조반파의 폭력화를 설명하는 단서를 제공한다.

10월 9일 총리 저우언라이는 탄리푸의 "혈통론"을 전형적인 형좌실우(形左實右 : 겉만 좌파이고, 실은 우파)라고 비판했다. 10월 16일 천보다는 "혈통론"이 반동적이라고 비판했다. 그리고 10월 24일, 마오쩌둥이 입을 열었다. "학생들 일부는 출신 성분이 좋지 않을 수도 있지. 설마 우리 모두 다 출신이 좋겠어?" 이 모든 발언은 이미 혁명의 주체로 급성장한 조반파의 활약에 대한 마오쩌둥의 사후 승인이었다.

그해 12월 "혈통론"을 외쳤던 탄리푸는 투옥되고 비투당했다. 보황파는 1966년 말에서 1967년 초 급속하게 세를 잃고 와해되어갔다. 중앙문혁소조의 지지를 받은 조반파는 이렇게 홍위병의 주류가 되었지만, 결국 마오쩌둥에게 버림을 받고 말았다. 곧이어 문혁의 바람이 교정을 넘어 노동자, 농민에게 퍼져나갔다. 앞으로 보겠지만, 보황파와 조반파의 갈등은 전국 곳곳에서 대규모의 무장투쟁으로 비화되었다.

2020년 7월 말 베이징 대학의 비판적 지식인 정예푸(鄭也夫) 교수는 "누구를 위해서 강산을 지키나?"라는 칼럼을 통해서 오늘날 중국은 집권 세력과 특권 세력을 보위하는 데에 천문학적 국부를 사용하는데, 그 자식들은 아메리카와 유럽에서 살면서 사치와 향락에 탐닉한다며 특권층을 통렬하게 비판했다. "혈통이냐, 능력이냐?" 대대로 특권을 물려주는 태자당의 공화국에서는 언제나 "그것이 문제로다."

문화혁명의 시대, 사법 살인의 사례

1970년 3월 5일 목요일, 베이징 노동자 경기장에는 10만 명의 군중이 꽉 들어차 있었다. "타도하라!" 혁명 구호를 복창하는 성난 군중 앞에 19명의 정치범들이 끌려나왔다. 단상에 세워진 19명의 머리 위에 "사형, 즉시 집행"이라는 판결이 선고되었다. 그들은 모두 어딘가로 끌려갔고, 판결에 따라서 곧 총살당했다. 가족들도 그들의 최후를 전혀 알지 못했다.

19명의 사형수들 사이에는 28세의 위뤄커(遇羅克, 1942-1970)도 끼어 있었다. 그는 베이징 기계 공장의 견습공이었지만, 정치평론으로 문명을 날린 당대의 지식인이었다.[3]

1966년 2월 13일 그는 「문회보」에 사인방 야오원위안의 비평을 반박하는 평론을 실었지만, 큰 방향을 일으키지는 못했다. 위뤄커가 이름을 알리게 된 계기는 혁명 세력의 신분 세습을 비판한 "출신론"이었다. 1967년 1월 동인지 「중학문혁보(中學文革報)」에 여섯 차례에 걸쳐서 게재된 "출신론"은 대중 사이에서 큰 반향을 일으켰다.

앞에서 살펴본 바와 같이 문화혁명 초기에 출신 성분이 좋은 홍위병들은 "부모가 영웅이면 아이는 호걸"이라는 구호로 신분 세습을 합리화하고 있었다. 당내 당권파의 축출을 목표로 했던 중앙문혁소조는 이러한 "혈통론"을 반동이라고 비판하면서 "혈통론"을 제창했던 탄리푸를 투옥시켰다. 그러한 분위기 속에서 발표된 위뤄커의 "출신론"은 출판 직후 널리 유포

1967년 1월 18일 자 「중학문혁보」 창간호에 실린 위뤄커의 "출신론". 베이징 기계 공장의 견습공 위뤄커는 이 글에서 "혈통론"을 봉건시대의 낡은 사상이라고 비판했 다. 그는 "인간의 사상은 실천을 통해서 형성된다"는 주장으로 출신 성분에 따른 신분 차별의 부당함을 고발하여 전국적인 반향을 불러일으켰다. 결국 그는 1968년 1월 5일 체포되었고, 1970년 3월 5일 베이징 노동자 경기장에서 개최된 10만인 대회에 서 19명의 정치범과 함께 사형을 언도받고, 즉시 총살되었다.

되었다. 그러나 그의 정연한 논리는 되레 중앙문혁소조의 신경을 건드리 고 말았다.

"출신론"에서 위뤄커는 우선 당시의 "혈통론"이 신분제적 발상이며, 그 이론적 기반은 자산계급의 형이상학이라고 지적했다. 그에 따르면 "혈통 론"은 "사회주의 제도 아래 다시금 새로운 특권 계급을 만드는 반동의 카 스트 제도"였다. 신분제적 차별이 초래할 중장기적 사회 문제를 분석한

1967년 위뤄커의 마지막 사진. (『遇羅克 : 遺作與回憶』)

후, 그는 표현의 중요성을 강조했다. 출신 성분보다는 개개인의 구체적인 언행, 표현, 실천이 더욱 중요하다는 주장이었다. 그 근거는 1957년 마오쩌둥이 한 발언이었다.

> 우리들의 대학생들이여, 비록 많은 사람들이 비(非)노동자 집안 출신의 자녀라고 할지라도 소수를 제외한 모두가 애국자이며, 모두가 사회주의를 지지한다!

위뤄커는 철저하게 마오쩌둥의 발언에 근거해서 마오쩌둥 사상 내부의 논리적 정합성을 부각하고자 했다. 그는 마오쩌둥의 발언에서 혁명의 공리(公理)를 도출하고, 그 공리에 따라서 "혈통론"의 불합리를 논증했을 뿐이었다. 이 논리 위에서는 누구든 위뤄커를 공격하는 순간 마오쩌둥을 부인할 수밖에 없었다. 그럼에도 위뤄커는 바로 그 "출신론" 때문에 필화에 휘말려 형장의 이슬로 스러졌다.

역시나 문제는 위뤄커의 출신 성분이었다. 그의 부친은 일본 와세다 대학에서 토목 공학을 전공한 전력 기술자였다. 그는 전문 분야에서의 기술 혁신으로 업적을 쌓았지만, 1957년 반우파 투쟁 당시 우파로 몰려 노동교양형에 처해졌다. 모친 역시 우파로 몰려서 갖은 수모를 겪고 극한의 생활고를 견뎌야 했다. 위뤄커는 학업성적이 우수했음에도 우파라는 낙인 때문에 세 번이나 대학 입학에 좌절했다. 위뤄커의 "미천한" 출신 성분이 문제였을까? 일개 정치 천민의 아들이 너무나도 당당하게 혁명 세력의 신분 세습을 비판했다는 당돌함이 문제였을까?

1967년 4월 14일 중앙문혁소조의 치번위는 위뤄커의 "출신론"을 "대독초(大毒草)"라고 선언했다. 문혁 시기에는 대독초로 몰리면 누구든 정치적 권리뿐만 아니라 생물학적 목숨을 잃을 수도 있었다. 대독초라는 낙인을 받은 이후 위뤄커는 미행과 신변 위협에 시달려야 했다. 1968년 1월 5일, 결국 위뤄커는 체포되었다. "반혁명 여론 조성, 반동 사상 유포, 암살활동 추진 음모, 반혁명조직 결성 등의 죄명이 그에게 씌워졌다. 2년 후 그는 10만 명 앞에서 사형을 언도받고 즉시 처형되었다. 마지막 순간 그의 몸이 문혁의 제단에 희생물로 바쳐진 셈이었다.

1978년 겨울, 위뤄커의 모친은 끈질기게 아들의 명예회복을 요청했다. 1979년 11월 21일, 베이징 인민 법원은 위뤄커의 무죄를 선고하고, 그의 부모에게 약간의 보상금을 지급했다.

대체 한 편의 평론이 무엇이기에 중공정부는 법의 이름으로 그를 죽여야 했을까? 일개 견습공의 정연한 논리가 두려웠던 것일까? 지금도 중국 안팎의 비판적 지식인들은 그를 "중국 인권의 선구"로 칭송하고 있다. 독재정권은 제멋대로 법을 비틀어 위뤄커를 죽였지만, 좌익독재 특권 세력의 모순을 꼬집은 그의 "출신론"은 정신적 노예의 해방선언이라고 일컬어진다.

제 3 부

탈권과 무투

1966년 연말 최고영도자 마오쩌둥은 술잔을 손에 들고 이듬해는 "천하대란"의 한 해가 될 것이라고 예언했다. 베이징 홍위병의 열기는 곧 상하이 노동자들에게 전이되었다. 순식간에 들불처럼 일어난 노동자들은 상하이 시청을 점령한 이후 시 정부의 권력을 빼앗아서 노동자들만의 자치정부를 세웠다. 최고영도자는 노동자들의 대반란을 보면서 드디어 중국에서도 파리 코뮌이 재현되었다며 흥분했는데⋯⋯.

사분오열된 군중조직들 사이의 탈권 경쟁은 여러 지역에서 대규모 무력 충돌로 이어졌다. 탈권이 무투를 낳고, 무투가 학살을 불렀다. 마오쩌둥은 혁명적 좌파군중 영도하의 '대연합'을 새로운 문혁의 청사진으로 제시했지만, 탈권과 무투의 광열은 갈수록 심해졌다. 군대가 한쪽 편을 "혁명적 좌파군중"이라고 선언하는 순간, 다른 편은 반혁명적 우파의 낙인을 피할 수 없었기 때문이다.

1967년 1월부터 각지의 인민들은 갈가리 찢겨서 반대 세력을 반혁명 집단이라고 낙인찍고 공격해댔다. 실제적인 내전 상황이었다. 1967년 7월에 이르면, 후베이, 장시, 쓰촨, 윈난, 후난, 허난, 허베이 등 여러 지역에서 무투가 일어났다. 군대의 개입으로 우한의 무투가 진압된 후에도 학살의 광열은 농촌까지 번져갔다. 1968년 여름 광시 지역에서 지역 군대에 의한 대규모 계급 학살이 자행되었다. 학살의 광풍이 산시(陝西)와 네이멍구 지역까지 몰아쳤다. 마오의 예언 그대로 천하대란이 실현되고 있었다.

제14장
권력 탈취! 문혁의 전국적 확산

권력은 조직에서 나온다!

민주공화국의 "모든 권력은 국민으로부터 나온다." 국민주권의 원칙을 밝힌 보편명제이다. "생명의 근원은 물"이라는 말처럼 지당하지만, 공허한 언명이기도 하다. 현실 정치에서 권력은 조직으로부터 나온다. 국가는 관료조직과 군경조직을 통해서 막강한 권력을 행사한다. 반면 조직되지 못한 군중은 무기력하다. 근대의 입헌주의 이론가들이 결사의 자유를 중시했던 이유가 거기에 있다. 집회와 결사의 자유를 빼앗기면 개개인은 국가권력에 예속되고 만다. 그럴 경우 특정 세력의 인신지배를 벗어날 수가 없다.

지금도 중국에서는 크고 작은 노동 분쟁이 일어나고 있지만, 노동자들은 결사의 자유를 제대로 누릴 수가 없다. 현재 중국에서는 "중화 전국 총공회"가 유일무이한 전국 단위의 합법적 결사체이다. 총공회는 성, 시, 현, 마을 단위까지 위원회가 설치된 전국에 걸친 피라미드 조직인데, 이역시 중국공산당에 종속되어 있다. 게다가 1982년 헌법 개정 이후 중국의 노동자들은 단체행동권까지 박탈당한 상태이다. 프롤레타리아 독재 이론에 따라서 프롤레타리아의 기본권이 제한되는 역설적인 상황이다.

대천련, 전국적 혁명연대의 결성

1966년 6월 10일, 항저우에서 개최된 정치국 확대회의에서 마오쩌둥은 전국 각지의 학생들이 모두 무료로 교통편을 이용하여 베이징으로 와서 "한 판 큰 소동을 벌이면 기쁘겠다!"고 말했다.[1] 1965년 11월 초 홀연히 베이징을 떠난 이후 그때까지 그는 줄곧 남방에만 머무르고 있었다. 1966년 7월 18일, 8개월을 훌쩍 넘긴 후에야 유유히 베이징으로 돌아온 그는 이미 한 달 전부터 마음속으로 "황제의 귀환"을 경축하는 성대한 환영식을 기획하고 있었던 듯하다.

6월 초부터 베이징의 대학과 중, 고등학교는 모두 교실에서 하는 정규 수업을 중단하고 학생들을 학교 밖으로 불러 직접 정치 현장에서 혁명을 실습하게 했다. 그때부터 학생들은 구름처럼 베이징 대학으로 몰려가 문혁의 축제에 참여하기 시작했다. 공작조가 학교에서 철수한 후부터는 학생들의 교류가 더욱 활발해졌다. 당시의 비공식 통계에 따르면, 1966년 7월 29일에서 8월 28일까지 한 달 동안에만 베이징 대학 교정으로 약 212만4,000명의 인파가 몰려들었다. 그중 8월 12일에는 하루에만 거의 18만여 명이 모였다.[2]

1966년 8월 중순부터 중공중앙은 교통편과 숙식을 무료로 제공하며 전국 각지에 흩어져 있는 수많은 학생들을 베이징으로 불러들이기 시작했다. 전국 각지의 학생들은 자발적으로 조반의 경험을 쌓기 위해서 꾸역꾸역 기차나 버스를 타고, 또 무리 지어 날마다 걸어서 1,000리, 1만 리도 멀다 않고 모여들었다. 8월 16일, 전국에서 베이징으로 찾아온 외지의 학생들은 베이징 노동자 경기장에 집결했다. 천보다는 학생들을 향해서 "무산계급 혁명의 진원지 베이징까지 큰 바람과 거센 비를 마다하지 않고 찾아온 그대들의 행동은 참으로 옳다!"고 소리쳤다.3) 마오쩌둥이 톈안먼에서 학생들을 처음 접견하기 이틀 전이었다.

마오쩌둥은 8월부터 11월 말까지 여덟 차례에 걸쳐 매번 100만 이상, 심지어는 250만이 모였다는 홍위병 집회에 모습을 드러냈다. 도합 1,200만의 홍위병들이 전국 각지에서 수도 베이징으로 집결했다. 이른바 대천련(大串聯: 거대한 교류)의 장엄한 드라마가 펼쳐진 것이었다.

베이징의 중앙 일간지들은 날마다 문화혁명의 현황을 보도하며 혁명 구호로 군중을 선동하고 있었다. 9월 5일 중공중앙과 국무원은 공식적으로 "병이 있거나 이미 와봤거나 기타 이유로 올 수 없는 경우를 제외하고는 모두 조직적으로 베이징에 와서 참관하라!"고 통지문을 발송할 정도였다.4) 공적 매체를 통해서 날마다 반복되는 선동은 대(對)인민 총동원령으로서의 효과를 발휘했다. 베이징에서 일어난 문혁의 돌풍은 전국으로 확산되었다.

전국 각지의 홍위병들은 다시금 톈진(天津), 선양, 상하이, 난징, 우한, 광저우, 창사, 푸저우(福州), 청두(成都), 쿤밍(昆明) 등 전국의 모든 대도시로 몰려갔다. 또한 그들은 옌안, 징강 산 등 혁명의 성지를 찾아서 전국을 돌아다녔다. 혁명의 광열에 마음이 들뜬 학생들이 동년배와 어울려 날마다 혁명 정신을 벼릴 때, 예기치 않은 사건, 사고도 끊이지 않았다. 당시 중국에서는 지역 간의 인적 이동이 심히 위축되어 있었다. 엄격한 호구제도 때문에 대다수는 태어난 곳에서 한평생을 살아야 했기 때문이다. 급작스럽게 대천련이 시작되면서 갑자기 수많은 사람들이 마구 이동하며 뒤섞이자 바이러스도 덩달아 창궐하기 시작했다. 그해 여름부터 뇌막염 등 전염병이 퍼지기 시작하더니 11월경 절정에 이르렀다. 부족한 항생제를 보충하기 위해서 정부는 서유럽의 제약회사로부터 대량의 치료

1966년 가을 쓰촨 성에서 상경한 3명의 "혁명 소장(小將)"들이 톈안먼 광장에서 직접 마오쩌둥을 접견한 후 그 순간의 감동을 일기장에 기록하는 모습. 전국에서 베이징으로 몰려온 어린 학생들은 최고영도자 마오쩌둥이 직접 연출한 대천련의 단역들이었다. (공공부문)

제를 사들였지만, 이듬해 2월까지 무려 16만 명이 목숨을 잃는 대참사가 발생했다.5)

생명을 위협하는 바이러스의 대확산이었지만, 마오쩌둥에게 그 정도는 작은 사건에 불과했다. 그의 관심은 오로지 문화혁명의 전면적인 확산에 쏠려 있었다. 지정학적으로 상하이가 문혁의 중심이 되어야 했고, 학생들 대신 노동자가 전면에 나설 때가 된 상황이었다. 마오쩌둥은 학생들이 일으킨 문화혁명의 불길이 이제 노동자, 농민 등 무산계급의 주력 부대로 옮겨붙을 때가 되었다고 생각했다.

마오쩌둥, 천하대란을 꿈꾸다

1965년 11월 초부터 1966년 7월까지 마오쩌둥은 베이징 권력을 다시 장악했다. 국가주석 류사오치가 이끌던 정치국 상위는 권위를 잃었다. 덩샤오핑이 지휘하던 중앙서기처는 기능을 멈추었다. 대신 중앙문혁소조가 중앙 정치를 움직였는데, 이는 중앙정부 내에 급작스럽게 설립된 마오의 사조직과 같았다.

1940년대 이래 비밀정보 관리 및 정찰 업무를 도맡아온 캉성, 문예 분야 선동의 대모 장칭, 문혁 3대 어용문필가 왕리, 관펑, 치번위 그리고 상하이 주재 좌익평론가 장춘차오와 야오원위안 등이 중앙문혁소조의 핵심인물들이었다. 이들은 행정 차원의 실무 능력이나 분야별 전문성은 없고 대신 권력투쟁과 선전, 선동에 능한 이념 과잉의 투사들이었다. 명나라 말기 황제를 업고 국정을 농단했던 동창(東廠)의 환관들과 닮았다고 할까. 물론 유사점이 있지만, 이들은 환관과는 달리 직접 광장으로 나가서 연설을 하고, 날마다 지면에 글을 써대는 선전, 선동의 대가들이라는 점에서 확연한 차이를 보였다. 그들은 정치투쟁의 막후에 머무르지 않고 중심 무대에 올라서 사상투쟁의 칼춤을 직접 추는 문혁의 이론가들이었다.

1966년 12월 26일 74세 생일을 맞은 마오는 중난하이의 관저에 7명을 초대했다. 장칭, 천보다, 장춘차오, 왕리, 관펑, 치번위, 야오원위안이었다. 캉성과 린뱌오, 저우언라이 등 중공중앙의 핵심인물들은 초대받지 못했다. 초대받은 자들은 모두 마오쩌둥에게 절대적인 충성을 바친 심복들임이 분명했다. 만찬장에서 식사가 이루어지기 전에 마오는 말했다.

사회주의 혁명 발전이 이제 새로운 단계에 진입했어. 소련이 과거로 되돌아

1966년 9월 15일 톈안먼 성루에서 마오쩌둥, 저우언라이와 함께 카메라 앞에 선 중앙문혁소조의 성원들. 왼쪽부터 장춘차오, 장칭, 저우언라이, 야오원위안, 마오쩌둥, 치번위, 왕리, 관펑, 무신(穆欣, 1920-2010). (공공부문)

가고 있다고. 10월 혁명의 진원지는 이제는 틀려버렸어. 소련의 교훈이 잘 보여주잖아. 무산계급이 정권을 탈취한 후에 그 정권을 유지할 수 있느냐, 자본주의의 복원을 막을 수 있느냐? 그게 가장 중요한 문제라고……. 계급혁명은 끝나지 않았어. 무산계급 문화대혁명은 자산계급, 특히 당내의 소자산 계급 대리인들과의 전면 투쟁이야.

우리는 이번에 5-16 통지를 발표하고, 대자보 한 장을 널리 선전하고, 또 홍위병 대천련을 잘 치러서 전국적으로 혁명연대를 결성할 수 있었지. 문화혁명의 모든 과정이 결국 자산계급 반동노선과의 싸움일 수밖에 없어. 아직까지 그 싸움이 계속되고 있다고.

그 이유는 자산계급이 아직도 당내에 일정 정도 시장(市場)을 유지하고
있고, 많은 간부들의 세계관은 아직도 개조되지도, 개선되지도 않고 있기
때문이야. 그게 바로 자산계급이 당 내부에 만들어놓은 시장이라는 말이야.
그 대표적인 인물들은 완강하게 자본주의 반동노선을 견지하고 있거든. 그
들이 당내 각 분야에서 권력을 잡고 큰 영향을 끼치고 있어.

중국 현대사의 혁명 운동은 늘 학생 운동으로 시작되었지만 노동자, 농
민, 혁명적 지식분자들과 결합할 때에만 성과가 있었어. 이건 객관적 법칙
이야. 5-4 운동도 그랬고, 문화혁명도 마찬가지야.6)

아마도 이때쯤 마오는 스스로가 권력을 장악하리라고 확신한 듯하다.
그러한 확신 위에서 마오는 무산계급을 향해서 미증유의 천하대란을 일으
키라고 요구했다. 그날 그는 술잔을 들고 "전국의 전면적인 계급투쟁을
경축하라!"라며 건배를 외쳤다.7)

그는 분명 앞으로 전개될 천하대란의 양상을 정확히 내다보고 있는 듯
했다. 그는 홍위병 운동이 노동자, 농민에 의한 무산계급의 혁명투쟁으로
번져나갈 조짐을 읽고 있었다. 1966년 8월부터 본격적으로 시작된 대천련
의 과정에서 문혁의 발상지 베이징의 홍위병들은 전국 각지로 옮겨가며
문혁의 성화를 봉송했다. 세 차례에 걸쳐 상하이로 몰려간 베이징의 홍위
병들은 상하이 노동자들을 격동시키기 시작했다.

베이징 홍위병, 상하이를 흔들다!

교통의 요충지 상하이는 전국 최대의 공업 도시이자 소비 도시였다. 당연
히 상하이는 홍위병의 집결지가 되었다. 한 통계에 따르면, 3개월 동안

403만5,000명 이상의 외지인들이 혁명을 전파하기 위해서 상하이를 방문했다. 1966년 8월부터 베이징의 홍위병들은 세 차례에 걸쳐서 상하이로 "남하했다." 그해 여름 마오쩌둥이 "혁명무죄 조반유리"를 외치자 들뜬 홍위병들은 민가를 파괴하고 1,700명 이상의 계급 적인을 학살하는 반인륜적 만행을 이어갔다. 마오의 말대로 혁명이란 "한 계급이 봉기를 통해서 다른 계급을 무너뜨리는 폭동"이었다. 문혁의 광열 속에서 폭력이 어린 홍위병들 사이에 역병처럼 번져나갔다. 베이징 홍위병들은 그들이 직접 겪은 대반란의 체험을 상하이의 홍위병들에게 알리고자 했다.

상하이 시장 차오디추(曹荻秋, 1909-1976)는 홍팔월의 대학살에 대해서 익히 듣고 있었다. 1966년 8월 26일 중앙정부가 백주의 집단 학살을 수수방관한 사실에 분개한 그는 중공 상하이 시위원회의 간부들에게 베이징 홍위병에 대한 공세적 대응을 주문했다. 베이징 홍위병 중에서 일탈자를 조사하여 베이징의 소속 단위에 알리고, 처벌하라는 명령이었다. 또한 그는 조반파의 공격을 막기 위해서 자위대를 결성했다. 그의 예상대로 베이징 홍위병들은 곧 상하이 시위원회를 공격했다.[8]

상하이 시민들 가운데 일부는 그런 베이징 홍위병에 적의를 표출했지만, 현지의 홍위병은 베이징의 홍위병에 동조하고 나섰다. 베이징 홍위병들은 상하이의 노동자들에게 문혁의 바통을 전했다. 파사구의 정신으로 무장한 홍위병의 눈에는 상하이가 통째로 부패하고 타락한 부르주아의 온상으로 보였다. 그들은 서구식 건물들이 줄지어 선 황푸 강변의 와이탄을 닥치는 대로 부수기 시작했다. 홍위병들에게는 상하이를 가득 메운 서구식 건물들 하나하나가 제국주의의 낡은 유물이었고, 모든 장신구, 의상, 화장품, 꽃 가게도 부르주아의 낡은 유습이었다. 홍위병들은 도서관에 보관된 서적들을 파손하고, 공자 묘를 파괴하고, 분묘를 파헤치고, 다수 가

톨릭 성당 내부의 성상과 예배 물품들을 깨뜨렸다.9)

상하이 홍위병들이 파사구를 외치면서 혁명 활동을 하자 이어서 상하이 노동자들이 결집되기 시작했다. 상하이의 문화혁명은 그 주체가 학생 집단에서 노동자 집단으로 급속하게 바뀌기 시작했다. 노동자 조직의 결성은 상하이 문혁의 가장 큰 특징이었다. 1966년 11월부터 문화대반란의 바통은 베이징 홍위병에서 상하이 홍위병의 손을 거쳐, 다시 상하이 노동자에게 전해졌다. 10대 후반에서 20대 초반의 홍위병들은 기껏 잠시 학교의 굴레를 벗어던진 애송이 학생들에 불과했다. 혁명의 광열이 상하이 노동자에게 전해지자 명실공히 "대반란"의 불길이 치솟기 시작했다. 상하이 시 정부의 권력을 장악한 당권파를 몰아내고 새로운 노동자의 정부를 세우는 탈권(奪權 : 권력 탈취)의 대반란이었다.

상하이 공인 혁명조반 총사령부

상하이 "공인(工人 : 노동자) 혁명조반 총사령부"(이하 공총사)가 탈권 대반란의 선봉에 섰다. 1966년 11월 6일 30명의 대표단이 모여서 발족한 공총사는 이내 전국 최초 최대 규모의 조반파 노동자 조직으로 급성장했다. 상하이 국면(國棉) 17공장 보건위생과 간사였던 32세의 노동자 왕홍원(王洪文, 1935-1992)이 공총사의 영도자로 부상했다. 얼마 후 그는 사인방의 막내가 되어서 언론의 주목을 받으면서 무산계급을 대표하는 젊은 혁명가의 이미지로 전국적인 명성을 얻었고, 1973년 8월에는 중국공산당 서열 제3위인 중공 부주석의 지위에까지 올랐다. 왕홍원이 공총사를 이끌고 상하이 시 정부의 권력을 탈취하는 과정은 한 편의 액션 영화를 연상시킨다. 순식간에 전개된 상하이 노동자들의 궐기를 이해하기 위해서는 우선 당시 중국의 노동자들이 처해 있던 부조리한 상황을 잠시 살펴보아야 한다.

1949년 "해방" 이래 중국은 무늬만 무산계급의 나라였을 뿐 노동조합 등의 결사체를 만들거나 단체행동권을 행사할 수 있는 인민의 해방구가 아니었다. 전국 각지의 생산 현장에 배속된 노동자들은 실제로는 중노동과 생활고에 시달리는 피고용인에 불과했는데, 묘하게도 그들의 고용인은 실체가 없었다. 각 생산 단위의 경영자 역시 중국공산당 말단의 관료조직에 속한 간부였기 때문이다. 자본주의 체제에서 노동자들은 생산 수단을 소유한 부르주아를 향해서 단체행동권을 행사하지만, 사회주의 체제에서 노동자들은 모두가 중앙정부가 설계한 거대한 생산조직 말단의 공무원 신분이었다. 모두가 공무원인 나라에서 노동자들이 결사체를 만들어 단체행동을 한다면 이는 결국 사회주의 체제에 대한 저항일 수밖에 없었다. 그러한 상황에서 노동자들의 단체행동은 헌법 「총강」 제1조가 명확하게 금지하는 "사회주의 체제에 대한 사보타주"로 간주되기 십상이었다. 노동자들의 노동 쟁의가 반혁명 행위가 되어버리는 사회주의 관료 체제의 역설이었다.

문화혁명 발발 직후 중공중앙은 경제적 생산력의 저하를 막기 위해서 노동자의 단체행동을 다시 한번 제지하고 나섰다. 1966년 8월 8일 중앙위원회가 채택한 "문혁 16조"에 명시된 "혁명견지 생산촉진(抓革命 促生産)"의 원칙은 그 점을 단적으로 보여준다. 1963년 이래 마오쩌둥은 "계급투쟁과 혁명 운동"은 생산발전을 촉진하는 "생산투쟁"이라는 테제를 주장해왔다. 이후 1978년 말 중공중앙이 개혁개방 노선을 채택할 때까지 족히 12년 넘게 "혁명견지 생산촉진"이라는 구호가 전국에 선양되었다.[10] 이 구호의 현실적 의미를 따져보면, 결국 노동자들은 생산 현장에서 주어진 업무를 수행할 때에 사회주의 혁명에 기여하기 때문에 작업 현장을 떠나서 따로 정치투쟁을 할 필요가 없다는 소리였다. 학생들은 홍위병이 되어 전국을 휩쓸며 계급투쟁을 벌이는데, 노동자들은 작업장에서 주어진 업무만 묵묵히 수행하라는 이야기였다.

"혁명견지 생산촉진"이라는 구호는 그 자체가 계급투쟁이 생산력을 향상시킨다는 마오쩌둥의 지론에 정면으로 위배될 수밖에 없었다. 그럼에도 노동자와 농민을 작업 현장에 묶어둘 수 있는 대의명분을 제공했기 때문에, 중공중앙은 1976년 문혁이 막을 내릴 때까지도 그 구호를 줄기차게 외쳐댔다.[11] 학생들의 동맹휴업이야 경제에 단기적인 충격밖에 주지 않지만, 노동자와 농민의 단체행동은 국가의 경제 기반을 허물 수 있기 때문이었다.

문화혁명의 광풍이 점점 더 거세지던 1966년 가을, 노동자들은 여전히 생산 현장에 발이 묶인 채로 계급투쟁의 주체로 나서지 못하고 있었다. 날마다 대중매체는 계급투쟁을 고취하는데, 혈기왕성한 노동자들은 철저하게 소외되고 있었다. 날마다 중노동에 시달리면서도 도시빈민의 생활고를 벗어날 수 없었던 노동자들은 점점 혁명의 광풍 속에 휘말리고 있었다. 그렇게 상하이 노동자들의 심장이 바싹 마른 풀처럼 타들어가고 있을 때, 기차를 타고 상하이에 몰려온 베이징 홍위병들이 혁명의 횃불을 들고 계급투쟁의 구호를 외치며 불을 댕겼다.

1966년 11월 상하이에서는 홍위병과 노동자의 계급적 연대가 극적으로 이루어지고 있었다. 상하이의 노동자들은 쾌쾌한 작업장의 기계를 멈춰 세우고 연장 대신 깃발을 손에 든 채 구름 떼처럼 도심의 거리로 몰려나왔다. 계급혁명의 주변으로 밀려나 있던 노동자들이 다시금 계급혁명의 주체로 일어서는 순간이었다. 무엇보다 노동자들은 자신들을 하나로 묶어서 일사불란하게 움직이게 할 수 있는 노동자들만의 조직이 필요하다는 사실을 절감하고 있었다. 물론 이론상 중국공산당이 무산계급의 이익을 대변하는 "노동당"이었지만, 1960년대 현실에서 중국공산당은 중국 노동자들을 고용하고, 통제하고, 감시하고, 처벌하는 얼굴 없는 사용인일 뿐이었다.

상하이 노동자들은 생산 현장을 넘어서는 전시(全市) 단위의 대규모 결사체를 구성해야 할 절박한 필요를 느꼈다. 그들은 1949년 "해방" 이래 처음으로 중앙정부의 명령계통을 벗어나서 선제적으로 "무산계급 혁명"을 부르짖으며 독자적인 단체행동에 나서고 있었다.

코뮌의 탄생 : 상하이 노동계급의 단체행동

1966년 11월, 상하이의 노동자들은 도시 전체를 아우르는 대규모 결사체를 조직하기에 이르렀다. 바로 상하이 공총사였다. 이로써 문혁의 주도권은 홍위병에서 노동자 계급으로 넘어가고 있었지만, 처음으로 조반투쟁에 나서는 노동자들로서는 목숨을 건 투쟁이 아닐 수 없었다. 1949년 해방 이래 그 어떤 노동자 집단도 적극적인 단체행동을 시도할 수 없었다. 자칫 잘못하면 노동자들의 단체행동이 사회주의 체제에 대한 저항으로 몰릴 수 있었다. 따라서 공총사 주비위원회(籌備委員會)는 헌법에 명시된 "결사의 자유"를 적극적으로 검토했다. 문제는 헌법과는 달리 중공정부가 단 한 번도 결사의 자유를 허용한 전례가 없다는 사실이었다. 당시 분위기를 보면 마오쩌둥이 직접 나서서 노동자의 단체행동을 촉구하는 듯했지만, 결코 확신할 수는 없었다. 공총사로서는 단체행동의 제1보는 합법화 투쟁이 될 수밖에 없었다.

1966년 11월 9일 조직 결성을 선포한 직후, 공총사의 지도부는 상하이 시위원회를 향해서 새롭게 탄생한 노동자의 결사체가 합법조직임을 인정하라고 요구했다. 중공중앙의 기본 노선이 "혁명견지 생산촉진"이었기 때문에 상하이 시위원회는 대수롭지 않다는 듯이 노동자들의 요구를 거부했다. 만약 그 상태에서 물러난다면 공총사는 불법조직이 되고 단체행동에 나선 노동자들은 모두 처벌 대상이 될 수밖에 없었다. 홍위병과 마찬가지로 노동자들은 마오쩌둥의 절대 권위를 행동의 지침으로 삼았다. "혁명무죄 조반유리!", "사령부를 폭파하라!" 등 문혁 당시 새롭게 등장한 구호 외에도 노동자 계급의 단체행동을 정당화하는 마오쩌둥의 발언은 수도 없이 많았다. 게다가 베이징 홍위병과의 교류를 통해서 상하이의 노동자들은 이미 문혁의 기본 정신이 '탈권'이며, 그 최종 목표가 류사오치와 덩샤오핑 등 당권파의 축출임을 파악하고 있었다. 요컨대 공총사로서는 승산이 높은 싸움이었다.

상하이 시위원회가 일언지하에 합법화 요구를 거절하자 노동자들은 격동하기 시작했다. 왕훙원은 상하이 시위원회가 노동자 집단의 정당한 혁명투쟁을 가로막는 반혁명 집단이라고 선언했다. 그는 흥분한 수만 명의 노동자들을 향해서 모두 함께 베이징으로 몰려가서 투쟁하자고 부르짖었다. 1966년 11월 10일, 왕훙원의 지휘 아래 공총사의 대오가 일사불란하게 상하이 역으로 몰려갔다. 역사를 꽉 메운 수많은 노동자들이 크게 함성을 지르며 베이징으로 향하는 기차에 올라탔다. 노동자들에게 기차를 탈취당한 기관장은 하는 수 없이 그들이 시키는 대로 기차를 몰기 시작했다. 그 긴박한 상황이 실시간으로 전해지자 중공중앙으로서는 일단 기차를 세우는 수밖에 없었다. 노동자들이 베이징까지 몰려오는 사태를 막고 상황을 살펴보려는 의도였다. 결국 기관사는 상부의 명령을 받고 기차의 운행을 중단할 수밖에 없었다. 20분 정도 베이징을 향해서 달리던 기차는 상하이 북부의 안팅(安亭) 역에서 급정지했다. 격분한 노동자들은 모두 기차에서 내린 후 다시 대오를 갖춰 두 번째 작전에 돌입했다. 그들은 철로 가득 들어서서 일시에 그 자리에 드러눕는 극적인 시위를 연출했다. 그 결과 상하이와 난징을 잇는 후닝(滬寧) 철로가 무려 31시간이나 두절되었다.12)

결국 중앙문혁소조는 상하이 출신 장춘차오를 급히 현장으로 보내서 노동자 대표와 담판을 짓도록 했다. 장춘차오는 문혁의 선봉에서 계급투쟁을 선동해온 극좌 이론가였다. 장춘차오가 현장에 온다는 사실만으로 노동자들은 이미 승리를 예감할 수 있었다. 노동자들은 마오쩌둥 사상의 깃발을 높이 들고 "조반유리!"의 구호를 외치며 득의양양해했다. 마르크스주의, 레닌주의, 마오쩌둥 사상은 생산 주체인 노동자 계급이 사회주의 혁명의 주역이라고 가르친다. 마오쩌둥을 포함한 그 누구도 공총사를 불법화할 합당한 논리를 가지고 있지 않았다. 오히려 "생산촉진"의 구호를 외치며 노동자들을 작업 현장에 묶어두려고 한 중공중앙의 당권파만 반혁명 세력으로 몰리는 상황이었다. 장춘차오는 노동자들과의 담판에서 공총사의 합법화를 사실상 승인했다. 승리의 환호성을 지르며 상하이로 돌아간 공총사의 노동자들은 이제 상하이 시 정부를 무너뜨리고 노동자의 혁명정부를 세우는 본격적인 탈권투쟁에 돌입했다.

노동자들의 집단행동에 놀란 중앙문혁소조는 1966년 11월 17일 "공장내 문화혁명에 관한 12조항"을 발표했다. 이후 수정을 거쳐서 12월 4일 이른바 "혁명을 견지하고 생산을 촉진하는 10조 규정"이 채택되었다. 이 가운데 제3조는 혁명 활동은 8시간 근무를 마친 후에만 할 수 있음을, 제4조는 "8시간 근무제", "노동 규율 준수" 및 "생산 정액의 완성" 의무를 명시하고 있었다. 그밖의 조항들도 조직화된 노동자들이 대규모의 파업투쟁이나 파괴 활동에 나서는 극한의 상황을 예방하기 위한 조치들이었다. 노동자의 혁명 활동을 제약하고 통제하려는 의도가 분명했다.13) 다만 제9조에는 "중화인민공화국 헌법의 규정에 따라서 근로대중은 문화대혁명의 과정에서 혁명조직을 건립할 권리를 가진다"는 내용이 명기되어 있었다.

마오쩌둥이 직접 제9조의 삽입을 요구했다는 사실에 유의해야 한다. 1966년 11월 14일 오후 3시 마오는 긴급 소집한 정치국 확대회의에서 1954년 헌법에 명시된 "결사의 자유"를 들어서 상하이 공총사의 합법성을 인정했다.14) 최고영도자가 녹슨 칼집 속의 보검을 빼서 근로대중에게 전달하는 극적인 순간이었다. 1949년 이래 단 한 번도 단체행동권을 행사할 수 없었던 상하이의 노동자들은 과감한 탈권투쟁을 통해서 혁명군중으로 거듭날 수 있었다. 마오는 1966년 7월 "조반유리"라는 한마디로 공작조에 저항하는 홍위병 집단을 문혁의 주체로 일으켜 세웠다. 이제 그는 상하이 공총사를 합법화함으로써 노동자들을 문혁의 중심에 올렸다. 반면 상하이 시위원회는 순식간에 반동조직이라는 낙인을 받고 파멸의 위기에 직면했다.

1967년 1월 초 파죽지세로 탈권투쟁을 전개한 공총사는 상하이의 주요 언론기관을 모두 장악하기에 이르렀다. 1967년 1월 6일, 상하이 시위원회를 점령한 공총사는 상하이 인민공사의 성립을 선언했다. "인민공사"란 코뮌을 뜻한다. 이미 1958년 8월 마오쩌둥의 승인하에 중국 전역에서 인민공사 운동이 급속도로 전개되고 있었다. 이때의 인민공사는 상부의 명령에 따라서 강압적으로 전개된 강압적 집단화, 하향적 집산화의 과정이었다. 반면 상하이 인민공사의 성립은 노동자들이 자발적으로 시위원회를 접수하고 모든 권력을 탈취하는 상향적 자치정부가 건립된 사건이었다. 그 점에서 상하이 인민공사는 1871년 파리 코뮌을 떠올리게 한다. 물론 양자 사이에는 결정적인 차이가 있었다. 파리 코뮌과는 달리 상하이 인민 공사는 절대 권력자 마오의 지지를 받는, 마오를 위한, 마오의 호위조직이 라는 점이었다. 이것을 두고 과연 진정한 의미의 노동자 자치정부였다고 할 수 있을까?

"상하이 1월 폭풍", 탈권의 드라마

이후 50여 일 동안 상하이 공총사는 시 정부를 무너뜨리고 혁명정부를 수 립하는 대담한 탈권의 드라마를 연출했다. 1967년 1월 4-5일 양일에 거쳐 노동자들은 상하이 주요 언론사를 장악했다. 1월 6일에는 상하이 시장과 부시장을 위시한 수백 명의 상하이 시위원회 간부들을 불러내서 단죄하는 가혹한 인민 재판을 이어갔다. 혁명의 광풍을 타고 상하이에는 32개의 조 반파 조직들이 생겨났다. 이들은 수천 명의 간부들, 지식인들, 전문가들을 도시 곳곳으로 끌고다니는 가혹한 비투를 이어갔다.

「인민일보」를 위시한 중앙의 언론은 일제히 상하이의 탈권을 칭송했다. 1월 11일에는 중앙위원회, 국무원, 중앙군사위원회, 중앙문혁소조가 상하 이 공총사를 위시한 32개의 혁명조직에 축전을 보냈다. 다음 날 아침 수십 만이 운집한 상하이 인민 광장에는 시장과 부시장이 끌려나와서 모욕을 당했다. 시민들은 트럭 뒤에 무릎을 꿇린 채로 이리저리 실려다니는 시장 과 부시장의 비참한 몰골을 목도했다.

1월 15일부터 사흘간, 상하이 시 정부의 49개 기관은 동시다발적으로 권력을 탈취당했다. 상하이 전역 건물 벽마다 "탈권!"이라는 구호가 나붙

1967년 1월 상하이의 혁명군중이 시 정부를 에워싸고 상하이 인민공사의 성립을 선포하는 장면. (공공부문)

었다. 2월 5일, 마침내 노동자가 직접 세운 혁명정부 상하이 인민공사가 공식적으로 출범했다. 이른바 "상하이 1월 폭풍"의 스펙터클이었다.

상하이 인민공사의 단명

중공의 기관지들은 한목소리로 중국에 파리 코뮌이 부활했다고 칭송했다. 장춘차오는 상하이 인민공사의 성립이 파리 코뮌을 넘어 10월 혁명에 비견되는 사건이라고까지 칭송했다. 진정 상하이 1월 폭풍은 문혁의 향방을 바꾸는 일대의 사건이었다. 곧바로 혁명의 진동이 베이징, 헤이룽장, 산둥, 구이저우, 산시(山西) 등지로 확산되었다.

이제 문혁은 노동자 궐기에 의한 지방 권력의 교체를 의미했다. 코뮌의 번역어인 "인민공사"라는 낱말 속에는 노동자 계급의 자발성, 자율성 및 독립성이라는 의미가 함축되어 있다. 1958년 마오는 대약진 총노선의 기본 단위로 노동력의 총동원을 위해서 인민공사를 설치한 바 있었다. 대약진의 처참한 실패 때문이었을까? 상하이 인민공사가 출범한 직후부터 중공의 기관지들은 "인민공사" 대신 "혁명위원회"라는 명칭을 사용하기 시작했다.

급기야 1967년 2월 12일 마오는 장춘차오를 불러서 상하이 인민공사에서 "인민공사"라는 명칭을 버리는 편이 좋겠다고 말했다. 2월 20일 구이저우 성에서 다시 한번 탈권이 일어나자 마오는 "혁명위원회"라는 명칭을 제안했다. 마오가 인민공사라는 단어를 꺼렸음이 확실하다.

이후 1968년 9월까지 전국의 각 성 단위에 혁명위원회가 들어섰는데, 인민공사와는 전혀 다른 형태의 조직이었다. 혁명위원회는 인민해방군, 혁명간부 및 혁명군중의 "삼결합(三結合)"이었다. 주도권은 물론 인민해방군에 있었다. 결사의 자유를 외치며 일어선 노동자들이 세운 혁명정부가 지방의 군부에 강탈당한 형국이었다. 그 과정은 전혀 순탄하지 않았다. 1967년 군부의 개입은 대규모의 무장투쟁과 대량 학살의 악순환을 몰고 왔다. 한 중국 문혁사가의 표현을 빌리면, 이로써 "황당하고도 자기파괴적인 전국 탈권"이 개시되었다.

제15장

문혁의 특별기관
혁명위원회의 건설

시대가 바뀌고 제도가 변해도 인간의 권력투쟁은 비슷한 양상을 보인다. 미국의 역사학자 폴 스미스(Paul J. Smith)의 관찰에 따르면, 구폐의 혁파를 내걸고 등장한 중국 북송의 신진 세력은 권력투쟁의 과정에서 대체로 다음의 다섯 단계를 거쳤다.

제1단계 : 파죽지세로 정권을 탈취한 후 주요 정부기관을 점령한다.

제2단계 : 역사적 선례가 없는 정체불명의 특별기관을 창설한다.

제3단계 : 무리한 비상 수단을 써서 정적을 제거한다.

제4단계 : 저항 세력의 무력화를 위해서 집요하게 추종 세력을 규합한다.

제5단계 : 정변의 합리화를 위해서 황권의 절대화를 꾀한다.[1]

이 중에서 특히 "특별기관의 창설"은 어김없이 독재의 출발점이 된다. 독재정권은 흔히 비상위원회를 구성하고 각종 특별기관을 창설한다. 법적 제약을 최소화하고 반대 세력을 무력화하기 위함이다. 중립, 공정, 정의실현, 구악철폐 등의 미사여구로 치장하지만, 권력을 독점하려는 잔꾀인 경우가 대부분이다. 역사가 증명하듯이 독재정권의 특별기관은 얼마 가지

革命委员会好

"혁명위원회가 좋다!" 1967년 2월 마오쩌둥의 발언. 1958년 마오쩌둥은 "인민공사가 좋다!"는 한마디로 전국에 인민공사를 설치했다. 상하이 1월 폭풍 이후 마오쩌둥은 인민공사를 거부하고 대신 혁명위원회를 설치했다. (공공부문)

못해서 구악의 상징물로 전락하고 만다.

문화혁명 과정에서도 정부의 정규조직 밖에 생겨난 특별기관이 큰 권력을 행사했다. 중공중앙의 핵심에서 비상 대권을 행사한 중앙문혁소조와 전국에서 지방행정의 전권을 장악했던 혁명위원회가 대표적이다. 이 두 특별기관의 창설은 곧 정상적 중앙행정의 마비와 지방 권력의 교체로 이어졌다.

1966년 5월 문화혁명이 공식적으로 시작되면서 창설된 중앙문혁소조는 마오의 심복들로 구성된 조직이었다. 조장 천보다 아래 정보통의 권력자 캉성, 마오의 아내 장칭이 요직을 점했다. 중앙문혁소조는 형식적으로 정

"마오쩌둥 사상의 위대한 붉은 깃발을 높이 들고 자산계급 사령부를 철저하게 깨부수자!" 1967년 8월 베이징 광업학원의 조반파 병단에서 제작한 포스터. 왼쪽에는 "말과 글로 투쟁하자! 무력투쟁을 하지 말라!"는 구호가 적혀 있다. 이는 1967년 중국 전역에 무력투쟁의 광풍이 몰아닥칠 때 베이징의 조반파들 사이에 평화시위를 주장한 세력도 있었음을 방증한다. (공공부문)

치국 상위에 예속되어 있었지만, 1969년 자체 해산되기 전까지 실제적으로 중공중앙 최고의 권력기구로 기능했다.

당시 정치국 상무위원 5인은 마오쩌둥, 국방장관 린뱌오, 국무원 총리 저우언라이, 그리고 중앙문혁소조의 천보다와 캉성이었다. 린뱌오는 마오의 총애를 받아서 문혁 당시 당내 서열 제2위에 오른 인물이었다. 국무원 만년 총리 저우언라이는 황제 마오에게 충성하는 유약한 충신이었다. 결국 정치국 상위가 중앙문혁소조에 장악되어 있었다고 해도 과언은 아닌 셈이었다.

중앙문혁소조는 문혁 과정에서 비상 대권을 행사했다. 언론을 장악하고, 문예계를 관리하고, 문혁의 의제를 설정하고, 군중조직을 통제했다. 1969년 자체 해산 이후, 장칭이 이끄는 사인방은 1970년 "중앙조직 선전조"를 형성하고 강력한 영향력을 발휘했는데, 이 역시 마오 직속의 권력기구였다.

문혁 시기 마오쩌둥은 비상 특별기관을 통해서 절대 권력을 행사했다. 중앙문혁소조를 전면에 내세워 문혁시대의 권력투쟁을 이어갔고, 전국 각지에 혁명위원회를 설립한 후에는 지방 권력을 장악하기 위해서 군부를 활용했다.

더디고 험난한 혁명위원회의 건설

상하이 1월 폭풍은 과연 노동자 집단의 자발적인 혁명 운동이었을까? 1966년 11월 전대미문의 대규모 시위를 상기해보면 상하이 공총사의 주도적인 역할을 부인할 수는 없지만, 그 이면을 들춰보면 1967년 1월의 상하이 탈권투쟁은 중앙문혁소조와의 긴밀한 조율 속에서 이루어졌음을 알 수 있다.

1966년 12월 말 중앙문혁소조 장춘차오는 상하이 공총사의 영수 왕훙원에게 본격적인 탈권투쟁을 개시하라고 지시했다. 상하이에서 탈권투쟁이 전개되자 상하이의 지역 군대는 즉시 중공중앙의 명령을 받고 공총사를 엄호하기 시작했다. 그 점에서 상하이 1월 폭풍은 군과 당과 민의 합작품이었다. 그 결과로 등장한 혁명위원회는 인민해방군, 혁명간부 및 혁명군중의 삼결합을 표방했다. 군대가 혁명군중의 투쟁에 개입해서 문혁의 주체로 우뚝 서는 순간이었다.

1967년 1월 상하이의 "탈권"을 지켜보던 전국 각지의 노동자, 농민들은 동시다발적으로 조반투쟁에 나섰다. 상하이 인민공사가 아직 명칭을 바꾸지 않고 있을 때, 1967년 1월 31일 헤이룽장 성에 첫 번째 혁명위원회가 들어섰다. 「인민일보」는 사설에서 "동북 지역의 새로운 새벽이 밝았다"며 격찬했다.

곧이어 전국 각지에서 성 정부의 권력을 허무는 탈권투쟁이 벌어졌다. 그 과정은 결코 쉽지 않았다. 1967년 상반기까지 탈권에 성공한 지역은 고작 헤이룽장, 산둥, 구이저우, 산시(山西), 베이징 정도에 그쳤다. 1월 18일 베이징에서는 3개의 상이한 조반파 집단들이 경쟁적으로 탈권을 시도했지만, 정부의 승인은 3개월이 지난 4월 20일에야 떨어졌다. 전국에 혁명위원회가 들어선 것은 1968년 가을이었다.

당시 마오쩌둥과 중공중앙은 군중조직이 세운 혁명정부를 가볍게 승인할 수 없었다. 첫째, 군중조직의 정체성이 문제가 되었다. 우후죽순으로 등장하는 군중조직들은 서로 극심한 이념 대립과 노선 차이를 보였다. 그 때까지 중국 사회 내부에 숨어 있던 다양한 집단의 상충되는 이해관계가 복잡한 양상으로 드러나기 시작한 것이었다. 군중조직의 파벌 싸움은 갈수록 폭력적으로 변했다. 그런 상황에서 정부가 나서서 특정 조직만을 선택해 탈권의 정당성을 부여하기란 결코 쉽지 않았다.

둘째, 인민해방군 고위급 장성들의 반발이 격심했다. 혁명군중은 중공중앙의 류사오치, 덩샤오핑부터 지방정부의 말단 관료까지 모두를 자본주의의 길을 가는 수정주의 반혁명 세력이라고 규탄했다. 군부의 장성들 역시 고위 관료들이라고 할 수 있었다. 그들에게도 불시에 조반파의 탈권투쟁이 닥칠 수 있었다. 이미 탈권의 분위기가 군대 내부로 번져 군부 지휘체계에서 반역과 하극상의 조짐이 가시화된 상태였다. 규율과 질서를 생명으로 삼는 군대의 입장에서는 방치할 수 없는 혼란이었다.

| 표 1 | 성급 혁명위원회 건립과정

순서	지구	성립 일자
1	헤이룽장 성	1967. 1. 31.
2	산둥 성	1967. 2. 3.
3	상하이 시	1967. 2. 5.
4	구이저우 성	1967. 2. 14.
5	산시 성(山西省)	1967. 3. 8.
6	베이징 시	1967. 4. 20.
7	칭하이 성(靑海省)	1967. 8. 12.
8	네이멍구 자치구	1967. 11. 1.
9	톈진 시	1967. 12. 6.
10	장시 성	1968. 1. 5.
11	간쑤 성(甘肅省)	1968. 1. 24.
12	허난 성	1968. 1. 27.
13	허베이 성	1968. 2. 3.
14	후베이 성	1968. 2. 5.
15	광둥 성	1968. 2. 21.
16	지린 성	1968. 3. 6.
17	장쑤 성	1968. 3. 23.
18	저장 성	1968. 3. 24.
19	후난 성	1968. 4. 8.
20	닝샤 후이족 자치구	1968. 4. 10.
21	안후이 성	1968. 4. 18.
22	산시 성(陝西省)	1968. 5. 1.
23	랴오닝 성	1968. 5. 10.
24	쓰촨 성	1968. 5. 31.
25	윈난 성	1968. 8. 13.
26	푸젠 성	1968. 8. 14.
27	광시 좡족 자치구	1968. 8. 26.
28	티베트 자치구	1968. 9. 5.
29	신장 위구르 자치구	1968. 9. 5.

1967년 1월 상하이에서 탈권투쟁이 개시된 이래 거의 1년 9개월이 되어서야 전국의 성급 단위에 혁명위원회가 건립되었다(金春明, 『文化大革命簡史』, 167-169).

상황은 급기야 1967년 2월 11일부터 16일까지 엿새 동안 인민해방군의 최고위 원수들이 중앙군사위원회 확대회의에서 공개적으로 중앙문혁소조를 비판하기에 이르렀다. 아울러 치안과 질서를 파괴하는 조반파를 군이 나서서 강력하게 진압해야 한다는 강경 발언도 쏟아졌다. "2월 역류"라고 불리는 원수들의 반항이었다. 곧이어 현장에 투입된 군대는 사회질서의 회복을 위해서 폭력화된 조반파를 무력으로 진압하기 시작했다. 소위 "2월 진반"은 그해 여름까지 지속되었다. 군이 문혁의 제1주체가 되면서 발생한 필연적인 사태였다.

권력의 탈취, 군대의 개입

1967년 2월에서 1969년 말까지 전국의 각 지역에 280만의 병력이 파견되어서 이른바 "삼지양군(三支兩軍)"의 임무를 수행했다. 삼지란 군대가 좌파군중, 노동자, 농민 세 집단을 지원한다는 의미이며, 양군이란 군사적 관제 및 군대식 훈련을 가리킨다.

전국의 9개 성, 25개 대도시, 수십 개의 전구(專區), 수백 개의 현에서 전면적인 군대식 관제가 실행되었다. 현급 이상 혁명위원회에서 80퍼센트 이상의 주요 보직을 군인들이 맡았다. 윈난 성(雲南省)과 후베이 성(湖北省)에서는 그 비율이 97퍼센트에 달했다. 철도부, 교통부, 우편 및 전신부, 주요 신문 및 방송 등의 분야에서도 군정체제가 실시되었다. 문화혁명에 군대가 개입하면서 중국의 전 지역에 혁명기 비상체제의 군부독재가 확립된 셈이었다.

대규모의 병력이 지방에 투입되어서 군이 직접 문혁을 이끌게 된 이후인 1967년 여름, 중국 곳곳에서는 대규모의 무장투쟁이 발생했다. 군중조직, 지방정부, 군부대가 복잡하게 뒤엉키며 맞부딪힌 결과였다. 그중 가장 충격적인 3개의 사건들을 잠시 들춰보면……

① 후난 성의 다오 현(道縣)에서는 1967년 8월 13일부터 10월 17일까지 66일간 4,193명이 도살당하고 326명이 자살하는 사건이 발생했다. 곧 이어진 인근 지방의 학살까지 포함하면 9,000명이 넘는 사람들이 무차별 살해되었다. ② 1967년 여름 후베이 성의 우한에서는 좌, 우 두 패로 나뉜 대규모의 무장조직이 내전에 돌입하여 무려 18만4,000여 명의 사상자를 낳은 7-20 우한 사건이 발생했다. ③ 1968년 7월부터 8월까지 불과 1개월 간 광시(廣西)에서는 적게는 9만 명에서 많게는 30만 명의 계급 적인이 조직적으로 학살당했다.2)

이 사건들은 앞으로 차차 살펴보기로 하고, 문혁의 과정에서 군대가 주도권을 가지게 된 배경을 이해하기 위해서 잠시 중국공산당의 군사적 기원을 돌아보자.

중국공산당의 군사적 기원

다당제 민주국가에서 군대는 정치적 중립을 생명으로 하는 국방군이다. 반면 중국의 인민해방군은 중국공산당이 "창건하고, 영도하고, 지휘하는" 당군이다. 그 역사는 20세기 초반 군벌시대(1916-1928)로까지 소급된다. 이 시기의 12년간 중국 전역에서는 무려 1,300여 명의 군벌들이 140번 이상의 대규모 성급(省級) 전쟁을 벌였다. 1921년 창당된 중국공산당 역시 자체 무장을 통한 게릴라 군사조직으로 출발했다.

이후 중일전쟁(1937-1945)과 제2차 국공내전(1946-1949)을 거치면서 중국공산당은 군사적 점령을 통해서 인민공화국을 건설했다. 장기간 전쟁의 참화 속에 있었던 중국인들은 "자발적으로" 중국공산당의 통치 아래 들어갔다. 딱히 공산당의 이념에 동조했다기보다는, 모두가 중공정부의 군사력 앞에 항복한 셈이었다. 전쟁의 공포를 피해서 리바이어던의 지배 속에 들어간 원초적 사회계약이었다고 할까.

이후 문혁 발발 직전까지 17년의 세월 동안, 중국에서는 단 한 번의 대규모 무장봉기도 일어나지 않았다. 최대 4,500만이 아사한 1958-1962년의 대기근 시기에도 중공정부의 전일적 지배구조는 흔들림 없이 유지되었다. 1964년, 중공정부는 마침내 핵개발에 성공함으로써 다시금 정권의 정통성을 입증했다. 가장 강한 조직이 통치의 정당성을 가지는 군사독재의 적나라한 면모였다.

요컨대 중국공산당은 막강한 군사력을 지렛대 삼아서 정치 권력을 독점한 철저한 관, 군 합일의 조직이었다. 문화혁명 당시 마오쩌둥은 린뱌오를 당 서열 제2위에 앉힘으로써 군부를 온전히 장악했다고 생각했다. 1967년 상하이 1월 폭풍 이후 마오는 부리나케 혁명위원회의 설립을 명령한 후, 결국에는 지방군부가 문화혁명의 주도권을 쥐게 했다. 그는 "당이 총을 지휘하는" 한, 지방군부가 중앙의 통제를 벗어나서 독자 행동을 할 수는 없다고 굳게 믿었다.

군이 혁명의 주도권을 잡다

국가는 폭력을 독점한다. 국가는 배타적 영토 내에서 헌법에 따라서 "합법적으로" 모든 구성원에게 물리력을 행사할 수 있는 유일무이한 조직이다. 공권력의 합법적 행사가 국가의 근본 책무이며, 존립 이유이다. 군대와 경찰은 공권력을 지탱하는 두 기둥이다. 군대의 명령계통이 무너지고 경찰의 지휘체계가 흔들릴 때, 정부는 사실상 작동을 멈춘다. 군, 경이 마비된 상태라면 국가의 기초가 이미 허물어진 "정부 폐쇄(government shut-down)"의 위기이다.

그러한 극한의 상황이 닥치면, 개개인은 자위(自衛)의 무장을 한다. 사회 전역에서는 독버섯처럼 무장한 집단들이 돋아난다. 역사에서 종종 보는 군웅할거의 대혼란은 중앙정부의 붕괴에 따른 지방 세력의 군사화를 이른다. 세계사에서 흔히 보듯이 지방의 군사화는 내전의 악순환을 초래한다. 제1장에서 언급했듯이 1984년 중공중앙의 발표에 따르면 무장투쟁으로 23만7,000여 명이 사망했고, 703만여 명이 상해를 입었다. 중국공산당의 전일적인 일당독재하에서 어떻게 그토록 참혹한 무정부의 대혼란이 발생할 수 있었을까?

제16장

계급 학살의 기록

프랑스 지식계의 기념비적인 저작 『공산주의 흑서』에 따르면, 20세기 공산주의 정권하에서 대략 1억 명이 학살되었다.1) 희생자의 수치를 살펴보면, 중국 6,500만, 소련 2,000만, 북한 200만, 캄보디아 200만, 아프리카 170만, 아프가니스탄 150만, 베트남 100만, 동유럽 100만, 남아메리카 15만 명이다. 만민평등과 노동해방을 부르짖는 공산주의 정권들이 왜 그토록 잔혹한 대량 학살을 자행했을까?

제1장에서 언급했듯이, 1982년 예젠잉이 폭로한 중국공산당의 내부 자료에 따르면 문화혁명 10년 동안 1억1,300만 명이 정치적 타격을 입었다. 그중 농촌에서는 520만여 명이 비투를 당했고, 그중 약 120만 명이 비자연적 사망에 이르렀다. 낙후된 1960년대 중국의 농촌에서 누가, 왜, 어떻게 그토록 수많은 사람들을 죽음으로 몰고 간 것일까?

대량 학살의 삼단논법

공산주의 정권의 대량 학살은 엉터리 삼단논법하에서 자행되었다.

1. 대전제 : 공산주의는 (인류를 구원하는) 절대 선이다.

"중국 인민해방군은 마오 주석께서 친히 창건하시고, 영도하시고, 지휘하시는 인민의 군대이다!" 중국공산당과 인민해방군의 관계를 단적으로 보여주는 포스터. (공공부문)

2. 소전제 : 반대 세력은 (공산주의에 저항하는) 절대 악이다.
3. 결론 : 절대 선(= 공산주의)을 위해서 절대 악(= 반대 세력)은 제거되어야
　한다.

이 논법을 살펴보면, 대전제 자체가 경험적으로 성립될 수 없는 유사 종교적 믿음임을 알 수 있다. 결국 공산주의 정권이 이용한 대량 학살의 삼단논법이란 그릇된 믿음에서 당위를 도출하는 엉터리 논증이다. 이는 다수 인민이 소수의 특정 계급을 몰살하는 계급 학살(classicide)의 정당화 일 뿐이다.

20세기 계급 학살의 역사를 돌아보면, 반대 세력의 이름은 반혁명분자, 부르주아, 주자파, 제국주의자, 수정주의자, 수구 세력, 우경분자, 친일파,

친미파, 극우파 등등 다양했다. 반대 세력이 무엇이라고 불리든, 대량 학살의 논리는 조금도 바뀌지 않았다. 우리 편이 아니면 바로 적이라고 낙인찍고, 적의 제거는 곧 선의 실현이라고 미화하는 소아병적 억지주장이었다. '비아즉적, 살적즉선(非我卽敵, 殺敵卽善)!'

"마오쩌둥 사상"은 "공산주의는 절대 선이다"라는 대전제에서 출발한다. 그 대전제 위에서 마오는 반대 세력을 절대 악으로 몰고 갔다. 1950년대부터 마오쩌둥은 전체 인구의 95퍼센트는 선량한 인민이지만 5퍼센트는 반혁명분자들이라며 예단했다. 5퍼센트의 반혁명분자들 때문에 공산 유토피아의 실현이 지체된다는 발상이었다. 8억 인구의 5퍼센트, 곧 4,000만 명만 제거하면 중국에 공산 유토피아가 도래할 수 있을까?

1950년대 내내 중공정부는 반대 세력을 숙청했지만, 그 결과는 대기근의 참상이었다. 반대 세력의 제거가 공산 유토피아 대신 공포 정치의 디스토피아로 귀결된 셈이었다. 그럼에도 문혁의 현실에서 대량 학살의 삼단논법은 상상 이상으로 강력한 효력을 발휘했다.

1967년 8월과 9월, 후난 성 다오 현의 대학살

후난 성 남단으로 광둥 성과 광시 성이 접하는 곳에 다오 현이 있다. 북송 도학(道學)의 태두 주돈이(周敦頤, 1017-1073)를 배출한 2,000년 역사의 문명 고현(古縣)이다. 1967년 8월 13일부터 10월 17일까지 66일간, 이곳에서는 대규모의 집단 학살이 자행되었다.

1984년 5월부터 1986년 말까지 대규모 정부 조사단이 2년 반 동안 극비리에 수행한 심층 조사에 따르면, 1967년 다오 현에서는 4,193명이 학살당했고, 326명이 가혹 행위를 견디지 못하고 자살했다. 당시 다오 현 전체 인구 38만6,200여 명의 1.17퍼센트에 달하는 수치이다. 전 가족이 몰살당하고 초토화된 가정이 117호에 달했다. 다오 현의 학살은 곧 인근의 10개 시와 현으로 번져 3,503명이 학살당하고, 1,071명이 자살에 내몰렸다. 다오 현과 인근 지역 피해자의 총합은 9,093명(학살 7,696명, 강압에 의한 자살 1,397명)으로 집계되었다.

다오 현과 인근 지역 희생자의 84퍼센트 정도가 흑오류(3,576명)와 그 가족(4,057명)이었다. 그밖에도 빈하중농(1,049명)과 기타 성분(411명)이 희생되었다. 희생자 중 826명이 미성년이었다. 최고령자는 78세, 최연소자는 태어난 지 열흘 된 갓난아기였다. 여기에서 학살당한 빈하중농 역시 출신 성분이 나쁜 사람들임을 짐작할 수 있다. 결론적으로 희생자의 대부분이 정치적 박해뿐만 아니라 사회적 차별과 천대에 시달리던 계급 천민이었다.[2]

학살에 직접적으로 관련된 가해자의 총수는 1만5,050명을 헤아렸는데,[3] 그중 대략 3,880명이 중국공산당 당원이었고, 정부에 배속된 간부들이 3,193명이었다. 구체적으로 직위가 꽤 높은 국가간부 426명과 농촌 마을에 배치된 하급의 기층간부 2,764명이 학살에 가담했다. 대부분의 간부는 당원이며, 당원은 지방사회에서 지도층에 해당된다는 점을 고려하면, 가해자의 대략 26퍼센트에 달하는 당원들이 주도적 역할을 수행했음을 짐작할 수 있다.[4]

이 사건을 이르는 정부의 공식 명칭은 "다오 현 문혁살인사건"이다. 민간에서는 난살풍(亂殺風) 혹은 살인풍(殺人風)이라고 부른다. 난살이란 잔악무도한 무차별적 학살을 의미한다. 가해자들은 주로 총, 칼, 몽둥이, 폭약 등을 써서 조직적인 대량 학살을 자행했지만, 물에 빠뜨리거나 바위 틈에 내던지거나 산 채로 매장하거나 줄로 목을 매서 죽이거나 불태워 죽이는 등 격정적이고 개별적인 사적 린치도 드물지 않았다. 이미 건국 이전 토지개혁 운동 때부터 지주와 부농은 전 재산을 몰수당한 채 사실상 빈농으로 전락한 상태였다. 흑오류는 재산을 다 빼앗기고 계급 천민으로 겨우 생존하고 있었는데, 또다시 조직적 대량 학살의 희생자가 되어야 했다. 문화혁명이 "계급 학살"로 귀결되는 참혹한 순간이었다.

다오 현의 계급투쟁

1967년 1월 상하이 조반파 노동자들이 시 정부를 무너뜨리고 인민공사를 창건했다. 상하이 조반파의 탈권투쟁은 실시간으로 방송을 타고 전국에 알려졌다. 흥분한 마오쩌둥은 홍위병을 위시한 전국의 조반파들을 향해서 탈권을 촉구했다. 상하이의 투쟁에 자극받은 군중은 다양한 조직을 구성하여 탈권투쟁에 나섰다.

1967년 초부터 지방의 행정은 마비된 상태였다. 여러 조직들이 난립하면서 무력에 의한 충돌이 빈번해졌다. 조직들 사이의 파벌 싸움은 곧 무장투쟁으로 비화되었다. 한 연구에 의하면, 1967년 말부터 1968년까지 100만 점의 총기가 민간인 군중의 손에 넘어갔다.[5] 군중조직이 자체 무장을 통해서 지방 무력으로 등장하는 상황이었다.

1967년 여름, 다오 현의 군중조직들은 크게 2개의 조직으로 나뉘었다. 혁련(革聯)과 홍련(紅聯)이었다. 혁련은 주로 과격파 학생들로 구성되어 있었다. 반면 홍련의 주축은 빈농, 하농, 중농이었고, 혁련과는 달리 당 간부 및 군대와 연결되어 있었다.

8월 8일 혁련이 현에 주둔하던 부대의 사령부에 쳐들어가서 무기를 탈취하고, 홍련을 압박해서 농촌으로 내쫓는 사태가 발생했다. 그로부터 5일

"절대로 계급투쟁을 잊지 말자!" 중국의 한 농촌 마을 건물 벽에 적힌 문혁 시절의 구호. (공공부문)

이 지난 8월 13일, 유혈의 충돌이 일어났다. 이번에도 혁련의 승리였다. 앙심을 품고 복수의 기회를 노리던 홍련은 혁련 가운데 흑오류가 섞여 있음에 주목했다.

문혁 당시 중국 전역에서 등장한 조반파 중에는 출신 성분이 좋지 않은 무리도 포함되어 있었다. 계급성을 의심받고 있었기 때문에 그들은 더욱 과격한 행동으로 혁명성을 드러낼 수밖에 없었다. 다오 현의 혁련도 예외가 아니었다. 이에 홍련은 지방군부와 결탁하여 농촌의 흑오류와 그 식구들을 잡아 죽이는 대학살의 음모를 꾸미기 시작했다.

다오 현에는 이내 악성 유언비어가 퍼지기 시작했다. 타이완의 장제스가 대륙을 침략하고자 획책하고 있고, 흑오류들이 이에 호응해서 배반을 꾀하고 있다는 내용이었다. "계급 적인들이 흑살단(黑殺團)을 조직해서" "9월 대폭동, 10월 대도살을 계획하고 있다!" "그들은 먼저 당원들을 죽이고, 간부들을 죽이고, 마지막으로 빈농, 하농, 중농의 절반을 도살하려고

문혁 당시 무장조직. 무장투쟁 초기에는 도시 홍위병과 조반파 조직이 농민조직과 충돌하는 사례가 많았다. (공공부문)

한다!"거짓 소문은 심리전의 시작이었다. 유언비어는 대량 학살의 무기였다.

대륙의 역사투쟁 : 문화혁명과 계급 학살

1984년 당시 중국공산당 총서기 후야오방(胡耀邦, 1915-1989)은 1967년 다오 현 학살사건을 조사하라고 명령했다. 그후 2년에 걸쳐 1,300여 명의 관원들이 진상을 파헤쳤다. 당시 개혁적 관방 언론『개척(開拓)』의 기자였던 탄허청(譚合成, 1949-)도 다오 현에 취재를 나갔다. 그는 정부의 조사 결과를 실시간으로 접하면서 수많은 피해자 유가족들과 직접 인터뷰를 이어갔는데……. 1986년 말 갑자기 중국의 정치 기류가 급변하면서 진상 조사가 중단되었다. 비판적 언론인의 입에는 재갈이 물렸다. 탄허청의 르포는 출판될 수 없었다.

탄허청은 포기하지 않고 계속 진상을 규명하는 작업을 이어갔다. 2010년 마침내 홍콩에서 604쪽의 방대한 저작 『혈의 신화 : 1967년 후난 다오현 대도살 기실(血的神話 : 公元1967年湖南道縣文革大屠殺紀實)』이 출판되었다. 2016년 영역본이 옥스퍼드 대학교 출판사에서 출판되면서 다오현 대학살의 진상은 전 세계에 알려졌다. 탄허청의 저작은 현재 중국에서는 유통, 판매되지 못한다. 대도살의 진상은 중국공산당의 정통성을 훼손하는 직격탄이기 때문이다.

1967-1968년 중국 농촌 대도살의 특징

1967년 가을 추석 즈음 후난 성의 한 작은 농촌의 트랙터 운전수였던 사카이추(沙凱初, 1931?-1967)는 같은 마을의 무장조직에 끌려가 읍내 집회에서 가혹한 비투를 당했다. 1952년 이미 처형된 그의 부친이 지주라는 이유였다. 중국 공산당군 지원병으로 한국전쟁에 투입되었던 그는 "나라를 위해서 전쟁터에서 싸웠다"며 혜량을 구했지만, 지주의 자식들 5명과 함께 몰살당했다. 그를 직접 몽둥이로 때려 죽인 사람은 바로 옆집의 정명쉬(鄭孟旭, ?-?)였다. 정명쉬는 몰수된 사카이추의 가택에 살고 있었음에도 그를 때려죽인 후 일말의 죄의식도 없이 "아주 좋다!"를 외치며 마을로 돌아갔다고 한다.6)

문화혁명 시기 중국 농촌에서 일어난 대학살을 탐구한 양 쑤(Yang Su, 중국 본명 蘇陽) 교수가 당시 그 마을에 살던 노부부에게서 직접 채록한 증언이다. 이 사건은 1967년 늦여름에서 1968년 말까지 후난 성, 광시 성, 광둥 성에서 대규모로 발생한 집단 학살의 특징을 단적으로 보여준다. 첫째, 피해자들은 오로지 출신 성분 때문에 학살당했다. 둘째, 농촌의 학살

홍콩에서 출판된 탄허청의 『혈의 신화』의 제2판(왼쪽)과 2016년 옥스퍼드 대학교 출판부에서 출간된 영역본(오른쪽).

에서는 농기구 등을 이용한 원시적 타살이 이루어졌다. 총알을 아끼기 위함이었다. 셋째, 대부분의 학살은 이웃, 친구 등 가까운 관계의 지인에 의해서 일어났다. 넷째, 학살은 공개된 장소에서 발생했고, 주변에는 수많은 동조자 및 방관자가 있었다.[7] 양 쑤 교수의 연구에 따르면, 문혁 당시 중국 농촌에서 사카이추처럼 이웃에게 학살당한 사람들은 최소 40만에서 최대 300만에 이른다.[8]

후난 성 다오 현 대학살도 마찬가지였다. 앞에서 보았듯이 학살 피해자 대부분은 흑오류와 그 가족들이었다. 그들은 토지와 가옥을 이미 몰수당한 빈농들이었지만, 그들의 가슴에는 계급 천민의 주홍글씨가 새겨져 있었다. 스탈린 시대 소련으로부터 그대로 이어진 사회주의 신분제의 유습이었다.

문혁 시기 흑오류의 공개 처형. (공공부문 photo by Molihua)

그들은 순전히 출신 성분 때문에 같은 마을 사람들에게 잔인하고도 야만적인 방법으로 수많은 방관자들의 목격하에 공공연하게 처형당했다.

다오 현 집단 학살의 주범은?

세계사 속의 대학살은 학살 주체에 따라서 관판(官辦) 학살과 민판(民辦) 학살로 구분할 수 있다. 10개월에 걸쳐 3만 명의 목숨을 앗아간 프랑스 혁명 당시 "공포 정치(La Terreur, 1793-1794)"의 집단 학살은 혁명정부의 명령에 따라서 조직적으로 이루어진 관판 학살의 대표적인 사례이다.9) 국가 권력이 무너지거나 약해진 틈을 타고 민간에 자행되는 집단 린치 등은

"정치 권력은 총구에서 나온다!" 1927년 8월 7일 국공내전 개시 직전 마오쩌둥의 발언. 1968년 제작된 이 포스터는 당시 전국적으로 전개되던 군중조직의 군사화와 무장투쟁의 분위기를 단적으로 보여준다. (공공부문)

민판 학살이라고 부를 수 있다. 다오 현 대학살은 과연 관판이었나, 민판이었나?

정부가 조사한 바에 따르면, 학살 행위에 직접 관계한 사람들의 수는 1만5,050명에 달했다. 그중 절반 이상이 다오 현의 공산당 간부들이거나 당원들이었는데, 대부분 20대의 청년들이었다. 나머지 가해자는 정부와 직접 관련이 없는 군중조직이었다. 발발과정을 보면, 다오 현 지방정부를 장악한 군사조직 "인민무장부"의 개입이 두드러진다. 인민무장부는 인민해방군 지방부대의 말단조직이었다. 이 조직은 명령체계상으로는 군부의 관할이었지만, 관리체계상으로는 지방정부의 지휘를 받았다. 기묘한 반군반민의 조직이었다. 당시 다오 현에서는 인민무장부의 주요 인물들이 현(縣) 정부의 실권을 장악하고 있었다.[10]

1967년 1월 상하이 탈권 이후, 중국 전역에서 군중조직은 지방정권을 향한 탈권을 본격화하고 있었다. 다양한 집단이 경쟁적으로 출현하자 마오쩌둥은 중공중앙, 중앙군사위원회, 국무원, 중앙문혁소조의 명의로 "혁명적 좌파군중을 지원하라!"는 명령을 하달했다. 이후의 상황은 전국을 혁명의 광열로 몰아넣기에 충분했다. 1967년 1월 초부터 국가주석 류사오치와 그의 아내 왕광메이를 향한 홍위병의 공격이 거세졌다. 1967년 7월 18일 중공중앙 본부 중난하이에서 류사오치를 공격하는 군중집회가 개최되었다. 1959년 파면당한 전직 국방장관 펑더화이 역시 그해 7월부터 군중집회에 불려나가서 계속 공격을 당했다. 급기야 1967년 8월 5일 톈안먼 광장의 100만인 대회에서는 류사오치, 덩샤오핑, 타오주(陶鑄, 1908-1969) 등이 비투당했다. 그날 「인민일보」는 1년 전에 작성되었던 마오의 대자보 "사령부를 폭파하라!"를 게재했다. 중앙 권력의 교체를 공식화하는 수순이었다.

중국에서 지방은 중앙의 풍악에 맞추어 춤을 춘다. 1967년 다오 현에는 이미 2개의 군중조직이 대립하고 있었다. 혁련은 청년, 교사, 수공업자, 하층 지식분자들이 주축을 이룬 조반파 조직으로, 지방 권력을 탈취하고자 했다. 반면 홍련은 현지의 기득권 세력으로, 지방정부와 불가분의 관계를 맺고 있었다. 다오 현 인민무장부는 홍련과 결탁하여 "혁명적 좌파 군중조직"을 지원한다는 명분 아래 계급 천민을 소탕하는 절호의 기회를 잡은 셈이었다.

다오 현 집단 학살에 대한 구체적인 계획은 1967년 8월 2일부터 5일까지 진행된 인민무장부의 핵심간부회의에서 가장 처음 논의되었다. 무장부의 정치위원 류스빈(劉世斌, ?-?)은 타이완의 장제스가 대륙을 침공하려고 획책하고 있으며, 다오 현 반혁명 세력의 탈권을 노린다는 민간의 소문을 근거로 계급 적인에 대한 선제 공격을 주장했다. 그는 혁명적 군중을 규합하여 흑오류 반동 세력에 대한 대규모의 비판투쟁을 개시해야 한다고 역설하면서 이를 본격적인 '군중독재'의 발동이라고 표현했다. 지방정부가 직접 군을 풀어 대민 살상을 하기보다는, 군중독재의 원칙에 따라서 혁명적 좌파군중이 반동 세력을 제압하는 시나리오를 계획한 것이다.

왜 집단 학살이 일어났나?

문화혁명이 이루어지던 내내 중앙문혁소조와 관영매체는 반복적으로 특정 집단을 악마로 몰아가는 선전, 선동에 몰두했다. 우귀사신, 독초, 정치천민, 반혁명 세력, 반동 집단, 우경분자 등 무시무시하고 폭력적인 구호들이 도심의 고층 건물, 산간벽지의 토담에까지 나붙었다. 꼭두새벽부터 농촌 곳곳에서는 커다란 확성기를 타고 "혁명무죄 조반유리", "계급투쟁

흑오류 계급 적인에 대한 농촌의 비투 장면. (공공부문)

권력 탈취"등의 구호가 울려퍼졌다.

　들추어보면 볼수록 섬뜩하지만, 당시의 정치 구호들은 평범한 농민의 입장에서 보면 1949년 해방 이후 부단히 이어지는 정치 운동의 연속일 뿐이었다. 해방이 되기 이전부터 중공정부는 쉴 새 없이 정치 운동을 벌이고 있었다. 18년 동안 중국의 라오바이싱(老百姓 : 평범한 사람들)은 일상적으로 정부 주도의 운동에 동원되었다. 정치집회에 참여한 인민은 비판과 자아비판을 통해서 계급 의식을 고취했다.

　계급 의식이란 결국 적대 세력을 향한 계급적 증오심을 일컫는다. 문혁이 일어났을 때에 특히 25세 미만의 젊은이들은 계급적 증오심으로 중무장한 상태였다. 후난 성 다오 현에서 일어난 집단 학살을 고발한『혈의 신화』의 저자 탄허청은 말한다. "(지주, 부농과 그 자식들은) 인간 이하의 존재로 취급되었기 때문에 상부에서 명령이 내려왔을 때 사람들은 그들을 쉽게 살해할 수 있었다. 사람들은 그들이 인간이 아니라고 생각하도록 길들여졌다."11)

　장기간에 걸친 중공정부의 선전 및 선동의 결과 당시의 중국 인민들은 계급 천민의 제거를 당연한 일로 받아들였고, 그랬기 때문에 군중조직, 지방정부 및 부대가 결탁하여 암세포를 도려내듯이 특정 집단을 학살할 수 있었다는 설명이다.

인민의 적 : 세상에 잘못 태어난 죄!

장이머우(張藝謀, 1950-) 감독의 명작 「인생」의 주인공 '푸구이'는 해방 직전에 전 재산을 도박으로 날렸기 때문에 운 좋게도 빈농이 되어서 계급 학살을 면했다. 만약 그가 집안의 재산을 도박으로 날리지 않고 중공정부에 고스란히 몰수당했다면, 그는 해방 직후에 처형당하고 그의 처자식은 가까스로 연명하다가 문혁 시기에 몰살당했을지도 모른다. 원작 소설의 작가 위화(余華, 1960-)가 고발한 출신 성분 신분제의 역설이다.

　1949년 당시 중공정부는 전 인구를 도시 거주민과 농촌 거주민으로 양분한 후, 다시 근로계급, 착취계급 및 기타로 분류했다. 전체 인구의 76.8퍼센트가 빈하중농으로, 4.5퍼센트 정도가 지주, 부농, 자산가 등 착취계급으로 분류되었다. 마오쩌둥이 직접 만든 말인 "빈하중농"의 범주에는 빈민, 부유하지 못한 하층 중농이 속했다. 중국 농촌 거주민의 대다수가 빈하중농인 셈이었다. 그 결과 근로계급과 기타에 속하는 전체 인구의 대략 95퍼센트는 인민이며, 착취계급에 속하는 대략 4-5퍼센트는 적인, 곧 인민의 적으로 분류되었다. 바로 이러한 통계를 근거로 마오쩌둥은 틈만 나면 5퍼센트의 반혁명 세력을 운운했다. 문제는 바로 그 5퍼센트의 착취계급이 모호하다는 점이었다.

| 표 2 | 1940년대 중국 전체 인구 출신계급 분포 추정치

출신 성분	범주	백분율(%)
근로계급	혁명간부, 군인, 전사자	0.9
	노동자, 도시빈민, 보통 도시민	5.1
	빈하중농	76.8
착취계급	자산가	0.2
	지주	2.3
	부농	2.0
기타	사무직, 자영업, 전문직 종사자	12

Treiman, D. and Walder, A. (1996), "Life Histories and Social Change in Contemporary China", distributed by UCLA Social Science Data Archive.

계급 구분은 1949년 해방 직전 호주의 출신 성분에 따라서 결정되었다. 3대가 한 집에 사는 경우, 가장인 조부가 지주로 분류되면 식솔들은 줄줄이 지주로 낙인이 찍혔다. 해방 이전 지주, 부호라고 해봐야 빈한한 농촌에 거주하는 중소지주에 불과했다. 만주 지역의 경우 당대에 맨손으로 땅을 개간한 개척농민들이 다수였다. 결국 해방 이전에 조금 넉넉했다는 이유로 전 재산을 몰수당하고 숙청되는 야만적 계급 보복이었다.

1950년대 계급 적인으로 처형된 인구는 최소 100만, 최대 500만 이상을 헤아린다. 가장이 지주로 몰려서 처형된 후에도 그 집안의 자손들은 지주, 부농, 흑오류, 사류(四類), 계급 천민, 적인이라는 멍에를 쓰고 살아야 했다. 1979년에야 중공중앙은 지주와 부농 등 출신 성분에 따른 정치적 신분 구분을 영구 폐기했다. 출신 성분 때문에 이미 수백만 명이 학살당한 후였다.

중국 지방지에 담긴 역사적 증언들

오늘날 중국의 각 지방정부는 전근대 중화제국의 전통을 이어서 지방의 역사, 문화, 현황을 담은 지방지를 편찬한다. 2010년을 기준으로 보면 중국 각지의 지방정부는 도합 2,213개 시와 현의 지방지를 출간했다. 이 지방지들에는 문화혁명 당시의 집단 학살이 소략하게나마 기록되어 있다. 광시 성에서의 두 사례를 살펴보자.

> 1967년 10월 3일, 삼강공사에서 민병 영장(營長) 황톈후이가 부대원을 이끌고 학살을 개시했다. 그들은 대대에 속한 과거의 지주, 부농 및 그 자식들 76명을 끌고 가서 뱀 모양의 골짜기 절벽에서 밀었다. 7월부터 10월까지 같은 현의 지주, 부농, 반혁명분자 및 불량분자 등 사류 집단 850명을 총살했다.12)

> '청계'와 '군중독재'의 이름으로 현의 전 지역에서 무차별적인 학살이 발생했다. 1968년 7월 중순부터 8월까지 1,991명이 암살단, 반공애국단, 흑방 세력으로 몰려서 학살되었다. 그들 중에는 간부 326명, 노동자 79명, 학생 53명, 보통 도시거주자 689명, 농민 547명, 사류분자 및 그들의 자녀 918명이 있었다.13)

물론 이러한 지방지의 기록은 억압의 틈새를 뚫고 삐져나온 빙산의 일각에 불과하다. 1989년 톈안먼 대학살 이후 중공정부는 더욱 삼엄하게 문혁 집단 학살의 기록을 은폐하고 있다. 지방지에 산일된 파편적인 학살의 실상은 철저한 현장 취재 및 질적 조사를 통해서만 드러날 뿐이다.

문혁 당시 반혁명분자에 대한 농촌의 비투 장면. 어린아이들까지 참여하고 있다. 뒤의 음향 장비는 간첩 활동의 증거물로 압수된 듯하다. 간첩 사건들은 문혁 이후 정부의 조사에 의해서 대부분 사실무근으로 밝혀졌다. (공공부문)

언론과 학술의 자유가 심각하게 제한된 중국에서도 목숨을 걸고 진실을 추적하는 극소수의 지식인들이 있다. 이제 그들의 목소리에 귀를 기울일 때이다.

제17장
천하대란의 무장투쟁

1966년 12월 말 마오쩌둥은 중국 전역에서 곧 전개될 광란의 일대혼란을 예감하고 있었다. 게릴라 전사 마오쩌둥은 투쟁 없이는 한순간도 살 수 없는 인물이었다. 그의 표현을 빌리지면, "천하대치를 위한 천하대란"이 필요했다. 그가 원했던 천하대란은 기존의 정부조직을 흔들고 깨뜨리는 권력 해체의 과정이었다. 천하대치란 혁명군중, 혁명간부, 인민해방군의 삼결합으로 새로운 혁명정부를 수립하는 과정이었다.

혼란의 소용돌이 : 요원한 천하대치의 꿈

마오쩌둥식의 천하대치는 쉽게 실현될 수 없었다. 1967년 초부터 상하이 1월 폭풍의 여파가 전국으로 확산되면서 여러 지역에서 동시다발적으로 격심한 충돌이 발생했다. 1967년 5월과 6월, 후베이 성 우한에서는 군중이 조반파(급진파)와 보황파(보수파)로 나뉘어서 대규모 무장투쟁에 돌입했다. 각 성과 시, 자치구에는 이해관계가 상충되는 군중조직들이 때로는 둘로, 셋으로, 넷으로 갈라져서 파벌 싸움을 벌였다. 처음에는 곤봉을 들고 돌멩이를 던지며 싸웠지만, 성난 군중은 머지않아 칼과 창을 휘둘렀다. 여기에 군부대가 개입하면서 현대식 군사무기를 갖춘 무장조직이 경쟁적으로 나타났다.

군중이 갈라지면서 여러 집단들이 난타전을 벌이자 상황을 예의주시하던 마오쩌둥은 군대만이 혼란을 수습하고 질서를 잡을 수 있다고 판단했다. 1967년 1월 21일 그는 "인민해방군이 광대한 좌파군중을 지지해야한다!"는 지시를 내렸다. 1967년 1월 23일, 중공중앙과 중앙군사위원회는 공동으로 "인민해방군의 혁명적 좌파군중 지지에 관한 결정"을 발표했다. 이어서 3월 19일 중공중앙은 군대가 좌파와 농업과 공업을 지원하고, 군에 의한 관리와 훈련을 실시한다는 이른바 삼지양군(三支兩軍)을 결정했다. 군대가 좌파군중을 앞세워서 농업 및 공업의 생산을 관리한다는 원칙이었다.[1]

문제는 좌파군중의 실체가 모호하다는 점이었다. "광대한 좌파군중을 지원하라!"는 명령을 받은 군부 역시 극심한 분열상을 보일 수밖에 없었다. 모든 군중조직이 마오쩌둥 사상의 보위를 부르짖고 자신들이야말로 혁명적 좌파라고 주장하는 상황이었다. "혁명적 좌파가 과연 누구냐?"라는 문제에서 중공중앙과 지역의 판단이 엇갈리는 경우가 허다했다. 말 그대로 좌충우돌의 혼란이었다.

1967년 7-9월에 이르자 말 그대로 중국 전역에서 무장투쟁이 발생했다. 후에 서술할 1967년 7월에 7-20 우한 사건이 발발한 이후 8월 초부터 상하이, 난징, 창춘(長春), 선양, 충칭, 창사 등지에서도 대규모의 무장투쟁이 잇따랐다. 장시, 쓰촨(四川), 저장, 후베이, 후난, 안후이, 닝샤(寧夏)지역은 특히 극심한 혼란을 겪었다.[2] 전국 각지에서 "포탄이 터지고", "화염이 치솟았다." "일체를 타도하는" "전면 내전" 국면이 펼쳐졌다.[3] 그야말로 천하대란이었다.

이런 상황에서 중공중앙이 줄기차게 외친 "혁명견지 생산촉진"의 정치투쟁과 경제성장의 병진정책이 작동할 리 없었다. 사분오열된 군중조직들은 제각기 혁명의 적통을 주장하며 극한의 무장투쟁에 돌입했다. 파멸의 도미노처럼 군중의 무장투쟁이 확산되는 곳마다 지역 경제가 무너졌다. 1967년 상반기부터 중국 전역에서 철도, 도로, 항만의 운행이 중단되었다. 물류 이동은 무장투쟁이 전국적으로 확산되던 1967년 8월 전월에 비해서 45퍼센트나 줄었고, 기차 운행도 1967년 1년 동안 절반 가까이 급감했다.4) 연안 지역 8개 항구에서도 무장투쟁이 일어나서 200척의 선박이 출항하지 못하는 사태가 발생했다. 1967년 초부터 석탄 생산량도 급격히 줄어들어 연말에는 보통 생산량의 50퍼센트 안팎에 머물렀다.

마오쩌둥의 명령 아래 중공중앙은 280만의 병력을 동원해서 무장투쟁을 진압하고 사회질서를 회복하고자 했다. 물론 그 과정도 순탄하지 않았다. 1968년 9월 신장(新疆) 위구르 자치구에 마지막 혁명위원회가 설립되면서 마오가 꿈꿨던 "전국 산하 일편홍(一片紅)"은 일단 완성되었지만, 그 실상을 들여다보면 군대가 행정, 사법 등 정부의 전권을 장악하는 실제적인 군부독재일 뿐이었다.5) 1972년까지 5년간 중국 전역에서는 "삼지양군"의 이름 아래 군대가 지방정부를 관장하는 군정의 시대가 이어졌다. 군대가 무산계급으로부터 문화대혁명을 탈취한 이후 질서 유지를 외치며 인민을 압제하는 참혹한 무력통치였다.

관변 이데올로그들은 당시 발생한 무장투쟁의 모든 책임을 사인방에게 들씌우고는 한다. 가령 1967년 7월 21일 장칭은 좌파군중을 향해서 "문공무위(文攻武衛)", 곧 "말과 글로 공격하되 무력으로 방어하라!"고 발언했다. 그들은 장칭의 이 발언이 군중조직을 격동시켜 충돌을 야기했다고 주장하는데, 이런 주장에는 마오쩌둥에게 면죄부를 주기 위해서 당시의 상황을 왜곡한 혐의가 있다. 중공중앙의 회의록을 보면, 이미 1967년 7월

18일 마오쩌둥은 우한 군구의 사령관들과 대담하는 자리에서 "노동자와 학생들이 무장을 하면 왜 안 되나? 내가 보기에는 그들을 무장시켜야 한다!"는 발언을 했다. 이는 최고영도자가 군중조직의 무장을 구체적으로 명령했음을 보여준다.6)

또한 1967년 8월 4일 마오쩌둥은 상하이 공총사의 무장투쟁에 관한 다큐멘터리를 시청한 후에 "상하이 10만 노동자들을 무장시켜라!"는 명령을 내렸다. 같은 날 장칭에게 직접 보낸 서한에서도 마오는 이미 무장한 좌파조직 역시 더욱 본격적인 제2의 무장을 해야 한다고 요구했다. 당시 그는 "75퍼센트의 군대 간부들이 우파조직을 지원하고 있다"고 진단하면서 "당면한 문혁의 주요 문제는 바로 좌파의 무장"이라고 적었다.7) 물론 장칭은 마오쩌둥의 서신을 중공중앙에 전달했다. 요컨대 좌파군중의 군사적 무장은 마오쩌둥의 뜻에 따라서 1967년 8월부터 본격적으로 시작되었다. 그 점에서 좌파군중이 자발적으로 봉기했다기보다는 오히려 군이 그들을 무장시켜서 반대 세력을 척결하는 대규모 군사작전에 투입했다고 할 수 있다.

혁명의 실태: 무장투쟁이 대체 어떤 상황?

군대와 경찰을 통해서 법과 질서를 유지하면서 장시간 평화 속에서 살아온 사람들은 1967년 문혁 당시의 무장투쟁이 어떤 상황인지 가늠하기 힘들다. 일단 피해자 규모를 짚어보면, 어렴풋하게나마 그 상황을 짐작할 수 있다.

문혁 시절 무장투쟁의 피해자에서 대해서는 세 가지의 불완전한 정부통계가 있다. ① 이 책의 제1장에서 이미 언급했듯이, 1978년 12월 13일 정치국 확대회의에서 예젠잉은 문화혁명 시기 무장투쟁 사망자가 23만 7,000여 명이라고 폭로했다.[8] ② 1982년 제12기 중앙위원회 제1차 전체회의에서 예젠잉은 다시 4,300여 건의 대규모 무장투쟁이 발생했으며, 사망자의 수는 12만3,700여 명이었다고 발표했다. 어떤 이유인지 두 번째 발표 때에는 사망자 수가 처음 폭로 때의 52.2퍼센트로 축소되었다. ③ 1984년 5월 중공중앙은 2년 7개월에 걸친 전면적 조사 결과 무장투쟁의 사망자는 23만7,000여 명(비자연적 사망자 172만8,000여 명의 13.7퍼센트)이며, 불구가 된 피해자는 약 703만 명이라고 발표했다. 중공중앙이 적어도 무장투쟁의 피해자 규모에 대해서는 1978년 예젠잉의 발표를 그대로 받아들였음을 알 수 있다. 요컨대 중공정부 공식 통계상, 문혁 시기 무장투쟁의 사상자는 726만7,000여 명에 달한다.[9]

무장투쟁의 사상자가 무려 700만이 넘었다면, 문혁 시기에 중국 사회는 실제로 대규모 내전을 치렀다고 볼 수밖에 없다. 전국적으로 조반파 군중조직이 군대를 습격하는 이른바 난군(亂軍) 사건들이 끊이지 않았다. 비공식적 통계에 따르면, 1967년 8월 19일까지 군부대의 무기와 탄약이 털리는 사건이 전국적으로 1,175건이나 발생했다. 당시 탈취된 무기와 탄약의 수를 보면 더욱 생생하게 당시 상황을 엿볼 수 있다.

1967년 6월부터 9월까지, 중국 전역에서 군대를 포위하고 병사들을 공격한 사례가 40여 차례나 발생했다. 중공정부가 북베트남에 지원하는 전쟁 물자를 싣고 나르던 군용 열차를 조반파에 털리는 경우도 있었다. 전국적으로 병력 중에서 220명이 사망하고 4,105명이 중상을 입었으며, 2만 3,400여 명이 경상을 입었다.[10]

무장투쟁을 멈춘 후에 각 지역에 들어선 혁명위원회는 군중조직을 설득해서 무기를 회수했다. 1969년 9월까지 군중조직이 반납한 무기의 규모를

| 표 3 | 1967년 8월 19일까지 전국적으로 탈취당한 무기의 규모

분류	무기	탈취 규모
총기류	보병 소총	21,600여 정
	자동 소총	4,600여 정
	권총	2,000여 정
	기타 총기	2,100여 정
	기관총	1,190여 정
	중기관총	350여 정
	대공기관총	78정
	60미리 포	40대
	박격포	22대
	개인용 로켓 발사기	61대
	무반동포	8대
총알, 포탄, 기타	총탄	648만7,000여 발
	포탄	560여 발
	탄약	1,296킬로그램
	뇌관	4,290여 점
	수류탄	16,300여 개
	화염방사기	10대
	대공기관총탄	700발
	발사 화약	28톤 분량
	총탄	72만여 발

鄧禮峰, "'三支兩軍'論述", 『當代中國史研究』 8.6(2001), 43.

문혁 시기 무장투쟁 희생자들, 담장에는 "혁명열사여, 영면불후하라!", "피로 피를 돌려주고, 목숨 바쳐 목숨을 되갚고!"라는 구호가 보인다. (www.picturechina.com.cn)

살펴보면, 각종 총기 187만7,216자루, 각종 화포 1만266점, 실탄 4억4,271 만 개, 각종 포탄 39만642개, 수류탄 271만9,545개 등이었다.[11]

군중조직의 무장과정에는 석연치 않은 점이 많다. 당시 관영매체는 무기가 탈취되었다고 보도했지만, 어떻게 민간인 집단이 정규 군대의 무기고를 털 수 있었을까? 비판적 지식인 양지성의 표현을 빌리면, "적수공권(赤手空拳)의 평범한 백성들이 과연 군부대의 무기를 탈취할 수 있겠는가?"[12] 실제로는 마오쩌둥의 좌파 지원 명령에 따라서 군대가 직접 군중조직에 무기를 제공했을 가능성이 더 높다.[13]

과연 마오쩌둥이 예감했던 천하대란이 사상자 700만을 낳은 거대한 규모의 내전이었을까? 그가 처음부터 내전을 기획하고 실행에 옮겼다고 볼 근거는 없다. 오히려 마오쩌둥은 군중조직이 분열되어 내전이 벌어지자

허둥지둥 군대를 투입해서 상황을 수습하려고 했다.

내전의 현장에 병력을 투입한 이후 마오는 "군은 좌파군중을 지원하라!" 명령했지만, 모든 조직들이 좌파임을 자처하며 반대편을 우파로 몰아가는 극한 상황이 벌어졌다. 좌우가 헷갈리고 시비가 엇갈리는 정치적 혼돈이었다. 그 모든 혼란은 결국 통치자가 절대 권위를 가지는 반문명적 전제주의와 인격숭배의 불합리에서 기인했다.

7-20 우한 사건, 인치의 대혼란

1967년 상하이 1월 폭풍 이후 탈권의 광열이 확산되면서 지방정부가 마비되었다. 마오쩌둥은 군대에 좌파를 지원하라는 명령을 내렸지만, 대부분의 군대는 오히려 보황파를 지원하고 있었다. 가장 격렬하고도 잔혹한 무장투쟁은 1967년 여름 후베이 성 우한에서 펼쳐졌다.

1966년 11월부터 1967년 1월 초까지 우한에는 수십 개의 조반파 군중 조직들이 생겨나 서로 격돌하며 혼란을 일으켰다. 1966년 11월 초 우창(武昌)에서 최초의 노동자 조직이 결성된 후, 한커우(漢口), 칭산(靑山) 등의 철강 단지에서도 대규모의 조반파 노동자 조직이 출현했다. 노동자 조직들은 공히 마오쩌둥 사상의 보위와 지방정부의 권력 교체를 부르짖었다.

이에 대항하는 보황파 노동자 조직들도 생겨났다. 순식간에 40만 명이 조직되었지만 베이징에서 승인이 되지 않자 1967년 1월 첫째 주 소위 보황파 조직은 해산되고 말았다. 보황파가 물러서자 조반파는 더욱 거세게 지방 권력을 탈취하고자 했다. 2월 8일, 우한의 조반파는 집체적으로 2,000자에 달하는 상당히 긴 성명서를 발표했다.

(우한의 보황파들은) 무산계급 혁명 좌파에 무리한 공격을 감행하며, 그 혁명의 큰 방향을 부인하고, 공개적으로 분열과 혼란을 일으키고 있다. 이는 무산계급 문화대혁명에 대한 반발이다. 그들은 혼란스러운 잡탕을 마구 뒤섞어서 겉으로는 좌파인 척하지만 실제로는 우파인 "형좌실우"의 탈권을 획책하고 있다. 우리 무산계급 조반파는 목전의 상황에서 성명서를 내야 한다고 생각한다.14)

준(準)내전의 상황이 펼쳐지자 우한 군구의 사령관 천자이다오(陳再道, 1909-1993)가 나섰다. 그는 우선 군대를 풀어서 은행과 감옥, 곡창, 창고, 빙송국 등 주요 시설들을 지키도록 명령했다. 천자이다오는 자신이 마오쩌둥의 요구대로 혁명적 좌파군중을 지원한다고 생각했다. 그는 과격한 노동자와 농민들로 구성된 조반파 공인총부(工人總部)가 우파라고 판단했다. 그의 눈에는 "마오쩌둥 만세!"를 외치는 보황파가 오히려 혁명적 좌파군중으로 보였다. 마오쩌둥은 군중조직의 대연합을 촉구했지만, 군중조직들 사이의 대립은 극한의 내전으로 치달았다. 이에 마오는 군의 개입을 결정한 이후 좌파군중 및 혁명적 간부들과 연대해서 혁명위원회를 결성하라고 명령했다. 그러나 근본적인 문제는 군대가 중앙문혁소조의 눈에 우파로 보이는 군중조직을 좌파로 인정하고 지원했다는 점이었다.

1967년 2월부터 3월까지 우한 군구의 사령관 천자이다오는 잔뜩 위축되어 있던 우한의 보황파를 지원하기 시작했다. 군대의 지원을 받자 보황파 군중조직은 순식간에 거대한 규모로 급성장했다. 1967년 3월 17일, 우한 군구는 공인총부를 불법조직이라고 선언하고 485명의 대표들을 전격 구속했다.

3월 21일, 사령관 천자이다오는 우한 전역에 공인총부를 반혁명 세력으로 규정하고 규탄하는 포고령을 내렸다. 이 포고령에서 천자이다오는 "우한 지구의 공인총부가 소수 반혁명분자의 조종하에 후베이 성 내 수정주의 당권파들과 결탁하여 마오쩌둥 사상에 반대해왔으며" "공공연히 마오 주석을 대표로 하는 무산계급 혁명노선에 반대하여 진정한 무산계급 혁명파와 인민해방군, 혁명적 영도 간부들을" 공격하는 등, 무수한 만행을 저질러 "광대한 인민군중에 극대한 분노를 일으켰다"고 주장했다.15) 천자이다오가 공인총부를 반혁명 집단이라고 단정한 근거는 바로 그들이 공권력에 도전하며 법과 질서를 파괴했다는 점이었다.

> 누가 좌파인가? 누가 우파인가? 당의 정책에 따라서 행동하는 자들이 좌파이다. 법과 질서를 어기면서 거칠게 행동하는 자들이 바로 우파이다. 그들을 조반파라고 주장하는 자들도 있지만, 그렇게 말하는 자들은 대다수의 혁명군중을 보황파, 국민당 요원, 전체주의자, 도적 떼라고 말한다. 부르주아들도 그들보다 낫다. 부르주아는 조반파만큼 야만적이지는 않다. 그들이 보황파라고 부르는 자들이 실제로는 진짜 좌파들이다.16)

군부에 의해서 우파로 낙인찍힌 우한의 공인총부는 해산될 수밖에 없었다. 반면 군대의 지원을 받은 군중조직은 영예로운 좌파의 이름을 얻어 순식간에 거대한 대중조직으로 성장했다. 1967년 5월 16일, 53개의 군중 조직들이 모여서 120만의 조직원을 자랑하는 백만웅사(百萬雄師)를 결성했다. 이후 보황파로 낙인찍히게 되지만, 발족 당시 이들은 스스로가 진정한 좌파조직이라고 자부하고 있었다. 6월 3일에는 백만웅사의 공식 사령부가 출범했다. 공산당, 정부, 노동조합, 청년동맹 등 우한 사회의 소위 엘리트 주류 세력이 그 주력 부대를 구성했다. 우한에 체류하는 중국공산당 당원의 85퍼센트가 백만웅사에 가입했다. 표면상 인민해방군, 혁명적 군중조직 및 혁명적 간부 집단이 삼결합되고 우한의 갈등은 정리되는 듯했지만…….

바로 이때 최고영도자 마오가 개입하면서 상황은 다시금 급반전되었다. 1967년 2월 말, 군부의 최고위원회 장성들이 집체적으로 문화혁명의 법질서 파괴를 비판한 "2월 역류"라는 중대 사건이 발생했다. 군부에 대한 반격으로 마오는 1967년 4월 6일 중앙군사위원회 "10조 명령"을 반포했다. 군부의 좌파 지원 원칙을 구체적으로 밝힌 "10조 명령"은 군중조직을 반혁명 세력으로 규정하거나 반혁명 세력으로 몰아서 체포하는 군부의 자의적 개입을 최소화했다. 마오가 군부를 제약하자 기사회생한 우한의 조반파는 다시금 전면적 투쟁에 나섰다.

우한 군구의 저항도 완강했다. 천자이다오는 특별 조사단을 조직하여 조반파 공인총부가 반혁명 세력임을 증명하는 법적 투쟁에 돌입했다. 3개월에 걸친 조사 끝에 우한 군구는 공인총부를 반혁명 세력으로 규정했다. 군의 지원을 받은 "보황파" 백만웅사는 공인총부를 해체하고 축출하기 위한 투쟁을 벌였다. 이에 맞서 "조반파" 공인총부는 조직의 복원과 구속자 석방을 외치며 결사항전에 나섰다.17)

공인총부는 대규모 연합체를 결성한 후 관공서 점거농성, 집단 단식투쟁 등 강력한 조반 활동을 전개했다. 우한의 위업을 계승하고 질서를 유지하라고 주장하는 백만웅사와 달리 공인총부는 상하이 1월 폭풍을 따라서 지방 권력의 전면적인 교체를 요구했다. 상호 비방, 흑색선전 등 말싸움에서 시작된 양측의 분규는 이내 몽둥이, 창칼을 든 집단의 패싸움으로 비화되었다.

1967년 봄부터 후베이 성 우한에서 대규모의 군중조직이 군부와 결탁되

문혁 시기 무장투쟁의 분위기를 보여주는 무장 청년들의 모습. (공공부문)

어서 반대파를 숙청하는 최대 규모의 지역 내전이 발생했다. 5월 말 첫 번째 사망자가 발생한 후, 무력에 의한 충돌은 더욱 과격한 양상으로 전개되었다. 백만웅사는 반란 세력이 장악한 지역의 해방을 외치면서 창과 칼을 휘두르며 전투를 벌였다. 이에 1967년 6월 6일 마오쩌둥은 문혁 시절 최고 권위를 갖추고 있던 중공중앙 발인의 문서 "중발(中發) [1967] 178"을 반포해서 무장투쟁을 금지했다. 마오는 엄명을 내렸지만, 무장투쟁은 수그러들 기미가 없었다. 불완전한 통계에 의하면, 6월 4일에서 30일 사이 우한에서만 무장투쟁 과정에서 108명이 목숨을 잃고, 2,774명이 부상을

당했다.[18]

1967년 6월 24일, 중공중앙은 다시 가두시위 및 무장투쟁 억제, 구속남발의 자제, 도로와 철도, 항만 점거 금지, 무기 탈취 및 총기 발포 금지를 명령했지만, 바로 그날 백만웅사는 공인총부의 사령부로 쳐들어가 25명을 살해하고 사령부를 탈환하는 기습공격을 감행했다.[19]

어린 용병들의 킬링필드

이때부터 잔악무도한 무차별 학살이 이어졌다. 우한 중학에 다니던 한 17세 소년의 충격적인 증언에 따르면, 여러 사람들이 용병처럼 돈을 받고 전투에 투입되어 무고한 시민들을 무차별적으로 칼로 찔러 죽이는 반인륜 범죄를 자행했다.

어제 아침에 밥을 먹기 전에 백만웅사가 이미 1만 명 이상을 집합시켰다. 우한 방직 공장의 리 씨가 우두머리였는데, 그는 '우리의 목표는 우한 지역 3개 도시 민중낙원의 도적 떼 우귀사신들을 모조리 죽이고, 민중낙원을 철폐하는 것'이라고 했다. 그 이야기를 듣고 이웃 2명과 함께 양쯔 강의 6두교로 달려갔다. 도착한 후 나는 곧 5명의 아이들을 칼로 찔러 죽였다. 그때 홍무병들이 913조직원들 36명을 죽이고는 신속히 시신들을 치우고 있었다. 그들은 "흑무병(黑武兵)을 타도하라!" 외치는 자들은 바로 죽여버렸다. 한 여성 동지가 있었는데, 마구 칼을 휘두르며 많은 아이들을 죽였다. 나는 5명을 죽였는데, 그중 첫 번째는 허리에, 두 번째, 세 번째, 다섯 번째는 등에, 네 번째는 목에 칼집을 놓았다. 모두 여덟, 아홉 살 정도 되는 꼬마들이었다. 어린 아이를 죽이면 20위안을 받고, 전투원을 죽이면 50위안을 받

1967년 여름 희생자의 시신을 운구하는 우한의 군중 세력. (공공부문)

았다. 사람을 죽이면 우한 방직 공장의 홍무병 지도자들에게 가서 죽인 수
만큼 돈을 받았다. 우리는 장한 구(江汉區)의 공원에서 훈련을 받을 때에
홍무병들에게서 살상 무기를 지급받았다.

백만웅사가 청소년을 돈으로 매수해서 조반파를 학살했다는 놀라운 증
언이다. 이 기록은 1967년 우한에서 출판된『선혈과 생명을 바쳐 마오 주
석을 보위하다(用鮮血和生命, 保衛毛主席)』에 수록되어 있고, 이 책의
편찬 주체는 "마오쩌둥 사상 홍위병 우한 지구 혁명조반사령부"이다.20)
이 조직은 1967년 2월 8일 공인총부와 함께 소위 "2-8 선언"을 발표했던
12개 집단 가운데 하나였다.

물론 이 기록이 사실이라고 확증할 수는 없다. 충분히 "조반파"의 관점
에서 백만웅사의 만행을 더욱 잔인하게 윤색하고 과장한 허구일 수도 있

다. 17세 소년 한 명의 증언을 전부 믿을 수는 없으며, 기록한 사람의 신뢰성도 의심할 수 있다. 다만 이러한 이야기가 당시 우한에 널리 퍼져 있던 소문이나 유언비어였다는 점은 분명해 보인다. 내전의 상황에서 유언비어는 심리전의 무기로서 강력한 폭발력을 발휘한다.

마오쩌둥의 수모 : 비행기로 피신하다!

1967년 6월 14일 중앙문혁소조는 우한 군구에 무력 사용을 전면 중단하라고 촉구하고, 좌우 양측의 대표단을 베이징으로 불러서 대화로 사태를 수습하고자 했다. 7월 10일, 저우언라이는 회의 장소를 우한으로 바꾼 후, 7월 14일 사태의 수습을 위해서 우한으로 향했다. 뒤이어 중앙서기처 서기, 베이징 혁명위원회 주임 등 중요 직책을 맡고 있던 셰푸즈와 중앙문혁소조의 왕리가 그를 따라갔다.

　1967년 7월 무장투쟁이 쓰촨, 윈난, 후난, 장시, 허난, 허베이(河北) 성까지 번지고 있었다. 당시 전국의 상황을 당파전쟁이라고 규정한 마오쩌둥은 7월 초 남방의 주요 도시를 순방하는 계획을 세웠다. 그는 우한을 비상시국을 수습하는 남순(南巡)의 출발점으로 삼았다. 우한은 동서남북으로 9개 성(省)으로 이어지는 수륙 교통의 요충지이며, 1911년 신해혁명의 발상지로서 정치적 상징성이 컸다. 1966년 7월 마오쩌둥은 우한의 양쯔 강에서 노익장을 과시한 이후 곧바로 베이징으로 돌아가서는 "조반유리"라는 구호로 홍위병 운동에 불을 질렀다. 그로부터 한 해가 다 되어가는 만큼 그는 다시 양쯔 강의 강물에 들어가 스스로의 건재함을 만천하에 알리고 싶어했다. 우한 사태를 수습해서 분쟁의 평화적 종식 모형을 제시하려는 의도였는데……

1967년 7월 20일, 왕리가 호텔로 급습한 군인들에게 붙잡혀 군부대로 질질 끌려가서 폭행을 당했다. 바로 그날 새벽 2시, 우한에 머물던 마오쩌둥은 급히 도망가듯이 상하이로 향하는 비행기에 올라야 했다. 중공중앙은 최고영도자의 항공 여행 자체를 금지해놓은 상태였다. 천하의 마오가 늘 타던 기차에 오를 여유도 없이 스스로 극구 꺼리던 비행기를 타고 피신해야 하는 치욕의 순간이었다. 도대체 그날 우한에서는 무슨 일이 일어났을까?

군부의 착오, 마오의 친국

극단적인 사태를 막기 위해서 7월 14일 새벽 3시 마오쩌둥은 베이징을 떠나 16시간 동안 기차를 타고 저녁 9시경 우한에 도착했다. 이에 앞서서 비행기를 타고 우한에 도착한 저우언라이는 마오가 체류할 둥후 호텔에 미리 가서 상황을 점검했는데, 놀랍게도 직원들 대부분이 백만웅사 소속이었다. 저우언라이는 직원들을 모두 공인총부의 인원들로 교체했다. 전 도시가 두 패로 갈라진 내전 상황에서 마오와 저우언라이가 조반파를 지지하고 있음을 보여주는 장면이었다.

바로 그날 밤 우한에서는 10명이 사망하고, 117명이 중경상을 입는 대규모의 무장투쟁이 발생했다. 다음 날 아침 마오쩌둥은 서둘러 공인총부의 복권, 구속자의 전원 석방, 우한 군구의 공인총부 지지 등을 골자로 한 우한 사태의 해결책을 제시했다. 곧이어 저우언라이는 마오의 지시에 따라서 우한 군구의 책임자들을 불러서 나흘에 걸친 마라톤 회의를 이어갔다.

7월 16일, 우한에서 비밀회의를 소집한 마오쩌둥은 단도직입적으로 우한 군구가 좌파를 지원하는 과정에서 큰 착오를 범했다고 지적했다. 다음 날 아침 서남 지역을 순방하다가 호출을 받고 급히 달려온 중앙문혁소조의 셰푸즈, 왕리와의 면담에서 마오는 우한 군구 사령관 천자이다오가 스스로의 오류를 인정할 경우 그를 타도할 필요까지는 없다고 말했다. 우한 현장에서 천자이다오를 무릎 꿇리고 군기를 잡은 후, 사태를 대충 수습하려는 의도였다.

7월 17일과 18일 이틀간 저우언라이는 우한에 모인 중앙문혁소조의 핵심인물 및 군구의 영도자들과 함께 연속 회의를 열었다. 그는 우한 군구 사령관 천자이다오를 향해서 노선의 착오를 지적한 이후 진정한 자아비판을 요구했다. 무엇보다 저우언라이는 천자이다오에게 백만웅사가 보황파이며, 공인총부가 좌파 군중조직임을 인정하라고 요구했다.

천자이다오는 격렬히 반발하며 우한의 상황을 조목조목 설명했다. 그의 해명에 따르면, 백만웅사야말로 우한 지역 유일무이의 진정한 좌파혁명 군중조직이었다. 그는 항변했다. "마오쩌둥 동지께서는 언제나 대다수를 믿으라고 하셨잖소! 간부의 대다수, 군구 전사들의 대다수, 군중의 대다수가 모두 백만웅사를 지지하고 있소!" 중앙과 지방군부 사이에서 좌, 우의 판단이 극적으로 엇갈리는 순간이었다.

천자이다오를 논파할 수 없었던 저우언라이는 1967년 7월 18일 저녁, 마오쩌둥 앞에 천자이다오와 중한화(鐘漢華, 1909-1987)를 데려갔다. 그때까지 마오가 우한에 있다는 사실은 극비에 부쳐져 있었다.

마오쩌둥은 우한 군구의 공과를 논하면서, "지공(支工), 지농(支農)의 공은 인정되지만 좌파 지원의 착오는 과"라고 말했다. 노동자, 농민의 지원에서는 성과를 보였으나 결정적으로 보황파인 백만웅사를 지원함으로써 진정한 좌파군중을 억압했다는 비판이었다. 착오를 절대로 인정할 수 없다며 항변하는 천자이다오에게 마오는 문혁의 혼란 속에서 착오는 다반사로 일어나며, 조반파든 보황파든 대연합을 이룰 수 있다고 덧붙였다. 또한 그는 천자이다오를 파면하는 대신 대연합의 대표로 쓸 뜻이 있음도 넌지시 내비쳤다. 잔뜩 긴장한 천자이다오에게 출구를 살짝 열어준 셈이었다.

7월 19일, 결국 천자이다오와 중한화는 우한 군구의 노선 착오를 인정하는 자아비판을 실시한 후, 곧이어 조반파 공인총부의 구속자들을 전원 석방하는 파격 조치를 취했다. 덕분에 군부에 짓눌려 해체되었던 조반파 공인총부는 극적으로 소생했다. 그 사실을 접한 우한 군구의 부대원들과 백만웅사의 조직원들은 격분했다.[21]

백만웅사의 분노 : "우리가 혁명적 좌파조직이다!"

7월 20일 새벽 5시 10분, 8201부대의 군용 트럭 21대, 선전차 6대, 지프차 3대, 세단 1대가 줄이어 둥후 호텔의 후문으로 들이닥쳤다. 백만웅사의 무장차 41대와 우한 공안의 대형 소방차 3대가 뒤를 따랐다. 그들은 바로 그곳에 마오가 머물고 있음은 알지 못했다. 그들의 표적은 셰푸즈와 왕리였다. 백만웅사는 셰푸즈와 왕리가 간신배처럼 중간에서 우한의 실상을 왜곡하고 있다고 생각했다.

성난 군인들은 결국 셰푸즈와 왕리를 체포해서 1.6킬로미터 밖의 우한 군구 사령부로 끌고 갔다. 그들은 공격적인 언사로 백만웅사를 모욕한 왕리에게 앙심을 품고, 그를 심하게 구타하여 골절상을 입혔다. 지방의 군부대가 중앙문혁소조의 핵심인물을 잡아서 고문하는 군사반란이었다. 군인들은 결국 마오쩌둥에게까지 보고된 후에야 왕리를 풀어주었다. 이

사건 당일인 1967년 7월 20일 장갑차 등 군용 차량을 타고 진격하는 백만웅사의 모습. (공공부문)

렇게 사태는 일단락되었지만, 백만웅사와 성난 군인들의 저항은 더욱 거세게 이어졌다.

8201부대는 성명서를 발표하여 "공인총부는 반혁명 세력이며, 백만웅사가 진정한 혁명적 좌파조직"이라고 천명했다. 백만웅사 역시 긴급 호소문을 발표해서 8201부대와 함께 결사항전을 벌이겠다고 맹세했다. 이로써 우한은 전면적인 내란에 빠져들었다. 다음 날 새벽 2시경 마오쩌둥이 극비리에 숙소를 떠나서 비행기를 타고 상하이로 탈출해야 했던 비상사태였다.

격정적으로 들고일어났건만, 백만웅사와 8201부대의 저항은 오래갈 수 없었다. 1967년 7월 23일 자 「인민일보」 1면에 비행기를 타고 베이징에 도착한 셰푸즈와 왕리를 저우언라이, 장칭, 캉성, 천보다 등 중앙정부의 거물들이 직접 공항까지 나가서 환영했다는 사실이 사진과 함께 대서특필

우한의 "보황파" 백만웅사가 버스를 개조해서 무장투쟁에 사용한 장갑차. 장갑차의
옆에는 "백만웅사는 큰 강을 건넌다!"와 "우귀사신을 모두 쓸어버리자!"라는 구호가
적혀 있다. (공공부문)

되었기 때문이다.

이 한 장의 사진은 중공중앙, 특히 마오쩌둥의 의중을 명확하게 보여주
었다. 세푸즈와 왕리의 귀환을 환영함으로써 「인민일보」는 그들을 억류했
던 우한 군구가 반란 집단임을 전 중국에 공표했다. 이후로도 며칠간 「인
민일보」는 백만웅사를 반혁명 세력이라고 낙인찍고, 우한의 군사반란을
규탄하는 사설과 기사를 연달아 내보냈다. 혁명적 좌파조직을 자처하며
마오쩌둥 사상의 보위를 외치던 백만웅사는 중앙정부에 맞설 능력도, 의
지도, 명분도 잃어버린 듯했다.

이로써 백만웅사는 스스로 무장을 해제하고 해산했지만, 조반파의 보복
을 피할 수는 없었다. 그후 수개월에 걸쳐 후베이 성 전역에서 폭행과 학
살이 일어났다. 역시 불완전한 통계이지만, 우한에서만 6만6,000여 명이

"셰푸즈와 왕리 동지가 영광스럽게 베이징으로 돌아오다!" 저우언라이, 천보다, 캉성, 장칭 등 중공중앙과 중앙문혁소조의 핵심인사들이 일제히 나가서 우한에서 고초를 겪고 힘겹게 귀환한 셰푸즈와 왕리를 환영하는 장면. (1967년 7월 23일 「인민일보」 1면)

상해를 입고, 600여 명이 학살되었다. 후베이 성 전역에서는 백만웅사와 연관된 18만4,000여 명이 중, 경상을 입거나 죽임을 당했다.[22] 좌우가 뒤집히고 혁명과 반혁명이 뒤바뀌는 기묘한 정체성의 혼돈이었다. 원한과 보복의 악순환 속에서 성난 군중은 무조건 반대편을 잡아 죽이는 광란의 살인풍에 휩싸여야만 했다.

제18장

권력자는 군중을 이용해 정적을 제거한다!

1966년 가을부터 마오쩌둥은 원한다면 언제든 류사오치를 손쉽게 제거할 수 있었다. 류사오치의 정치생명뿐만 아니라 생물학적 생명까지도 마오쩌둥의 마음에 달려 있었다. 마오는 정치적 식물로 전락한 류의 입에 인공호흡기를 장착했다. 과연 언제, 어디서, 어떻게, 누구를 시켜 그 호흡기를 뗄 것인가? 마오는 짐짓 모든 결정을 중국공산당 대중노선의 원칙에 따라서 인민의 의지에 맡겼다. 홍위병을 이용하여 정적을 처형하는 전술은 정치적 불멸을 노린 마오의 치밀한 계략이었다. 과연 마오의 계략은 성공적이었나? 단기적으로 마오의 음모는 가장 잔인한 방식으로 실현되었으나, 장기적으로는 그의 정치 이력에 또 하나의 커다란 오점을 남겼다.

무서운 음모 : "국가원수를 모독하라!"

1967년 7월, 중국 전역은 무장투쟁의 화염에 휩싸였다. 7월 2일 충칭 시는 창칼을 들고 파벌 싸움을 하는 여러 군중조직들을 향해서 무장투쟁을 중지하라고 촉구하며 대연합을 호소했지만, 도시 전체가 점점 내전 상황으로 치닫고 있었다. 급기야 7월 7일 충칭에서는 처음으로 군용 소총이 등장했다. 이후 수백 명의 목숨을 앗아간 대규모 무장투쟁의 신호탄이었다.[1]

전국이 피비린내와 화약 연기로 어수선한데, 마오쩌둥은 7월 7일 강화에서 "동남 아시아에서 미국을 완전히 몰아내기 위해서" 미얀마 공산당에 대한 공개적 지지를 선언했다. 얼마 전 미얀마가 중국에 단교를 선언했기 때문이었다. 마오는 중국을 고립시키는 미제의 음모를 분쇄하기 위해서는 미얀마와 태국의 인민들에게 중국제 무기를 제공해야 한다며, 중국이 세계혁명의 병기창이 될 것이라고 선언했다.2)

바로 다음 날인 1967년 7월 8일, 기관총 등으로 중무장한 300-400명의 무장조직이 국경선을 넘어서 홍콩으로 침입한 후, 샤터우자오 지역의 경찰서를 습격하는 사건이 발생했다. 중국 측 민병들은 경기관총과 총류탄(총기로 발사하는 수류탄) 등을 사용했고, 홍콩 영국군은 철갑차와 야전포를 출동시켰다. 홍콩 「명보(明報)」에 따르면, 양측 사이에서는 7분이 넘도록 격렬한 총격전이 벌어져서 홍콩 경찰관 5명이 사망하고 11명이 중상을 입었으며, 중국 측 민병 중에서도 사상자가 발생했다.3)

앞에서 살펴본 우한의 무장투쟁은 이 모든 긴박한 사건들을 압도하는 엄중한 사태였다. 1967년 7월 14일 새벽 3시 30분, 마오쩌둥은 우한으로 향하는 호화열차에 올랐다. 우한의 무장투쟁을 종식시켜 전국의 혼란을 정리하려는 야심 찬 최고영도자의 남순이었다. 극비리에 전국적 위기를 수습하기 위해서 수도를 떠나는 바로 그 순간 마오쩌둥에게는 숨겨진 계획이 하나 더 있었다. 바로 국가원수 류사오치를 홍위병의 집단 린치에 무방비로 노출시키는 음모였다.

7월 초부터 중공중앙의 주요 기관들이 밀집된 중난하이 서문 앞은 난장판이었다. 조반파 홍위병들이 몰려와서 진을 치고 날마다 류사오치를 규탄하는 집회를 열고 있었다. 7월 13일, 급기야 베이징 건축공업학원 81전투단은 류사오치를 향해서 어서 비투의 단상에 오르라고 요구했다. 조반파 시위대는 공권력의 제재를 전혀 받지 않았다.[4] 회심의 미소를 품고 그 상황을 지켜보던 마오쩌둥은 이튿날 새벽 훌쩍 베이징을 떠남으로써 이들의 투쟁에 강력한 묵언의 지지를 표명했다. 물론 그의 남순은 극비리에 진행되었지만, 중앙의 핵심인물들은 마오의 의도를 간파했다. 류사오치에 대한 조반파의 공격을 방조하라는 신호였다.

마오는 작전을 개시할 때마다 불현듯 기차를 타고 훌쩍 떠났다. 22년간 마오를 그림자처럼 따라다닌 주치의 리즈수이는 "마오가 공격을 개시할 때에는 번개처럼 신속해서 귀 막을 틈도 없었다"고 말했다.[5] 류사오치를 사지로 몰아가기 위한 마오의 작전은 이미 반년 전부터 치밀한 계획하에 차근차근 전개되고 있었다. 7월 13일 몰려온 홍위병들이 마침내 류사오치를 직접 잡아 모독하려고 하자 그는 번개처럼 빠르게 우한으로 가는 기차에 올랐다.

류사오치를 향한 칭화 대학 조반파 군중조직의 공격은 이미 1966년 12월에 시작된 바 있었다. 중앙문혁소조의 장춘차오가 칭화 대학 조반파의 대표 콰이다푸를 은밀히 만나서 류사오치를 공격하라고 사주한 것이었다. 그는 "물에 빠진 개를 아프게 때리라!"는 루쉰(魯迅, 1881-1936)의 말을 인용해서 류사오치를 완벽하게 파괴하라고 주문했다. 며칠 후 콰이다푸는 왕리로부터 그것이 바로 마오쩌둥의 뜻이라는 이야기를 전해들었다. 12월 25일, 칭화 대학 조반파 6,000여 명이 맹추위를 무릅쓰고 톈안먼 광장에 집결해 "류사오치 타도!"를 외쳤다. 닷새 후, 중앙문혁소조의 핵심인물들은 칭화 대학으로 직접 찾아가서 이들의 행동을 치하했다. 이는 중앙문혁소조가 칭화 대학 조반파를 부추겨 류사오치를 공격하게 하려고 했음을 보여준다.[6] 1월 6일에는 조반파들이 류사오치의 딸을 유인해서 왕광메이를 붙잡으려는 야비한 수법까지 동원했다. 왕광메이는 결국 칭화 대학으

로 끌려가서 심문을 당했지만, 애송이 홍위병들의 심문을 노련하게 물리쳤다.7)

1967년 3월 21일, 마오쩌둥은 정치국 상무위원회 회의에서 류사오치의 과거 행적을 샅샅이 조사하는 이른바 역사토론이 필요하다고 말했다. 류사오치는 1925년 후난에서, 1929년 선양에서 적군에 체포되었다가 극적으로 풀려난 경험이 있었다. 마오쩌둥이 말하는 역사토론이란 류사오치가 체포를 당한 상태에서 변절을 했으며, 이후 반혁명을 책동해왔다고 모함하는 집단적인 역사 조작 행위였다. 마오가 역사토론을 발의하자 캉성이 류사오치의 과거사를 조사하는 이른바 540 전안조(專案組 : 특별 조사단)를 구성했다. 류사오지는 1959년 이래 국가주석을 역임했던 당 서열 제2위의 권력자였다. 역사토론은 그러한 류사오치를 특대급 반도, 내부 간첩, 공적(工敵 : 노동계급의 적), 특수 간첩, 반혁명분자로 몰아가기 위한 마오쩌둥의 계략이었다.8)

1967년 4월 1일, 「인민일보」에 게재된 중앙문혁소조 치번위의 평론 "애국주의냐, 매국주의냐?"는 류사오치의 목을 겨눈 창끝처럼 날카로웠다. 이때부터 류사오치 반혁명 집단의 철저한 분쇄를 외치는 군중집회가 본격적으로 열렸다. 4월 3일, 베이징 사범대학 등 73개 기관은 베이징 노동자 경기장에 모여서 류사오치 규탄대회를 열었다. 4월 6일 한 무리의 조반파 세력이 중난하이로 들어가서 류사오치를 끌어낸 후, 치번위가 제기한 8개항의 질문에 답하라고 요구하며 공격했다. 이 문제의 평론에 대해서는 이후에 상세히 다루기로 하겠다.

1967년 4월 10일, 류사오치의 아내 왕광메이는 칭화 대학 교정에 운집한 30만 군중 앞에서 인격을 산산이 짓밟히는 수모를 당했다. 4월 30일에는 치번위가 직접 군중조직을 이끌고 류사오치의 관저로 가서는 자신이

제기한 8개 항의 질문에 답변하라고 요구했다. 일주일 후 류사오치는 답변을 제출하지만, 그의 해명은 전혀 받아들여지지 않았다. 5월 6일, 전담 조사단은 왕광메이가 미국 정보기관과 연결된 특수 간첩이라고 단정했다. 5월 8일, 「인민일보」와 『홍기』의 편집부는 1939년 류사오치의 강연록 "공산당원 수양론"이 무산계급독재를 배반한다는 사설을 실었다.[9]

6월 3일에는 "류사오치, 왕광메이 사건 전담 조사단"이 결성되었다. 두 사람의 과거사를 샅샅이 뒤지겠다는 중앙문혁소조의 결연한 의지 표명이었다. 조그마한 혐의라도 발견되면 반혁명의 증거로 뒤바꾸겠다는 정치재판의 연막이었다. 6월 8일, 류사오치의 요리사까지 국민당의 특수 간첩으로 몰려 체포되었다.[10] 류사오치의 목에 걸린 잔인하고도 저열한 권력투쟁의 올가미는 이미 숨 쉴 틈도 없이 조여오고 있었다.

국가원수 류사오치의 수난

7월 14일 밤, 우한에 도착한 마오쩌둥은 현장에서 직접 위태로운 무장투쟁의 광열을 실감했다. 나흘 뒤인 7월 18일, 그는 우한 군구의 사령관 천자이다오를 불러와서 자아비판을 강요하며 우한의 무장투쟁에 종지부를 찍으려고 했다.

바로 그 순간 베이징에서는 홍위병들이 류사오치의 숙소에 난입했다. 마오가 우한에서 무장투쟁을 수습할 때, 조반파 군중조직은 베이징에서 류사오치를 때려잡고 있었다. 실로 짠 듯이 정교하고도 기민하게 맞물려 돌아가는 정치공작의 싱크(sync)였다.

중난하이에 난입한 조반파는 류사오치의 관저를 송두리째 깨부수고 더럽혔다. 젊은 학생들의 폭력 앞에서 식은땀을 흘리던 류사오치는 주머니

홍위병에게 비투당하는 류사오치. 1967년 7월 중순 중난하이. (공공부문)

에서 손수건을 꺼내서 이마의 땀을 훔치려고 했지만, 홍위병 한 명이 난폭하게 손수건을 낚아챘다. 그 직후 노령의 류사오치에게 증오와 분노가 뒤섞인 언어의 테러가 가해졌다. 국가원수를 모독하여 죽이고 매장하는 군중의 향연이 시작된 것이었다.

바로 전날인 7월 17일, 중난하이 앞에 진을 치고 있던 홍위병들은 류사오치와 왕광메이를 향해서 "7월 22일까지 밖으로 나오라!"는 최후의 통첩을 발송했다. 그날 저녁 중난하이 서문 앞은 100개가 넘는 조반파 조직들 때문에 수십만 군중으로 가득 찼다. 베이징 건축공업학원 81전투단은 18일 자정을 기해 단식투쟁에 돌입했다. 그들의 선언문에서는 류사오치에 대한 증오가 드러난다.

류적(劉賊 : 도적 류사오치)은 우리에게 불구대천의 원수이다.……마오 주

석을 보위하고, 당 중앙을 보위하고, 무산계급독재를 보위하기 위해서 우리
는 밥도 먹지 않고 잠도 자지 않고 목을 자를 수 있고, 피를 흘릴 수도
있다는 심정으로 끝까지 단식투쟁을 할 것이다. 류적이 중난하이를 나와서
전국, 전 세계의 인민들에게 타도되고 박살날 때까지 우리는 멈추지 않겠다
고 맹세한다![11)

1967년 7월 18일 베이징에서는 중앙문혁소조의 주최로 류사오치와 왕
광메이를 규탄하는 대규모 군중집회가 열렸다. 수십만 명의 군중이 밖에
서 "류사오치 타도!"를 외칠 때, 각본에 따라서 소수의 홍위병들이 류사오
치의 관저에 침입했던 것으로 보인다. 7월 22일까지로 시한을 제시한 홍
위병들이 왜 갑자기 류사오치의 관저에 난입했을까? 물증은 없지만 중앙
문혁소조와의 교감이 있었다고 사료된다.

당시 베이징의 모든 상황은 거의 실시간으로 마오에게 보고되고 있었
다. 마오는 이미 정보요원을 이용한 정교한 통신체계를 구축해놓은 상태
였다. 당일 류사오치 비투 소식을 전해들은 마오쩌둥이 "내가 부재할 때에
비투당하는 편이 더 좋지 않겠냐?"며 류사오치를 배려했다는 기록도 있지
만, 이는 권력자의 연막일 듯하다. 류를 죽음으로 몰아간 장본인이 바로
마오였기 때문이다.

이념의 올가미, "애국주의냐, 매국주의냐?"

마오가 최대의 정적 류사오치를 제거하는 과정을 처음부터 되짚어보자.
류사오치와 덩샤오핑은 이미 1966년 10월부터 중공중앙에서 자산계급 반
동노선의 대표라고 비판을 당하고 있었다. 그해 12월 장칭은 공개적으로

류사오치를 당내의 흐루쇼프라고 비방했다. 12월 말에는 베이징 전역에 "류사오치 타도!", "덩샤오핑 타도!"라는 구호가 난무했다. 1967년 초부터 류사오치는 이미 정치 권력을 잃고 실질적인 가택연금 상태에 놓이게 되었다.

중공중앙은 특별수사대를 설치하여 류사오치를 잡아넣기 위한 집중적인 표적수사를 개시했다. 40만 명을 동원한 이 대규모 조사로 인해서 류사오치는 발가벗겨졌지만, 그를 낙인찍을 만한 결정적인 증거는 나오지 않았다. 류사오치를 자산계급의 대표로, 왕광메이를 미 제국주의의 특수요원으로 몰고 가는 정치공작이었다. 결론을 정해놓고 짜서 맞추는 정치쇼였다.

마오는 류사오치를 국가주석의 자리에 그대로 남겨둔 채로 성난 군중의 표적이 되게끔 만들었다. 이미 중공 기관지들과 관영방송은 류사오치에게 "당내의 흐루쇼프", "사회주의 배신자", "주자파", "수정주의 당권파", "반역자", "반동분자" 등 매도와 비방의 낙인을 찍은 후였다. 앞에서 언급했듯이 1967년 4월 1일「인민일보」의 1면에 대서특필된 치번위의 "애국주의냐, 매국주의냐?"는 그 결정판이었다.

치번위의 글은 표면상 1948년 홍콩에서 개봉된 역사극 영화「청궁의 숨겨진 역사」에 관한 비평문이었지만, 그 이면에는 류사오치를 반혁명의 매국노로 낙인찍는 언어의 독화살이 있었다. 치번위는 류사오치를 직접 거명하지 않은 채 "자본주의의 길을 가는 당내 한 줌의 당권파"를 향한 거친 공격을 퍼부었다. 특히 글의 마지막에 열거된 8개 항의 질문은 인격살해의 흉기였다.

1. 왜 항일전쟁 전야에 생명철학, 투항철학, 반도철학을 선양했나?

치번위의 "애국주의냐, 매국주의냐?" (1967년 4월 1일 「인민일보」 1면)

2. 왜 항일전쟁에서 승리한 이후 평화민주신당계의 투항주의 노선을 제출했나?

3. 왜 해방 이후 사회주의 개조에 반대했나?

4. 왜 계급투쟁 식멸론(熄滅論)을 선양하고 계급합작을 주장했나?

5. 왜 "고난의 3년 시기"에 수정주의 노선을 고취했나?

6. 왜 1962년 이래 부패한 자산계급 세계관과 반동적 유심주의 철학을 선양했나?

7. 왜 사청 운동 중에 기회주의 노선을 추진했나?

8. 왜 문혁과정에서 당내의 한줌 수정주의 당권파와 결탁하여 자산계급 반동노선을 취했나?

"반도, 내부 간첩, 공적 류사오치의 반혁명 수정주의 간부노선과 교육노선을 철저히 비판하라!" 1969년 추정 한 농촌의 풍경. (공공부문)

류사오치의 모든 정치 이력을 문제 삼는 8개 항의 질문은 실질적인 사형선고와 다를 바 없었다. 치번위는 8개 항의 질문에 자답했다. "답은 오직 하나이다! 당신은 근본적으로 베테랑 혁명가가 아니라 가짜 혁명가이다! 반혁명분자이다! 우리 주변에 잠자는 흐루쇼프이다!" 류사오치의 심장에 말뚝을 박고 기름을 부어 불태우는 무시무시한 언사였다.

1967년 4월 6일 홍위병들은 중난하이의 류사오치 관저에 난입했다. 그들은 류사오치에게 치번위가 제기한 8개 항의 질문을 들이대면서 해명을 요구했다. 류사오치가 치번위의 비판에 오류가 있다고 항변하자 한 명이 『마오쩌둥 어록』을 들고 류사오치의 뺨을 때리면서 소리쳤다. "독을 퍼뜨리지 말라!"

이튿날인 1967년 4월 10일 새벽 6시경, 홍위병들은 왕광메이를 차에 태워서 칭화 대학의 교정으로 끌고 갔다. 그녀를 30만 군중 앞에 세우고 비투하기 위함이었다. 홍위병들은 왕광메이에게 4년 전 그녀가 영부인 자격으로 동남 아시아를 순방할 당시 입었던 화려한 의상을 입으라고 강요했는데……

류사오치를 향한 칼끝 : "당권파를 타도하라!"

1967년 4월 10일 마오쩌둥의 명언이 늘 인용되던 「인민일보」 1면 오른쪽 가장 위쪽 상자에 "문화혁명에 관한 중공중앙의 결정"이 실렸다. "이번 운동의 중점은 바로 자본주의의 길을 가는 당내 당권파의 숙정(肅整)이다." 이 상자 바로 아래에는 "투쟁의 큰 방향을 단단히 장악하라!"는 「해방군보 (解放軍報)」의 사설이 실렸는데, 요지는 서로 같았다. "자본주의의 길을 가는 한줌의 당내 당권파들은 가장 주요한, 가장 위험한 적인들이다.…… 우리는 군중을 믿고, 군중에 의지하고 군중노선을 견지한다."

당권파의 우두머리는 바로 류사오치였다. 당권파의 "자산계급 사령부" 로부터 권력을 탈취해서 무산계급 사령부를 건설해야 한다고 선전하던 시절이었다. 이미 류사오치는 권력을 잃고 가택연금 상태에서 정치적 식물로 연명하고 있었지만, 그에게는 마지막 해야 할 일이 남아 있었다. 바로 홍위병의 인민 재판에 회부되어서 비투의 처형대에 서는 임무였다. 따라서 마오쩌둥은 은퇴하고 낙향하게 해달라는 류사오치의 간청을 물리쳤다.

이날 중공중앙의 기관지 「인민일보」가 당권파의 타도를 문혁의 제1과제로 내세운 이유는 분명했다. 바로 그날 중국 최고의 명문 칭화 대학의 교정에서 왕광메이 비투대회가 예정되어 있었기 때문이다. 칭화 대학은 왕광메이를 공격하는 비투의 현장으로서 최적의 장소였다. 문화혁명이 공

"투쟁의 큰 방향을 단단히 장악하라!" (1967년 4월 10일 「인민일보」 1면)

식적으로 시작된 1966년 5월 16일부터 7월 말까지 50일간 류사오치는 베이징의 주요 기관에 공작조를 파견해서 질서정연한 계급투쟁을 지휘했다. 칭화 대학의 공작조를 이끈 주요 인물은 다름 아닌 그의 아내 왕광메이였다. 대반란의 시나리오에 따라서 모든 일들이 톱니바퀴처럼 착착 맞물려 돌아갔다.

왕광메이에 의해서 우파로 낙인찍히고 공개적으로 비판당했던 칭화 대학 공정화학과의 콰이다푸는 몇 달째 복수의 칼날을 갈고 있었다. 왕광메이를 칭화 대학 교정으로 불러서 모욕을 줄 수 있다면 그보다 더 짜릿한 복수의 활극은 있을 수 없었다. 문혁 당시 칭화 대학의 교정은 마오쩌둥과 류사오치의 각축장이었다.12)

1967년 4월 10일, 왕광메이의 고난

1967년 4월 10일은 왕광메이의 46년 평생에서 가장 긴 하루였다. 그날 아침 6시경 칭화 대학 교정에 끌려온 왕광메이는 6시 30분부터 칭화대 징강산 병단에게 둘러싸여 3시간 동안 심문을 당했다. 오전 10시, 칭화 대학 교정에서는 왕광메이 비투대회가 개최되었다. 이른 아침부터 홍위병들에게 시달려 녹초가 된 왕광메이는 구름처럼 모여든 30만 군중 앞으로 끌려나갔다. 2시간 40분 동안 진행된 비투는 오후 1시경에 막을 내렸지만, 그때부터 왕광메이는 제2차 심문에 시달려야 했다. 제3차 심문은 오후 5시 30분부터 시작되어 밤 10시가 넘도록 끝나지 않았다. 무시무시한 집단 테러가 꼭두새벽부터 밤까지 18시간 넘게 진행된 것이다.

3차에 걸친 홍위병의 심문 내용은 녹취록으로 전해지고 있다. 녹취록의 분석에 앞서 우선 오전 10시경 거행된 왕광메이 비투대회를 살펴보자. 한평생 중국혁명에 큰 희망을 품었던 미국의 인류학자 윌리엄 힌턴(William Hinton, 1919-2004)은 왕광메이 비투대회 참여자들과의 심층 인터뷰에 근거해서 그날의 상황을 다음과 같이 기록했다.

> 1967년 4월 10일, 이른 아침부터 확성기를 단 대형 트럭이 베이징 시가지 곳곳을 돌며 칭화 대학 교정에 예정되어 있는 왕광메이 비투대회의 소식을 알리고 다녔다. 대학, 중, 고등학교, 공장 등등 300개가 넘는 단위들에 초청장이 뿌려졌다. 대표단만 따로 보낸 단위도 있었지만, 휴일을 선언하고 단체로 참가한 단위들도 있었다. 버스들이 도로를 메우고, 길거리에 인파가 넘쳐났다. 교정 밖까지 확성기가 꽉 들어찼다.
>
> 4개의 의자를 붙여 만든 단상에 왕광메이가 올라섰다. 그녀는 수만 명이

멀리서도 볼 수 있도록 높은 자리에 섰다. 영국 귀족들이 가든파티를 할 때에 쓰는 챙이 넓은 우스꽝스러운 모자를 쓰고, 군살이 삐져나오는 꽉 끼는 치파오를 입고, 굽이 뾰족한 하이힐을 신고 있었다. 기괴한 모습이었다.

성난 군중은 분노의 구호를 외쳤다. "우귀사신을 모두 쓸어버리자! 혁명을 끝까지 완수하자!" 수만 명이 동시에 외쳐대는 구호가 파도처럼 교정에 진동하며 우스꽝스러운 모자를 쓰고 탁구공 목걸이를 목에 건 채 비틀거리는 왕광메이의 귓전을 때렸다.13)

류빙의 증언 : "모든 것은 모함이었다!"

류빙(劉冰, 1921-2017)은 문혁 당시 칭화 대학의 당위원회 제1부서기였다. 자택연금 상태에 있던 그는 그날 아침 9시경 붉은 완장을 찬 두 사람에게 양팔을 잡힌 채 칭화 대학의 본관 비투 현장까지 끌려갔다. 끌려가는 과정에서 그는 사람들의 대화를 엿들었다. "왕광메이 잡아왔어? 왕광메이도 잡아오지 않았는데 무슨 대회를 하지?" 사람들은 홍위병에게 끌려나와 모욕당하는 왕광메이의 모습을 직접 보고 싶어서 안달이 난 듯했다.

류빙은 일단 본관 밑 지하실에 감금되었는데, 그곳에서 나무 의자에 앉은 채 여러 명의 감시를 받는 전 베이징 시장 펑전을 보았다. 당일 비투의 현장에는 왕광메이와 펑전 이외에도 루딩이, 보이보(薄一波, 1908-2007) 등 중앙의 거물들, 칭화 대학의 총장 장난샹과 류빙을 포함한 200여 명의 칭화 대학 간부들이 함께 끌려나왔다.

대략 오전 10시를 전후해서 왕광메이 비투대회가 선포되었다. 펑전, 루딩이, 장난샹 등이 모두 비투의 단상에 끌려올라갔다. 콰이다푸를 비롯한 홍위병들은 그들의 팔을 잡고 머리를 짓누르는 제트기 기합을 놓았다. 그

1967년 4월 10일 칭화 대학에서 성적 모욕을 당하는 왕광메이의 모습. (공공부분)

들은 왕광메이에게는 모욕을 주기 위해서 얼굴에 천박한 분칠을 했다. 현
장에서 직접 비투를 당하면서 상황을 또렷이 목도했던 류빙은 31년 후 출
판한 회고록에서 다음과 같이 썼다.

> 국가주석의 부인, 중앙정치국 위원, 국무원 부총리, 최고 법원의 원장, 인민
> 공화국 장관들이 이런 모욕을 당하다니? 내가 보기에 홍위병의 모든 발언
> 은 죄다 모함이었다. 진정 문자 그대로 '죄를 들씌우는데 구실이 없어 걱정
> 하랴(欲加之罪, 何患無詞)?'14)

당시 중학교 1학년생이었던 둥지친(董繼勤, 1952-)은 자발적으로 그날
의 비투대회에 참석했던 수많은 학생들 가운데 한 명이었다. 49년이 지나

수십만이 운집한 칭화 대학의 본관 앞 비투 단상에 올라 우스꽝스러운 모습으로 성적 모욕을 당하는 왕광메이. (공공부문)

2016년 중문판 「뉴욕 타임스(*The New York Times*)」와 인터뷰를 할 때, 그는 어린 시절 그의 머리에 떠올랐던 "기괴한 생각"을 이야기했다. 다른 사람들은 무릎을 꿇고 앉아서 비투를 당하는데, 오직 왕광메이만 서 있는 모습을 보면서 그는 몹시 불공평하다고 느꼈다고 한다. 그는 왕광메이가 국가주석의 아내라서 특별 대우를 받는다고 생각했다.15)

어린 둥치친은 홍위병의 의도를 전혀 간파하지 못했던 것 같다. 홍위병들이 왕광메이만 의자 위에 올라서게 한 이유는 멀리 있는 군중에게도 그 우스꽝스러운 모습을 보이기 위함이었다. 탁구공 목걸이를 목에 걸고 단상의 의자 위에 서 있던 왕광메이는 가장 수치스러운 성적 모욕을 당하고 있었다. 화려한 의상과 세련된 몸치장이 반혁명적 행위라고 단죄되던 시대의 미망이었다. 어린 소년의 눈에 군중 앞에서 조리돌림을 당하는 한

"혁명조반파여, 연합하라! 류사오치와 덩샤오핑의 자산계급 반동노선을 철저히 깨부수자!" (chineseposters.net)

여성의 성적 모욕감은 이해될 수 없었으리라.

물론 그날의 비투는 일회적 사건이 아니었다. 왕광메이는 그후 12년의 긴 세월 동안 대다수 정치범이 수용되는 베이징 창핑의 친청 감옥에서 독방 생활을 견뎌야만 했다.

대다수 현대 국가의 헌법은 누구든 공정한 재판을 받을 수 있는 재판청구권을 보장하고 있다. 또한 공정한 재판을 보장하기 위해서 무죄추정의 원칙, 증거재판주의, 죄형법정주의를 기본 전제로 명시하고 있다. 그럼에도 정치권의 음해, 언론의 날조, 대중의 마녀사냥, 법조계의 정치 편향은 끊이지 않는다. 캥거루 법정의 원님 재판, 킬링필드의 인민 재판, "-카더라" 통신의 인격살해가 판을 친다. 누구든 인민 재판의 피고가 되면, 재판도 받기 전에 만신창이가 되어버리고 만다. 특히 여성이 공격의 표적이 되는 순간, 잔악무도한 집단 린치가 가해지고는 한다.

　정치는 비열한 게임이다. 정적을 제거하기 위해서 권력자는 음모를 짜고 함정을 판다. 함정에 빠진 정적을 허울 좋은 법망으로 옭아맨 후에도 권력자는 한 치의 관용도 베풀 수가 없다. 권력의 시한이 다하는 순간, 죽은 정적이 산 권력을 제압하는 반전의 드라마가 허다한 까닭이다. 정적에게는 장엄한 자결도, 순교의 형틀도 허락될 수가 없다. 따라서 권력자는 성난 군중을 선동해서 정적을 직접 처형하게 유도한다. 군중의 제단에 올라간 정치의 희생물은 쉽게 부활할 수 없기 때문이다.

제19장

권력자의 역사 유희

정치투쟁은 멜로드라마

트로이 전쟁은 불화의 여신 에리스의 질투에서 시작되었다. 피비린내 나는 10년간의 전쟁도 결국 감정의 미망에서 시작되었음을 일깨워주는 고대 그리스의 신화이다. 마르크스주의자들은 인간사회의 모든 갈등을 계급투쟁으로 환원한다. 그들의 이론이 과연 그리스 신화보다 설득력이 있을까? 류사오치에 대한 마오쩌둥의 공격이 계급투쟁이었을까? 왕광메이에 대한 장칭의 시기가 계급감정이었을까? 인간적 갈등의 복잡다단한 양상은 마르크스주의 사회과학의 단순한 도식만으로는 절대로 설명될 수가 없을 듯하다.

정적을 제거하기 위해서 '못된 악동'은 함정을 파고 그물을 친다. 권력자들은 소설가 못지않게 이야기를 잘 지어낸다. 개연성 없는 드라마는 외면당하며, 허술한 모략은 금방 들통이 날 수밖에 없다. 따라서 역대의 권력자들은 날조, 문서 조작, 통계 왜곡, 증거 인멸, 위증교사, 협박, 공작, 중상모략, 선거 개입, 린치, 암살, 위장 자살, 법관 매수, 언론 장악, 무력 도발, 존속살해, 대량 학살 등 온갖 범죄와 권모술수를 써서 치밀한 시나리오를 짠다. 대중을 완벽하게 속여야만 권력을 잡을 수 있기 때문이다.

역사 유희 : 100년 전의 반역자를 찾아서

1959년 4월 27일 마오쩌둥의 양위(讓位)로 국가주석에 오른 류사오치는 1962년부터 1966년까지 실제적으로 중국을 지배한 실무 정치의 핵심인물이었다. 형식적으로 그는 1968년 10월 31일까지 국가주석의 직함을 가지고 있었다. 천하의 마오쩌둥이라고 해도 그런 인물을 함부로 칠 수는 없었다. 국가주석에 대한 예우 등 의전상의 문제가 아니었다. 격정에 휩싸여 허술하게 류사오치를 제거할 경우 7억5,000만의 인민이 납득할 수 있을까? 혹시나 인민이 류사오치를 지지하거나 동정하게 된다면, 그보다 더 큰 낭패는 없을 터였다.

그러한 현실 정치적 이유로 마오쩌둥은 류사오치와 인민을 영구히 갈라놓을 수 있는 치밀한 숙청의 드라마를 준비했다. 이미 1963년 초부터 마오쩌둥은 주변의 모사꾼들을 총동원하여 시나리오 작업에 돌입했다. 그 최초의 포탄은 상상도 못할 극비의 기지에서 발사되었다.

1963년부터 1964년까지 중국의 역사학계에는 난데없이 태평천국의 충왕(忠王) 이수성(李秀成, 1823-1864)에 관한 논쟁이 일었다. 1963년 8월 15일 32세의 선전원 치번위의 역사비평 "이수성 자술(自述) 비평"이 발표된 일이 결정적인 계기였다. 이 글은 당시 학계에 이름도 올리지 못한 신출내기 정치 논객의 16쪽짜리 비평문이었는데, 놀랍게도 제목에 당시 학계의 거물이었던 3명의 실명이 언급되어 있었다. 공식적으로 논쟁을 거는 셈이었다. 이에 학계의 거물들이 민감하게 반응하면서 논쟁이 들불처럼 타올랐다.[1] 그렇다면 이수성은 누구일까? 왜 갑자기 그가 역사논쟁의 핵으로 부상했을까?

1864년 7월 19일, 태평천국의 수도 천경(天京)에서 청군에 포위된 이수

마오쩌둥과 류사오치, 1962년 초 7천인 대회 추정. (공공부문)

성은 왕세자를 데리고 가까스로 포위망을 뚫고 도망했지만, 사흘 후 생포되고 말았다. 옥중에서 그는 5만 자에 달하는 "이수성 자술"을 집필했다. 태평천국의 역사를 생생하고 소상하게 들추어낸 중대한 사료였다. 놀랍게도 "자술"에서 이수성은 스스로의 오류를 인정하며 죄를 뉘우쳤고, 나아가 증국번(曾國藩, 1811-1872)에게 아첨하는 발언까지 남겼다. 그러나 결국 1864년 8월 7일 형장의 이슬로 스러졌다.

그 당시 중국의 주류 역사학자들은 대부분 이수성을 구국영웅이라고 칭송했다. 장렬한 옥쇄 대신 거짓 투항을 선택하여 태평천국의 잔존 병력에 대한 청군의 공격을 지연시켰다는 해석이었다. 치번위는 이러한 학계의 주류 해석에 정면으로 맞부딪치며 이수성이 혁명을 저버리고 동지를 팔아넘긴 반역자라고 단정했다. 치번위는 이수성의 투항과 변절은 우연이 아니라고 말하면서, 그가 태평천국의 이념과 정신을 제대로 인식하지 못했

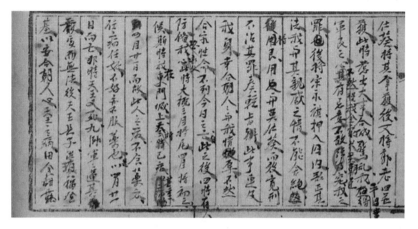

태평천국의 충왕 이수성이 체포된 후에 직접 썼다는 "이수성 자술". (공공부문)

다고 단언했다. 또한 이수성의 자술에 등장하는 "천명(天命)", "천수(天數)" 등의 낡은 용어들을 근거로 그가 봉건 사상에 오염되어 있었다고 주장했다. 또한 치번위는 이수성이 부정한 방법으로 많은 재물을 모았다고 주장하면서도 아무런 증거도 제시하지 않았다. 역사학자라면 절대로 범하지 않을 기초적인 오류이지만, 치번위는 학인이 아니라 권력투쟁에 동원된 자객이었다.[2]

학술계와 문예계의 전문가들은 치번위의 섣부른 비평에 격렬하게 항의했다. 중앙선전부에서는 저우언라이의 주재 아래에 20명의 역사학자들이 본격적인 논쟁을 벌였다. 전문 역사학자들은 치번위의 역사 왜곡과 비약을 날카롭게 질타하면서 이수성이 지닌 역사적 가치를 살리고자 했다.

그렇게 논쟁이 종결될 즈음, 마오쩌둥이 슬그머니 개입했다. 그는 수하의 심복들을 조종하기 시작했다. 장칭은 치번위에게 마오의 의도를 귀띔했다. "주석께서 지지하시니 걱정 마시게!"[3] 치번위는 1964년 『역사연구(歷史研究)』 4기에 두 번째 비평 "이수성의 투항, 변절을 어떻게 다룰 것인가?"를 실었다.4) 마오의 의중을 짚은 치번위는 100년 전의 이수성을 다시 불러내 광장의 사형대에 세웠다.

> 태평천국의 혁명군중은 청 황제와 상군(湘軍 : 증국번이 배양한 호남의 군대)의 우두머리 증국번을 만요(滿妖 : 만주족 요괴), 증요(曾妖)라고 부르는데, 이수성은 그들을 복덕, 만행(萬幸) 등의 용어로 칭송하며 천명에 순응하는 성상, 인애, 은심(恩深 : 깊은 은혜), 개세(蓋世) 무쌍의 영웅이라고 칭송한다!5)

역시나 "자술"에 쓰인 이수성의 언어에서 봉건 잔재를 찾아내서 그를 투항자, 변절자, 반역자로 몰아가는 전형적인 허수아비 논증이었다. "이수성 자술"이 포로가 된 상태에서 강압하에 작성되었다는 점, 그를 취조한 관리의 요구에 따라서 조작, 변조되었을 수 있다는 점은 전혀 고려하지 않은 어불성설의 억지 비평이 아닐 수 없었다.

이렇게 되자 이수성 논란도 더 이상 역사 인물에 대한 학술논쟁이 아니라 망자의 혼령을 불러내서 다시 난도질하는 정치 재판일 뿐이었다. 배후가 마오쩌둥이라는 사실이 알려지면서 누구도 더는 그의 논리에 반박할 수 없었다. 당시 중국의 지식인들은 모심(毛心)을 따라 움직이며, 모풍(毛風)이 일면 바싹 엎드리는 잔풀처럼 연약했다.

61명 반도 집단

1963년에 갑자기 이수성을 불러내서 반도라는 낙인을 찍은 이유는 무엇일까? 바로 1936년 국민당 정부에 체포되어 옥살이를 하다가 출옥을 위해서 허위로 자수했던 61명의 혁명가들을 반역자들로 몰아서 단죄하기 위함이었다. 문혁 개시 3년 전부터 마오는 여론의 호수에 독을 바른 밑밥을 뿌리고 있었다.

61명 모두 1930년대 국민당이 지배하던 백구(白區 : 백색지구)에서 비밀요원으로 활약한 공산당 간부들이었다. 백구에서의 혁명 운동은 위험천만한 활동이었다. 목숨을 내놓고 활약하던 혁명가들은 국민당 정부에 체포되면 고문을 당하기 일쑤였다. 끝까지 저항하면 목숨이 위태로웠다. 최대한 신원을 숨긴 채 적당한 선에서 타협을 하고 출옥하는 것이 가장 현명한 생존의 전술이었다.

1930년대 중공중앙은 백구 혁명가들의 거짓 투항에 관해서 꽤나 관대한 입장을 보였다. 1936년 일본의 침공을 앞둔 상황에서 국민당 감옥에 갇혀 있던 보이보, 류란타오(劉瀾濤, 1910-1997), 안지원(安子文, 1909-1980) 등 61명의 신변이 중요한 화제로 급부상했다. 당시 북방국 총책이었던 류사오치는 중공중앙 총서기 장원톈(張聞天, 1900-1976)에게 이들이 국민당이 요구하는 자수의 절차를 밟고 출옥할 수 있도록 윤허해달라고 요청했다. 장원톈은 흔쾌히 류사오치의 요청을 수락했다.

비밀리에 당의 뜻을 전달받은 61명은 국민당의 요구에 따라서 "반공계사(反共啓辭 : 반공 선언)"를 작성한 후 출옥했다. 그들이 작성한 전향문은 국민당의 관영언론「화북일보(華北日報)」에 게재되었다. "반공계사"는 공산당 활동을 했던 과거를 참회하고, 반공의 의지를 표명하고, 일체의 반동 행위를 규탄하는 자수 선언문이었다.

출옥에 성공한 61명은 이후 형식적인 자아비판과 심문의 과정을 거친 뒤 공산당에 다시 입당했다. 이후 류사오치는 61명 자수분자들의 든든한 지원자가 되어주었다. 61명 가운데 41명이 문화혁명 당시까지 건재했고,

그중 22명은 중앙위원회에도 진출해 있었다. 마오쩌둥으로서는 다수의 자수분자들이 류사오치의 지원을 얻어서 중앙에 진출해 있는 상황을 방치할 수가 없었다. 그러나 그들을 일시에 모두 반역자로 단죄하기도 쉽지 않았다.6)

1966년 11월 말, 톈진 난카이 대학의 두 홍위병 집단들은 경쟁적으로 학내투쟁을 벌이는 과정에서 과거의 신문들을 샅샅이 뒤져서 1936년 국민당에 허위로 자수했던 류란타오의 "반공계사"를 찾아냈다. 거짓 투항을 하기 위해서 국민당이 내민 자수의 양식에 서명만 한 것이었지만, 날마다 비투의 빌미를 찾는 홍위병들에게는 반역의 결정적인 증거나 다름없었다. 홍위병이 발견한 류란타오의 "반공계사"는 곧 국무원 총리실까지 보고되었다. 저우언라이는 이미 심의를 거친 과거사이므로 덮고 가야 한다고 조언했고, 마오쩌둥은 무심코 "그렇게 하라!"라고 지시했는데……. 당내 반역자를 색출하는 홍위병 집단의 자발적인 혁명투쟁을 저지할 마오가 아니었다.7)

1967년 2월 3일, 알바니아 사절단과의 접견식에서 마오는 처음으로 국민당에 투항한 61명 반도 집단에 관해서 언급했다.

(반혁명분자들 중에는) 국민당에서 물려받은 자들도 있소. 그들 중에는 국민당에 체포되었던 공산당원들도 있소. 그들이 당을 배신한 후, 신문에 그들의 반공 선언이 게재되었소. 그때 우리는 미처 그들이 반공분자들이라는 사실을 간파하지 못했소. 그들이 어떤 공적 절차를 거쳤는지 몰랐소. 이제 자세히 들여다보니 그때 그들은 국민당 편에 서서 공산당에 저항하고 있었음이 명확해졌소.8)

류사오치, 반역자로 몰아가기

상식적으로 포위 상태에서 적군에 투항해서 아군의 병력을 살린 장수는 변절자일 수 없다. 조조의 관영에서 장시간 후한 대접을 받았던 관우를 배신자라고 부를 사람도 없다. 레닌 역시 1920년 "좌익공산주의 소아병"에서 "자동차 강도에게는 돈, 여권, 리볼버 권총, 자동차를 다 주고" 생명을 구하는 타협을 해야 한다고 강조한 바 있다.[9]

1930년대 백구에서 거짓 투항의 전술을 써서 국민당의 손아귀를 벗어난 혁명투사를 반역자로 단죄할 근거는 희박했다. 무엇보다 그들은 이후 공산주의 혁명의 최전선에서 목숨을 바쳐 국민당에 맞서 싸운 혁명투사들이었다. 마오쩌둥과는 혁명적 동지로서 중화인민공화국의 건설에 큰 지분을 가지고 있는 인물들이었다. 이미 수십 년 동안 동고동락하며 창업의 대업을 함께 일궈왔는데, 갑자기 그들을 반역도당으로 몰아가기란 결코 쉽지 않았다. 바로 그런 이유로 마오쩌둥은 1963년부터 이미 이수성의 이마에 반역자의 낙인을 찍어놓았음이 분명하다.

물론 단지 61명 반도 집단만을 비투하기 위함이라면 이수성을 반역자로 만들 이유가 없었다. 마오의 목표는 초지일관 국가원수 류사오치였다. 그를 잡기 위해서 마오는 더욱 촘촘한 그물을 짜야 했다. 최후의 정적에게 3중의 올가미를 걸어서 천천히 목을 조여 파멸시키는 잔혹한 권력자의 정치 멜로드라마였다. 3중의 올가미란 류사오치에게 들씌워진 반도, 내부 간첩, 공적이라는 누명이었다.

정치투쟁은 본질적으로 멜로드라마이다. 권력자들이야 노상 심각한 척 거대한 명분을 들먹이지만, 속임수, 거짓말, 허언이 아니라면 어쭙잖은 변명인 경우가 대부분이다. 실제로 그들은 시기, 질투, 탐욕, 증오 등 어두운

반도, 내부 간첩, 공적 류사오치를 영원히 제명하고 출당시키자! (chineseposters.net)

감정의 노예가 되어서 싸운다. 권력자들은 늙어도 어른이 되지 못한다. 그들은 그저 어른 연기에 달통한 '못된 악동'일 뿐이다. 인류의 비극은 다수대중이 너무나 쉽게 '못된 악동'의 어른 연기에 현혹된다는 점이다.

제20장

홍위병들, 주중 영국 대사관을 급습하다!

중국은 지금도 아편전쟁 이후 산산이 조각난 과거 중화중심주의 조공질서의 종주국이라는 자부심을 가지고 있다. "대국(大國)" 앞에서 작은 나라가 먼저 "소국(小國)" 의식을 드러내면, 큰 나라는 오히려 작은 나라를 더 무시하고 조롱하고 짓밟는다. 현대 외교의 기본 원칙은 국가 간의 평등이다. 그 기본 원칙을 영리하게 활용하면 작은 나라가 큰 나라를 쥐고 흔들며 그들을 쩔쩔매도록 만드는 외교의 우위를 점할 수도 있다. 물론 그러기 위해서는 중국 외교의 검은 역사를 꿰고 있어야 한다. 가령 1967년 8월 22일 베이징의 홍위병들이 영국 대사관에 난입하여 불을 질렀던 사건 등은 대중 외교의 기초 상식이다.

베이징 영국 대사관, 불길에 휩싸이다!

하지만 마오 주석의 사진을 들고 다니면, 너희는 결국 누구와도 무엇 하나
이룰 수 없을걸!

1968년 발표된 비틀스의 일명 "화이트" 앨범 "The Beatles"의 수록곡 "혁명(Revolution)"에 담긴 가사이다. 마오쩌둥을 부정적으로 그렸다는 이유

로 작사자 존 레넌(John Lennon, 1940-1980)이 당시 좌파 세력의 반발을 사기도 했지만, 이 노래는 지금까지 팝의 고전으로 남아 있다. 레넌의 노래 속에 등장하는 "마오 주석의 사진"을 들고 다니는 사람들은 과연 누구였을까? 왜 레넌은 그들에게 "마오 주석의 사진을 들고 다니면" 아무것도 이룰 수 없다고 했을까? 이 질문에 답하기 위해서는 1967년 8월 22일 밤 베이징 홍위병들의 영국 대사관 습격사건을 파헤쳐야 한다.

주중 영국 부대사 도널드 홉슨(Donald Hopson, 1915-1974) 경의 현장 보고서에 따르면, 당시의 상황은 다음과 같았다. 1967년 8월 22일 1만 명 규모의 홍위병 시위대가 베이징의 영국 대사관 건물 앞에 운집했다. 그들은 커다란 조명등과 확성기를 설치한 후, 집회를 시작했다. 홍위병들은 대사관저 앞에 설치된 간이 무대에 올라가서 구호를 외치고 혁명가곡을 제창하며 연설을 이어갔다. 그날 밤 10시 20분경부터 홍위병들은 대사관저 코앞까지 몰려가서 영국 대사관의 호위병들과 몸싸움을 벌이기 시작했다. 건물 내부에 있던 23명의 영국인들은 즉시 건물의 맨 아래층으로 피신했다.

홍위병들은 창문을 깨트린 후, 불을 붙인 짚단을 건물 안쪽으로 던졌다. 겁에 질린 영국인들은 불을 끄기 위해서 물을 뿌렸고, 이내 건물 안은 매캐한 연기로 가득 찼다. 11시 10분경 홍위병들은 건물 안쪽으로 밀고 들어오기 시작했다. 영국 대사관 직원들은 격하게 돌진하는 홍위병들에게 머리카락을 뜯기고 넥타이를 잡힌 채로 벌벌 떨었다. 홍위병들은 영국인들을 걷어차고 때렸으며, 이리저리 끌고다니며 모욕을 주다가 무릎을 꿇리고 사진을 찍었다. 또한 그들은 영국인들의 손목시계를 빼앗고, 셔츠를 뜯고 바지까지 찢어버렸다. 함께 있던 영국인 여인들은 성적 모욕까지 당했다.

바로 다음 날 「타임스(*The Times*)」나 「가디언(*The Guardian*)」 등 영국

1967년 8월 22일 베이징의 영국 대사관에 모여 시위하는 홍위병들. 그날 밤 10시 20분경부터 홍위병들은 관사의 창문을 깨고 진입하기 시작했다. (공공부문)

의 대표적인 언론들은 물론, 영미권의 거의 모든 언론들이 머리기사로 이 사건을 보도했다. 예를 들면 미국 인디애나 주 퍼트남 그린캐슬의 지방신 문「데일리 배너(*The Daily Banner*)」도 1면의 왼쪽 상단에 "베이징 영국 대사관, 불타고 약탈당하다!"라는 제목으로 이 사건을 대서특필했다.

영국 정부는 즉각 이 사건이 "중공정부가 고의적으로 교사한 잔악무도 하고 반문명적인 행위"라고 규탄했다. 8월 30일 외무장관 브라운(George Brown, 1914-1985)은 중국의 외교장관 천이(陳毅, 1901-1972)에게 공식 적인 항의 서신을 보내서 외교관계의 유지와 외교사절단의 잠정 철수를 요구했지만, 천이는 중국 외교 특유의 전술적 묵묵부답으로 대응했다. 당 시 천이 역시 홍위병에게 수모를 당하고 있었기 때문에, 영국 측 요구를 수용했다가는 매국노로 몰릴 위험이 있었다.

1967년 8월 22-23일, 홍위병들에 의해서 불타버린 영국 대사관 공관 내부. (https://roomfordiplomacy.com/beijing-3-1950-1972/)

홍위병들이 영국 대사관을 급습하기 이틀 전인 1967년 8월 20일, 중공 정부는 홍콩 정부에 48시간 이내로 친중 언론을 폐간하겠다는 조치를 철회하고, 구속된 친중 언론인을 즉각 석방하라는 최후의 통첩을 발송했다. 발송 주체는 베이징의 중공정부였지만, 방화를 저지른 주체는 홍위병들이었다. 홍위병들이 "자발적으로" 나선 관민합작의 외교 테러였던 것이다. 물론 베이징 정부는 이 사건에 대해서 모르쇠로 일관했다.[1]

사건의 배경 : 중국공산당의 전략적 고립주의

1960년대 초부터 중국은 전 세계를 상대로 고독한 외교전을 벌이고 있었다. 1956년 흐루쇼프의 스탈린 비판 이래 마오쩌둥은 소련의 수정주의를 비판하기 시작했다. 그후 중소 관계는 긴장 상태였다. 1963년 이후 베트남 전쟁이 본격화되면서 중국은 소련과 더불어 배후에서 북베트남을 지원했는데, 1968년 8월 이후 소련이 북베트남과 미국의 평화협상을 물밑에서 중재하면서 중소 관계는 최악으로 치달았다. 제33장에서 보겠지만, 1969년 3월에는 중국과 소련의 국경에서 군사충돌까지 발생했다. 1965-1966년 인도네시아에서 공산 세력을 숙청할 당시에는 많은 중국인들이 무차별 학살을 당하고 외교 활동이 전면 중단되는 사건도 일어났다.[2]

대륙에서 일어난 문혁의 광풍은 곧 국경 너머 마카오와 홍콩에 몰아쳤다. 1966년 12월 3일 마카오에서는 친중 집단을 규탄하는 대규모 정치투쟁이 벌어졌다. 1967년 봄부터 홍콩에도 격렬한 문혁의 돌풍이 일어서 5월에는 174개 친중 노동조합들이 파업에 나섰다. 파업은 영국의 식민통치에 저항하는 친중 세력의 대규모 시위로 확산되었다. 1967년 5월 22일 홍콩 정부는 167명을 구속했다. 또 용공 출판물을 전면 금지시키고 친중 세력의 교육기관을 폐쇄했다. 7월 1일에는 최소 8명의 친중 시위자들이 경찰에게 총살당하고 맞아 죽는 사태가 발생했다. 7월 8일에는 광둥 성의 민병을 포함한 수백 명의 무장 집단이 국경을 넘어 홍콩 북부의 샤터우자오 지역의 경찰서를 습격해 5명을 사살하고 11명에게 중상을 입히는 무력 도발이 일어났다.[3]

공산 세력은 지하로 스며들어 도시 곳곳에 사제 폭탄과 유인물을 설치하면서 본격적인 게릴라 작전을 전개했다. 홍콩 경찰과 영국 병력은 도시 전역을 샅샅이 뒤지며 약 8,000개의 사제 폭탄을 제거했지만, 1967년 10월까지 홍콩에서는 폭탄 테러가 끊이지 않았다. 홍콩까지 번진 문혁은 사실상 저강도의 중영전쟁으로 비화되었지만, 중공정부는 역시 완벽한 면책 특권을 누렸다. 중공정부는 일련의 사건들이 언제나 혁명군중의 자발적 반제투쟁이라고 둘러댈 수 있었다.

주중 외교공관 공격

1966년 12월부터 중공중앙은 외교장관 천이의 지시 아래 재외 중국 대사들을 불러들였다. 1967년 늦은 봄이 되면 이집트 대사를 제외한 모든 외교관들이 대리 대사를 두고 본국으로 소환되었다. 책임 외교관이 떠나버리자 외교공관은 광신적인 마오 추종 세력의 투쟁 본부로 돌변했다. 몇 개월 후부터 공관의 중국인 직원들은 현지 경찰관들 및 시민들과 크고 작은 마찰을 빚기 시작했다.4) 해외 중국인의 정치투쟁은 중국 홍위병들과의 긴밀한 교감 속에서 이루어졌다. 가령 1967년 1월 상하이 탈권투쟁이 장쾌한 드라마처럼 중국의 모든 언론을 장식할 때, 홍위병들은 마오쩌둥의 암시를 따라서 인민해방군이 자신들을 보호한다는 확신 위에서 외교공관을 향한 난폭한 도발을 감행했다.

1967년 1월부터 8월까지 베이징의 외교공관들이 홍위병들에게 포위되고 공격당했다. 영국, 이탈리아, 프랑스 등 서방 국가의 공관은 물론, 인도, 네팔, 튀니지, 스리랑카, 인도네시아, 케냐, 미얀마 등 비동맹 국가들의 공관도 무사할 수 없었다. 유고슬라비아, 불가리아, 몽골, 체코슬로바키아 같은 사회주의권 국가들도 예외가 아니었다.5)

1967년 1월 25일 모스크바의 붉은 광장으로 몰려간 중국 유학생들이 레닌과 스탈린의 묘지에 헌화하는 과정에서 소련 경찰과 충돌하는 사건이 터졌다. 모스크바 시민들은 중국 대사관의 건물을 일부 훼손했고, 이에 베이징의 홍위병들은 소련 대사관으로 몰려가서 인(人)의 포위망을 치고 시위를 벌였다. 베이징의 홍위병과 외국에 체류하고 있는 중국인들은 민감하게 호응하며 연쇄적 집단 시위를 이어갔다. 파리의 중국 유학생들이 소련 대사관에서 시위를 하다가 경찰에게 제지당하는 사태도 발생했다. 베이징에서는 프랑스 대사관 차량이 홍위병의 확성기를 살짝 건드리자 성난 홍위병들이 프랑스 외교관과 그의 아내를 차 밖으로 끌어내서 촘촘히 에워싸고는 "때리고, 소리치고, 욕하고, 침을 뱉는" 만행을 저질렀다. 바로 다음 날 프랑스 외교관이 공식적으로 항의하자 중국 측에서는 절뚝거리는 노부부를 대령해서 전날 프랑스 상무관이 그들을 먼저 폭행했다고 맞받는 기상천외한 변칙 외교전을 이어갔다.6) 이 밖에도 1967년 6월에는 추방령을 받고 공항으로 가던 인도 대사관 직원들을 구타하는 등 홍위병의 난폭한 행동은 멈추지 않았다. 1967년 8월 29일 런던에서는 20명의 중국 공사관 직원들이 야구방망이, 곤봉, 유리병, 도끼 등을 들고 영국 경관을 공격하는 사건도 발생했다. 영국 경관들은 경찰봉과 쓰레기통 뚜껑을 들고 방어해야 했다. 이 놀라운 사건은 1967년 8월 30일 자 「타임스」 1면을 장식했다.

「로이터(*Reuters*)」 통신원이었던 영국인 앤서니 그레이(Anthony Grey, 1938-)는 1967년부터 1969년까지 777일 동안 간첩 활동을 했다는 혐의를 쓰고 중공정부의 명령에 따라서 가택연금 상태에 놓여 있었다. 영국이 비상 조치를 위반한 홍콩의 친중 언론인 8명을 구속하자 중국 측이 외교적 보복에 나선 사건이었다. 중공정부는 그레이를 붙잡고서 홍콩의 친중 언론인의 석방을 요구하는 흥정을 이어갔다. 석방 후인 1970년 출판한 『베이징의 인질(*Hostage in Peking*)』에서 그레이는 베이징 주재 11개 외교공관이 홍위병들의 격한 시위에 휩싸이는 과정을 상세히 고발했다.

그의 기록에 따르면 외교공관을 향한 홍위병의 습격은 다음의 단계로 진행되었다. ① 외교공관 담벼락에 빼곡히 대자보를 붙이고 정치 구호를

ROYAL EDITION
WEDNESDAY AUGUST 30 1967
NO. PRICE NINEPENCE

THE TIMES

CHINA BARS EXIT OF BRITONS IN PEKING

Sequel to clash at London legation

China declared today that all members of the British mission in Peking were barred from leaving China without official permission from the Chinese Foreign Ministry, Mr. Lo Kwei-po, Vice-Foreign Minister, told Mr. Donald Hopson, the British Chargé d'Affaires, that all exit visas issued to British diplomats were now null and void.

The Peking move came after clashes outside the Chinese Legation in London. Police last night massed at gatherings as demonstrators near the London legation and cordoned the area. It had been the scene of a battle in which 20 Chinese officials, clutching baseball bats, cudgels, bottles and axes, attacked police, who defended themselves with truncheons and dustbin lids.

Police-constable Gareth Williams, aged 21, was head of an axe attack, was detained in hospital with head injuries. Two other policemen went home after examination. Three Chinese with head injuries were taken to hospital but two of them were later discharged.

US ban on Nazi

DUSTBIN LIDS USED

Members of the Chinese legation (left) wielding a baseball bat during yesterday's clashes; and eighty police grapple with one of the Chinese (standing). Other pictures, page 20.

1967년 8월 29일 런던의 중국 공사관 앞에서 야구방망이를 들고 영국 경찰과 충돌하는 중국 공사관 직원들의 모습. (1967년 8월 30일 「타임스」 1면)

휘갈긴다. ② 공관 근처에 간이 화장실을 설치한 후, 차와 빵을 파는 행상들이 들어서고 이어서 노동자와 농민들을 끌어들인다. ③ 모여든 군중이 곧 정연한 대오를 갖추고 간부들의 지시에 따라서 강력한 시위를 전개한다. 베이징의 시위는 동원된 군중의 "수와 철통과 같은 규율 측면에서 세계 그 어떤 시위와도 구분되었다.……과격하게 성난 군중의 시위일 경우, 고도로 효율적인 주동자들의 주도로 불과 사흘 만에 외교공관 앞에 100만의 시위대가 행진할 수 있다."7)

이 모든 사태는 정부의 묵인 혹은 은밀한 지시하에 일어났다. 겉으로는 홍위병들의 자발적인 테러였지만, 배후에는 언제나 정부가 있었다. 최고영도자는 반제투쟁의 기본 원칙만 외쳤을 뿐이었다. 모든 구체적인 테러는 "창의적인 혁명군중"의 자발적인 운동이라고 포장되었지만, 실제로는 중공정부의 지시하에 치밀하게 이루어진 "부르주아 외교 관례에 대한 공격"이었다.8) 홍위병의 시위 현장에 파견된 인민해방군은 외국인들의 생명

1967년 여름 홍콩 경찰과 대치 중인 친중 시위대. 홍콩 경찰이 시위대를 향해서 "최루 연기"에 대해서 경고하고 있다. (공공부문)

에 위협이 가해지지 않는 한 홍위병이 마음껏 조반투쟁을 벌이도록 방관했다.[9]

문혁 당시 중국은 집요하고도 무모한 고립주의 외교의 극단까지 갔다. 오늘의 시각에서 보면 현대 중국 외교사의 가장 큰 오점이지만, 외교공관을 들이박는 극한 행동은 당시 중국에 널리 퍼져 있던 반외세, 반제국주의, 제노포비아에 힘입어 문화대반란의 당위성을 극적으로 드높이는 정치적 효과를 발휘했다.

요컨대 중국과의 외교에서는 중공정부가 군중을 움직여 베이징의 외교공관을 공격한 전력이 있음을 기억해야 한다. 강대국과의 외교에서 과공(過恭)은 곧 파멸의 비례(非禮)이다. 작은 나라가 먼저 바싹 엎드리면 큰 나라는 아무렇지도 않게 밟아버린다.

제21장

권력의 부메랑

극좌 맹동 선동가의 최후

"권력은 칼날이다. 가볍게 쥐어야 한다." 작가 복거일(卜鉅一, 1946-)의 촌철살인이다. 권력자가 서슬 퍼런 칼날을 세게 잡고 난폭하게 휘두르면, 그 칼끝이 어디로 향할까? 무고한 사람들의 목을 치고, 가슴을 찌르고, 팔다리를 자를 수밖에 없다. 칼을 쥔 권력자는 그 칼을 온전히 자기 것으로 여기지만, 인간의 손아귀는 결코 흉포한 검의 진동을 견딜 수 없다. 역사를 돌아보면, 제멋대로 권력의 칼날을 휘두르다가 스스로를 베고 파멸한 인물들이 즐비하다. 권력은 부메랑이다. 가볍게 날려야 한다.

권력은 부메랑 : 몰락하는 권력자들

문혁 초기 마오쩌둥의 발밑에서 살살거리며 권력의 충견으로서 마음껏 칼날을 휘둘렀던 인물들은 어김없이 정치적 파멸에 이르렀다. 중공 서열 제2위로 급등하여 전군(全軍)을 지휘하며 승승장구하던 린뱌오는 1971년 9월 13일 일가족과 도망을 가다가 몽골의 오지에서 비행기가 추락하여 사망했다. 마오쩌둥 사후 채 한 달도 되지 않은 1976년 10월 4일 사인방은 전격 체포되어 이후 사형, 종신형 등 중형을 선고받았다.

문혁 초기 권력의 핵심에서 전성기를 구가하던 치번위, 왕리, 관펑. (공공부문)

　린뱌오나 사인방처럼 극적으로 파멸하지는 않았지만, 왕리, 관펑, 치번위 역시 정치적 단명을 면치 못했다. 문혁 초기 마오의 총애를 받고 홍극(紅極)의 일시를 풍미했던 극좌 권력의 핵심인물들이었다. 그들은 마오쩌둥 사상의 대변인들로서 날마다 펜과 입을 놀려댔다. 5-16 통지, 문혁 16조 등 문혁 초기 모든 강령성의 문건들이 이들의 손에 쥐어진 펜대로 작성되었다. 세간에서는 이들 3명을 "문혁 3대 필간자"라고 불렀다.1)

　1960년대 초부터 마오쩌둥은 이 3명을 선동의 첨병으로 삼았다. 그들은 마오의 지시에 따라서 군중을 한 방향으로 순식간에 몰아가는 강력한 선전, 선동의 기술을 발휘했다. 책깨나 읽고 글깨나 쓰는 뛰어난 인텔리들이었음에도 이들은 마오쩌둥에게 꼭 필요한 이념의 병기만을 생산했다. 관펑과 왕리는 중공중앙의 기관지『홍기』의 편집인들이었다. 문혁 당시『홍기』의 사설과 평론은 중앙 정국의 기본 의제를 설정하는 가장 중요한 관보였다. 『홍기』를 직접 편집했다는 사실만으로도 사상계에서 그들이 점했던 위치는 독보적이었다.

3명 중 가장 젊었던 치번위는 마오쩌둥의 총애를 받는 강력한 논객이었다. 그가 쓴 모든 논설은 자세히 뜯어보면 극단적 포폄, 무리한 예시, 단순화의 오류, 비논리적 추론으로 가득 차 있었지만, 숨 가쁘게 쭉 읽히는 매끄러운 문장, 화려한 미사여구, 적아를 양분하는 날카로운 투쟁의 수사를 담고 있었다. 사인방의 야오원위안과 마찬가지로 치번위는 마오의 마음에 쏙 드는 강렬하고 격정적인 이념의 투사였다.

앞에서 살펴보았듯이 치번위는 1963년 8월, 1964년 8월 두 차례에 걸쳐서 태평천국의 충왕 이수성을 투항, 변절한 역도로 몰아가는 평론을 발표했다. 이렇게 류사오치를 반역자로 낙인찍기 위한 이념전의 전초 작업을 마치자 1967년 4월 1일 그는 "애국주의냐, 매국주의냐?"를 발표해서 다시금 류사오치를 정치적 사형대로 몰고 갔다. 최고영도자가 어색하게 펜을 들고 정적을 직접 공격할 수는 없으므로, 마오는 배후에 머물면서 치번위 같은 젊은 이념투사들을 내세워 정치투쟁의 밑밥을 깔게 했다.

중국의 역사학자 부웨이화(卜偉華)의 표현을 빌리면, 이들은 "무산계급 사령부의 상방보검(尙方寶劍 : 절대 권력의 상징)을 휘두르며 전국을 호령했던" 당대의 권력자들이었다.

호랑이의 위세를 훔친 여우처럼 (狐假虎威)
미친 듯이 망령스레 만행을 저지르고 (狂妄蠻橫)
턱짓으로 지시하고 기세로 (하인들을) 부리며 (頤指氣使)
그 시대 모두를 업신여겼지! (不可一世)[2]

그러한 마오가 느닷없이 왕리, 관펑, 치번위 등 충성스러운 마오주의 극좌 선동가들을 암세포 도려내듯이 정계에서 축출하는 치밀한 계획을 세웠다. 1967년 8월부터 이 3명은 격리 상태에서 잔혹한 심사를 받아야 했다. 이듬해 1월부터 그들은 차례차례 정치범 수용으로 악명 높았던 베이징 창핑의 친청 감옥에 수감되었다.

그들은 날마다 펜대를 휘두르며 수많은 사람들의 목에 반도, 반혁명, 수정주의, 내부 간첩, 공적 등 무시무시한 이념의 올가미를 걸었던 "투사들"이었다. 그러나 막상 정치 탄압의 올가미가 그들의 목덜미를 향해서 던져지자 놀랍게도 세 사람은 단 한마디의 항변도, 외마디의 비명도 없이 무기력하게 구속되었다. 권력의 칼자루를 쥐고 휘두를 때에 그들은 전혀 몰랐던 듯하다. 서슬 퍼런 권력의 칼날이 자신들의 심장에 꽂히는 권력의 부메랑이었음을. 왕, 관, 치 3명의 몰락은 문혁의 전 과정에서 가장 기묘하고도 난해한 정국 전환의 신호탄이었다.

문혁, 정부의 대민 테러

지금도 일각에서는 문화혁명을 최고영도자 마오쩌둥의 지시에 따라서 혁명군중이 부패 관원을 바로잡은 민정관(民整官)의 드라마로 인식하고 있지만, 이는 중공 관변학자들이 만들어낸 착시일 뿐이다. 문혁은 본질적으로 관원이 인민을 때려잡는 관정민(官整民)의 정치 탄압이었다.3) 홍위병과 조반파 노동조직이 마음대로 날뛰며 주자파를 색출한다는 미명하에 정, 관, 학계의 권력자들을 단죄한 기간은 기껏 1년 남짓이었다. 그 이후 문혁은 정부가 군중을 감금, 취조, 고문, 모욕, 타살하는 정치적 잔해(殘害)의 과정이었다.

문혁 전 과정에서는 크게 세 차례의 거대한 정치 탄압이 일어났다. ①
1,000만 명을 조사해 10만을 죽음으로 내몬 청사 5-16 운동(1967-1972),
② 3,000만-3,600만 명을 박해하고 그중 75만-150만 명을 학살한 청계
운동(1968-1976), ③ 최대 20만 명을 희생시킨 일타삼반 운동(一打三反運
動, 1970년 1년간)이 바로 그것이다. 문혁의 미망과 정치투쟁의 야만을
들추기 위해서는 이 세 사건을 집중적으로 파헤쳐야 한다. 청계 운동은
제27장에서, 일타삼반 운동은 제30장에서 상세히 논의하겠다.

문화혁명 시기에 일어난 정치 숙청 중에서 청사 5-16 운동은 가장 긴
기간 동안 광범위하게 진행된 정치 운동이었다. 1967년 8월에 시작된 청
사 5-16 운동은 1970-1971년에 고조된 이후 1972년 실질적으로 끝이 났
지만, 그 여파는 1976년까지 이어졌다. 수십 년간 문화혁명을 탐구해온
중공 중앙당교의 진춘밍(金春明) 교수는 이 사건이야말로 문혁의 가장 큰
수수께끼라고 말한다. 왕리, 관펑, 치번위의 축출은 그 전초전이었다.[4]

마오쩌둥은 왜 갑자기 그토록 지지하고 성원했던 조반파 혁명군중을
극좌 맹동주의 반혁명분자로 몰아서 단죄하기 시작했을까? 진 교수는
1980년대부터 심층 연구를 위해서 국가 문서 열람을 요청했지만, 정부는
허락하지 않았다. 국가기밀이 풀리기 전까지는 확실한 내막을 알 수 없지
만, 이 사건은 베이징 영국 대사관 방화사건의 뒤처리와 관련이 있는 듯
하다.

천하대란, 어떻게 수습해야 하나?

1967년 7월 14일 새벽 3시 30분 열차를 타고 우한으로 향한 마오는 두
달이 지난 9월 23일에 귀경했다. 마오가 베이징을 비운 두 달 사이에 저우

언라이는 살얼음판을 걷는 긴장 속에서 날마다 벌어지는 무정부적 혼란을 수습해야 했다. 1966년 12월 말 마오쩌둥이 예감했듯이, 1967년은 천하대란의 연속이었다.

그간의 사태를 되짚어보면, 1월 초에 상하이 노동자들이 일어나 시 정부를 무너뜨리는 상하이 코뮌을 수립했다. 상하이 1월 폭풍은 전국에 탈권의 광열을 확산시켰다. 노동자, 농민이 가세하면서 문화혁명은 무장 집단의 충돌로 확전되었다. 비상사태를 수습하기 위해서 마오쩌둥은 즉각 인민해방군을 투입시켜 군부의 지휘 아래 혁명위원회를 건립하려고 했지만, 군부의 개입은 오히려 혁명군중의 군사화를 촉진했다.

그해 여름 후베이의 우한에서는 기관총, 수류탄, 장갑차로 무장한 혁명군중이 조반파와 보황파로 양분되어 실제적인 내전에 돌입했다. 정치의 혼란은 당연히 경제대란으로 이어졌다. 류사오치와 덩샤오핑의 신경제 개혁 아래에서 활기를 되찾던 경제는 후퇴하기 시작했다. 정상적인 경제의 질서가 무너져내리고, 교통, 운수가 막혀버렸다. 특히 수도와 남방을 잇는 장거리 철도 운항은 마비 상태였다.

저우언라이의 자구책

국무원 총리 저우언라이는 중공중앙 내 서열 제3위의 권력자였지만, "황제" 마오쩌둥 앞에서는 심복 유형의 비서관에 불과했다. 마오쩌둥이 즉흥적으로 큰일을 저지르면, 뒷수습은 언제나 저우언라이의 몫이었다. 마오쩌둥의 주치의 리즈수이에 의하면, 저우언라이는 마오쩌둥의 명령에 맹종하는 "노예"였다. "많은 사람들이 저우 총리가 인민을 보호했던 좋은 사람이라고 생각하지만, 사실 그가 취한 조치는 모두 마오의 명령일 뿐이

장칭과 저우언라이. 중앙문혁소조의 핵심인물이었던 장칭은 내부 회의에서 저우언라이를 노골적으로 압박하며 모욕을 주고는 했다. (공공부문)

었다."5)

수도에서는 단 하루도 바람 잘 날이 없었다. 중공중앙의 주요 기관들이 밀집된 베이징의 중난하이는 이미 류사오치 타도를 외치는 조반파 혁명군중에 겹겹으로 둘러싸여 있었다. 수도 베이징은 실제적인 무정부의 상황에 빠져들고 있었다. 앞에서 살펴보았듯이 8월 22일 홍위병들은 영국 대사관으로 쳐들어가서 불을 지르는 만행을 저지르기도 했다.

전 세계 언론에 대서특필된 홍위병의 영국 대사관 방화사건은 중공중앙에 커다란 압박이 아닐 수 없었다. 저우언라이는 영국 대사관에 대한 홍위병의 최후 통첩을 승인한 장본인이었다. 중공정부는 미증유의 외국 공산 테러에 대해서 공식적인 입장을 유보하고 있었다. 책임자 처벌도 공식 사과도 없었지만, 저우언라이는 당시 중국을 찾은 외빈에게 사적으로 큰 유감을 표했다. 그로서는 외교부까지 닥친 탈권의 광풍을 방치할 수 없었다.

중앙문혁소조 수뇌회의에 참가했던 공군 사령관 우파셴(吳法憲, 1915-2004)의 기록에 의하면, 당시 저우언라이는 늘 우울한 얼굴로 침묵을 지키고 있었다. 마오쩌둥의 아내 장칭은 저우언라이를 몰아세우며 험구를 늘어놓았다. "당신 저우언라이, 절대로 잊지 마! 내가 감싸주지 않았으면 당신은 벌써 타도되었어!" 그런 모욕에 시달리면서도 저우언라이는 인욕의 시간을 보내며 자구책을 마련했다.6)

저우언라이는 조반파 혁명군중 앞에서 왕리가 행한 8월 7일 연설을 정국 전환의 시발점으로 삼았다. 왕리가 조반파 혁명군중을 교사해서 영국 대사관 방화사건을 일으킨 배후의 검은 세력이라는 시나리오였다. 저우언라이가 작성한 시나리오의 초안은 상하이에 체류하고 있는 마오쩌둥과의 은밀한 교신을 통해서 치밀하게 짰였다. 이로부터 마오쩌둥이 저우언라이를 내세워 조반파 혁명군중의 좌파 맹동주의를 척결하는 대규모 숙청의 돌개바람이 일었다.

제22장
권력에 기생하는 지식분자의 운명

지식분자는 권력자의 마음을 사로잡기 위해서 발버둥 친다. 그 모습은 백열등에 몸을 부딪치며 날개를 퍼덕이는 부나방을 닮았다. 권력을 동경하는 지식인의 정치적 야망을 비난할 수만은 없다. 세계사의 모든 거대한 혁명은 지식인의 정치적 상상력이 권력과 결합될 때에 비로소 완성되었다. 군사를 일으켜 정권을 탈취할 수도 있겠지만, 아름다운 꿈을 팔아서 대중의 마음을 훔치지 않고서는 혁명이 지속될 수 없기 때문이다. 공자나 맹자처럼 모든 시대의 지식인들은 권력자를 향해서 치국의 요체와 경세의 묘책을 외친다. 문제는 지식인이 권력자에게 아부하고 기생할 때에 발생한다.

마오쩌둥의 역사 뒤집기

고대 중국에서 천하통일의 위업을 달성한 진시황의 뒤에는 순경(荀卿, 기원전 298-238)의 문하에서 치국의 책략을 탐구했던 초나라의 하급 관료 이사가 있었다. 어느 날 곡간에서 배불리 지내는 쥐들을 본 후, 이사는 스스로가 굶주린 뒷간의 쥐와 비슷하다고 생각했다. 이후 그는 권력의 곡간을 찾아서 진나라로 옮겨갔고, 법가의 치술을 팔아서 권력의 핵으로 들

진시황의 목숨을 노렸던 자객 형가(荊軻, ?-기원전 227)의 이야기를 묘사한 동한의 부조. 형가(왼쪽)가 던진 단도가 기둥에 박혀 있다. 오른쪽의 진시황은 옥새를 들고 있고, 맨 왼쪽의 병사가 진시황을 구하기 위해 달려가고 있다. (공공부문)

어갔다.

이사의 꿈은 지방 군웅의 침략을 막고 영구 평화의 기반을 닦는 중앙집권적 군현제와 사상통일의 실현이었다. 바로 그 꿈으로 이사는 진시황을 사로잡았고, 법가의 천하통일을 달성했지만, 황제가 죽자 이내 환관 조고(趙高, ?-기원전 207)의 계략에 빠져 일신을 망치고 말았다. 기원전 208년 여름, 이사는 강제로 이마에 문신을 하고, 코를 베이고, 다리를 잘린 후, 광장에 모인 군중 앞에서 허리를 절단하는 요참을 당했다. 그의 삼족(三族)도 모두 도륙당했다.

마오쩌둥은 역사의 악인으로 인식되어온 진시황을 재평가하고자 시도했다. 1958년 5월 8일 중국공산당 제8기 전국인민대표대회 제2차 회의에서 마오쩌둥은 직접 청중 앞에서 말했다.

[진시황은 중국의 광활한 판도를 짜고 통일된 다민족 국가의 기초를 닦은

인물이야. 분서갱유도 사실 분열을 책동하는 나쁜 책들을 불태우고, 분열을 획책하는 유생들을 파묻었던 것뿐이잖아.] 진시황이 뭘 했다고? 고작 460명의 유생들을 매장했을 뿐이잖아. 우리는 유생 46만 명을 매장했잖아. 우리가 진반 운동을 할 때, 반혁명적 지식분자들을 다 죽였잖아? 내가 민주인사들과 변론을 한 적이 있어. 그대들은 우리가 진시황이라고 비난했지. 틀렸어. 우리는 진시황을 100배나 넘었어. 우리는 우리가 진시황처럼 독재자라는 점을 인정해왔어. 애석하게도 그대들은 제대로 말을 못해서 우리가 더 보충을 해주었지. (청중 웃음)1)

문화혁명 당시 관변학자들은 진시황의 법가주의 혁명을 칭송했다. 홍위병들이 공자의 고향으로 달려가서 공묘의 문물을 파괴하던 시절이었다. 당연히 유가는 봉건시대 지주계급의 이념이라고 폄하되었다. 반면 법가는 대일통(大一統)의 중앙집권적 제국을 구축한 진보 사상이라며 칭송을 받았다.

마오쩌둥은 분명 진시황의 권위를 넘어서 중국 역사상 최고의 영웅으로 역사에 기록되기를 원했다. 1936년 옌안의 토굴에서 마오쩌둥이 직접 지었다는 운문 "심원춘, 설(沁園春, 雪)"에는 진시황에 대한 그의 평가가 단적으로 드러난다. 바로 "진시황과 한무제는 문재가 부족했고(惜秦皇漢武, 略輸文采)"라는 구절이다. 혁명의 관점에서 문학적 풍류란 투쟁의 방법을 이론적으로 정식화하고 대중을 포섭하는 선전, 선동의 기술을 일컫는다.

이 구절은 진시황이 "위대한 법가혁명"을 멋지게 꾸밀 혁명 이론을 갖추지 못했었다고 지적한다. 진시황은 천하통일을 달성했지만, 후대의 중화제국은 모두 법가가 아닌 유가를 국가이념으로 삼았다. 법가가 이룬 천하통일의 혁명이 유가에 의해서 강탈당했다고 볼 수도 있다. 마오쩌둥은 대중의 마음을 사로잡는 정교한 이론의 계발 없이는 공산혁명이 성공할 수 없음을 잘 알고 있었다.

마오 키즈 : 이념전선의 전위부대

바로 그러한 이유 때문에 마오쩌둥은 집권 초기부터 권력을 바라고 구름처럼 모여든 수많은 인텔리들 가운데 발군의 인재를 선별해서 이념전선의 전위부대를 조직했다. 대부분 영웅을 꿈꾸며 일찍이 공산혁명에 투신한 권력지향적 인물들이었다.

가령 마오쩌둥의 최측근이었던 톈자잉은 어릴 적에 부모를 잃은 뒤 독학으로 문장을 읽고 불과 13세의 나이에 문예지에 수십 편의 시가를 게재했던 쓰촨 성의 문학 신동이었다. 그는 1938년 공산당에 입당한 후, 중앙선전부 등에 배속되어서 곧 문재를 드러냈다. 1948년 이래 톈자잉은 마오쩌둥의 비서로 근무했다. 그는 훌륭한 문장력을 발휘해서 헌법 제정에도 참여했으며, 마오쩌둥의 시사 작품을 손질하고, 연설문의 초안을 작성하기도 했다.

승승장구하던 톈자잉은 1960년대 초반 후난 성을 답사한 후, 기근의 실태에 관해서 보고서를 올리면서 마오의 눈 밖에 났다. 문혁이 개시되던 1966년 5월 22일 오전, 우경분자로 몰린 톈자잉은 스스로 목을 맸다. 그에게 씌워진 죄목 중에는 "마오쩌둥 저작"을 조작한 혐의가 있었다. 마오는 1950년부터 20대의 톈자잉을 『마오쩌둥 선집』 편찬 작업에 참여시켰다. 『마오쩌둥 선집』 편찬은 마오가 이념의 전위부대에 맡긴 최초의 임무였다.

『마오쩌둥 선집』 편찬

1949년 12월 말 난생처음 소련을 방문하여 2개월간 체류했던 마오는 스탈린에게 『마오쩌둥 선집』을 편찬할 계획을 알렸다. 스탈린이 마오를 동굴의 마르크스주의자라고 조롱한 바 있었기 때문에, 마오는 게릴라 전사라는 이미지를 벗고 공산주의 이론가의 반열에 편입되기를 갈망했다. 그는 스탈린에게 중국공산당은 무장투쟁에 몰두한 결과 이론적 무장이 부족하다고 실토한 후, 소련의 이론적 자문을 부탁했다. 스탈린은 소련공산당의 대표적인 철학자 파벨 유딘(Pavel Yudin, 1899-1968)을 주중대사로 파견했다. 유딘은 1953년 12월 3일부터 1959년 10월 15일까지 베이징에 머물면서 중국의 학자들을 이론적으로 지도했다.

1950년 시작된 『마오쩌둥 선집』 편찬 작업은 한국전쟁 때문에 일시 중단되었다가 1-4 후퇴로 UN군이 38선 이남으로 내려간 후인 1951년 2월 말부터 정식으로 재개되었다. 『마오쩌둥 선집』 편찬의 총책임자는 다름 아닌 류사오치였다. 류사오치는 중공의 대표적 이론가이자 문필가였던 천보다를 편집장으로 임명했고, 마르크스주의 이론가였던 후차오무(胡喬木, 1912-1992)와 톈자잉에게 편집 실무를 맡겼다. 26개 언어로 번역된 『마오쩌둥 선집』의 총 발간 부수는 3억 부에 달했다고 전해진다.

중공 기관지 『홍기』의 간행

『마오쩌둥 선집』을 출간한 후, 마오는 혁명의 이론화에 한층 더 박차를 가했다. 1958년 6월 1일, 중앙위원회는 마오의 제의에 따라서 『홍기』를 창간했다. 『홍기』는 1988년 6월 16일 『구시(求是)』로 개명될 때까지 30년

마오쩌둥과 그의 비서 톈자잉의 모습. 마오쩌둥은 쓰촨 성의 신동 톈자잉을 발탁해서 비서로 삼았지만, 이후 그의 직언이 이어지자 정치적 박해를 가했다. 톈자잉은 문혁이 공식적으로 시작되는 1966년 5월 22일 자살했다. (공공부문)

간 매달 2회씩 출간된 대표적인 중공의 이론지였다. 국내외 주요 현안에 대한 중국공산당의 공식 입장은 대부분『홍기』의 사론(社論)을 통해서 발표되었다. 마오가 직접 머리말을 쓰는 경우도 적지 않았다.

그만큼 절대적인 권위를 가졌기 때문에『홍기』의 편집위원들은 극적인 정치적 영욕을 겪게 되었다. 1958년부터 1970년까지『홍기』의 발행을 주관했던 천보다는 결국 반혁명분자의 오명을 쓰고 숙청되었다.『홍기』의 대표 논객들이었던 문혁의 3대 필간자 왕리, 관펑, 치번위도 이러한 길에서 자유롭지 않았다. 마오쩌둥은 세 사람이 글을 발표할 때마다 적극 지지를 표했다. 마오의 승인을 얻은 세 사람의 평론은 한 편 한 편 혁명군중을 격동시키는 문혁의 불길이 되었다.

절대 권력자의 비호 아래에서 펜대를 놀리던 세 사람은 1968년 1월 재판 절차도 없이 친청 감옥에 수감되었다. 왕리와 관펑은 1982년에 석방되었지만, 치번위는 1980년 옥중에서 체포되는 형식을 거쳐 1983년 18년 형을 선고받은 이후 1986년에야 수형 생활을 마치고 만기 출소했다.

이사는 독특한 법가 사상으로 진시황을 지배했다. 비록 그의 몸은 비참하게 찢겼지만, 그가 고안한 통일정책은 2,000년 중화제국의 기틀이 되었다. 반면 왕, 관, 치는 마오쩌둥에게 이용만 당한 꼭두각시에 불과했다. 그들은 스스로 독창적인 사유를 전개하거나 새로운 이론을 제창한 독립적인 사상가가 아니라 오로지 마오쩌둥의 절대 권위에 기생하며 마오쩌둥 사상만을 윤색하고 홍보한 노예적 지식분자일 뿐이었다.

독창적인 사상으로 권력자를 사로잡은 인텔리는 정부의 실권을 장악할 수도 있다. 반면 권력자에게 기생하는 인텔리는 헐떡이며 토끼를 잡아와서는 삶기고 마는 사냥개와 다르지 않다.

제23장

마오의 긴고주
조반파를 제압하라!

정치가 과연 선악의 대결일까? 아닐 수도 있다. 어떤 진영이든 스스로 옳다고 믿기 때문에 목숨을 걸고 싸운다. 한 진영에 속해서 다른 진영을 보면 모두가 악의 무리로 보일 수도 있다. "착한" 사람들끼리 서로를 "나쁘다"고 욕하며 싸우는 역설이다. 정치는 어쩌면 선악의 대결이 아니라 선의의 충돌일지도 모른다. 신념과 신념의 충돌, 선의와 선의의 마찰이기 때문에 정치투쟁은 그 어떤 싸움보다 잔인하고 악랄한 양상을 보인다. 따라서 어리석은 사람들은 '권력자의 선한 동기'를 맹신하고 칭송하지만, 현명한 사람들은 '권력자의 선한 동기'를 의심하고 경계한다. 무능한 권력자가 선한 동기만 믿고, 무책임하게 검증도 없이, 역사의 교훈도 전문가의 조언도 무시한 채 제멋대로 신나서 큰일을 벌이면 이내 큰 재앙이 닥치기 때문이다.

욕속부달(欲速不達) : 서두르면 실패한다!

1950-1960년대 중공중앙 통치의 핵심은 한마디로 "더 빨리!(多快)"였다. 특히 대약진 운동이 시작되던 1950년대 말 마오쩌둥은 단기간에 큰 성과

를 내야 한다는 병적인 조급증에 시달렸다. 최고영도자가 인민의 유토피아를 만들겠다는 선한 동기로 조급증을 부렸기 때문에 중앙정부는 거세게 지방정부를 압박했다. 상부의 비위를 살피는 지방의 관료들은 경쟁적으로 비현실적인 목표를 제시했다. 피라미드식 구조의 관료행정에서 책임은 속속 하위조직에 전가되었다. 결국 맨 밑바닥의 간부들이 총대를 멨다. 상부에서 떨어지는 할당량을 채우기 위해서 그들은 현장의 생산대중을 모욕하고 구타하고 혹사시켰다. 최대 4,500만 명을 희생시킨 인류사 최대의 대기근은 바로 마오쩌둥의 조급증에서 비롯되었다.

대약진이 대기근으로 귀결되었음에도 불구하고 마오쩌둥은 변하지 않았다. 막후에서 치밀하게 문혁의 도화선에 불을 붙인 후, 그는 또다시 "더 빨리!"를 외쳤다. 조반파 혁명대중이 들고일어나서 중공사령부의 수정주의 당권파를 축출하면 곧 문혁을 종식할 생각이었다. 그의 표현을 빌리면, 1967년 "천하대란을 일으켜서 수정주의 당권파를 몰아낸 후, 1968년부터 천하대치를 이룬다!"는 계획이었다. 이미 그는 "1966년에 문혁을 개시하고, 2년 차에는 기초를 놓고, 3년 차에는 대미를 장식하는" 3개년의 속성 혁명이라는 비전을 제시했었다. 그는 늘 그렇게 단기 혁명의 강박증에 시달리고 있었다.

조반파를 제압하라!

장장 8개월간의 외유를 마치고 1966년 7월 중순 베이징으로 복귀한 마오는 즉시 "조반유리!"를 외쳤다. 반란은 정당하다는 뜻의 이 한마디는 10대 홍위병의 심장에 불을 질러 베이징 홍팔월의 학살극을 야기했다. 조반유리는 병정들을 마음대로 움직이는 마법사의 주문이었다. 그후 1년간 무정부적 혼란이 이어졌다. 사분오열된 혁명군중이 무장투쟁에 돌입했고, 군대가 투입되자 더욱 광범위한 대중조직의 군사화가 전개되었다. 전국에서 동시다발적으로 무장투쟁이 일어났다. 몇몇 곳에서는 대량 학살이 자행되었다.

중국은 명실상부 내전 상태에 돌입했다. 마오가 예견했던 천하대란은 무정부의 혼란으로 치닫고 있었다. 경제는 곤두박질치며 침체의 늪으로 빠져들었다. 그해 7월 7-20 우한 사건의 현장에서 마오쩌둥은 보황파 대중조직 백만웅사의 폭력시위를 피해서 급히 피신하는 수모를 겪었다. 여기에 8월 22일에는 베이징의 조반파 홍위병이 영국 대사관을 불태우는 사태까지 겹쳤다.

이 모든 사태의 뿌리는 바로 마오쩌둥 자신의 교시였다. "혁명은 무죄이다!" "반란은 정당하다!" "사령부를 폭파하라!" "우귀사신을 모두 쓸어버리자!" 등 마오쩌둥 스스로 내뱉어 퍼뜨린 무관용, 비타협, 결사항전의 구호들이 당시 중국의 청년층을 탈레반을 닮은 혁명 근본주의자들로 만들어버렸다. 그들은 일반적으로 조반파 혁명대중을 자처했다. 모두 마오쩌둥을 인격신으로 떠받드는 마오쩌둥 사상의 호위병들이었다. 1년간 문혁의 질풍노도가 휩쓸고 가자 전국은 대혼란에 빠져버렸다. 마오가 보기에 가장 위협적인 세력은 다름 아닌 조반파 군중조직들이었다. 이제 마오는 쓰레기를 처분하듯이 조반파 세력을 모두 버리기로 결심했다. 실로 무서운 계략이었다.

마오의 긴고주

삼장법사는 관음보살에게 정심진언을 전수받았다. 삼장법사가 정심진언을 욀 때면 제멋대로 날뛰던 손오공의 머리에 묶인 긴고아가 조여졌다.

이른바 긴고주(緊箍呪 = 정심진언)는 삼장법사가 손오공을 다스리는 비장의 심술(心術)이었다.

1967년 8월, 마오쩌둥에게도 긴고주가 필요했다. 손오공처럼 날뛰는 조반파를 제압해야 했기 때문이다. 다수의 문혁사가들은 마오쩌둥의 긴고주가 바로 청사 5-16 운동이었다고 해석한다. 앞에서도 언급했듯이, 1967년 8월부터 시작되어 1970-1971년 최고조에 달했던 이 운동은 1972년 일단 멈추었으나 그 여파는 1976년까지 이어졌다. 정확하지는 않지만, 일설에 의하면 1,000만 명이 조사를 받고, 그 과정에서 10만 명이 박해당해서 사망했다고 한다. 왕리의 회고록에 따르면, 1,000만 명 가운데 350만 명이 구속되었다.[1]

그 규모에 비해서 청사 5-16 운동의 시작은 미약했다. 1967년 5월 17일 중앙 기관지에는 5-16 통지가 실렸다. 바로 1년 전 베이징 중공중앙이 채택한 문혁의 강령성 문건이었다. 어쩐 일인지 극비에 부쳐졌던 5-16 통지가 1년 만에 공개되자 베이징의 여러 대학에서는 5-16 병단이 형성되었다.

류사오치와 덩샤오핑이 이미 밀려난 후였으므로, 이들은 국무원 총리 저우언라이를 다음 표적으로 삼아서 공격을 개시했다. 먼저 베이징 외국어학원의 5-16 병단이 저우언라이를 군부 장성들이 중앙에 도전했던 이른바 2월 역류의 검은 배후라고 비판하고 나섰다. 이들은 철강학원의 5-16 병단과 함께 곧 수도 5-16 홍위병단이라는 연합체를 구성한 후 본격적으로 저우언라이를 수정주의로 몰아가는 정치투쟁에 나섰다.

소규모 대중조직이었던 이들의 활동은 8월 초까지만 이어졌다. 1967년 8월 8일 이들은 베이징의 주요 중심가에서 다섯 종류의 전단을 뿌리면서 저우언라이를 공격하기 시작했지만, 그해 8-9월에 핵심인물들이 모두 구

"중국을 자게 내버려두라. 깨어나면 세계가 애석해하리니, 나폴레옹"(1958년 12월 1일 『타임[*Time*]』[왼쪽]) / "혼돈의 중국"(1967년 1월 13일 『타임』[오른쪽])

속되었다. 공안장관 셰푸즈의 발언에 따르면 9월 10일 수도 5-16 홍위병 단은 불과 50명 정도였으며, 그중 진짜 악당들은 10여 명 정도였다. 사건 은 이렇듯 일단 군중조직에 침투해서 암약하는 소수 주자파의 체포 정도 로 끝이 나는 듯했다. 그러나 이는 얼마 후 청사 5-16 운동으로 다시 불붙 어 결국 전국을 덮치는 대민 숙청의 화마가 되었다.

조반파, 칼날 위에 서다!

제22장에서 우리는 중공 기관지 『홍기』의 편집위원으로 맹활약했던 문혁 3대 선동가 왕리, 관펑, 치번위의 처참한 몰락을 보았다. 1966년 가을 마 오는 극좌의 선동을 이어가던 이 3명을 치밀한 계획에 따라서 차례로 축출 했다. 그들은 문혁 초기 마오쩌둥의 정치적 입장을 대변했던 공식적인 마

우스피스였다. 세 사람은 전 중국 인민을 혁명의 사상으로 세뇌시킨 가장 충직한 마오쩌둥 사상의 이론가로 맹활약을 해왔다. 그들이 작성한 모든 글들은 마오쩌둥의 지시에 따라서 구성되고, 그의 승인 아래에서 출판된 마오쩌둥의 교시와 다르지 않았다.

마오쩌둥이 세 사람을 그토록 급작스럽게 파면하고 축출할 수 있었나? 충성스러운 그들을 밀어낸 것은 상식적으로 모순이고 자가당착이지만, 잘 들여다보면 마오쩌둥으로서는 절묘한 한 수를 두었다고 볼 수도 있다. 왕, 관, 치가 반혁명분자로 몰리는 순간, 그들의 선동에 놀아나던 조반파 혁명 군중은 자동적으로 반혁명 세력이 되기 때문이다. 바꿔 말하면, 조반파 군중조직들을 통제하고 규제하기 위해서 마오가 읍참마속의 심정으로 충직한 부하 3명의 목을 베었다고도 할 수 있다.

대혼란이 전국을 휩쓸던 1967년 여름, 마오는 베이징 시 정부로부터 베이징 사범대학의 조반파가 5-16 분자일 수 있다는 내용의 보고서를 받았다. 마오쩌둥은 "이것은 좋아!"라는 한마디 의미심장한 말을 했다. 마오가 앞장서서 조반파 혁명군중을 버리는 순간이었다.

삼장법사가 긴고주를 욀 때마다 손오공은 머리가 깨지는 듯한 두통을 느끼며 데굴데굴 굴렀다. 마오가 5-16분자들에 대한 저주를 쏟아내자 조반파 혁명군중은 5-16분자로 낙인찍히고 정치적 죽음 또는 생물학적 사망에 내몰렸다. 손오공의 장난을 제지하는 삼장법사처럼 마오는 "극좌 행위를 선동하는 검은 마수의 반혁명 세력을 경계하라!" 부르짖었다. 문혁 때도 마오는 "더 빨리!" 모든 일을 해치워야 한다는 혁명가의 조급증에 시달렸다. 그는 전 인민을 이끌고 정치적 실험을 이어갔고, 그 실험이 재앙을 불러오자 오류를 덮기 위해서 추종자들을 5-16분자로 몰아서 숙청하기 시작했다.

제24장

잃어버린 세대
홍위병의 수난

쓰촨 성의 성도 충칭에 위치한 사핑 공원에는 1967-1968년 충칭 무장투쟁에서 목숨을 잃은 많은 사망자 가운데 대략 404명이 묻힌 900평의 묘지가 있다. 현지인들은 이곳을 흔히 "문혁 묘역"이나 "홍위병 묘역"이라고 부른다. 기록이 남은 196명을 보면, 20대 이하 69명(35.2퍼센트), 21-30세 66명(33.7퍼센트), 31-40세 41명(20.9퍼센트), 연령 미상자가 20명이다. 최연소자는 14세이며, 최고령자는 60세이다. 직업이 기록된 299명은 노동자 176명(58.9퍼센트), 학생 104명(34.8퍼센트), 군인 6명, 교사 2명, 기타 11명의 분포를 보인다.[1] 사망자의 수만으로도 당시 충칭에서 큰 규모의 교전이 일어났음을 알 수 있다.

상하이 1월 폭풍 직후인 1967년 1월 말, 충칭에서도 50여 개의 조반파 군중조직이 우후죽순으로 생겨났다. 이들은 경쟁적으로 시위원회를 무력화하고 정부조직을 접수하는 탈권투쟁에 나섰다. 우한의 경우와 마찬가지로 충칭에서도 여러 군중조직 사이의 권력투쟁은 점점 더 격한 양상으로 치달았다. 충칭 혁명위원회의 건립과정에 무려 56개의 군중조직이 참여했는데, 지방군부는 "좌파군중을 지원하라!"는 마오의 명령에 따라서 특정 세력만을 군사적으로 지원할 수밖에 없었다. 이에 위기를 느낀 반대 세력은 군부대와 관계를 트거나 무기고를 터는 등 여러 방법으로 군사무장에 성공했다. 1967년 여름, 두 패로 나뉜 다수의 군중조직들은 서로 중화기를 들고 충칭의 곳곳에서 "전면내전" 혹은 "인민전쟁"을 벌이기 시작했다. 1967년 8월 8일에는 양쯔 강의 물줄기에서 함대가 동원되어 153명의 사상자가 발생한 "88해전"까지 벌어졌다. 충칭 시 정부의 기록에 따르면, 1967년 여름부터 1968년 여름까지 모두 31번의 무장투쟁이 발생했다. 그중 24번은 총, 포, 탱크, 포선(炮船) 등이 사용된 내전 양상의 전투였으며, 그 과정에서 대략 645명이 목숨을 잃었다.[2]

대체 같은 도시에 살던 사람들이 왜 갑자기 동포상잔(同胞相殘)의 포화에 휩싸여야만 했을까? 그 이유가 무엇이든, 양쪽 모두 숭고한 "인민전쟁"의 전사가 되어서 "마오 주석을 위해 싸운다"고 믿고 있었음은 분명하다. 한 전사자의 묘비명에서는 다음과 같은 구절이 보인다. "문화대혁명 내내 조금도 흔들리지 않고 마오 주석의 혁명노선만을 따라서 용감하게 투쟁의 최선봉에 섰던 그대! 마오 주석의 혁명노선을 보위하기 위해서 마지막 피한 방울까지 흘린 그대!"[3]

홍위병의 탄생, 두 가지 설명

중화인민공화국이 성립된 1949년 이후에 태어나서 문화혁명이 일어날 당시 중, 고등학교에 재학하며 홍위병 운동을 직접 경험한 이른바 홍위병 세대는 보통 그 핵심 인원이 1,000만 명 정도라고 여겨진다. 1966년과 1968년 사이에 대학이나 전문학교에 다닌 재학생들까지 포함하면 여기에 1,200만 명 정도가 더해진다. 1965년 당시 초등학교 재학생들을 포함하면, 그 숫자는 1억2,000만 명에 달한다.[4] 홍위병 세대의 이념과 광기를 깊이 탐구한 철학자이자 문혁연구가인 중국사회과학원의 쉬유위(徐友漁) 교수에 따르면, 홍위병 세대는 적게는 1,000만 명에서 많게는 3,000만 명으로 추정된다.5)

문화혁명 당시 홍위병들은 최소 17년 이상 중앙선전부의 강력하고도 체계적인 "아지프로"에 노출되어서 공산주의의 기본 가치와 마오쩌둥 사상으로 무장한 혁명의 신세대였다. 홍위병들은 영아기부터 공산당 무오류의 원칙을 수용하고, 당의 권위에 무조건 복종하도록 세뇌되어왔다. 쉬유위 교수에 따르면, 그들은 어항 속의 물고기처럼 당 조직의 조밀한 감시망 속에서 개성과 자유와 권리를 망각해버린 노예화 교육의 피해자들이었다.6)

펜실베이니아 대학교의 궈빈 양(Guobin Yang) 교수는 문혁 초기인 1966-1968년 청소년들이 경쟁적으로 폭력을 통해서 혁명성을 드러내야 하는 "상상의 혁명"에 빠져 있었다고 주장한다. 그들은 1950-1960년대 중국 사회를 휩쓸었던 전쟁 영화, 혁명가극, 혁명가곡, 혁명신화와 전쟁 영웅들의 전기를 일상적으로 접하면서 자랐다. 또한 그들은 『마오쩌둥 어록』을 줄줄 암송하며 마오쩌둥을 태양처럼 숭배했다. 바로 그러한 이념적 세뇌의 과정을 통해서 그들은 공산주의 혁명의 동화 속에서 계급전쟁에 헌신하는 혁명적 낭만주의자들로 길러졌다.7)

이러한 설명에는 꽤 설득력이 있지만, 선전, 선동과 세뇌 교육만으로 홍위병의 광적인 행동을 다 설명할 수는 없다. 일부 문혁사가들은 홍위병의 정신을 구속하는 중공정부의 당안체제에 주목한다. 당안(檔案)은 개개인의 출신, 사회관계, 정치 활동, 주변 사람의 밀고 내용까지 적힌 신상정보의 기록부로, 평생 동안 그림자처럼 따라다니며 개개인의 이력을 결정하지만 완벽히 비밀에 부쳐지기 때문에 정작 본인은 절대로 그 내용을 볼

무장투쟁을 하고 있는 시난 사범학원 부속 중학의 어린 여자 전사들. 사진 속에는 "선혈과 생명을 바쳐서 마오 주석을 보위하라!"고 적혀 있다. (何蜀, 『爲毛主席而戰 : 文革重慶大武鬪實錄』)

수 없는 문서였다. 누구든 정치적 표적이 되는 순간, 당안 속의 기록들은 인격을 살해하는 위력을 발휘했다. 학교를 점령한 홍위병들이 가장 먼저 불태운 것이 당안이었다는 증언도 있다.[8]

결국 이는 전체주의적 감시와 정치적, 이념적 압박 때문에 다수의 청소년들이 피치 못해 홍위병이 되었음을 보여준다. 이 설명대로라면 홍위병들의 과격한 폭력 행위는 권위에 대한 도전, 반항과 저항이라기보다는 마오쩌둥의 절대 권위, 제도적 압력, 상호 감시에 따른 어린 청소년들의 수동적, 맹목적 복종에 불과했다.

마오가 학생들을 교실로 돌려보낸 까닭은?

1967년 10월은 문혁의 분기점이었다. 마오쩌둥은 질서를 회복하기 위한 특단의 조치를 강구했다. 그해 가을 마오쩌둥은 5-16 병단이라는 가공의 검은 세력을 향해서 숙청의 산탄을 난사하기 시작했다. 암을 도려내듯이 최측근을 축출한 마오의 단호한 조치에 관, 정, 군은 공포에 휩싸일 수밖에 없었다.

동시에 마오는 혁명위원회의 조속한 설립을 촉구했다. 그때까지만 해도 29개 성급(省級) 행정구 가운데 불과 7개 지역에만 혁명위원회가 있었다. 참여 세력들 사이의 마찰과 알력이 심해서 혁명위원회를 구성하는 과정도 순탄하지 않았다. 마오쩌둥의 강력한 요구가 있었음에도 혁명위원회는 1968년 9월이 되어서야 신장을 마지막으로 전국에 설립되었다. 마오쩌둥은 인민해방군, 혁명간부, 혁명군중의 삼결합을 원칙으로 제시했지만, 결국 혁명위원회의 실권은 군부가 장악했다. 그리하여 질서를 회복한다는 명분하에 사실상의 군부독재가 실시되었다.

또한 1967년 10월 마오쩌둥은 문혁의 첨병으로 맹활약을 벌여온 홍위병들을 교실로 돌려보내는 계획을 세웠다. 1967년 10월 14일, 중공중앙은 "중발 [1967] 316호" 문건을 통해서 공식적으로 전국의 초, 중, 고 및 대학의 수업 재개를 명령했다. 덕분에 학생들은 실로 1년 반 만에 교실 책상 앞에 앉을 수 있었는데, 신설된 교과과정은 온통 마오쩌둥 사상을 고양하는 이념 교육뿐이었다. 수학, 과학, 외국어 등의 교과목은 뒷전으로 밀려났다. 중공중앙은 각 학교 측에 "사심을 물리치고 수정주의를 비판하라"는 마오쩌둥의 지시를 "견결히 수행하라!" 지시했다.

마오는 질서를 회복하기 위해서 교실 밖의 무력투쟁을 교실 안의 이념

1967년 10월 이후 교실에 복귀한 학생들이 『마오쩌둥 어록』을 함께 낭송하고 있다. 칠판에는 "녠쓰왕(年思旺, 1945-)에게 배워서 사사로운 잡념을 단호히 물리치자!" 고 적혀 있다. 인민해방군 병사 녠쓰왕은 달려오는 기차 앞에 몸을 던져서 철로에 놓인 46킬로그램의 돌을 치운 살신성인의 영웅이다. (공공부문)

투쟁으로 전환시키고자 했지만, 홍위병의 폭력투쟁은 좀처럼 사그라들지 않았다. 홍위병의 운동은 1968년 7월 27일 칭화 대학의 교정에서 발생한 대규모 유혈사태로 결국 종언을 고하게 되었다.

홍위병 운동의 종언 : 칭화 대학의 무장투쟁

1968년 봄, 칭화 대학의 교정은 급진 조반파인 징강 산 병단 총부와 온건 조반파인 징강 산 병단 4-14 총부 두 진영으로 나뉘어 격렬하게 대립하고 있었다. 4월 23일에 시작된 전교 규모의 대규모 무장투쟁은 7월 말까지

100일간 지속되었다. 사태를 관망하던 마오쩌둥은 7월 27일 마침내 칭화 대학 교정에 공인(工人) 해방군 마오쩌둥 사상 선전대(약칭 공선대)를 투입했다. 바로 그날, 급진파와 공선대 사이에서 격심한 충돌이 일어나 공선대원 5명과 칭화 대학 소속 6명이 사망하고, 400여 명의 부상자가 속출하는 참사가 일어났다.9)

28일 새벽 2시 저우언라이는 마오쩌둥의 침실에 전화를 걸어서 칭화 대학의 상황을 소상히 알렸다. 격분한 마오쩌둥은 "조반파가 진짜로 반란을 일으켰나!" 소리치며 일어났다. 아침이 되자 그는 인민대회당에서 홍위병 대표들에게 급전을 쳐서 긴급회의를 소집했다. 5명 중 4명은 제시간에 도착했지만, 폭력시위의 현장에서 분투하던 칭화 대학의 급진 조반파 대표 콰이다푸는 뒤늦게야 연락이 닿았다.

콰이다푸는 문화혁명 당시 마오 키즈의 대표격 인물이었다. 그는 1966년 여름 칭화 대학 교정에서 류사오치가 파견한 공작조에 맞서서 목숨을 걸고 투쟁했고, 1967년 4월에는 30만이 운집한 비투대회에서 왕광메이를 공격했던 조반파의 대표였다. 일개 대학생인 콰이다푸가 국가주석 류사오치에게 맞서서 놀랍도록 대담한 투쟁을 전개할 때, 그 배후에는 마오쩌둥이 버티고 있었다. 정치적 지도자로서 콰이의 지위는 100퍼센트 마오쩌둥의 권위에 의지하고 있었다. 그는 마오의, 마오에 의한, 마오를 위한 괴뢰일 뿐이었다.

헐떡이며 회의장으로 달려온 콰이다푸는 마오쩌둥을 직접 알현하는 순간 눈물을 터뜨렸다. 그는 울먹이면서 "칭화의 학생들이 흑수(黑手)의 조정을 받는 공인들에게 공격을 당해서 매우 위태로운 상황"이라며 하소연을 했다. 마오쩌둥은 그에게 "배후의 흑수가 바로 나"라며 말의 폭탄을 터뜨렸다. 홍위병 운동이 종언을 고하는 순간이었다.

내쫓긴 젊음 : 상산하향의 드라마

홍위병 운동을 종식한 마오쩌둥은 곧이어 도시 홍위병들의 농촌 파송을 결정했다. 하방 혹은 지식청년(이하 지청)의 상산하향(上山下鄕 : 산으로 오르고 마을로 내려감)이라며 미화되었으나 실은 청소년의 인권을 짓밟는 집체적 유형(流刑)의 시작이었다. 학생들은 학업의 권리를 빼앗기고, 지적 연마의 시간을 잃고, 진학의 기회를 상실했다. 의료 혜택도, 최저생계비도, 진로 선택의 자유도 없었다. 이제 그들은 낯선 오지에서 강제노역에 시달려야 했다.

중, 고등학교 학생들의 수는 문혁이 개시되기 직전 모두 1,000만 명 정도였다. 당시 초등학교 재학생들은 직접 홍위병 운동에 참여하지 않았지만, 이들 역시 문혁의 세례를 받았다. 그 인원을 모두 합하면 1억2,000만 명까지 늘어난다.

1966-1968년 당시 67만4,000여 명에 달했던 대학 재학생들은 운 좋게도 하방의 광풍을 비껴갔다. 반면 당시 중, 고등학교 학생들은 홍위병 운동에 참여한 후 하방까지 당했다. 1966년에서 1968년 사이의 고등학교 졸업생들을 흔히 노삼계(老三屆), 중학교 졸업생들을 신삼계(新三屆)라고 부른다.

상산하향 운동에 동원된 지청은 1947-1959년 동안 도시에서 출생해서 자란 청소년들이 대다수였다. 한 통계에 따르면, 1967년에서 1979년 사이 당시 도시인구의 대략 13.7퍼센트에 달하는 1,647만 명이 하방되었다. 1967년 말부터 1972년까지 제1차 고조기에는 중학생을 주축으로 하는 대략 716만 명이, 1973년부터 1977년까지 제2차 고조기에는 고등학생을 중심으로 859만 명이 파송되었다. 문화혁명이 막을 내린 이후 그 수는 급격

1968년 이후 상산하향의 구호 아래 농촌으로 파송된 지청들. (공공부문)

히 줄어들었지만, 상산하향은 잔물결처럼 이어졌다. 1978-1979년까지도 고등학교 졸업생 중 일부가 농촌으로 파송되었다.[10]

운이 좋으면 도시 변두리의 농촌에 배속되었지만, 베이징, 톈진, 항저우, 난징, 우한, 청두, 충칭 등 무장투쟁이 극심했던 대도시의 학생들은 네이멍구(內蒙古), 신장, 윈난, 헤이룽장 등 더 멀고, 더 힘든 오지에 던져졌다.

격리와 중노동의 고통 속에서 그들은 깨알같이 기록을 남겼다. 실개울처럼 흘러 모인 지청들의 기록은 마침내 대하의 물줄기로 흘렀다. 문혁 이후 이들의 비망록이 수도 없이 출판되어 상흔문학이라는 새로운 장르를 탄생시켰다. 이제 그들의 체험담에 귀를 기울여보자.

잃어버린 세대의 기록

어느 나라의 역사든 비참하게 희생당한 세대가 있다. 전체주의 정권의 침략에 맞서다가 장렬하게 전사한 세대도 있고, 독재를 타도하는 과정에서 서글프게 산화한 세대도 있다. 무능한 정권의 허튼 정책 때문에 앞길이 막혀버린 세대도 있고, 교활한 권력자의 속임수에 넘어가서 몸과 마음을 다치고 만신창이로 살아가는 세대도 있다.

잃어버린 세대의 주인공을 자처하면서 그 시절의 상처를 훈장처럼 과시하며 권력을 거머쥐고 치부하는 세력도 있다. 이들과는 달리 잃어버린 세대의 참된 주인공들은 오랜 시간이 지난 후에야 치명적인 내상을 딛고 가까스로 입을 연다. 과거의 홍위병들이 문화혁명이 끝난 후에 남긴 기록의 더미는 인간의 내면을 비추는 거대한 거울과도 같다. 그 거울 속을 보면 시대의 미망과 집단적 광기, 이성의 한계와 파괴적 본능이 고스란히 들여다보인다. 아울러 쉽게 변하지 않는 인간의 선한 본성도 엿볼 수 있다.

상산하향 운동에 동원된 지청들은 대부분 중, 고등학교를 갓 졸업한 어린 학생들이었다. 당시 매체들은 일제히 하방을 사회주의 건설을 위한 자발적인 실천투쟁이라고 미화했다. 실제로 홍위병들의 체험담을 읽어보면, 하방 길에 오를 당시 이들은 뜨거운 열정과 사명감에 사로잡혀 있었다.

1968년 12월 22일 자「인민일보」1면의 머리기사는 "우리도 두 손이 있으니 도시에서 한가로이 밥 먹지 않겠노라!"였다. 이 기사는 지청으로서 하방을 자청하는 왕칭이(王慶一, ?-?)의 발언을 소개했다.

저는 청년입니다. 도시에 있어봐야 할 일도 없고 농촌은 노동력이 매우 필요하므로 저는 농촌으로 가서 노동에 참여하고 저의 사상을 개조하며 사회

1968년 허베이 성 스자좡(石家莊)에 도착한 지청의 모습. (공공부문)

주의 신(新) 농촌을 건설하기로 결심했습니다.11)

이처럼 하방은 겉으로는 자원의 형식을 취하고 있었다. 그러나 과연 그 수많은 학생들이 진학을 포기한 채 낯선 농촌을 향해서 자발적으로 떠났을까? 같은 날 「인민일보」 1면 오른쪽 상단 마오쩌둥 어록 칸에는 그의 최신 발언이 실렸다.

지청들이 농촌으로 가서 빈하중농에게 재교육을 받는 일은 매우 필요하다. 도시의 간부 및 다른 사람들에게 초, 중, 고, 대학을 졸업한 그들의 자녀들을 향촌으로 보내도록 설득해서 한번 다 동원해보라. 각지의 농촌 동지들은 마땅히 그들을 환영해야 한다.

이 발언에서 "한번 다 동원해보라(來一個動員)"라는 구어체 표현에 주목해야 한다. 이 말은 정부의 모든 관계기관들이 지청의 총동원에 나서라는 구체적인 주문이었다. 여기에서 마오쩌둥이 직접 전국의 홍위병들에게 하방을 종용했음이 드러난다. 그가 내뱉은 이 한마디는 전시 총동원령의 효력을 발휘했다.

개개인은 하방 지원서에 직접 서명을 했다지만, 실제로 당시의 분위기에서 어린 학생들이 하방의 압박을 견디기는 거의 불가능했다. 지청들의 실제 체험담에 등장하는 다음 두 사례를 살펴보자.

강제징용인가, 자원노동인가? : 지청들의 하방 체험기

1969년 15세의 어린 소녀가 헤이룽장 성 "북부의 거대한 황무지" 베이다황(北大荒)의 궁벽한 마을에 왔다. 키가 크고 호리호리한 그 소녀는 "원숭이"라는 별명으로 불렸다. 소녀의 집에는 동생 3명까지 모두 6명이 살았는데, 부친은 박봉의 노동자였고, 모친은 병약한 데다가 정신이상 증세까지 있어서 일을 할 수 없었다. 집안일을 도맡았던 소녀는 중학교를 졸업한 이후 곧장 하향하라는 압박을 받았다. 부친은 학교에 달려가서 집안 사정을 소상히 설명하며 혜량을 구했지만, 간부는 일언지하에 부탁을 거절하며 말했다.

> 올해부터 인력 배분에 통일된 정책이 시행되었어요! 이 정책에 따르면, 집안의 장남, 장녀는 무조건 하향을 해야 하고, 막내만 도시에 남을 수 있어요. 일명 전국 산하 일편홍이라는 정책입니다.12)

역시 같은 마을로 온 상하이 출신 리야(麗雅)는 음악과 미술, 문예 등 다방면에서 뛰어난 재능을 가지고 있었고, 큼직한 반달 모양의 눈망울이 매력적인 미모의 여성이었다. 밝고 구김살 없는 겉모습과는 달리 리야의 부모는 해방 전에 부유한 자산계급에 속해 있었다. 리야는 친구들과 함께 지청에 지원했는데, 부모의 출신 성분 때문에 자격을 얻지 못했다. 격분한 리야는 부모에게 편지를 보내서 절연을 선언했고, 나아가 대자보를 써서 집안을 공개적으로 비판했다. 그럼에도 리야에게는 하방이 허락되지 않았다.

결국 친구들을 배웅하러 역으로 간 리야는 기차에 숨어 화장실에서 3박 4일을 견뎠다. 기차가 종착지인 헤이룽장 성 북부의 후린(虎林) 역에 당도하자 리야는 미리 써온 혈서를 꺼내들고 베이다황에 영구정착하겠다고 맹세했고, 감동을 받은 지도부는 그제서야 그녀의 하방을 허락했다. 가족과의 인연을 끊고 하방을 자청했던 꿈 많은 소녀 리야는 11년이 지난 후에 늦게 온 지청들의 틈에 섞여서 상하이로 돌아갔지만, 고된 노동과 영양부족으로 암을 진단받았다. 수차례의 대수술을 받고 투병하던 리야는 1993년 고통스럽게 사망했다.13)

홍위병의 하방 : 그들이 오지로 추방된 까닭은?

1968년 12월 22일 마오쩌둥은 「인민일보」를 통해서 실제적으로 농촌에 지청을 파견하는 전국 총동원령을 내렸다. 그 과정에서 군대를 소집하듯이 강제적인 징발령을 공포하지도 않았고, 돈벌이 기회 제공이나 직업 알선 등으로 젊은이들을 유인하지도 않았다. 표면상 마오쩌둥은 혁명에 대한 젊은이들의 자발적인 참여를 고무했을 뿐이지만, 그 효과는 대단했다.

문혁 당시 하방되어 일을 하는 지청들의 모습. (공공부문)

문혁의 사회 분위기에서 하방을 거부하면 곧 반혁명분자의 멍에를 써야
했기 때문이다. 교묘하고 강력한 대중 동원의 전술이었다.

마오쩌둥이 하방이라는 카드를 제시했을 때, 그는 의외로 쉽게 사람들
로부터 암묵적인 동의를 확보할 수 있었다. 어느 곳에서도 하방에 저항하
는 움직임은 감지되지 않았다. 지청들이 저항하며 반란을 일으킨 것은
훨씬 나중의 일이었다. 오히려 많은 중국의 청년들은 자발적으로 하방을
자청했다. 어떻게 그 수많은 젊은이들을 오지로 추방할 수 있었을까? 마
오쩌둥의 계산속과 당시의 사회 분위기를 고려하면, 그 이유를 짐작할
수 있다.

첫째, 중국 사회 각 분야의 기성세대가 질서를 회복해야 한다는 현실적
필요에 암묵적으로 동의했다고 사료된다. 앞에서 보았듯이 1968년 7월 말
까지 칭화 대학에서는 둘로 나뉜 조반파가 무장투쟁을 벌이고 있었다. 홍
위병들이 도시에 남아서 계속 소요를 일으킨다면, 천하대란이 지속될 수

밖에 없었다. 평범한 시민에게는 이것이 일상을 무너뜨리는 스트레스의 연속이었다. 이런 상황에서 마오쩌둥은 "천하대치"를 내세우면서 질서의 회복을 자임하고 나섰다.

둘째로 계급이 의식을 지배한다는 마르크스주의의 도식적 인간관이 큰 힘을 발휘했다. "사회적 존재가 사회적 의식을 규정한다"는 역사적 유물론의 제1명제에 따르면, 인간의 모든 언행은 계급 이익을 반영한다. 아무리 입으로 혁명을 외쳐도 지식분자 집단의 혁명성은 의심받을 수밖에 없다. 노동자, 농민과 달리 그들은 영원히 혁명의 주체가 될 수 없다. 결국 지식인은 노동자 계급에 대한 극심한 계급적 열등감에 시달리게 된다. 그 열등감에서 벗어나기 위해서는 스스로 오랜 시간 노동자, 농민의 삶을 살아야만 한다. 이런 논리 위에서 마오쩌둥은 지청들에게 직접 농촌으로 가서 고된 노동을 통해 가난한 농민들에게 혁명의 정신을 배우라고 주문했고, 청년들은 "자발적으로" 장기 정착을 맹세하고 오지로 향했다. 젊어서 혁명의 점수를 따야만 더 큰 꿈을 펼칠 수 있었던 것이 또한 그 시대의 조건이었다.

셋째, 하방은 도시의 실업률을 최소화할 수 있는 가장 효율적인 방법이었다. 문혁의 광풍 속에서 중국의 경제는 다시금 거대한 위기에 봉착했다. 류사오치와 덩샤오핑이 이끌던 신경제의 활기는 순식간에 사라진 후였다. 중, 고등학교를 졸업한 학생들에게는 취업의 길이 막혀 있었다. 그런 맥락에서 하방이란 결국 교묘한 방법으로 도시의 학생들을 낙후된 농촌의 오지에 취업시키는 속임수였다.

1970년 17세의 나이로 헤이룽장 성의 오지에서 청춘을 보낸 한 지청은 오랜 세월이 지난 후에야 마오쩌둥의 의도를 간파하고 다음과 같이 술회했다.

"지청의 세월을 기억하고 청춘의 노래를 작곡하라!" 산둥 영화사 출품작 「지청」의 포스터. (공공부문)

1970년 나라의 경제는 파산 지경이었다. 2,000만 지청들에게 정부는 일자리를 제공하지 못했다. 젊은이들이 직업도 없이 도시에 체류하면 큰 소요가 일어날 수밖에 없다. 그렇기 때문에 우리는 '농촌은 광활한 가능성의 세계!'라는 구호 아래 전국의 각지로 유배되었다. 결국 우리는 이미 오래 전에 만들어진 함정에 빠졌음을 알게 되었다. 비참하게 많은 곤경을 겪으면서 우리는 국가도 감당하지 못할 무거운 짐을 짊어져야 했다. 우리 지청들은 무너지는 나라의 기둥을 붙들어 전면 붕괴를 막았다. 진정 우리는 위대한 세대가 아닌가? 우리가 영웅이 아닌가? 물론 긴 세월이 흐른 후에야 그 의미를 어렴풋이 알 수 있었지만.14)

잃어버린 세대의 상흔문학을 살펴보지 않고서는, 문화혁명의 실상을 파악할 수 없다. 실제로 경험한 사람의 증언이야말로 가장 중요한 1차 사료이기 때문이다.

노회한 권력자는 순진한 청소년을 이용해서 권력의 영속을 꾀한다. 열광적 추종자를 거느린 문화계의 슈퍼스타처럼 권력자는 맹목적인 추종 세력과 열광적 지지층을 규합해서 기반을 다진다. 전체주의 정권의 독재자들은 더더욱 필사적으로 교육기관을 독점하고, 언론을 장악하고, 문화예술계를 점령한다. 여릿한 청소년의 뇌수에 획일적 이념을 주입해야만 그들을 좀비처럼, 병정처럼, 포로처럼 사로잡고 부릴 수가 있기 때문이다. 독재자는 어김없이 청소년의 정신을 이념적으로 지배하려고 들며, 정교한 감시망을 구축해서 그들의 모든 행동을 통제한다.

제25장

성의 자유를 빼앗긴 젊은이들

스탈린, 마오쩌둥, 김일성, 김정일 등 20세기 공산주의 정권의 권력자들은
이중인격의 연극배우로서 정신분열적인 인생을 살았다. 혁명의 광장에서
공산주의 정권의 권력자들은 "천리혜안의 예지와 해박한 식견"을 갖추고
"신비한 판단력과 비할 데 없는 담력"을 가진, 완전무결한 "불세출의 천재"
로 미화되었지만,1) 밀실 안에 있는 그들은 기껏 추레하고 병든 영혼일 뿐
이었다. 돌이켜보면, 20세기 공산전체주의는 불완전한 인간이 절대 권력자
가 되어 인격신을 연기해야 하는 허술한 플롯의 부조리극이었다.

최고영도자의 여성 편력

아직도 세계 곳곳에서 꽤 많은 사람들이 마오쩌둥 주석을 존경한다고 공
공연히 말한다. 그들이 존경한 마오쩌둥은 역사적 실체가 아니라 중국에
서 만들어지고 세계 전역으로 퍼져나간 공산주의 혁명신화의 영웅일 뿐이
다. 역사적 실체로서의 마오쩌둥은 혁명신화 속의 영웅처럼 고매하지도
숭엄하지도 않았다. 현실의 그는 극심한 편집증, 의심증, 불안증, 과대망
상증, 불면증, 발기부전증 등을 앓는 병약하고 위태로운 한 명의 평범한
인간일 뿐이었다. 인격신을 연기해야 하는 중압감 때문이었을까? 만년의

1950년 많은 여성들에게 둘러싸여 담뱃불을 붙이는 마오쩌둥. (공공부문)

마오는 병적인 여성 편력을 보였다.

22년간 마오쩌둥을 따라다닌 주치의 리즈수이에 따르면, "마오의 사생활은 경악스러웠다. 겉으로는 엄숙하고 장중하고 자상하고 친절한 노신사 같았지만, 그는 노상 여인들을 노리개 삼았다. 특히 만년의 마오는 극도로 문란했다. 그에게는 다른 오락이 없었다. 여인들을 끼고 놀며 희롱하는 것이 유일한 취미였다. 마오의 경호를 책임졌던 중앙경위국장 왕둥싱은 말했다. '인생 막판에 한몫 보고자 했나? 아니라면 어떻게 그토록 집요하게, 그토록 큰 정욕을 드러낼 수 있나?'"2)

문화혁명과 성적 억압

최고영도자가 마음껏 젊은 여인들을 완롱할 때, 중국의 대다수 인민들은

向文化大革命的旗手江青同志学习！

"우리들의 문학은 인민대중을 위한 것이다. 우선 노동자, 농민, 병사를 위해야 하며, 노동자, 농민, 병사를 위해서 창작하고, 노동자, 농민, 병사가 이용할 수 있어야 한다. - 마오쩌둥.""문화혁명의 기수 장칭 동지를 따라서 학습하자!" (공공부문)

성적 자유조차 제대로 누릴 수 없었다. 연인 사이의 성적 접촉은 물론, 청소년의 풋풋한 연애감정까지 부르주아 퇴폐문화의 잔재로 비판당하던 시절이었다. 그 당시 언론에 날마다 등장하는 단발, 뿔테 안경, 군복 차림의 장칭은 혁명적 숭고미의 상징이었다. 여성들은 모두 장칭을 닮아야만 하는 정치적, 문화적 강제 아래에 놓여 있었다.3)

강퍅한 혁명의 문화 속에서 여인들은 머리 손질도, 몸치장도, 화장도 제대로 할 수 없었다. '여성적 아름다움', 여성의 치장은 부르주아 사회 속 성차별의 결과물이라고 교육되던 시절이었다. 그럼에도 예뻐지고자 하는 인간의 욕구는 막을 수가 없었다. 일부 여성들은 여성미가 공산당의 이미지 제고에 기여할 수 있다는 정치적 명분을 만들어서 미모를 가꾸었다.4)

그 어떤 전체주의 정권도 인간의 연애감정과 성욕을 막을 수는 없다. 정치적, 사회적 억압 속에서도 사람들은 목숨을 걸고 숨어서 몰래 사랑을 나누었다. 은밀한 로맨스가 드러나면 사회적 매장과 정치적 파멸을 면할 수 없었다. 혼전성교, 혼외정사 등 일체의 성적 일탈은 반혁명적 유맹(流氓 : 비속하고 불량한) 행위로 철저히 비판받았다. 동성애자들에게는 일체의 관용도 없었다. 특히 남자 동성애자들은 공개적으로 모욕당하고, 낙인찍히고, 투옥되었다. 문혁 시기부터 남자 동성애자들은 중국 형법 제106조에 따라서 정기적으로 구속되었다.[5]

중국공산당의 집체주의적 인간관에 따르면, 개개인의 신체적 힘은 집산화의 현장에서 전체적인 생산량의 증진을 위해서 효율적으로 사용되어야 했다. 성적 방종 혹은 일탈은 곧 집체적 노동력의 손실을 의미했다. 이처럼 전체의 이익을 위해서 국가가 개개인의 성욕을 통제하는 상황은 극심한 인간소외를 야기했다.

고통의 회고록들 : 홍위병의 상흔문학

문혁 시기 이전에 사회에 암묵적으로 퍼져 있던 상호 감시적 금욕의 문화는 성에 눈을 뜨는 사춘기 청소년들에게 견디기 힘든 정신적, 육체적 억압이었다. 문혁 이후 출판된 수많은 홍위병들의 회고록에는 사생활 침해를 고발하는 원한 서린 기록들이 많다.

> 우리는 젊음을, 이상을, 희망을, 사랑을 강탈당했다. 사람들은 사랑 때문에 비판당하고, 공격당하고, 투옥되기도 했다. 사랑에 관한 책은 모두 포르노로 취급되었다. 사랑 노래는 저속하다고 비판받았고, 사랑에 빠진 남녀는

부랑자 취급을 당했다.6)

홍위병 세대의 상흔문학에 등장하는 수많은 증언 중에서 구체적인 사례 몇 가지만 살펴보자.

농촌에서 수년간 살고 학교로 복귀한 한 고교생이 어느 날 연애편지를 받았다. 별 생각 없이 그 사실을 친구에게 말했을 뿐인데, 주변 학생들은 그녀를 따돌리며 책상에 침을 뱉거나 분필로 욕설을 적고, 자전거 바퀴에 구멍을 내기도 했다.7)

홍위병들과 여행한 후 임신한 15세의 소녀는 가족의 질타, 주변의 시선, 동료들의 입방아를 견디지 못하고 "부끄러워서 살 수 없다"는 유서를 남기고 목을 맸다.8)

16세 소년에게 연애편지를 받은 한 소녀는 답장을 보내 "계급의 적들이 날뛰는 지금 어떻게 그토록 수치스러운 짓을 할 수 있냐?" 따지면서 그를 반혁명분자라고 비판했다.9)

문화혁명이 일어나던 시절에 청소년들의 자유연애를 규제하는 명시적인 법적 규정이 있지는 않았다. 다만 연애편지조차 타락한 부르주아의 자유주의 풍조라고 비판받던 혁명의 시대에는 법적 제재보다 더 가혹한 사회적 강제가 작동했다. 성적 억압은 문혁 이전부터 공고히 형성된 공산주의 중국의 새로운 풍속도였다. 그 시대의 관성은 문혁이 극적인 종언을 고한 후에도 이어졌다. 다음 사례를 보자.

영어로 저술되거나 번역되어 서구 사회에서 큰 반향을 일으킨 문혁시대 잃어버린 세대의 상흔문학 작품들.

문혁이 이미 종언을 고하고 2년쯤 지난 1978년, 충칭의 한 기술대학에서 발생한 사건이다. 당시 그 학교에는 데이트 금지 규정이 있었다. 따라서 학교 당국은 몰래 연애하던 두 사람에게 당장 헤어지라고 명령을 내렸다. 두 사람이 저항하자 학교 당국은 둘 모두에게 정학 조치를 내렸고, 졸업할 때에는 서로 멀리 떨어진 지역으로 직장을 배정했다.10)

교제를 나누던 졸업생 두 사람을 먼 곳으로 떼어놓은 학교 측의 조치는 감정적인 보복으로 보인다. 두 사람은 경고를 받고도 헤어지지 않았기 때문에 당시의 일반적인 정서에 부딪혔다. 문화혁명이 일어나던 시절 중국에서는 왜 청춘들의 자연스러운 연애가 인정을 받을 수 없었을까? 그 이유를 파헤쳐보면, 당시 광범위하게 퍼져 있던 여성혐오를 발견하게 된다. 단적인 예는 왕광메이의 신체에 가해진 집단 폭력에서 극적으로 드러난다.

홍위병의 여성 탄압

1967년 4월 10일, 왕광메이는 이른 아침부터 밤까지 세 차례에 걸쳐서 가혹한 심문을 당했다. 첫 번째 심문은 아침 6시 30분부터 진행되었다. 징강산 병단은 왕광메이를 에워싸고 언성을 높여가며 일방적으로 훈계조의 질문을 이어갔다. 오전 10시 비투 직전까지 중구난방으로 진행된 심문 녹취록을 보면, 홍위병의 심문은 우격다짐과 윽박지름으로 허위 자백을 받아내는 정신적 고문에 가까웠다.11)

심문이 막 시작될 무렵 홍위병들은 왕광메이 앞에 치파오를 던지면서 그 옷을 당장 입으라고 명령했다. 그녀가 1963년 인도네시아에 방문했을 때에 입었던 짧은 소매의 무늬 없는 흰색의 화려한 개량 치파오였다. 왕광메이는 완강히 저항했다. 홍위병들은 "인도네시아에서 당신이 입었던 바로 그 옷"이라며 압박했지만, 왕광메이는 당시 자카르타는 무더운 여름이었다고 반박했다. 홍위병들이 "오늘은 바로 당신에 대해서 투쟁하는 날"이라고 소리치자 왕광메이는 "죽어도 입을 수 없다"며 버텼다. 홍위병들이 거칠게 다그치자 왕광메이는 정색하고 말했다.

"너희들은 내 인신의 자유를 침범할 수 없어!"

"인신의 자유"를 외치는 왕광메이를 보며 홍위병들은 폭소를 터뜨렸다. 그들은 곧 왕광메이에게 쏘아붙였다.

당신은 삼반분자의 아내이며, 반동적 자산계급분자, 계급이기분자일 뿐이다. 대(大)민주를 말하지 말라! 소(小)민주도 베풀 수 없다. 손톱만큼도 내줄 수 없다. 어림 반 푼어치도 없다. 오늘은 당신에 대해서 독재하는 날이다. 당신에게 자유는 없다!12)

홍위병들은 그렇게 왕광메이의 신체적 자유를 완전히 강탈했다. 인민에게는 민주를, 인민의 적에게는 독재를 행한다는 마오쩌둥의 인민민주독재 원칙 그대로였다. 이미 계급이기분자로 낙인찍힌 왕광메이는 최소한의 기본권도 누릴 수 없었다.13)

1967년 4월 10일 칭화 대학 비투대회에서 홍위병들은 왕광메이에게 몸에 꽉 끼는 흰색 치파오를 입히고, 챙이 큰 모자를 쓰게 한 후, 탁구공 목걸이를 하고 하이힐을 신은 채로 단상 위의 의자에 올라서게 했다. 30만 군중 앞에서 왕광메이를 모욕하고 조롱하기 위함이었다.

왕광메이를 향한 홍위병의 적의에는 특히 여성의 성적 욕구, 치장 욕구, 표현 욕구 등을 죄악시하고 억압하는 문혁시대 특유의 사회 심리가 작동하고 있었다. 한 중국계 학자의 표현을 빌리면 문혁 시기 중국 전역에서는 "여성성의 박멸(the annihilation of femininity)"이 일상적으로 자행되었다. "시대가 달라져서 이제 남녀가 모두 같다!"는 유명한 말을 남긴 마오쩌둥은 중국에서 흔히 "남녀평등화"의 주역으로 미화되지만, 문혁 시절 이 한마디는 오히려 여성들의 침묵을 강요하고, 공적 담론에서 젠더 이슈 자체를 없애버리는 억압적이고 일양적인 사회 분위기를 낳았다.14)

상무적이고 투쟁적인 혁명투사의 문화 속에서 『금병매(金瓶梅)』, 『홍루몽(紅樓夢)』 등 전통소설에 등장하는 요염하고 유혹적인 여주인공들은 죄다 봉건적 퇴폐주의의 팜므파탈로 여겨졌고, 정반대의 수줍고 병약하며 파리하고 청순가련한 소녀의 이미지도 부르주아 사회의 병들고 퇴락한 반혁명적 여성상이라고 비판받았다. 강압적인 혁명의 문화 속에서 여성들은 화장도, 머리단장도 할 수 없었으며, 짧은 치마를 입거나 손톱 및 입술을 칠하거나 팔찌, 목걸이, 귀걸이를 할 수도 없었다.

전사의 숭고미를 강조하는 문혁의 분위기에서 남성은 정적이고 문약한 사대부의 이미지와 정반대되는 강건하고 전투적인 무사의 남성상을 강화해야 했고, 여성 또한 군사훈련을 받으면서 강인하고 기민하며 날쌔고 용감한 혁명영화 속의 여성 전사를 닮아야 했다. 젊은 여성의 대부분은 단발머리, 인민 모자, 군복 차림의 장칭을 그대로 모방해야 했다. 그 결과 남녀는 두발, 복장, 몸가짐, 사고방식 등 모든 면에서 점점 비슷해졌다. 전통적 여성상은 사라지고 전통적 남성상은 더욱 강화되는 경향을 보였다. "남녀가 모두 같다!"는 마오쩌둥의 말은 남녀평등이 아니라 젠더의 정체성 자체를 없애버리는 강요된 군사주의 유니섹스(unisex) 문화로 표출되었다.

이러한 사회 분위기 속에서 해외 순방 시 왕광메이가 화려한 의상을 입고 날씬한 몸매를 뽐내며 섹시한 이미지를 선보였다는 사실은 당연히 반혁명 행위로 인식될 수 있었다. 당시 대중의 눈에 흰색 치파오를 입고 진주목걸이를 한 "요염한" 왕광메이의 모습은 갈색 군복을 입고 모자를 눌러 쓴 "질박한" 장칭의 외모와 정반대였다. 칭화 대학의 홍위병들은 바로 그 점을 파고들어 외국에서 마음껏 자태를 뽐낸 왕광메이를 낡고 병들고 뒤틀린 부르주아 퇴폐미의 상징으로 몰아갔다. 탁구공 목걸이를 한 우스꽝스러운 몰골로 군중 앞에 선 왕광메이는 여성이기 이전에 한 인간으로서 견디기 힘든 극심한 성적 모욕에 시달려야 했다.

원자물리학 석사였던 왕광메이는 외국어에도 능통해서 국공내전 발발 직전 미국의 국무장관 조지 마셜(George C. Marshall, 1880-1959)이 충칭으로 직접 와서 평화협상을 주재할 때에 중공 측 통역관으로 참여했던 발군의 인재였다. 또한 그녀는 장칭보다 일곱 살 연하인 데다가 출중한 미모로 대중적으로 인기도 많았다.

마오쩌둥이 류사오치를 시기했듯이, 장칭은 왕광메이를 질시했다. 다

1966년 4월 문혁 직전 미얀마에 방문했을 당시 류사오치와 왕광메이의 모습. 문혁사가들은 해외 방문 시에 왕광메이가 입은 화려한 의상이 장칭의 시기심을 촉발했다고 추측한다. (공공부문)

수 문혁사가들에 따르면, 중앙문혁소조의 장칭이 바로 그날 왕광메이가 입을 비투 복장을 직접 구체적으로 지시했다고 한다. 아마도 그날 왕광메이에게 가해진 여성혐오적 폭력은 장칭의 시기심에서 기인했던 듯하다. 역설적이게도 문혁 직후 장칭은 여성혐오의 희생양이 되었다. 왕광메이의 자유분방함이 부르주아 퇴폐문화라고 비판받은 것처럼 문혁 직후 체포된 장칭은 군중의 뇌리에서 성적 방종과 성격 파탄의 상징으로 다시 그려졌다. 장칭뿐만 아니라 최초의 마르크스주의 대자보를 써서 일약 문혁의 스타덤에 올랐던 베이징 대학 철학과의 녜위안쯔 역시 문혁 이후 급속한 몰락의 과정에서 사생활이 문란하고 방정하지 못한 여성이라고 비난을 받았다.15)

상흔문학의 백미 : 하진의 짧은 소설들

두 차례나 펜포크너 상을 받은 재미 중국인 작가 하진(Ha Jin, 1956-)은 문화혁명의 절정기에 13세의 나이로 인민해방군에 입대해 3년간 복무했다. 16세부터 독학으로 문학을 공부한 하진은 19세에 헤이룽장 대학에 들어가서 영문학을 공부했다. 이후 장학생으로 선발되어 미국 유학의 길에 오른 그는 1989년 6월 톈안먼 대도살을 목격한 후에 미국 시민권을 얻고 영어로 소설을 쓰기 시작했다. 3년간의 군 생활을 담은 그의 첫 소설집 『말의 바다(*Ocean of Words*)』 속 작품들은 1970년대 초 중국과 소련의 국경 지대를 배경으로 한다. 이 소설집에 수록된 짧은 이야기들을 더 짧게 줄여보았다.

"보고서"

문화혁명이 한창이던 1970년대 초, 정찰대원들이 낙하훈련장으로 향하고 있었다. 마을 사람들이 쭉 늘어서서 병사들을 구경하고 있었기 때문에 장교는 부대원들에게 군가를 부르게 시켰는데, 공교롭게도 그 노래는 전장으로 떠나는 아들이 어머니께 전하는 이별의 노래였다.

어머니, 안녕히! 어머니, 안녕히!
나팔 소리 울려퍼지니 총칼을 높이 들고

우리는 이제 싸우러 갑니다.

어머니 부디 몰래 눈물 흘리지 마세요!

이기고 돌아올 아들을 기다리소서!

군가를 불렀지만 병사들의 행진은 더 처지고 대오도 흐트러졌다. 눈시울을 붉히며 먼 산을 보거나 훌쩍이며 우는 병사도 있었다. 그때서야 화들짝 놀란 장교가 주위를 보니, 마을 사람들이 슬픔에 젖은 부대원들을 보고는 혀를 차며 말하고 있었다. "꼭 장례식 행렬 같구먼!" 부대로 돌아온 정훈장교는 황급히 상급 연대의 정치위원에게 통렬한 반성문을 써서 올렸다. 다음부터는 혁명 정신을 벼리고 적개심을 고취하는 건전한 혁명가요를 부르게 하겠다는 결의를 담아서……

"너무 늦은"

도시의 홍위병이 산간벽지에 "하방되었던" 1970년쯤, 쏭화 강이 흐르는 소련 접경의 한 군부대에서 사건이 발생했다. 설날을 맞아서 적당히 술에 취한 병사들이 농담을 주고받고 있었다. 그들의 관심은 멀리 상하이에서 왔다는 옆 마을 여자 대학생들에게 쏠려 있었다. 병사들은 과연 누가 그 여학생들 앞에서 가장 의연하게 군인의 본연을 지킬 수 있나 내기했다. 병사 한 명이 설날 인사를 하러 가겠다고 하자 다른 한 명이 술을 한 병 나눠 마시고 오겠다고 했다. 바로 그때 여학생 숙소로 가서 그들과 함께 빈 침대에서 아무 일도 없이 자고 오겠다는 병사가 있었다. '콩카이'였다. 주변에서 폭소를 터뜨리자 그는 호기롭게 벌떡 일어나더니 담요를 싸들고는 진짜로 여학생 숙소를 향해서 떠났다.

여학생 숙소로 들어간 콩카이는 군복을 입은 채로 한마디 말도 없이 담요를 깔고 누워 잠을 청했다. 처음에 당황했던 5명의 여대생들은 이내 난데없는 침입자를 반갑게 맞아주었다. 그들은 콩카이에게 농담을 걸고, 음식 냄새를 풍기고, 얼굴에 숯칠까지 하면서 말을 걸었다. 그러나 콩카이는 돌부처처럼 돌아누워서 그대로 잠이 들었다. 다음 날, 사건 보고를 전해듣고 놀란 중대장은 여학생 숙소를 직접 찾아가서 사건을 철저히 조사했지만, 여학생들이 한마디 불평도 하지 않은 덕분에 콩카이는 처벌을 받지 않았다. 오히려 철인이라는 별명까지 얻은 그는 얼마 후 분대장으로 선발도 되었다.

며칠 후 콩카이는 자신의 군복 상의 주머니에서 작은 쪽지 하나를 발견했다. 그날 만난 여학생 가운데 한 명인 '안마리'가 몰래 넣어놓은 것이었다. 이성과의 교제는 군법으로 금지되어 있었지만, 두 사람은 결국 사랑에 빠지고 말았다. 그 사실을 알게 된 소대장은 안마리가 자본가의 딸임을 알아내고는 콩카이에게 관계를 끊으라고 명령했다. 안마리는 일반 인민에 속했지만, 자본가 출신 아버지는 인민의 적으로 규정되어 있던 시절이었다. 며칠을 고민하던 콩카이는 못 이기는 척 절교의 서신을 썼지만……. 며칠 후 안마리와 함께 멀리 도망을 가버렸다. 1년이 지난 어느 날 장교는 익명의 편지를 한 통 받았다. 편지 속에는 콩카이와 안마리가 살진 아기를 안고 있는 사진 한 장이 있었는데, 뒷면에 "죄송합니다!"라는 문장이 적혀 있었다. 콩카이에 대한 미움이 일었지만, 소대장은 혹시나 그와 계속 연락한다는 오해를 살까봐 그 자리에서 사진을 불태워버렸다.[16]

날마다 위대한 지도자의 어록을 암송하며 불굴의 혁명 정신을 벼리던 "보고서" 속의 군인들도 어쩔 수 없이 섬약하고 잔정 많은 청년들일 뿐이다. 자본가 딸과의 결혼을 선택한 콩카이는 문화혁명의 정신을 따라서 공산주의적 인간으로 거듭나기에는 "너무 늦은" 로맨티시스트이다. 하진의 작품 속에 등장하는 수많은 문혁 시기의 중국인들은 고원한 혁명의 이상과 사적인 욕망 사이에서 갈등하다가 결국 사고를 치는 불완전한 사람들이다. 『말의 바다』는 1997년 뛰어난 신예에게 부여되는 상이자 영어권에서 가장 영예로운 상인 펜헤밍웨이 상의 수상작으로 선정되었다.

제26장
경쟁 없는 디스토피아

20세기 사회주의 정권들은 왜 하나같이 처참한 몰락의 길을 걸었는가? 이윤 동기, 인정 욕구, 경쟁의식 등 인간의 근원적인 욕망을 죄악시했기 때문이다. 이윤 동기를 부정하는 사회에서 대다수 인민은 나태의 늪에 빠져서 절망할 수밖에 없다. 열심히 노력해도 인정받지 못한다면 왜 자발적으로 일하겠는가? 경쟁의 기회가 막혀버린 사회는 최악의 인간소외를 초래한다. 경쟁을 통한 삶의 향상을 도모할 수 없기 때문에 사회주의 정권의 인민은 국가의 소모품으로 전락하고 말았다. 반면 인민들 개개인의 상호 경쟁을 원천적으로 금지한 소수의 권력자들은 모든 기회를 독점해서 노멘클라투라(nomenklatura)가 되었다.

입시 폐지의 발단 : 마오쩌둥의 교육제도 비판

문화혁명 시기, 중국의 청소년들은 경쟁의 기회를 박탈당했다. 1952년부터 실시되어온 고고(高考 : 전국 대학 입학시험)가 전면 폐지되었기 때문이다. 성적이나 시험 점수는 더 이상 대학 입학의 기준이 되지 못했다. 고고의 폐지는 역설적으로 실력 대신 출신 성분이, 재능보다 "관시"가 중시되는 두터운 부패구조를 낳았다.

문화혁명의 도화선에 이제 막 불이 붙어서 역사학자 우한의 희곡『해서파관』을 둘러싼 논쟁이 날마다 지면을 뜨겁게 달구던 시점이었다. 1965년 12월 21일 항저우에서 마오쩌둥은 당시의 교육제도를 맹렬하게 비판했다.

현재 교육제도에 대해서는 많은 회의가 생긴다. 초등학교부터 대학까지 모두 16, 17년 혹은 20년 동안, 학생들은 벼, 콩, 보리, 기장 등 농작물에 대해서는 아무것도 배우지 않는다. 노동자가 어떻게 일하는지, 농민들이 어떻게 일하는지, 상품이 어떻게 교환되는지 전혀 배우지 않는다. 또 공부만 한다고 몸까지 망가지니 사람을 해치고 죽이는 교육이다.[1]

마오쩌둥은 문과대학은 아무 쓸모가 없다면서 학생들을 생산 현장으로 보내서 공업, 농업, 상업에 종사하게 해야 한다고 주장했다. 그는 이공계 학생 역시 현장에서 실무를 익혀야 한다고 생각했다. 대학의 전면 폐지를 주장하지는 않았지만, 마오는 그 과정을 2년으로 대폭 줄여야 한다고 생각했다.

마오쩌둥의 파격적인 제안에 따라서 중공중앙의 고등교육부는 본격적으로 입시제도를 개혁하기 시작했다. 문화혁명의 광풍이 점점 거세지던 1966년 4월과 6월 사이 교육제도를 향한 비판이 전면적으로 쏟아졌다. 지, 덕, 체의 균형 있는 발전을 해치는 재래식 교육을 근본적으로 뜯어고치자는 당론이 일었다. 문화혁명이 공식화된 5월 중순 이후, 전국의 중, 고등학생 및 대학생들은 모두 교실과 강의실 바깥에서 혁명투쟁에 참여하고 있었다. 책상 앞에 앉아서 입시 공부를 하는 것이 죄악시되는 분위기였다.

고고의 폐지

마오쩌둥 사상은 인간의 이기심을 죄악시한다. 『마오쩌둥 어록』에는 개인의 입신양명을 추구하는 이기적 존재에 대한 모멸이 가득하다. 가령 1938년 10월 마오쩌둥은 다음과 같이 말했다.

> 공산당원은 그 어떤 때, 어떤 상황에서도 개인의 이익을 앞에 두어서는 안 된다. 반드시 개인의 이익을 민족과 인민대중의 이익에 종속시켜야 한다. 따라서 자사(自私) 자리(自利), 소극적 태업, 탐욕과 부패, 봉두주의 (鳳頭主義 : 봉의 머리가 되겠다는 생각) 등등이 가장 비열하다.[2]

날마다 이런 구절을 졸졸 암송하던 학생들은 언제나 마오쩌둥의 마음을 먼저 읽고 선제적으로 움직이는 기민함을 발휘했다. 때로는 모심(毛心)을 잘못 읽고 철퇴를 맞는 경우도 있었지만, 대부분 그들은 마오쩌둥이 원하는 방향으로 움직였다.

일례로 1966년 6월 18일 「인민일보」는 대학입시의 전면 개편안을 집중적으로 보도하면서 2면의 머리기사로 "교육은 무산계급의 정치에 복무해야, 교육과 생산노동이 상호 결합해야"라는 제목 아래 베이징 제1여자중등학교 "고 3" 학생들의 공개 서한을 전재했다.[3] 이 기사에 따르면, 1966년 6월 6일 고고를 코앞에 둔 고 3 학생들은 마오 주석 앞으로 "낡은 입시제도"를 비판하는 공개 서한을 발표했다. 마오쩌둥은 정치 국면의 전환을 꾀할 때나 새로운 제도를 채택할 때면 언제나 혁명대중의 자발적인 제안을 자신이 흔쾌히 수용하는 형식을 취했다. 1966년 5월 말 녜위안쯔의 대자보를 전국에 뿌려서 문혁의 광열을 일으켰듯이, 마오는 여고생들의 순

1967년 베이징 거리에서 행진하는 홍위병들. (공공부문)

수한 요구를 칭찬하며 고고를 철폐하고 추천제를 도입하는 파격 조치를
감행했다. 그는 학생들의 공개 서한을 칭송하며 입시제도를 철폐하는 명
분으로 삼았다. 최고영도자 마오쩌둥과 혁명대중 사이의 교감이었다. 마
오쩌둥이 고고를 철폐할 수 있도록 학생들이 미리 알아서 밑밥을 쳐놓은
셈이었다.

학생들은 당시의 입시제도가 중국 봉건사회 과거제도의 연속이며, 낙후
되고 반동적인 교육제도라고 비판했다. "청년들이 혁명을 위해서 공부하
지 않고 오로지 입시를 위해서 책 더미에 파묻혀 있고", "이름을 날리고
집안을 이루는 착취계급의 반동 사상에 물들어 있다"는 요지의 입시 폐지
요청서였다.4)

문혁이 막 시작되어서 베이징 전역이 술렁이는 시점이었다. 입시를 앞
둔 학생들이 앞다투어 입시제도를 비판하자 뜨거운 호응이 일었다. 최초

의 공개 서한을 읽은 다른 학교 학생들도 질세라 더 과격한 언사로 지지 성명을 발표하기 시작했다.

1966년 6월 결국 중공중앙과 국무원은 그해 대학입시를 일단 반년 뒤로 미루었고, 반년 후에도 다시 연기하는 조치를 이어갔다. 이로써 1952년부터 전국에서 통일적으로 시행된 고고가 폐지되었다. 1966년부터 1969년까지 4개년 동안 중국 전국의 대학들은 신입생을 선발하지 않았다.

물론 대학 진학을 꿈꾸며 묵묵히 입시를 준비해온 수험생들에게는 청천벽력의 부조리한 상황이었다. 2018년 미국 마이애미에서 자서전을 출판한 왕민잉(王敏營, 1947?-)은 입시가 폐지되었다는 소식을 처음 접했을 때의 충격을 다음과 같이 술회했다.

> 방송에서 그 소식을 듣자마자 나는 몹시 놀라고 당황했다. 내 귀를 믿을 수 없었다. 다시는 대학 입학 시험을 치를 수 없다면, 나의 꿈은 이미 수포로 돌아간 것일까? 대학에 못 간다면, 어떻게 언니, 오빠들처럼 좋은 직장을 구할 수 있을까?……입시가 폐지되었다면 대학을 생각할 수 없는데, 내 앞에는 어떤 길이 놓여 있을까?5)

진학의 기회를 박탈당한 이후 왕민잉은 잠시 절망과 좌절의 고통을 겪었지만, "당의 말을 들어라! 당에 순종하는 도구가 되어라!"는 당시의 구호가 이미 그의 "혈액 속에 뒤섞여 있었다." 그동안 혼신의 힘으로 공부했던 교과서, 참고서, 문제집 따위를 모두 폐품 처리한 그는 구시대의 입시제도와 결별했다. 학우를 제치고 더 좋은 대학에 진학하고자 했던 스스로의 사리사욕을 뉘우친 왕민잉은 전례 없는 교육혁명의 대오에 적극적으로 동참하기로 결심했다.6)

마오의 교육개혁 : 현장 노동자를 대학으로 보내라!

1970년이 되어서야 일부 대학에서 학생들을 다시 받기 시작했는데, 과거처럼 입시 성적으로 선발하는 대신 군중 추천, 지도자 비준, 학교 심사 3단계의 추천제가 도입되었다. 중학교 이상의 학력과 2년 이상의 실천 경험을 가진 공인, 농민, 군인에게만 입학 자격이 부여되었다. 2년 이상 농촌에서 노동을 한 지청들은 이미 공인이나 농민과 같은 신분이었으므로 지원이 가능했다. 이때부터 대학에 입학한 학생들은 "공농병 학원(工農兵學員)"이라고 불렸다. 학생요원으로서 이들은 대학에 가서 대학을 관리하고 대학을 마오쩌둥 사상으로 개조하는 특수한 임무를 부여받았다.7)

공농병 학원은 실제로 마오쩌둥의 고안물이었다. 이번에도 마오쩌둥은 아래로부터의 요구를 자신이 승인하는 형식을 취했다. 1968년 7월 21일, 마오쩌둥은 기자단이 현장 취재를 통해서 작성한 "상하이 선반 공장에서 본 공정 및 기술 인원의 배양 방법"이라는 보고서를 검토했다. 전날 천보다와 야오원위안이 먼저 세밀하게 검토한 후에 「인민일보」의 편집자 견해까지 삽입한 최종 원고였다.8) 그 공장의 청년 기술원 가운데 350명은 대학이나 전문학교 졸업생이었고, 나머지 250명은 고등 교육을 이수하지 않은 노동자였다. 기자단의 취재에 따르면, 대학 교육은 기술원이 실력을 함양하는 데에 전혀 이롭지 못하며, 오히려 학생들에게 수정주의 사상을 불어넣는 사상의 일탈을 부추겼다. 따라서 기자단은 무산계급 기술 인원을 발탁할 때에는 대학 졸업장을 보는 대신 현장 경험을 평가해야 한다고 제안했다.

마오쩌둥은 기자단의 보고서를 검토한 후 "그대로 발송할 것"이라고 휘갈기며 몇 마디를 덧붙였다.

대학 교육은 그래도 하기는 해야 해. 내가 강조하는 것은 바로 이공과대학 교육을 해야 한다는 거지. 다만 학제를 줄이고, 교육을 혁명적으로 바꿔서 무산계급이 정치적 영도력을 발휘해야만 해. 상하이 선반 공장처럼 노동자들 중에서 기술자를 배양했던 길을 가야 해. 실천 경험이 있는 노동자와 농민 중에서 학생을 선발한 후, 그들을 학교로 보내서 몇 년 배우게 하고 다시 생산 실천의 현장으로 돌려보내도록!9)

이튿날인 1968년 7월 22일, 「인민일보」는 이 모든 내용을 대서특필했다. "자산계급 전문가는 보통 8년의 시간을 투입하며 국부를 낭비하면서 큰 성과도 거두지 못한 채 고소득만 취하는 반면" "노동자 출신의 기술 인원은 장시간 동안 노동을 하면서 풍부한 실천 경험을 쌓았기 때문에 그저 몇 년간 여가 시간을 활용해서 학교나 기술 전문학교를 다니면 이론과 실천이 결합되어" 큰 성과를 낼 수 있다는 발상이었다.10) "가장 총명하고, 가장 재능 있는 사람은 가장 실천 경험이 많은 전사"라는 마오쩌둥의 발언 그대로였다.

공장 노동자 가운데 기술 인원의 선발 기준을 밝힌 이른바 "7-21 비시 (批示 : 서면 지시)"는 이후 중국의 고등 교육 과정을 전면 개편하는 기본 원칙이 되었다.11) 이 비시에 따라서 "7-21 공인 대학"의 모형이 만들어졌다. 공장 노동자 중에서 인재를 발탁하여 2년간 대학에서 위탁 교육을 한 후 다시 공장에 돌려보내는 방식이었다.

1970년 6월, 베이징 대학과 칭화 대학은 7-21 비시를 받아들여서 "정치 사상이 좋고, 신체가 건강하고, 3년 이상의 실천 경험이 있으며, 중학교 이상의 학력이 있는 노동자 및 빈하중농" 중에서 신입생을 선발했다. 이 제도는 1977년 고고가 부활할 때까지 지속되었다.12)

입시 폐지, 새로운 부패구조를 낳다

고고 폐지는 교육의 황폐화를 몰고 왔다. 첨단의 지식을 탐구해야 할 대학은 직업양성소의 역할밖에 하지 못했다. 더 큰 문제는 추천제의 폐단이었다. 시험 점수라는 객관적인 평가 기준이 사라지자 대학의 뒷문이 활짝 열린 형국이었다. 양지성은 다음과 같이 증언한다.

추천을 받아서 대학에 입학한 학생들 중에서 소수의 특출한 인물들을 제외하면 상당수가 아버지의 권세를 이용했다. 아버지의 관직이 높으면 명문 대학에 들어갈 수 있었다. 아버지의 관직이 한미할 경우 일반 대학에 들어갔다. 권력도 세력도 없는 경우에는 대학 진학 추천을 받기는 지난했다.[13]

1973년 중공중앙의 내부 문건에는 다음 내용이 등장한다.

뒷문으로 들어가는 문제가 상당히 심각하다. 상당히 널리 퍼져 있다. 고급 간부와 중급 간부의 경우, 직권을 이용해서 자식들을 뒷문으로 넣는 경우가 더 많다. 위에서 행하니 아래에서 본받는다. 노동자를 뽑든 학생을 뽑든 모두가 정치 세력의 쟁탈전이다. 관직이 높으면 관의 기세에 의지하고, 관직이 낮으면 관시에 의존하고, 관직이 없으면 완력에 의지한다.[14]

결국 마오쩌둥이 사망하고 곧이어 사인방이 투옥된 이듬해인 1977년에 전국 고고가 부활했다. 경쟁의 기회가 주어지자 억눌렸던 청년들이 구름처럼 밀려들었다.

그해 고고를 치르고 베이징 대학에 입학한 리커창(李克强, 1955-)은

1977년 11년 만에 부활한 고고를 치르러 모여든 수험생들. (공공부문)

오늘날 중국의 국무원 총리이고, 베이징 제2외국어 학원에 입학한 왕이(王毅, 1953-)는 현재 중국의 외교장관이다. 대학에 입학하기 전에 리커창은 안후이 성의 펑양 현(鳳陽縣)으로 하방되어 지청으로서 당 지부 서기직을 수행했다. 왕이는 1969년 헤이룽장 성 생산건설병단에서 8년간 군 생활을 했다.

고고의 부활로 시험을 치르고 대학에 입학한 두 사람과는 달리 중국공산당 총서기 시진핑은 1975년 군중의 추천을 받고 지방영도자의 비준을 받아서 칭화 대학에 입학했다. 일반적으로 시진핑은 흑방의 자제로 분류되어서 많은 불이익을 당했음에도 불굴의 의지로 고난을 극복한 "황토의 아들"로 알려져 있다.

시진핑의 부친 시중쉰(習仲勛, 1913-2002)은 1950년대 중공중앙 위원으로 국무원 부총리를 역임했으나 1962년부터 반당 행위를 했다는 혐의를 쓰고 박해받았으며, 문혁 기간에 격리되는 고초를 겪었다. 1975년 5월 시중쉰은 격리 해제되어 뤄양(洛陽)의 공장에 배속되었다. 시진핑의 자서전에 따르면, 바로 그해 그의 부친 시중쉰이 7-9월 다수의 우파 인사들과 함께 복권된 덕분에 시진핑 본인도 군중의 추천과 지방영도자의 비준을 받아서 칭화 대학에 입학할 수 있었다.

제 4 부

"대반란을 진압하라!"

인간의 정치사에서 혁명만큼 오용되고 남용된 단어가 또 있을까? 모든 혁명은 급진적 변화를 수반하지만, 모든 정치 급변이 혁명일 수는 없다. 그럼에도 혁명이라고 불리는 순간, 최악의 정치투쟁도 숭고한 운동으로 미화되고 정당화된다. 이름에 속아서 실체에 눈을 감는 호모로퀜스의 어리석음이다.

신석기 혁명, 산업 혁명, 과학기술 혁명 등은 단기간에 급진적으로 인간의 삶을 송두리째 변화시키는 고전적 의미의 혁명이었다. 그 결과 사회, 경제적 구조에서 장기 지속되는 대규모의 변동이 발생했다. 반면 중국 무산계급 문화대혁명이 일어난 10년 동안 중국의 윤리적 기초는 철저히 파괴되었고, 경제성장의 동력은 무너졌다. 문화혁명은 혁명이 아니라 단기간의 대규모 정치 혼란이었다. 중국인이 흔히 말하듯, 한판의 대반란, 대소동, 대동란, 호겁이었다.

공식 명칭은 "중국 무산계급 문화대혁명"이지만, 그 실상은 혁명이 아니라 세계사의 큰 흐름을 거스르는 반혁명이었다. 그럼에도 사람들은 그 희대의 사건을 편의상 문화혁명이라고 부르고 있다. 엄밀히 그 의미를 따져보면, 이는 반혁명을 혁명이라고 부르는 언어적 착란이다.

제27장

국가 권력의 대민 테러

청계 운동

독재자는 분열을 먹고 산다. 민족/반민족, 혁명/반동, 무산계급/유산계급, 친일/반일, 반제/친제 등 비천한 이분법을 들이밀고 개개인에게 한쪽을 택하라고 강요한다. 강압 속에서 사람들이 한쪽으로 쏠리면, 재빨리 다수를 선점하고 국민을 참칭한다. 공동체를 양분하는 갈라치기, 자기편을 전체 국민으로 둔갑시키는 바꿔치기는 독재자의 판에 박힌 야바위 놀음이다.

실제로 20세기 전체주의 정권이 자행한 정치범죄는 대개 다수 국민의 의지를 내세워 민주주의의 이름으로 이루어진 다수지배의 결과였다. 역사사회학자 마이클 만(Michael Mann)의 분석에 따르면, 히틀러의 제3제국, 스탈린의 "대공포", 마오쩌둥의 문화혁명, 폴 포트의 킬링필드, 보스니아의 인종 청소 등 20세기 전체주의 정권의 정치범죄들은 특정 계급이나 특정 종족이 전체 국민(혹은 인민)을 사칭한 후 소수를 비국민(혹은 비인민)으로 몰아서 제거한 "민주주의의 어둠"이었다.[1]

마오쩌둥의 인민민주독재

중화인민공화국의 건국을 3개월 앞둔 1949년 6월 30일, 마오쩌둥은 중국

공산당 28주년 기념식에서 "인민민주독재를 논함"을 발표했다. 그는 이 글에서 인민민주독재를 "반동 세력의 발언권은 박탈하고, 인민만이 발언권을 누리게 하는 것"이라고 정의한 후, 다음과 같이 논의를 이어갔다.

인민이 누구인가? 중국의 현 단계에서는 노동자 계급, 농민계급, 도시 소자산 계급 및 민족 자산계급이다. 이러한 계급이 노동자 계급과 공산당의 영도 아래 단결하여 자기의 국가를 이루고, 자신들의 정부를 선출한다. 자산계급의 주구인 지주계급, 관료 자산계급 및 그러한 계급을 대표하는 국민당 반동파와 그 부역자들에 대해서는 전정을 실시하고, 독재를 실행한다. 그런 자들을 압박하고 규율로 묶고, 그들의 망언망동을 금지해야 한다. 그들이 망언을 하고 망동을 부리면 즉각 체포하여 제재를 가해야 한다. 인민의 내부에 대해서는 민주제도를 실행한다. 인민은 언론, 집회, 결사 등의 자유권을 가진다. 인민에게는 선거권이 부여되지만, 반동 세력에게는 어림없다. 인민 내부에 대한 민주 방식과 반동 세력에 대한 전정 방식이 상호 결합된 양면의 제도가 바로 인민민주독재이다.[2]

그가 제창한 인민민주독재는 오늘날 중국 헌법 전문(前文)과 「총강」 제1조에 명시된 최고의 통치 원칙이다. 인민민주독재의 실행을 위해서는 사람들을 인민과 적인으로 양분하는 '갈라치기'가 급선무이다. 마오쩌둥은 다수 인민이 소수의 반동분자를 제압하는 인민의 독재야말로 진정한 민주주의라고 굳게 믿었다. 소수자의 인권 보호, 다수에 의한 폭력 방지, 법 앞의 평등, 자력 구제 금지 등 입헌주의의 기본 원칙은 그의 관심사가 아니었다.

마오쩌둥은 틈만 나면 사회주의 혁명을 저해하는 소수의 반동파를 색출해서 제압해야 한다고 말했다. 가령 문혁이 시작되기 4년 전에 그는 다음과 같이 말했다.

> 민주가 없이는, 군중을 발동시키지 않고서는, 군중의 감독 없이는, 반동분자 및 나쁜 무리에 대한 효과적인 독재를 할 수 없다. 그들을 효과적으로 개조할 수도 없다. 그들은 계속 소란을 피울 수 있으며, 심지어는 부활을 꾀할 수도 있다.[3]

이 발언을 자세히 뜯어보면, 마오쩌둥은 반대 세력을 감시하고 억압하는 다수대중의 지배를 민주라고 생각하고 있음을 알 수 있다. 자유민주주의는 개인의 기본권 보장, 소수자의 권익 보호, 다수독재의 부정 등을 생명으로 한다. 반면 마오쩌둥의 인민민주독재란 소수를 억압하고, 처벌하고, 질정(叱正)하고, 교도하는 다수지배에 다름 아니다.

돌이켜보면, 문화혁명의 과정은 전부 다수의 인민이 소수의 반동파를 제압하는 군중독재의 역사였다. 문혁 초기에는 군중이 직접 나서서 인민의 이름으로 반동 세력을 때려잡는 군중반란이 계속되었다. 1968년 중순 이후부터는 군대가 이끄는 혁명위원회가 인민민주독재의 이름으로 가상의 반동분자들을 색출하는 마녀사냥의 광기가 이어졌다. 그중 가장 잔혹한 사례가 바로 1968-1976년의 청계 운동이었다.

청계 운동의 시작

문혁 3년 차에 접어든 1968년, 마오쩌둥은 질서를 회복해야 할 필요성을 절감했다. 벌써 1년이 넘도록 중국 전역에서는 군사적으로 무장한 군중조직들이 서로 맞붙어 전투를 벌이고 있었다. 우한, 충칭 등 대도시뿐만 아니라 농촌에서도 죽고 죽이는 실제적인 내전이 벌어지고 있었다. 1926년 11월 "중국 사회계급 분석"이라는 글에서 마오쩌둥은 "적과 동지의 분별이 혁명의 제1과제"라고 말한 바 있다. 1967년 여름 이후 무장투쟁이 전국으로 확산되고 있는데, 중공중앙은 누가 적이고 누가 동지인지 제대로 분간하지 못하고 있었다. 모두가 마오쩌둥 사상의 보위를 외치며 자신들이 진정한 좌파 혁명군중이라고 우겨대고 있었기 때문이다.

1968년 6월 3일과 6월 24일 두 차례에 걸쳐서 중공중앙은 전국의 모든 군중조직에 무장투쟁을 즉각 중단하라고 명령했다. 아울러 지방군부에 폭도를 진압할 전권을 이양했다. 군부는 일제히 무력을 동원해서 지방의 무장조직을 진압하기 시작했다. 유혈 진압의 포화 속에서 전국 전역에 혁명위원회가 하나씩 들어서고 있었다. 1968년 9월이 되자 신장을 마지막으로 전국이 혁명위원회의 지배 아래에 놓이게 되었다.

마오쩌둥은 전국에 혁명위원회를 세운 후, 인민의 내부에 숨어 있는 가상의 적을 모조리 소탕하는 정치 운동을 개시했다. 1967년 11월부터 1968년 4월까지 여러 성에서 시험적으로 실시된 청계 운동은 1968년 5월 25일 마오쩌둥이 중공중앙의 전국 조직망을 통해서 전국적 확산을 명령하면서 확대되었다. 운동에 박차를 가하기 위해서 국무원 총리 저우언라이는 1968년 9월 7일 반역자와 변절자를 색출하는 대대적인 "계급대오의 청리"를 요구하고 나섰다. 이로써 전국 전역에 숙청의 화마가 덮쳤다. 그 광란의 불길은 1969년 가을까지 꺼지지 않았다.[4]

"청계(淸階)"란 문자 그대로 무산계급의 조직을 깨끗이 청소하고 정리한다는 뜻이다. 이 운동의 명분은 혁명대오 속에 섞여들어간 반도, 특수간첩, 주자파, 지주, 부농, 자본가, 반혁명분자, 파괴분자(혹은 악랄분자),

우파분파 등을 모두 색출해서 숙청한다는 것이었다.5) 중공중앙은 당시 문혁의 혼란을 틈타 관, 정, 군, 민의 전 기관에 잠입해 있는 모든 반동파를 "투쟁하고, 비판하고, 개조하는" 전면적 조직 정비를 목표로 내세웠다.

문혁 초기 중국의 인민은 날마다 홍위병의 폭력에 시달렸다. 이제 홍위병 대신 "마오쩌둥 사상 선전대"가 전면에 나서서 대민 테러를 시작했다. 바로 그 점에서 청계 운동은 본질적으로 "관"에 의한 "민"의 숙청이었다. 숙청의 방법은 1940년대 이래 마오쩌둥이 줄곧 써온 정풍 운동과 유사했지만, 이번에는 전국에 새롭게 건립된 혁명위원회에 전권을 부여했다는 점이 달랐다. 혁명위원회는 명목상 인민해방군, 혁명간부 및 혁명군중 등 관, 정, 민의 삼결합을 지향했지만, 군사, 행정, 사법의 실권은 모두 지방 군부가 장악했다. 혁명위원회가 떠맡은 청계 운동은 문화혁명의 전 과정에서 최장 기간 최대 규모로 지속되면서 최다 희생자를 낳은 가장 가혹한 정치 운동으로 기록되었다.

청계 운동은 초기 단계부터 과격하고도 가혹한 양상을 보였다. 숨어 있는 가상의 반동파를 색출해서 처형한다는 발상 자체가 정치적 마녀사냥을 예고한 셈이었다. 수많은 사람들이 구금되고 고문에 시달리다가 죽었지만, 그중 다수가 도대체 무슨 잘못을 했는지 왜 처형을 당하는지 알지 못했다. 억울한 희생자가 수도 없이 속출했음에도 마오의 결심은 추호도 흔들리지 않았다. 중앙의 강력한 요구에 따라서 지방의 청계 운동은 걷잡을 수 없는 집단 학살의 활화산으로 타올랐다.

청계 운동의 과정에서 3,000만에서 3,600만 명 정도가 붙잡혀서 문책을 당하고, 적게는 50만에서 많게는 150만 명이 조직적 고문, 자백 강요, 인민 재판, 강요에 의한 자살, 집단 학살 등의 이유로 비자연적 죽음에 내몰렸다.6) 중국 관방 문혁사가들도 일반적으로 인정하듯이, 청계 운동의 과정에서 100만 명 이상의 억울한 피해자가 발생했으며, 그 가족까지 포함하면 총 피해자의 수는 무려 1억 명에 달했다.[7] 8명 중 1명이 회복불능의 심대한 정치적 타격을 입었다. 구체적인 사례를 살펴보자.

청계 운동 : 혁명위원회의 대민 테러

청계 운동은 혁명위원회가 세워진 이후 본격적으로 전개되었다. 1년 8개월에 걸쳐 전국 전역에 들어선 각 지역의 혁명위원회는 거의 예외 없이 그 지역의 군대를 통해서 모든 정부의 권력을 장악했다. 군대가 반혁명 수정주의 세력의 색출에 나서면서 대민 테러는 점점 더 가혹한 양상을 띠었다. 전국 전역 2,000개 현 대부분에서 100명 이상이 목숨을 잃었다. 광둥 성에서만 4만 명이 사망했다. 뒤에서 자세히 다루겠지만, 윈난 성에서는 1만7,000여 명이 죽고 6만1,000여 명이 부상을 입거나 불구가 되었는데, 희생자 대부분은 무슬림들이었다.[8] 마녀사냥의 광열은 장시, 랴오닝, 헤이룽장, 산시(山西), 장쑤 성(江蘇省)으로도 번졌다.[9] 같은 시기, 허베이 성에서도 마녀사냥이 일어났다. 국민당 잔당이 존재한다는 천보다의 주장이 도화선이었다. 그 결과 8만4,000여 명이 체포되어 가혹 행위를 당하고, 그 과정에서 2,955명이 사망하고 763명이 불구가 되었다.[10]

1920년대부터 "동방의 파리"로 급성장하여 뉴욕 다음으로 외국인이 많이 거주했던 상하이는 특히 쉬운 표적이 되었다. 무역, 문화, 교육 등 다양한 이유로 과거 외국인들과 직, 간접적으로 연결되었던 수많은 사람들이 반혁명분자의 혐의를 쓰고 조사를 받아야만 했다.[11] 1968년 5월 상하이에서는 16만9,405명이 억울하게 붙잡혀 심문을 당하고, 그 과정의 가혹 행위로 5,449명이 타살당하거나 강압을 이기지 못해 자살했다.[12] 1968년 여름

베이징에서는 약 6만8,000명이 반역자로 몰리고 400명이 맞아 죽었다.13)
베이징 대학에서만 23명이 살충제를 마시거나 수면제를 과다복용하거나
건물에서 뛰어내리거나 스스로 목을 맸다.14) 1969년 봄까지 베이징의 희
생자는 10만 명에 달했다.

네이멍구 자치구의 "내인당 사건"

청계 운동의 과정에서 네이멍구 자치구는 광시 성과 더불어 가장 큰 타격
을 입었다. 문혁 초기부터 네이멍구 지역의 맹주 우란푸(烏蘭夫, 1906-
1988)는 맹렬한 공격에 휩싸였다. 1967년부터 네이멍구의 몽골족은 반혁
명적 분리주의, 소련-몽골과 결탁한 수정주의 세력으로 몰리면서 존망의
기로에 섰다.

　네이멍구 지역은 본래 몽골족의 광활한 목초지였는데, 1900년대 이후
다수의 한족이 밀려오면서 1920-1930년대 내내 몽, 한 종족 간의 갈등으
로 몸살을 앓았다. 두 종족의 갈등은 점차 심화되어갔다. 수적으로 압도적
인 열세에 처했던 몽골족이 한족 이주민을 습격하고 약탈하는 일이 더욱
빈번해졌고, 흩어진 여러 부족들을 하나로 묶는 몽골족의 민족 의식이 생
겨났다. 종족 갈등에 대해서 잘 알고 있던 중국공산당은 1947년 선제적으
로 네이멍구를 자치구로 지정했고, 향후 10년에 걸쳐서 몽골족에게 매우
유화적인 정책을 펼쳤다. 그러한 분위기 속에서 몽골족 출신으로 1925년
중국공산당에 가입한 우란푸가 1950년대 이래 네이멍구의 당권, 군권, 행
정권을 독점한 지역 맹주가 되었다. 1951년 12월 우란푸는 몽골족의 편에
서서 한족 중심의 "대민족주의"를 물리치고 소수민족의 동등한 권리를 보
호해야 한다는 주장을 했다. 몽골족에 대한 중공중앙의 유화적인 분위기

는 "대약진"의 처참한 실패 이후 강경하게 바뀌었다. 위기 의식에 휩싸인 중공정부로서는 소련과 국경을 맞대고 몽골과 긴밀하게 소통하는 네이멍구 자치구의 몽골족을 그대로 방치할 수 없었기 때문이다. 이후 중공정부는 몽골족의 "소민족주의" 대신 한족 중심의 "대민족주의"를 내세우면서 통제의 고삐를 강화했다.15)

문혁 초기부터 중공중앙은 우란푸가 소련-몽골의 수정주의자들과 연합하여 중국에 반기를 들고 몽골족의 독립을 추진했다는 혐의를 씌웠다. 우란푸가 시련을 겪는 동안, 기차를 타고 네이멍구로 몰려간 베이징의 홍위병들은 몽골족에 대한 무차별적인 홍색 테러를 가하기 시작했다. 그들은 라마교 사원 등 몽골 고유의 종교적 상징물과 문화유산을 조직적으로 파괴하고, 전통적 유목민의 삶을 살아가던 몽골족의 전통문화, 사고방식, 부족의 관습, 생활습관에 일말의 관용도 없는 "혁명적 올바름"의 잣대를 들이대고 무차별 공격해댔다. 1996년 여름 네이멍구 후허하오터(呼和浩特) 교외의 한 라마교 사원을 방문했을 때, 나는 법전(法殿) 앞에 진열된 오백 나한상(羅漢像)의 코들이 하나같이 모두 깨져 있는 모습을 직접 보았다. 그 참혹한 풍경은 1967년 베이징에서 몰려온 홍위병들이 저지른 만행의 결과였다.

1968년 1월부터 네이멍구 혁명위원회는 캉성 및 장칭의 명령에 따라서 반혁명분자들을 색출하는 본격적인 마녀사냥을 시작했다. 1928년에 결성되어서 네이멍구 지역 몽골족의 대단합과 민족적 독립성을 강조했던 "내몽골 인민사회주의 혁명당(이하 내인당)"이 표적이 되었다. 이미 오래 전에 사라져서 흔적도 제대로 남아 있지 않은 먼 과거의 정치조직이었는데, 문혁의 광풍 속에서 다수 몽골족은 모두 내인당의 첩자라고 의심을 받았다. "내인당" 마녀사냥은 갈수록 잔인해져서 수십만의 피해자가 생겨났다.

피해자의 대부분이 몽골족에 집중되자 몽골족 사위를 본 저우언라이가 직접 나섰다. 1969년 3월 그는 전격적으로 네이멍구 자치구의 마녀사냥을 중단시켰다.

"내인당" 마녀사냥의 사상자 규모는 여전히 논란거리이다. 이후 중공정부의 공식 집계에 따르면, 약 34만6,000명이 기소되어 1만6,332명이 사망하고 8만7,180명이 중경상을 입거나 회복불능의 장애를 겪었다. 비공식 집계에 따르면 70만여 명이 누명을 쓰고, 4만여 명이 사망하고, 14만여 명이 중, 경상을 당했다.16) 이와 달리 1976년 지방정부는 사망자를 5만 정도로 파악했다. 1980년대 몽골족 학자들의 연구에 따르면 약 35만에서 50만 명이 구속되어 극심한 문초와 고문에 시달렸고, 그중 최소한 10만여 명이 목숨을 잃었다. 네이멍구 자치구 전역에서 독버섯 돋듯 고문실이 생겨나 많게는 수십만 명이 구속되어 심문받는 과정에서 "혀를 잡아 빼고, 이를 뽑고, 눈을 파고, 살갗을 지지는" 악랄한 방법으로 고문을 당했다.17) 10퍼센트에 불과한 몽골족이 희생자의 75퍼센트 이상을 차지했다.18)

1980년대 들어와서 네이멍구 자치구의 몽골족 피해자들은 직접 겪어야만 했던 무지몽매한 박해와 탄압의 수모를 폭로하기 시작했다. 그중 극히 일부의 기록만을 들춰보더라도 아래와 같은 반인권 범죄에 대한 증언들이 눈에 띈다.

한족 마귀들이 우리 집에 들어와서는 어머니와 아버지의 뺨을 때리면서 내인당의 당원들이라고 비난했어요. 그러고는 아버지를 끌고 가면서 나중에 어머니도 데려간다고 떠들었죠. 아버지는 몇 주일 동안 계속 얻어맞았어요. 하루는 그놈들이 아버지를 의자에 묶고는 끓는 물을 머리에 쏟아부었다고 해요. 다음 날 아버지는 세상을 떠나셨어요.

우리는 아버지를 한 해 넘게 보지도 못했어요. 늘 걱정을 했는데, 어느 날 아버지가 집 앞에 다시 나타나셨어요. 몹시 굶주리고 병약한 상태였어요. 아빠는 날마다 그놈들에게 두드려 맞아야 했고, 양쪽 귀가 다 잘려나간 치욕으로 괴로워하셨어요.

어느 날 밤 개 짖는 소리가 들리더니 숙모가 소리를 지르셨어요. 아버지께서 반년 만에 집으로 돌아오셨는데, 불쌍한 우리 아버지는 아무 말도 하실 수 없었지요. 그놈들이 아버지의 혀를 뽑고, 눈을 파내버렸어요. 아버지는 6주일 후에 돌아가셨어요.

우리 아버지는 높은 관리여서 1969년에 일찍 구속되었지요. 그후 5년간 연락이 끊겼어요. 돌아오신 후에 보니 다리를 심하게 저셨는데, 구속된 첫해에 그놈들이 발바닥 피부를 불로 지져서 전부 벗겨버린 듯했어요.[19]

이외에도 윤간당할 위기에서 창밖으로 투신자살한 어머니, 팔팔 끓는 물이 담긴 솥을 배 위에 올려놓아서 목숨을 잃은 아저씨, 마오쩌둥보다 칭기즈칸을 더 좋아하냐고 다그치며 끓는 물을 부어 등껍질을 벗기는 고문을 당한 아버지, 동료에게 누명을 씌울 수 없어서 고문당하다 잠시 쉬는 틈에 목을 매단 아버지 등등 비참한 가족사의 증언이 수도 없이 이어졌다.[20]

문화혁명은 네이멍구뿐만 아니라 중국의 모든 소수민족들에게 끔찍한 악몽의 시간이었다. 마오쩌둥이 계급투쟁을 강조할수록 소수민족 고유의 전통과 문화는 설 자리가 좁아졌다. "계급투쟁"은 소수민족의 전통적 생활양식을 송두리째 흔들었다. 그런 점에서 문화혁명은 전국 각지에 산재하는 소수민족들을 겁주고 억누르고 옥죄고 아우르는 중국공산당의 봉쇄전략일 수도 있었다.

광시의 대량 학살 : 인육을 먹은 사람들

1967-1968년 광시 좡족 자치구에서도 대규모의 잔악무도한 학살극이 벌어졌다. 문혁 이후 1980년대 이 지역에서 청구된 이른바 "원죄(冤罪, 억울한 죄), 날조 오심(誤審) 사건"만 23만 건에 달했을 정도이다. 1980년대 정부의 공식 발표에 따르면, 실명과 주거지가 명확하게 밝혀진 사망자만 8만9,700여 명에 달한다. 실종자까지 합치면 사망자의 총수는 12만-15만 명으로 늘어난다. 이후 민간인 조사에 따르면, 그 숫자는 20만 이상이다. 아직도 정확한 수치는 밝혀지지 않았으나 광시 대학살의 정확한 사망자 수는 대략 최소 9만 명, 최대 30만 명에 달한다.[21]

그 과정은 7-20 우한 사건과 네이멍구 내인당 사건이 혼합된 양상을 띠었다. 네이멍구가 1950년대 이래 우란푸의 지배를 받았듯이, 광시 좡족 자치구 역시 1954년 이래 군부의 지도자 웨이궈칭(韋國淸, 1913-1989)의 통제하에 있었다. 우란푸와 웨이궈칭은 모두 소수민족이면서 한족 중심의 주류 문화에 편입되어 중공정부의 신임을 얻고 지역 맹주로 군림했다.

다만 문혁 기간 우란푸는 권력의 외곽으로 밀려난 반면, 웨이궈칭은 4만 명의 홍위병 앞에 끌려나가서 수모를 겪은 후에도 극적으로 소생하여 반대 세력의 숙청에 나섰다. 7-20 우한 사건과 마찬가지로 광시 자치구 역시 군중조직이 양분되어 무장투쟁에 돌입했고, 지방군부가 한쪽 군중조직과 연계하여 반대편을 극한의 위기로 몰고 갔다. 중공중앙은 우한 군부의 결정을 착오라고 선언했던 것과 달리 광시 군부의 결정은 전적으로 지

원했다.[22]

왜 하필 광시 자치구에서 그토록 많은 사람들이 단기간에 조직적인 학살에 내몰려야 했을까? 구체적 시점을 따져보면 어느 정도 해답이 보인다. 1984년 지방정부의 통계에 따르면, 총 사망자의 59퍼센트가 1968년 7월 3일 중공중앙이 이른바 "7-3 포고"를 발표한 이후에 발생했다. 1967년 11월 18일 중공중앙은 "광시 문제에 관한 결정"을 통해서 웨이궈칭의 관할권을 인정하고 그에게 혁명위원회 건립을 추진하도록 했다. 그 시점을 기준으로 보면, 무려 85.3퍼센트가 그 이후에 사망했음을 알 수 있다.

광시 자치구는 북베트남과 국경을 맞대고 있다. 1963년 이래 중국은 북베트남에 지원하는 대량의 살상 무기와 군수 물자를 광시 자치구를 관통하는 화물 열차에 실어서 운반했다. 광시 자치구에서 무장투쟁이 격화되는 과정에서 수세에 몰렸던 조반파 군중조직은 북베트남으로 향하는 화물 열차를 궤도에서 이탈시켜 무기와 군수 물자를 약탈하는 대담한 게릴라 작전을 펼치기 시작했다.

중공중앙으로서는 절대로 방치할 수 없는 비상사태였다. 바로 그 때문에 1968년 7월 3일, 중공중앙은 광시 자치구에 이른바 7-3 포고를 하달했다. 7-3 포고는 1년 반 동안 지속되어온 광시 자치구의 혼란을 수습하기 위해서 중공중앙이 광시 자치구에 하달한 질서회복의 행동명령이었다. 그 안에는 무장투쟁의 즉각적 종식, 철도교통의 전면적 회복, 탈취된 모든 군사 무기의 회수, 방화 및 살인 등 파괴 행위를 일삼는 반혁명 세력의 구속과 처벌 등 혼란을 수습하는 구체적인 강령이 담겨 있었다. 광시 자치구에 혁명위원회가 건립되기 약 두 달 전의 일이었다.

7-3 포고는 반혁명 세력을 모두 규합하여 질서를 회복하라는 특별명령과도 같았다. 결국 혁명위원회가 중공중앙의 공식적인 승인을 얻고 나서

지방 권력에 도전했던 조반파를 조직적으로 학살했음을 알 수 있다. 양지성의 표현을 빌리면, "마오쩌둥에게 선동되어 떨치고 일어난 조반파는 절대로 타도할 수 없는 광시 최대의 당권파와 대립을 했고, 따라서 비참한 운명을 겪어야만 했다."23)

혁명위원회의 군대에 의한 조직적인 대량 학살이 자행되고 있을 때, 광시 자치구의 우쉬안 현(武宣縣) 등에서는 인육을 먹는 풍조가 일어났다. 지방정부의 극비 문서를 보면, 군인, 무장 민병대, 당원, 단체장들이 떼로 모여서 시신의 배를 갈라 간을 빼내고, 심장을 적출하고, 살을 베어내서 먹는 끔찍한 사태가 발생했다. 캘리포니아 주립대학의 저명한 문혁사가 쑹융이(宋永毅) 교수의 해석에 따르면, 이들의 식인 행위는 계급 적인에 대한 보복이 아니라 수명 연장과 자양과 생식을 위한 일이었다.24)

우쉬안 현의 식인 사건에 대한 연구서로는 중국의 망명 작가 정이(鄭義, 1947-)의 『홍색기념비(紅色紀念碑)』가 대표적이다. 1986년 우쉬안 현을 직접 방문한 정이는 지방정부의 비밀문서, 목격자 증언과 연루자의 자백을 기반으로 1968년 현장에서 자행되었던 식인의 만행을 생생히 고발했다. 정이는 1989년 톈안먼 대도살 이후 수집한 자료를 모두 들고 홍콩, 미국 등지로 잠적해서 집필을 시작했다. 정이의 『홍색기념비』는 1993년 타이베이에서 처음 출간된 이래 세계 학계의 비상한 관심을 받았다. 정이의 현장 조사, 집필과 출판 과정에 대해서는 "슬픈 중국" 제3부 『대륙의 자유인들 1976-현재』에서 상세히 다룰 계획이다.

유죄 단정의 집단 테러

죄의유경(罪疑惟輕). "죄에 조금이라도 의혹이 있으면 형벌을 가볍게 한다"는 의미로, 『상서(尙書)』 "대우모(大禹謨)"에서 명신 고요(皐陶)가 순임금의 치덕을 기리며 남긴 말이다. 상고시대의 통치자도 형벌을 적용할 때에는 최선의 신중을 기했음을 강조하는 유가 경전의 근거이다. 근대 형법에 따르면, 누구든 유죄가 확정되기 전에는 범죄자로 취급할 수 없다. 무죄추정의 원칙, 죄형법정주의, 증거재판주의는 근대 형법의 3대 기둥이다. 개인의 존엄과 인권 보호를 위한 최소한의 안전장치이다.

문화혁명 당시 무죄추정의 원칙은 완벽하게 폐기되었다. 대신 유죄 단정의 폭력이 자행되었다. 군중조직과 국가는 인민의 적을 모두 색출하는 마녀사냥, 인민 재판, 집단 테러를 이어갔다. 털끝만큼의 혐의만 있어도 군중집회에 불려나가서 무방비로 조리돌림을 당해야 했던 집단 린치의 시대였다. 그 모든 사태는 "군중독재"를 계급투쟁의 원칙으로 삼았던 최고영도자 마오쩌둥의 최고 지시에서 비롯되었다.

마오쩌둥의 다음 발언에 단서가 보인다. 청계 운동이 한창이던 1968년 10월 5일 저녁 알바니아 사절단과의 대화에서 마오쩌둥은 말했다.

이번에 당, 정, 관, 민 모두가 비교적 큰 규모로 깨끗이 정리되었소. 스스로 청산하고 정리하고, 스스로 폭로를 했소. 7억 인구라면, 나쁜 자들이 1,000명 중 1명이라고 해도 '적아모순'은 엄중하오. 광둥 성을 보면, 국민당 사병, 헌병, 경찰, 국민당 군관, 국민당 간부, 삼청단(三靑團 : 국민당 청년 조직), 일관도(一貫道 : 금지된 민간종교) 등이 청산되었는데, 그 숫자가 약 40만 명쯤 되오. 광둥 성 인구가 4,000만이니까 40만이면 인구의 1퍼센트요. 이 40만이 바로 국민당의 헌병, 경찰, 당원들이지만, 그들 모두가 다 악질분자는 아닐 거요. 그러나 만약 악질분자가 1,000의 1이라도 4,000만 중에서 4만 명에 달하오. 앞으로 반년, 혹은 1년 동안 청계 운동을 하면 10년에서

20년 정도 일시적 안녕을 도모할 수 있을 거요. 이번에 완전히 깨끗이 청소

했다고 할 수도 없소.25)

이른바 적아모순이란 타협 불가능한 피착취계급과 착취계급 사이의 모

순을 이른다. 마오쩌둥은 외국의 사절단에게 광둥 성에서 적아모순의 악

질분자 4만 명을 타도하기 위해서 40만을 깨끗이 정리했다고 공공연히 말

하고 있다. 전체 인구 4,000만 가운데 0.1퍼센트의 악질분자를 제거하기

위해서 1퍼센트를 숙청했다는 발언이다.

『상서』에 따르면, 순 임금은 "무고한 사람을 죽이기보다는 차라리 법을

따르지 않았다." 순 임금과는 정반대로 마오쩌둥은 설령 9명의 무고한 사

람이 희생된다고 해도 단 1명의 악질분자도 놓칠 수 없다고 생각했다. 청

계 운동은 바로 그러한 마오쩌둥의 계급투쟁의 논리에 따라서 전개되었

다. 하부 단위에서는 투쟁 대상을 최대한 확대할 수밖에 없었다. 무고한

사람들이 걸려들면 혁명의 열정이 지나쳐서 저지른 "좌의 오류"라고 변명

할 수 있지만, 단 1명이라도 놓치게 되면 스스로 반혁명분자로 몰릴 수밖

에 없었기 때문이다.

신화 인쇄 공장의 대적투쟁 : 청계 운동의 공식화 과정

청계 운동의 전국적인 확산을 위해서 마오쩌둥은 다시금 사인방의 저돌적

저격수 야오원위안을 이용했다. 야오원위안은 1965년 11월 역사학자 우한

을 공격해서 문혁의 뇌관에 불을 지핀 신예 비평가였다. 문혁의 절정에서

야오원위안은 이미 사인방의 일원으로 급성장해 있었다.

1968년 5월 13일, 야오원위안은 신화 인쇄 공장의 대적투쟁을 근거로

장쑤 성 쉬저우(徐州)의 혁명위원회가 주관한 청계 운동 군중집회, 1968년 가을 추정. (공공부문)

"청계 운동 정책성 문제의 총결"을 작성했다. 마오쩌둥은 곧바로 야오의 문장을 극찬했다. 5월 25일 중공중앙은 전국망을 통해서 "신화 인쇄 공장의 대적투쟁"을 모범 사례라고 공식적으로 발표했다. 중공중앙이 반포한 "중발 [1968] 74호"는 청계 운동이 전국적으로 확산되는 결정적 계기가 되었다.[26)

베이징 신화 인쇄 공장은 북양 군벌 시기인 1910-1920년대에 창설되어서 1930-1940년대 일제 치하와 국민당 지배를 겪었다. 문혁 당시 이 공장은 상하이와 동북 지역의 여러 인쇄 공장을 합병하여 직원 3,000명 규모의 큰 공장으로 확장되어 있었다.

1968년 2월 21일 중앙경위국의 8341부대는 군관 인원을 신화 인쇄 공장에 투입해서 5월까지 두 달이 넘도록 대적투쟁을 전개했다. 군관 인원의 조사에 따르면, 이 공장의 간부들 중에는 과거 국민당에 가입했다가 이후 공산당에 유입된 사람들이 22명 있었다. 바로 이들이 맹렬한 계급투쟁의 첫 번째 대상이었다. 여기에서 계급투쟁이란 다수의 군중을 발동시켜 소수의 계급 적인을 공격하는 군중독재였다.

신화 인쇄 공장에 투입된 군관들은 50여 일에 걸쳐 군중을 발동시키는 계급투쟁의 전초전을 벌였다. 4월 11일과 4월 16일, 신화 인쇄 공장에서는 적대 세력에 대한 투쟁대회가 개최되었다. 4월 11일에 거행된 제1차 대회에서는 반혁명분자들을 모두 색출해서 구금했다. 4월 16일의 제2차 대회에서는 마오 주석을 모욕하고 문화혁명을 방해한 6명의 반혁명분자들을 향한 집중적인 비판투쟁이 전개되었다.27)

그 과정에서 군관은 청계 운동의 기본 원칙을 다음과 같이 도출했다. 첫째, 마오의 훈시대로 '적아모순'과 '인민 내부의 모순'을 엄격하게 구별할 것. 둘째, 투쟁의 큰 방향을 견고히 잡을 것. 셋째, 일체의 단결 가능한 사람들을 단결시킬 것. 넷째, 적극적인 방법을 전부 동원할 것. 다섯째, 소수의 계급 적인들을 한계까지 고립시켜서 맹렬히 타격할 것.

중공중앙의 명령에 따라서 전국의 각 단위에서는 신화 인쇄 공장의 선례를 본받는 전면적 계급투쟁의 불길이 타올랐다. 청계 운동의 군중독재는 다수대중이 소수의 계급 적인을 단죄하는 집단 린치의 과정이었다. 집회, 폭로, 비방, 구타, 감금, 고문, 자백 강요 등의 모든 방법이 동원되었다. 요컨대 청계 운동은 마오쩌둥의 지시에 따라서 중공중앙의 치밀한 계획 아래 전국 전역에서 단 1명의 반동분자도 놓치지 않기 위해서 수만 명을 들쑤시는, 마녀사냥의 방식으로 일사불란하게 전개된 정부의 대민 테러였다.

정부의 대민 테러 : 피해의 규모

현재 문혁 시기 전체 희생자의 숫자에 관해서는 25만 명에서 1,500만 명까지 다양한 연구가 발표되어 있다. 정확한 피해자의 규모는 그만큼 논란에 휩싸여 있다.

스탠퍼드 대학교의 사회학자 앤드루 월더(Andrew G. Walder)의 조사에 따르면, 2010년까지 출판된 2,213개 중국 전역의 현지(縣志 : 현 정부 백서)에 기록된 문혁 시기 사망자는 약 27만3,000명, 부상을 입거나 영구 불구가 된 피해자는 약 1,340만 명이다. 사망자의 75퍼센트 이상, 피해자의 90퍼센트 이상이 정부기관에 의해서 자행된 대민 테러의 결과로 발생했다. 물론 정부의 통계는 실상보다 축소되어 있다. 월더는 현지의 기록을 사회과학적으로 보정하여 1966년 6월부터 1971년 12월까지 5년 6개월의 시기 동안 사망한 사람들의 수를 88만7,000에서 198만 명 정도, 피해자의 총수는 3,100만 정도로 추산한다. 그중 90퍼센트가 1967년 말부터 1968년 말까지와 1969년 말부터 1970년 초까지의 두 시기에 집중되어 있다. 청계 운동이 일어나는 과정의 사망자는 전체 사망자의 54.5퍼센트에 달하므로 대략 48만-108만 정도에 달한다.28)

월더는 청계 운동과 캄보디아 킬링필드 사이의 유사점에 주목한다.29) 폴 포트는 전체 인민 속에 잠복하는 구시대의 불순분자를 모두 청소하고 정리한다는 극단적 마오주의의 영향하에서 대학살을 감행했다. 실제로 폴 포트는 1965년 아시아, 아프리카, 라틴 아메리카의 혁명 운동가들에게 전문적인 군사기술을 전수하던 "아시아, 아프리카, 라틴 아메리카 배훈(培訓) 중심"에서 수학한 전력이 있었고,30) 이후 중공정부가 크메르루주 정권을 해외 마오주의 혁명의 교두보로 삼아서 지원했음은 널리 알려진 사실

이다.31)

　명확한 증거도, 공정한 재판 절차도 없이 가상의 계급 적인을 색출해 제거하는 마오쩌둥식의 계급투쟁은 대규모의 국가 테러로 귀결될 수밖에 없었다. 계급독재 인민 재판에서는 무죄추정의 원칙 대신 유죄 단정의 폭력이 자행되었기 때문이다. 돌이켜보면, 마오쩌둥식 인민민주독재의 당연한 귀결이었다. 그는 지속적으로 다수 인민이 민주적 합의를 통해서 소수의 적인을 감시하고 처형해야 한다며 혁명군중을 부추겼다.

　인민민주주의는 인민이 법 위에 군림하는 폭민 정치와 다르지 않다. 표면상 인민이 집단 지성의 힘을 발휘해서 자발적으로 인민 주권을 행사하는 듯하지만, 실제로는 독재정권이 군경을 동원해서 인민을 감시하고 조정한다. 인민민주주의가 계급 학살과 인종 청소를 가능하게 한 이유가 거기에 있다. 청계 운동의 사례가 증명하듯이, 인민민주주의란 결국 인민의 이름으로 인민을 처형하는 인민독재이다.

제28장

그들은 스스로 목숨을 끊어서

마오의 주치의 리즈수이의 회고에 따르면, 그의 아내는 문화혁명이 개시된 직후 갑자기 스스로 목숨을 끊은 마오의 비서 톈자잉처럼 자신의 남편이 혹시나 자살하지 않을까 우려했다. 그의 아내는 그에게 늘 말했다. "절대로 자살하지 마요. 자살하면 우리 모두 끝장나요."1) 1950-1960년대 중공 정부는 개인의 신체를 사회주의 혁명의 도구로 삼았다. 자살은 당을 배신하고 인민을 저버리는 최악의 반혁명 행위였다. 유가족은 평생 반역자의 굴레를 쓰고 오지로 추방당해 강제노역을 해야 했다. 그럼에도 수많은 사람들이 스스로 목숨을 끊었다. 누가, 언제, 어디서, 왜, 어떻게 자살을 해야 했나?

이미 살펴보았듯이 1968-1969년에 절정에 달했던 청계 운동은 최고영도자 마오쩌둥의 지시에 따라서 숨어 있는 가상의 적인들을 제거하는 대규모의 국가 테러였다. 그 과정에서 약 3,000만 명이 극심한 피해를 입었다. 그중 적게는 48만 명, 많게는 108만 명 이상이 목숨을 잃었다. 직접적인 피해자들의 가족까지 합산할 경우 청계 운동의 피해자는 1억 명에 달한다. 8명 중 1명이 정치적 타격을 입었다는 이야기이다. 그중 많은 사람들이 스스로 목숨을 끊었다. 세상에 알려진 정부의 공식 통계 몇 가지만 짚어보면……

베이징 근교 광루좡(廣錄莊) 대대에서 벌어진 우귀사신 소탕대회. (공공부문)

1. 랴오닝의 다칭(大慶) 유전에서는 1968년 1월에서 4월 사이에 15명이, 5월과 6월에는 36명이 잇달아 자살했다.[2]

2. 베이징에서는 1968년 1월부터 1969년 5월까지 청계 운동 과정에서 공식적으로 3,731명이 사망했는데, 그중 94퍼센트가 자살이었다.

3. 비슷한 시기 저장 성에서는 10만 명이 구속되어서 비투를 당했고, 그 과정에서 9,198명이 가혹 행위로 죽거나 자살했다.

4. 1968년 말까지 안후이 성에서는 43만 명이 각종 악질분자로 낙인찍혀 능욕, 구타, 체벌, 고문, 자백 강요 등 10여 종류의 혹형을 받았다. 1969

"반혁명 수정주의분자들을 모두 색출해서 군중 앞에 보이라!" 문혁 당시 군중집회의 집단 린치를 단적으로 보여주는 "군추도(群醜圖)" (chineseposters.net)

년 4월의 통계에 따르면, 그 43만 명 중에서 18만8,225명이 감금당했고, 그중에서 4,646명이 구금 상태에서 가혹 행위에 시달리다가 자살했다. 산 채로 맞아 죽은 사람도 1,074명에 달했다.3)

5. 지린 성에서는 1968년 4월부터 9월 말까지 5개월에 걸친 청계 운동의 과정에서 2,127명이 자살하고 3,459명이 불구가 되었다.

6. 윈난 성 혁명위원회 청계 운동 사무소의 집계에 따르면, 1969년 8월에 약 44만8,000명이 잡혀서 조사를 받았다. 그중에서 약 1만5,000명이 "청소하고 정리될" 대상으로 지목되어서 가혹 행위를 당했다. 이 과정에서 사망한 사람들이 6,979명에 달했는데, "모두가 강압을 이기지 못한 자살이었다."4)

물론 상기 사례들은 전체 자살자의 극히 일부에 불과하다. 재미 연구가 딩수(丁抒)는 문혁 초기의 자살자 수를 10만-20만 정도로 추산한다. 공산 주의자들은 자살을 반혁명 행위라고 비판한다. 문혁 당시의 사회 분위기에서 자살자는 일말의 동정도 받을 수 없었다. 20세기 중국 문학의 대가 바진(巴金, 1904-2005)은 다음과 같이 회상한다.

당시에는 모두가 미쳐 있었다. 잘 아는 사람이 고층 건물에서 뛰어내려도 동정하기는커녕 오히려 집회를 열고 비판을 했다. 고성으로 구호를 외치면서 악독한 언어를 써서 죽은 자를 공격해댔다.5)

이처럼 살아남은 군중이 사자의 영혼까지 짓밟고 찢었음에도 자살자의 행렬은 끊이지 않았다. 결국 중공중앙의 주요 인사들은 청계 운동의 강도를 조절하라고 요구했다. 1968년 5월 공안장관 셰푸즈는 청계 운동의 광열 속에서 자살자가 속출하자 광폭한 "자살풍(自殺風)"을 막아야 한다고 역설했다. 반동분자가 자살하면 더 많은 악질분자의 색출에 방해가 된다는 이유였다. 중앙문혁소조의 핵심인물 캉성은 투쟁의 기술을 정교하게 쓰라고 요구하면서 "몇 명 죽는 거야 상관없지만, 더 중요한 사건의 단서가 소멸될 수 있음"을 경고했다. 물론 상부의 지시는 자살의 광풍을 막지 못했다.6)

자살, 저항의 수단인가?

1949년 이래 중국에서 스스로 목숨을 끊어야만 했던 수많은 사람들의 기록을 들추다 보면 그들이 목숨을 걸고 부조리에 저항했다는 생각을 지울 수 없다. 1950년대 초부터 자살자들 중에는 작가, 언론인, 과학자, 학생 등 지식분자들이 많았다.

일반적으로 지식분자들은 자존심이 남다르고 명예를 중시한다. 근대 문명 국가의 재판과정과는 달리 1950-1960년대 중국의 정치 운동은 피의자를 군중집회에 끌고 와서 모욕하고 구타하는 인격살해의 폭력이었다. 군중의 집단 린치에 무방비로 노출되어서 할퀴어지고 짓밟힌 인간은 사회적 사망을 면할 수 없다. 사회적 사망선고를 받은 자에게는 어쩌면 자살이 최후의 항변일 수 있다.

신생 중화인민공화국에서 제1기 전국 정협위원으로 활약했던 저우징원(周鯨文, 1908-1985)은 1956년 12월 홍콩으로 망명했다. 이후 그는 홍콩에 체류하면서 반(反)중공 인권 운동을 전개했다. 1959년 홍콩에서 출판된 그의 저서 『10년의 폭풍 : 중국 홍색정권의 진면모(風暴十年 : 中國紅色 政權眞面貌)』는 50년대 정치 운동의 폭력성을 고발하는 중요한 기록이 다.[7] 이 책에서 저우징원은 1950년대 초반 진압반혁명 운동 당시 이미 30만에서 50만 명이 자살했고, 1951-1952년의 삼반 운동(三反運動)과 오반 운동(五反運動) 당시 25만이 자살했다고 주장했다. 이 수치를 입증하는 정부의 통계는 없지만, 1950년대부터 중국에서 대규모의 자살자가 나왔음을 부인할 수는 없다. 자살을 막기 위해 상하이에서는 수면제의 판매를 금지하고, 목재를 절약한다는 명분으로 관(棺)도 제작하지 못하게 했다. 그럼에도 1950년대 상하이의 공원과 길거리에서는 자살한 사람들의 시신이 흔히 보였다.

가령 저우징원의 기록에 따르면, 베이징 강철학원에서 한 학생이 부당한 집회에서 조리돌림을 당한 후 교정 중앙의 높은 굴뚝 위로 올라가서 몰려드는 사람들에게 강력하게 자신의 결백을 주장한 다음, 투신하여 시멘트 바닥에 선혈을 흩뿌리는 사건이 발생했다. 1950년대 정치 운동의 피해자들이 스스로 목숨을 던져 저항했음을 보여주는 실례이다.

문혁 시기, 스스로 목숨을 끊은 지식인들

지식인들의 자살은 문화혁명 시기에 최고조에 이르렀다. 세상에 알려진 구체적인 사례를 뜯어보면, 인격을 유린당한 후 절망의 늪에서 죽음으로 도피한 경우도 보인다. 반면 자살을 통해서 불의에 항거한 경우도 적지 않다.[8]

1945년 영어로 번역되어 미국에서 베스트셀러가 된 소설 『낙타 상자(駱駝箱子)』의 작가 라오서(老舍, 1899-1966)는 문혁 초기 베이징 공자 묘의

문혁 시기에 홍위병에게서 모욕을 당하고 스스로 목숨을 끊은 작가 라오서. (공공부문)

문지방에서 "현행 반혁명분자"라고 적힌 현수막을 쓰고 홍위병들에게 구타와 모욕을 당했다. 이튿날인 1966년 8월 24일 이른 새벽 그는 타이핑 호에 몸을 던졌다.

현대 중국의 저명한 신(新)유가 철학자 슝스리(熊十力, 1885-1968)는 문혁이 발발한 직후부터 홍위병의 집회에 불려나가서 수모를 겪었고, 그의 자택은 파괴되었다. 홍위병의 만행에 비분강개한 노학자는 중공중앙에 항의 서신을 쓰는 투쟁을 이어갔다. 청계 운동이 전국적으로 시작되던 1968년 봄부터 그는 음식을 거부하고 집필에 몰두하다가 5월 23일 84세를 일기로 서거했다.

이외에도 문혁의 광풍 속에서 자살을 택한 지식인들은 수없이 많다. 자살자의 소속을 보면 대학, 전문학교, 문인협회, 예술 단체에 집중되어 있

저명한 역사학자, 교육자인 젠보짠은 1968년 12월 18일 아내 다이수완과 함께 수면제를 복용하고 동반 자살했다. (공공부문)

다. 자살의 방법으로는 높은 곳에서 뛰어내리거나 목을 매는 경우가 가장 많았고, 물에 뛰어들거나 고압전류를 만지는 경우도 허다했다. 상하이 등 대도시에서는 가스 질식사도 빈번했다. 고위 관리들은 수면제를 과다복용하는 방법을 선택했다. 젠보짠(翦伯贊, 1898-1968)과 그의 아내 다이수완(戴淑婉, ?-1968)처럼 지식인 부부가 동반 자살하는 경우도 자주 보인다. 또 먼저 죽은 배우자를 따라서 죽는 경우도 많았다.

제29장
우붕의 우귀사신들

1949년 중국 인민이 "해방된" 이래 중국의 현대사는 지식인 수난의 역사였다. 사회주의 혁명이라는 미명하에 사상과 언론, 양심의 자유는 억압되었고, 학술연구의 중립성은 철저하게 훼손되었다. 1950년대 이후 숙청된 지식인들 중에는 작가와 언론인, 철학자, 문학비평가, 역사학자 등 인문, 사회계열의 인텔리들은 물론 물리학자나 화학자, 생물학자, 석유화학자 등등 자연과학자와 전문기술자들도 다수 포함되어 있었다.

1950년대부터 마오는 "붉고도 전문적인(又紅又專)" 인물을 배양하라고 요구했다. 이 말을 보면 언뜻 이념과 전문성을 똑같이 중시한 듯하지만, 실제로는 과학적 전문성보다 이념적 선명성이 더 중시되었다. 1966년 문혁의 개시와 더불어 중국 전역의 과학자들은 다시 한번 철저한 사상 검증의 늪을 헤쳐가야 했다. 그 과정에서 수많은 전문가들이 수모를 겪고 목숨을 잃었다. 특히 1968년 봄부터 전국으로 확산된 청계 운동은 지식인들을 집중적인 공격의 대상으로 만들었다. 일단 몇몇 사례만 짚어보자.

과학기술 전문가들의 죽음 : 청계 운동의 희생자들

1968년 5월 청계 운동이 개시된 직후, 칭화 대학의 교직원 6,000명 중에서

1,228명이 조사를 받았다. 그중 178명이 적아모순의 대상으로 낙인찍혀 고초를 치렀고, 16명은 죽음에 내몰렸다.[1] 칭화 대학과 쌍벽을 이루는 베이징 대학에서는 전체 교직원의 22.5퍼센트에 달하는 900명이 조사를 받았고, 그중 23명이 비자연적 사망에 이르렀다.[2]

중국과학원 창춘 광학정밀 기계연구소의 116명, 창춘 응용화학연구소 110명의 노장 과학자와 청년 기술 인원이 특수 간첩이라는 누명을 썼다. 안후이 성의 한 강철 설계원에서는 978명의 직공 중 134명이 가혹한 심문을 당했는데, 대개 최고의 전문가 및 권위자들이었다. 중국과학원 상하이 연구소에서도 600여 명이 특수 간첩으로 몰려서 200여 명이 격리, 심사를 받고 그중에서 16명이 잔혹하게 살해되거나 자살을 하도록 내몰렸다.[3]

다롄(大連)에 위치한 중국과학원 화학물리연구소의 샤오광얀(蕭光琰, 1920-1968)은 일본에서 태어나서 미국 시카고 대학교에서 박사 학위를 받은 석유화학의 권위자였다. 1951년 신중국의 건설에 기여하겠다는 애국심을 품고 귀국한 그는 석유 공업 분야에서 혁혁한 공을 세웠다. 이렇듯 중국의 석유화학 발전에 큰 기여를 했음에도 샤오광얀은 1950년대 내내 출신 성분 때문에 정치 탄압을 피해갈 수 없었다. 급기야 1968년 10월 5일 그는 우붕(牛棚)에 억류당하고 그의 집안은 초토화되었다. 두 달 후인 12월 11일 아침 그는 수면제 과다복용으로 사망했다. 당시 노동 개조의 과정을 거치고 있던 그의 아내는 그 소식을 듣고는 이틀 휴가를 내서 14세 딸과 함께 자살했다.[4]

우붕의 탄생 : "지식인을 숙청하라!"

문혁 시절 중국 각지의 학교, 관공서, 단체, 공장 등지에는 반혁명 흑방을 잡아와서 억류하고 감금하는 간이건물들이 음지의 독버섯처럼 생겨났다. 정부의 묵인하에 공공연히 운영되었던 반관반민(半官半民)의 초법적 집단수용소였다. 사람들은 반혁명분자들이 잡혀 있는 그곳을 흔히 "우붕"이라고 불렀다. 노동 개조를 담당한다는 의미로 노개대원이라고 불리기도 했고, 검은 세력을 가둔 곳이라는 의미로 흑방대원이라고 불리기도 했다. 문자 그대로 '소 우리'를 뜻하는 우붕은 문혁 시절 반혁명적 지식분자를 이르는 통칭인 "우귀사신"을 가두는 우리였다. 전거를 찾아보면, 우귀사신은 당나라 시인 두목(杜牧, 803-853)이 이하(李賀, 790-816)의 환상적인 시상(詩想)을 칭송하면서 처음으로 사용한 발랄하고도 긍정적인 표현이다. 1960년대 초부터 마오쩌둥은 그 의미를 비틀어 지식분자를 조롱하고 폄훼할 때에 우귀사신이라는 말을 자주 사용했다.

문혁이 막 개시되던 1966년 6월 1일, 「인민일보」 1면에는 "우귀사신을 모두 쓸어버리자!"라는 사설이 실렸다. 당시 베이징의 언론을 장악한 천보다가 마오쩌둥의 의도를 반영해서 작성한 문혁의 포고문이었다. 이 사설에서 우귀사신은 "사상과 문화의 진영에 넓게 포진하고 있는 다수의 전문가, 학자, 권위자, 조사옹(祖師翁)"이라고 정의된다. 특정 학파나 새로운 사상의 개창자를 뜻하는 조사옹은 당시 과학기술 분야의 최고 전문가, 사상문화계의 권위자를 의미했다. 우귀사신이라는 딱지는 각 분야 지식인과 전문가를 저격하고 매장하는 인격살해의 흉기였다.

문혁 당시 지식분자들은 흔히 "취노구(臭老九)"라고 불렸다. 냄새나고 늙은 9등급의 무리라는 의미였다. 몽골족이 지배하던 원나라 때 중국의 백성들을 직종별로 열 가지로 나누어서 서열을 매겼는데, 이때 유생은 9등급이었다. 8등급인 기생 다음, 10등급인 거지 바로 위였다. 문혁 당시에는 지주, 부농, 반혁명분자, 악질분자, 우파분자, 특수 간첩, 반도, 주자파 뒤

문화혁명 당시 중국 전역에 나타난 초법적 억류시설 우붕. (공공부문)

에 아홉 번째로 지식분자가 놓였다. 낡은 9등급이라는 의미의 노구 뒤에 악취가 난다는 뜻의 취(臭) 자를 붙여서 지식분자들을 "냄새나는 낡은 9등급 무리"라고 조롱하고 매도한 것이다. 이는 당시 널리 퍼져 있었던 지식인 혐오를 단적으로 보여준다.

우붕의 지식인들: 하오빈의 회고록

문혁 발발 당시 30대 초반이었던 베이징 대학의 역사학과 하오빈(郝斌) 교수는 1966년부터 1969년까지 30개월간 우붕에 억류되어 있었다. 2014년에는 그의 기념비적인 회고록 『흐르는 물이 어찌 시비를 씻을까?(流水何曾洗是非)』가 타이완에서 출판되었다.5) 그의 증언에 따르면, 지식인의 우붕 생활은 문혁 초기부터 시작되었다.

1966년 9월 27일 베이징 대학 역사학과의 교수 및 직원 23명은 교정에서 차를 타고 1시간 넘게 가야 하는 베이징 창핑 현의 타이핑좡(太平莊)으로 끌려가서 "반공반독(反工反讀)"이라는 미명하에 강제노역과 사상 개조에 시달리기 시작했다. 1967년 늦봄부터는 녜위안쯔가 이끌던 베이징 대학의 "홍색 권력기구"가 쇠락하면서 감시하던 학생들이 자발적으로 흩어졌다. 그 결과 5개월에서 6개월에 걸쳐서 뜻밖의 해빙기가 있었지만, 이어서 청계 운동이 시작되면서 상상을 절하는 최악의 인권유린이 자행되었다.

우붕에 갇힌 지식인 포로들은 매일 새벽부터 늦은 밤까지 숨 돌릴 겨를조차 없이 비판투쟁을 당하고, 강제노역에 시달린 후, 강압적인 사상 개조의 과정을 거쳐야 했다. 창의적인 지식 생산에 전념하던 학자들은 『마오쩌둥 어록』을 제외한 모든 책들을 강탈당했다. 그들은 오로지 『마오쩌둥 어록』만을 반복해서 낭독하고 암송하는 강제학습을 당해야 했다. 1969년 여름까지 하오빈은 30개월 동안 일말의 자유도 없는 가혹한 포로 생활을 감내했다.[6]

지옥의 상상도 : 지셴린의 회고록

베이징 대학의 동방어문학부 교수 지셴린(季羨林, 1911-2009)은 교정 내의 사설 우붕에 갇혀서 장시간 구타, 고문, 심문, 강제노역에 시달렸다. 30년이 지난 1998년에야 그는 우붕의 실체험을 기록한 회고록 『우붕잡억(牛棚雜憶)』을 출판했다.

하오빈 교수와는 달리 큰 보직을 맡지 않았던 지셴린 교수는 문혁 초기

문혁시대의 억류시설 우붕의 경험을 기록한『우붕잡억』의 저자 지셴린 교수. (공공부문)

의 광풍은 피해갈 수 있었지만, 머지않아 교내의 당파 싸움이 가열되자 문혁의 불길에 휘말렸다. 녜위안쯔가 이끄는 신베이다 파에 맞서서 반대편의 징강 산 파에 적극적으로 가담한 결과였다. 본래 그는 정치에는 관심을 두지 않고 불교 경전과 인도의 고대 신화를 탐구해온 저명한 인도학(Indology) 학자였다. 수십 편의 논문을 발표하는 왕성한 학술 활동을 해왔다는 이유로 그는 홍위병들의 표적이 되었다. 독일의 괴팅겐 대학교에서 박사 학위를 받았다는 점도 그를 사지로 몰기에 충분한 이유였다. 외국학위를 가진 학계의 권위자는 곧 반동학술권위라는 멍에를 쓸 수밖에 없던 시절이었다.

1998년 베이징에서 출판된 그의 회고록『우붕잡억』은 특유의 간결하고 리듬감 넘치는 해학적 문체로 문혁 시기에 그가 겪은 인권유린의 실상을 핍진하게 까발린다. 이 기념비적인 회고록은 중국에서도 널리 읽혔으며,

2016년에는 영역되어서 전 세계에 알려졌다.[7] 회고록의 간략한 내용만 전한다.

1967년 겨울부터 1968년 봄까지 베이징 대학의 교정에서는 날마다 비투대회가 이어졌다. 인격을 파괴하는 가혹한 비투에 시달리다가 녹초가 되어서 집으로 돌아오면 지셴린 교수는 작대기처럼 쓰러져 생명을 위협하는 자괴감에 시달려야 했다. 절망의 끝에서 그는 머릿속으로 스스로 목숨을 끊는 수십 가지 다양한 방법을 떠올렸고, 마침내 자살 계획을 실행에 옮기고자 했다. 그 순간이었다. 때마침 들이닥친 홍위병들이 온 집 안을 쑥대밭으로 만들었다. 그는 이른바 초가의 만행을 지켜보았다. 그 참혹한 폭력을 목도하면서 죽음의 의지조차 상실해버렸다.

1968년 이른 봄부터 5월 3일까지 두 번째 고난이 시작되었다. 100명이 넘는 교직원들과 함께 베이징 교외의 농촌으로 끌려간 것이다. 만 57세의 나이로 날마다 강제노역에 시달리던 지셴린 교수는 누적된 피로와 영양부족으로 사타구니가 퉁퉁 부어서 걷지 못하는 지경이 되었다. 그는 무너지는 몸을 이끌고 두 시간 동안 기어서 의무실을 찾아갔다. 그러나 의사는 이미 그가 흑방으로 분류되었음을 알아채고는 거들떠보지도 않았다. 진통제 하나 받지 못한 그는 다시 왔던 길을 기어서 돌아가는 죽음의 고난을 겪어야 했다.

이어서 베이징 대학의 교정으로 이송된 지셴린 교수는 수많은 흑방 무리와 함께 자신들이 억류될 우붕을 지었다. 지셴린 교수는 그 누추하고 불결한 우붕 속에 9개월간 갇혀 있었다. 독충이 득실거리는 우붕에서 밤낮으로 흑방의 포로들을 감시하던 학생들은 인간 내면에 잠자고 있는 기괴한 악마성을 드러내기 시작했다. 그들은 날마다 "고통 최대화의 원칙"에 따라서 우붕의 포로들을 괴롭히는 새로운 고문을 고안해냈다.

불가에서는 아비지옥, 규환지옥을 포함하여 팔열팔한(八熱八寒)이라는 16개 지옥을 이야기한다. 평생 불교와 인도 신화를 연구해온 지 교수는 우붕의 고난을 겪고 나서야 비로소 불교 신화 속의 16개 지옥이 진실로 무엇인지 깨닫게 되었다고 술회한다. 결국 지옥이란 현실의 투사였다. 고통의 바다에서 헐벗고 굶주렸던 민초들의 실제 체험이 투영된 집체적 상상도였다.[8]

지식인 혐오의 사상적 뿌리

마오쩌둥은 왜 그토록 지식인을 혐오했는가? 그는 왜 그토록 지식인을 의심했는가? 마오쩌둥 사상 밑바탕에 깔려 있는 반지성주의는 속류 마르크스주의에 뿌리를 두고 있다.

마르크스주의 인식론에 따르면, 모든 주장과 모든 지식에는 계급적 당파성이 들어 있다. 또한 마르크스주의는 스스로가 계급투쟁의 변증법을 통해서 역사 발전의 모든 과정을 완벽하게 밝혔다고 주장하는 독단의 교리이다. 요컨대 계급적 당파성과 역사적 합법칙성이 마르크스주의의 기본 전제이다.

이 두 가지 전제를 받아들이는 순간, 지식인은 존립의 근거를 상실하고 만다. 불편부당한 진리 탐구와 가치중립의 연구 활동은 고작 부르주아 계급 이익에 복무하는 당파적, 계급적 행위로 매도되고 만다. 뉴턴의 물리학도, 아인슈타인의 상대성 이론도 계급성이 있다는 속류 마르크스주의의 선동이 시작된다. 여기에서 지식인의 역할은 고작 마르크스주의의 교리에 따라서 계급투쟁을 실천하는 일밖에 없다. 마르크스가 이미 역사의 진리를 밝혔기 때문에 더 이상의 진리 탐구는 무의미할 뿐이다.

그러한 유물론의 전제 위에서 인텔리 집단은 창발적인 사유를 통해서 진리를 탐구하고 새로운 지식을 생산하는 독립성을 인정받지 못한다. 기껏 당의 명령에 따라서 프롤레타리아 계급 이익에 복무하는 하위층으로 전락할 수밖에 없다. 아울러 그들의 영리한 머리는 늘 의심의 대상이 된다. 그들이 남다른 두뇌를 교묘하게 사용해서 부르주아 계급을 복권시키고 자본주의를 되살릴까 늘 의심받을 수밖에 없다.

　마르크스주의의 밑바닥에 깔려 있는 교만과 독선이야말로 20세기 공산주의 정권이 예외 없이 참혹한 전체주의로 귀결된 까닭이었다. 문화혁명의 대참사는 마르크스의 치명적인 자만과 마오의 조급증이 빚어낸 정치적 도박에서 비롯되었다.

제30장

군중독재, 정치 학살
일타삼반 운동

문혁의 광풍 속에서도 1970년대가 밝았다. 중국 현대사에서 1970년대는 천번지복(天飜地覆)의 격변을 예고하고 있었다. 몇 가지 굵직한 사건만 짚어보자.

1971년 9월 13일 중공중앙의 2인자 린뱌오의 일가족이 타고 있던 비행기가 몽골과 소련 접경에서 추락했다. 1972년 2월 21-28일 닉슨은 베이징을 방문해서 마오쩌둥과 접견하는 세계사적 사건을 연출했다. 1976년 1월 8일 오전 방광암으로 투병하던 국무원 총리 저우언라이가 77세를 일기로 숨을 거두었다. 그로부터 3개월 후인 4월 5일, 청명절을 맞아서 대규모 군중이 톈안먼 광장으로 몰려와서 저우언라이를 추모하며 문혁의 광기를 규탄하는 대규모 시위를 벌였다. 이를 빌미로 삼아서 사인방은 덩샤오핑을 다시 축출했다.

1976년 9월 9일 0시 10분 마오쩌둥이 사망했다. 그다음 달에 사인방이 전격 체포되면서 문혁이 공식적으로 종결되었다. 그러나 덩샤오핑이 최고 영도자의 지위에 오른 것은 1978년 12월 말이었다. 1979년 1월 29일 덩샤오핑이 미국의 수도 워싱턴에 도착함으로써 30년간 지속된 중국의 고립주의가 막을 내렸다. 1979년 중국공산당은 마오쩌둥 집권기 27년의 유산을 땅에 묻고 실용주의 노선의 깃발 아래 새로운 경제혁명의 대로로 나아갔다. 덩샤오핑은 "맨발로 미끄러운 돌을 살살 밟으면서 강을 건너자"며 한 번도 가보지 않은 자본주의 경제개혁의 길을 걸었다.

1970년대는 그렇게 국가운영의 기본 철학이 바뀌는 격변의 시대였지만, 1970년대의 첫해 중국은 여전히 문혁의 광풍에 휩싸여 있었다. 1970년 벽두부터 수백만을 조사해서 수십만을 체포하고 많게는 10만-15만 명의 반혁명분자들을 처형한 일타삼반 운동이 전개되었다. 저우언라이가 기획하고 마오쩌둥의 승인하에 중공중앙이 추진한 이 운동은 또 한번 비판적 지식인의 씨를 말리는 잔혹한 숙청의 드라마였다.

신년 사설 : 정치 학살의 예고

1970년 1월 1일 「인민일보」와 『홍기』, 「해방군보」 등 중국공산당과 중앙군사위원회의 기관지에는 일제히 "위대한 70년대를 맞이하며"라는 제목의 사설이 실렸다.

> 1960년대 초 마오 주석께서는 높고 멀리 내다보시고 말씀하셨다. "지금부터 50년 내지 100년 동안은 전 세계의 사회제도가 철저히 변화하는 위대한 시대, 하늘과 땅이 뒤집히는 시대가 될 것이다. 과거 그 어떠한 역사시대와도 비교될 수 없을 것이다." 1960년대의 역사는 마오 주석의 위대한 예언이 실현되고 있음을 웅변한다.[1]

중국의 1960년대는 인류사 최악의 대기근으로 시작되었다. 1962년부터 1966년까지의 신경제정책은 파괴된 국민경제를 어느 정도 회복시켰지만,

1970년 1월 1일 「인민일보」 1-2면. 2면을 장식한 새해 첫 사론 "위대한 70년대를 맞이하며"에는 1970년 전국을 휩쓴 일타삼반 운동의 기본 논리가 제시되어 있다.

1966년 5월 16일 공식적으로 개시된 무산계급 문화대혁명은 3년 반의 세월 동안 중국 전역을 산산이 조각내고, 사회를 갈가리 짓찢었다. 홍위병의 집단 테러, 조반파 혁명군중의 탈권투쟁, 분열된 군중조직 사이의 무장투쟁, 군대에 의한 무력 진압, 지방정부의 대민 테러, 양민 학살, 정치 탄압, 마녀사냥, 대규모의 인신 억류, 광범위한 인권유린, 잔악무도한 인격살해의 연속이었다.

무엇을 근거로 "사설"은 마오쩌둥의 예언이 적중했다고 주장했을까? 몽환적 현실 인식일까? 노골적인 역사 왜곡일까? 낯 뜨거운 아첨일까? 그모두일 수도 있지만, 인용된 마오쩌둥의 "예언"은 그저 50-100년의 장시간을 두고 차차 인류사에서 사회주의가 승리하리라는 희망 섞인 예측에 불과했다. 비록 1960년대에 수천만 명이 굶어 죽고 맞아 죽고 정치적 학살을 당했다고 해도 100년 안에 사회주의가 실현된다는 주장이었다. 판에 박힌 공산 유토피아의 논리인데, 그 속에는 대규모 숙청의 폭약이 내장되어 있었다.

"사설"은 "경각심을 제고하여 조국을 보위할 것!"과 "전쟁을 준비하고, 재난에 대비하고, 인민을 위하라!"는 마오쩌둥의 훈시를 강조하면서 다시금 투쟁과 비판, 사상 개조의 필요성을 강조했다. 여기에서 "전쟁 준비"는 마오쩌둥이 노상 강조한 미 제국주의와 소련 수정주의와의 전쟁을 의미했다. "재난에 대비하고, 인민을 위하라!"라는 구호는 당시 중국이 경제위기와 민생고에 봉착했음을 보여준다. 외부의 강적을 상정하고 내부의 모순을 지적하고 정책의 방향을 제시하는 이 구호들은 신년 벽두부터 시작되는 일타삼반 운동의 논리가 되었다.

노회한 총리의 생존전략

1969년 11월 12일, 전(前) 국가주석 류사오치는 중국 허난 성 카이펑(開封) 혁명위원회 건물 한구석의 빈 방에서 만 71번째 생일을 불과 열흘 앞두고 숨을 거두었다. 사인은 악성폐렴과 당뇨합병증이었으나 실은 의료방치에 의한 정치적 타살이었다.

류사오치의 죽음은 특히 국무원 총리 저우언라이에게 큰 충격을 주었음 직하다. 두 사람은 중국공산당의 초창기인 1920년대부터 산전수전을 함께 겪으며 동고동락한 혁명동지였을 뿐만 아니라 1949년 이래 중공중앙에서 추진한 모든 정책의 공동책임자였다. 게다가 1898년생으로 동갑내기였던 두 사람은 한평생 보필했던 다섯 살 연상의 마오쩌둥과 함께 중공중앙의 트로이카로 군림했었다. 그러나 15년간 국가주석이었던 류사오치는 마오쩌둥에게 버림받고 처참한 몰락의 길을 걸었다. 비정한 정치투쟁의 현실에서는 저우언라이도 예외일 수 없었다.

실제로 문혁 이래 저우언라이는 여러 차례 정치적 위기에 봉착한 바 있었다. 문혁 초기 그는 류사오치와 덩샤오핑의 사면과 복귀를 제안했다가 중앙문혁소조의 거센 비판에 휩싸였다. 이후 저우언라이는 곳곳에 도사리는 정치적 폭약을 살금살금 피해가며 생존의 줄타기를 해야 했다. 틈만 나면 내부의 적들이 그를 반혁명 수정주의자로 몰아가려고 들었다. 1,000만 명 이상을 조사해서 10만 명을 학살했다고 알려진 청사 5-16 운동은 저우언라이를 공격하는 소수의 조반파 혁명조직에 대한 반격에서 시작되었다.

류사오치가 타계한 후, 저우언라이는 대규모 정치적 숙청을 기획했다. 수려한 외모와 신중한 언행, 자상한 이미지로 대중의 사랑을 한 몸에 받았던 저우언라이 역시 닳고 닳은 정치투쟁의 달인이었다. 1970년 벽두부터 그는 사상범, 언론범, 정치범 등 이른바 현행 반혁명분자들을 일망타진하는 거대한 정치 운동을 기획했다. 이름하여 일타삼반 운동이었다.

"일타삼반"이라는 운동의 명칭은 저우언라이가 초안을 쓰고 마오쩌둥의 비준을 거쳐서 반포된 중공중앙의 문건 두 편에서 비롯되었다. '일타'는 반혁명분자의 타격을, '삼반'은 부정부패, 사치와 낭비, 투기매매라는 세 가지 관료부패를 반대한다는 의미였다. 전자는 비판적 지식분자들에 대한 대대적인 정치적 마녀사냥이었으며, 후자는 지방정부를 감시하고 통제하기 위한 경제 부문의 운동이었다. 당시 상황을 직접 경험했던 문혁사가들의 기억에 따르면, "일타삼반"에서 핵심은 바로 정치범을 숙청하는 "일타"에 있었다.[2]

군중독재 공개 처형 : 살인의 행동강령

1970년 1월 31일 반포된 "중발 [1970] 3호 : 반혁명 파괴 활동을 타격하는 중공중앙의 지시"에는 이후에 전개될 일타삼반 운동의 전략이 소상히 밝혀져 있었다. 이 문건의 초안을 저우언라이가 직접 썼다.

마오쩌둥은 1969년 4월에 개최된 제9차 전국인민대표대회에서 "경각심을 제고하여 조국을 보위하고", 외부의 적대 세력에 대해서는 "전쟁을 준비하자!"는 실천강령을 제시했다. 이 강령에 입각해서 저우언라이는 "소수의 반혁명분자들"이 "제국주의, 수정주의, 반혁명 세력의 무력을 믿고 망령되게도 자신들이 잃어버린 천당을 되찾고자 파괴 활동에 박차를 가하고 있다"면서 반혁명분자들을 타격해야 한다고 주장했다.

더 구체적으로 저우언라이는 "전쟁 공포를 조장해서 미혹한 군중을 교란하고, 국가기밀을 절도해서 이적 행위를 일삼고, 비밀결사를 조직해서 반란을 음모하고, 투기매매를 조장해서 사회주의 경제를 파괴하는" 검은 세력의 활동을 열거했다. 그는 유반필숙(有反必肅 : 반동 세력은 반드시 숙청하라)이라는 마오의 원칙에 따라서 정확하면서도 신속하고 맹렬하게 적을 타격하는 온(穩), 준(准), 한(狠)의 방침을 강조했다.[3]

구체적인 행동강령에서 저우언라이는 반혁명분자를 숙청하는 인민 재판의 절차를 다음과 같이 제시했다.

> 깃발을 높이 들고 북소리를 크게 울리며 폭넓고도 심도 깊은 선전, 선동으로 군중을 동원해야 한다. '죽여라!'라고 판결하기 전에 먼저 군중에게 토론을 시켜서 집집마다 모든 사람들의 투쟁 내용을 속속들이 파악하도록 해야 한다. '죽여라!'라고 판결할 때에는 군중대회를 개최해서 공개적으로 판결

을 선고하고 즉시 집행하라. 이렇게 해야만 사람들의 마음이 시원해지며,

적인들은 공포에 떨게 된다.4)

이 문건이 정식으로 발동되기도 전, 베이징 시가 먼저 행동에 나섰다. 1970년 1월 9일 베이징 시의 공검법 군관위원회는 20명의 척결 명단을 발표했고, 1월 27일에는 경기장에 10만 명의 군중을 모아놓고 공판대회를 열어 19명의 사형을 선고했다. 2월 11일에는 다시금 55명의 범죄 혐의자들의 명단을 발표했다.5)

공검법 군관위원회란 공안국, 검찰청, 법원을 모두 통합한 군사관제위원회였다. 1949-1953년 건국 직후 실시되었던 제1차 군사관제에 이어 1968-1972년 문혁의 절정에서 제2차 군사관제가 실행된 상태였다. 쉽게 말해서 군사관제의 실시는 군대가 경찰 및 사법의 전 권력을 장악하는 군부독재와 다르지 않았다. 다만 중국공산당의 정부조직이 본래 군사조직에서 출발했기 때문에 중국 인민들의 의식 속에서 군부독재는 행정적 일탈로 의식되지 않았다.

베이징 시가 발표한 범죄 혐의자 55명의 절대다수는 사상범과 정치범들이었다. 청계 운동의 표적은 주로 1949년 건국 이전 국민당과 연루되었거나 자산계급에 복무했던 역사 반혁명분자들이었던 반면, 일타삼반 운동의 주요 표적은 문혁의 과정에서 범죄를 저지른 현행 반혁명분자들이었다. 문혁 초기 홍팔월의 테러는 출신 성분을 근거로 계급 천민을 제거하는 민에 의한 계급 학살이었다. 반면 일타삼반 운동은 정부기관이 나서서 공개적인 재판으로 사상범을 학살하는 관에 의한 정치 학살이었다.

일타삼반 운동은 전국 각지에서 현격히 다른 양상으로 전개되었다. 베이징의 경우에는 1970년 연말까지 5,757명의 반도, 특수 간첩, 반혁명분

1970년 일타삼반 운동대회의 한 장면. "반혁명분자를 견결히 진압하라!"라는 구호가 보인다. (공공부문)

자, 악질분자 등을 색출하고 6,200여 건의 부패사건을 들춘 후에 끝이 났다. 반면 상하이, 광저우를 비롯한 전국의 다른 지역에서는 2, 3년 후까지도 일타삼반 운동의 여파가 지속되었다.

정확한 피해 규모에 대해서는 아직 확정된 통계가 없다. 다만 1970년 11월 말까지 반혁명분자로 체포된 인원이 28만4,800명에 달한다는 연구가 있다.6) 사망자 규모에 관해서는 학자들에 따라서 고작 수천 명부터 적어도 2만에서 3만 명, 많게는 10만 명, 심지어 15만-20만 명 등 엇갈리는 수치가 제시된다.7) 정부의 자료가 투명하게 공개되기 전까지 정확한 사실은 확인될 수 없지만, 피해자 가족, 친지, 동료 등 그 시대를 살았던 사람들의 증언들은 갈수록 쌓여가고 있다.

제31장
반독재 자유의 순교자들

문화혁명 시기 중국에서는 수많은 비판적 지식인들이 현행 반혁명분자라는 죄목으로 형장의 이슬이 되어서 사라졌다. 당시 대다수의 정치범들은 단지 입을 열고 펜대를 놀렸다는 이유로 체포되어서 심한 경우 사형을 당했다.

그들에게 들씌워진 죄명은 "악공죄(惡攻罪)"였다. "악독하게 위대한 영수 마오 주석을 공격하고", "악독하게 무산계급 사령부를 공격하고", "악독하게 사회주의 제도를 공격한" 죄였다. 공개적으로 비판적인 논설을 발표하거나 대자보를 써서 붙이며 적극적으로 저항한 사상범과 정치범들은 법망을 피해갈 수 없었다. 이들과는 달리 그저 일기장에 적은 몇 마디 때문에, 실수로 내뱉은 몇 마디 때문에, 혹은 최고영도자의 사진을 깔고 앉았기 때문에 반혁명분자로 몰리는 경우도 허다했다.

피해자의 거의 대부분은 1980년 전후 덩샤오핑과 후야오방이 주도한 발란반정(撥亂反正 : 혼란을 수습하고 정상을 회복함)의 과정에서 재심을 받고 누명을 벗었다. 1978년 이후 수년에 걸친 재조사를 통해서 원심의 판결이 뒤집힌 발란반정의 사례는 300만 건을 훌쩍 넘는다. 우선 문화혁명의 광기 속에서 총살을 당해야 했던 2명의 "반혁명분자"를 간략히 소개한다.

자유의 순교자 I : 린자오의 저항

쑤저우의 유복한 집안에서 태어나 자란 린자오(林昭, 1932-1968)는 16세부터 자발적으로 중국공산당의 지하조직에 가담했다. 공산혁명에 매료된 그는 영국 유학생 출신으로 국민당에 가담했던 부모를 등지고 집을 떠났다. 1949년 해방 직전 중국공산당 신문학교에 입학한 린자오는 1950년대 초기 토지개혁 당시 지주와 부농에 대한 계급투쟁을 주도하면서 본격적인 공산당원의 길을 걸었다. 문재(文才)가 출중했던 그는 베이징 대학 중문과에 입학해서 특히 언론학에 큰 관심을 보였다.[1]

백화제방 운동은 린자오를 정치적 죽음으로 몰아넣은 최초의 함정이었다. 마음 놓고 정부를 비판하라는 마오쩌둥의 양모에 속은 린자오는 공산당의 문제점을 비판했고, 그 결과 이어지는 반우파 운동에서 우파로 몰렸다. 1958년 9월 신장에서 노동 개조의 도형에 처해진 그녀는 신병(身病) 때문에 이듬해 봄 상하이로 이송되었다.[2]

1960년 린자오는 대기근을 비판하는 지하 언론 『성화(星火)』의 창간호에 두 편의 저항시를 기고했다. 그리고 1960년 10월에 20년 형을 선고받고 다시 투옥되었다. 병세가 악화되면서 1962년 초에 보석으로 풀려난 린자오는 중국 자유청년 전투동맹의 강령과 헌장의 초안을 작성하는 대담한 투쟁을 이어갔고, 1962년 12월 다시 투옥되었다. 이에 질세라 린자오는 계속되는 단식투쟁과 자살 시도로 저항했다. 아울러 스스로가 무죄임을 주장하는 항의서를 써서 언론에 투고했다. 1964년 린자오는 혈서로 스스로의 묘비명을 썼다.

1965년 5월 상하이 징안 구(靜安區) 인민 법원에서는 반혁명죄로 린자오에게 도형 20년을 선고했다. 이후 옥중에서 린자오는 머리핀에 피를 찍

미국 듀크 대학교 신학대학의 시롄(Xi Lian) 교수가 편찬한 린자오 전기 『혈서(*Blood Letters*)』의 표지(왼쪽)와 1962년에 찍힌 린자오의 마지막 사진(오른쪽), 같은 책.

어서 혈서와 시가, 일기를 쓰고, 과격한 반혁명의 구호를 외쳐댔다. 마오쩌둥의 인격숭배가 하늘을 찌르던 1966년 말 린자오는 더욱 강력하게 마오쩌둥을 비판하는 혈서를 썼다. 재판부의 기록에 따르면 린자오는 마오쩌둥을 "미친 듯이 공격하고, 저주하고, 모독했다." 결국 1968년 4월 29일 인민해방군 상하이 시 공검법 군관위원회는 린자오에게 "사형, 즉시 집행"을 언도했다. 총살당한 후 시신이 불태워져 폐기되었음에도 린자오의 부모에게는 아무런 소식도 전해지지 않았다. 이후 린자오를 총살하는 데에 사용된 총알 비용의 청구서를 받고서야 가족들은 그녀가 사망했음을 알게 되었다.

12년이 지난 1980년 8월 22일, 상하이 시 고급 인민 법원은 재심을 통해

1967년 10월 24일에 작성된 린자오의 옥중 수고. 사언시 "체포 7주년의 구호"(Xi Lian, *Blood Letters*)

서 린자오의 처형을 원통하게 무고한 사람을 죽인 원살무고(冤殺無辜) 사건으로 판결했다. 이 판결문에서는 린자오가 "1959년 8월부터 정신병을 앓았기 때문에" 이후 린자오가 작성한 모든 글은 범죄로 성립될 수 없다고 판시했다. 이듬해인 1981년 12월 30일, 상하이 시 고급 인민 법원은 "정신병"을 이유로 린자오에게 무죄를 선고한 1980년의 법정의 판결 역시 부당하다는 판결을 내렸다. 린자오의 "반혁명 행위"는 정신착란의 증세가 아니

라 신념에 찬 정치적 표현임을, 합법적 투쟁이었음을 법원이 인정한 셈이
었다.

자유의 순교자 II : 왕페이잉의 과감한 저항

린자오의 죽음은 문혁 시절 계속된 정부에 의한 정치범 학살의 신호탄이
었다. 1970년 1월 베이징 일타삼반 운동의 최초 순교자는 왕페이잉(王佩
英, 1915-1970)이었다. 허난 성 카이펑 출신의 그녀는 젊고 야심 찬 지식
인 출신 린자오와는 달리 1934년 결혼해서 8남매를 낳아 기른 평범한 중
년의 여인이었다.

1949년 허난 성 정저우(鄭州)의 우체국에서 일을 시작한 왕페이잉은 같
은 해 철도국의 비서실로 전출되었고, 1952년 공산당에 입당했다. 1955년
베이징으로 이주한 그녀는 철도부 공장 설계사무소의 탁아소에서 보육 교
사로 근무했다. 1960년 남편과 사별한 왕페이잉은 박봉에 시달리며 대가
족의 살림을 꾸리면서도 마오쩌둥의 백자상(白瓷像)을 사서 집안에 모셔
놓을 만큼 신실한 공산주의자였다.

왕페이잉의 재판 기록에 따르면, 대기근 이후 마오쩌둥과 류사오치의
정치적 대립이 대중에게 알려졌을 때에 그녀는 류사오치를 적극 지지했
다. 그녀는 "마오쩌둥이 지금 역사의 무대에서 퇴장하지 않으면, 앞으로는
퇴로가 없다"고 생각했다. 1965년 이후 왕페이잉은 공개적으로 류사오치
와 흐루쇼프를 지지하고, 마오쩌둥을 비판하는 발언을 이어갔다. 1965년
4월 왕페이잉은 공산당 탈당 의사를 밝혔다. 그녀는 "과거의 공산당원은
인류의 해방을 위해서 고뇌했는데, 오늘날 공산당은 높은 관직과 녹봉을
받는 특권층이 되었다"며 공개적으로 의사를 밝혔다.

1968년 청계 운동이 시작되자 왕페이잉은 곧 철도부의 우붕에 갇혀서 가혹한 사상 개조와 강제노역에 시달리는 신세가 되었다. 놀랍게도 그녀는 국가폭력 앞에 굴복하지 않았다. 왕페이잉은 필사적으로 사상 개조를 거부했다. 1968년 10월 중공중앙이 전임 국가주석인 류사오치에게 탈당 조치를 취할 무렵이었다. 그녀는 1968년 9월 9일과 9월 30일, 10월 4일 세 번에 걸쳐서 우붕의 식당 안에서 목청이 터져라 "류사오치 만세!"를 외쳤다. 이어서 왕페이잉은 과감하고도 무모한 저항을 계속해나갔다. 그녀는 공산당의 부패와 무능을 비판하고, 마오쩌둥의 실정과 독단을 질타했다.

> 인민의 죄인이 되기 싫어서 탈당을 원하노라! 비록 혁명의 공이 있지만,
> 공산당은 이제 승리에 도취해서 이성을 잃고 전진을 멈추었고, 이미 인민의
> 머리 위에 서서 인민을 압박하고 있다!

1968년 10월 21일 왕페이잉은 결국 베이징 공안국 군관위원회에 의해서 현행 반혁명죄로 체포되었다. 1969년 하반기 왕페이잉은 베이징 시가지 곳곳을 끌려다니며 군중 앞에서 인격살해의 모욕을 감내해야 했다. 그 과정에서 그녀는 간부들이 입 안에 벽돌을 쑤셔넣어 턱뼈가 깨지고 빠지는 고통을 당했다.

1970년 1월 27일 베이징 노동자 경기장에서 거행된 공판대회에서 왕페이잉은 "사형, 즉각 처형"을 언도받았고, 바로 그날 베이징 루거우차오의 처형장에서 총살당했다. 그날 선포된 판결문에는 다음과 같은 내용이 있었다.

1950년대 단란했던 왕페이잉의 가족. 왕페이잉은 8남매를 낳아서 기른 평범한 어머니였다. 중국의 비판적 영화감독 후제의 다큐멘터리 「내 어머니 왕페이잉」에 삽입된 사진. (https://www.chinaindiefilm.org/films/my-mother-wang-peiying/)

왕은 완고히 반동의 입장을 고수했다. 1964년에서 1968년 10월까지 1,900여 개의 반혁명 표어를 짓고, 30여 편의 반동 시가를 쓰고, 공개적으로 톈안먼 광장, 시단 상가 및 기관의 식당 등에서 여러 차례 군중을 향해서 반혁명 구호를 외쳤으며, 극도로 악독하게 무산계급 사령부와 중국 사회주의 제도를 공격하고 모멸했다. 왕은 구금 상태에서도 인민을 적으로 삼고, 미친 듯이 공산당을 저주했다. 반혁명의 광기가 극에 달했다.

1980년 베이징 중급 인민 법원은 재심을 통해서 왕페이잉의 무죄를 판결했다. 역시나 정신병을 앓고 있었기 때문에 반혁명죄가 성립될 수 없다는 이유였다. 2011년 6월 9일, 베이징 고급 인민 법원은 정신분열증을 이유로 무죄를 선고한 1980년의 판결을 철회했다. 이는 왕페이잉의 저항이 정신병 증세가 아니라 신념에 따른 정치적 저항이었음을 41년 후에야 법원이 나서서 공인한 중국 사법사의 일대 사건이었다.3)

린자오와 왕페이잉은 문혁의 광기 속에서도 국가폭력에 저항했던 자유의 순교자들이었다. 중국의 비판적 영화감독 후제(胡杰, 1958-)는 두 사람의 일대기를 기록한 다큐멘터리 「린자오의 영혼을 찾아서」(2004)와 「내 어머니 왕페이잉」(2011)을 제작했다. 물론 문혁의 절정에서 안타깝게 희생된 자유의 순교자들을 조명한 두 편의 다큐멘터리는 오늘날 중국에서는 상영 및 유포, 판매가 모두 금지되어 있다. 생존 가족, 친지, 동료들의 증언을 토대로 과거 중공정부의 인권유린과 정치범죄를 적나라하게 고발한 충격적인 작품이기 때문이다.

제32장

광기의 정치공작, 국가주석을 살해하다!

많은 문혁사가들이 동의하듯이, 문혁은 본질적으로 권력투쟁의 드라마였다. 마오쩌둥이 국가원수 류사오치를 제거하기 위해서 전국의 인민을 들쑤셔서 고의적으로 일으킨 천하대란이었다. 류사오치를 모욕하고 매장하기 위해서 마오쩌둥은 촘촘한 그물을 치고 치밀한 덫을 놓았다. 그 덫에 걸린 류사오치는 반도, 내부 간첩, 공적 등의 죄명을 쓴 채 처참하게 무너졌다. 마오쩌둥의 공격은 크게 5단계로 진행되었다.

정적 사냥 : 마오쩌둥의 무서운 계략

제1단계는 이념적 밑밥 뿌리기였다. 문화혁명이 개시되기 3년 전인 1963년 여름, 마오쩌둥은 치번위로 하여금 관군에 생포된 이후 "자술서"를 작성했던 태평천국의 충왕 이수성이 구국의 영웅이 아니라 반역자라는 주장을 펼치도록 했다. 그 논리에 따르면 1936년 국민당이 지배하던 백구에서 생포되었다가 거짓 투항을 하고 풀려났던 61명의 혁명가들도 반역도당으로 몰릴 수밖에 없었다. 그 당시 61명을 탈출시키기 위해서 주도적인 역할을 한 사람은 백구의 북방국 총책이었던 류사오치였다. 100년 전에 항복한 이수성을 반역자로 본 것은 결국 류사오치의 목에 반역자의 칼을 씌우기 위함이었다.

제2단계는 책임 떠넘기기였다. 문화혁명의 광열에 불을 지핀 후, 마오쩌둥은 남방에 머물면서 혼란을 수습할 책임을 류사오치에게 떠넘겼다. 1966년 5월부터 7월까지 최초의 50일간 류사오치는 문화혁명의 현장에 공작조를 파견해서 과격분자를 진압했다. 이때 화려하게 베이징으로 복귀한 마오쩌둥은 "조반유리"라는 한마디로 류사오치를 혁명군중을 탄압하는 반혁명의 수괴로 몰아갔다. 그 순간 류사오치는 빠져나올 수 없는 덫에 걸리고 말았다.

제3단계는 대중을 동원하여 직접 타격하는 것이었다. 1966년 12월부터 홍위병은 본격적으로 나서서 류사오치와 그의 아내 왕광메이를 타격하기 시작했다. 대중의 눈앞에서 국가원수 류사오치는 반역도당의 수괴로 낙인이 찍혀 파멸의 늪 속에 가슴까지 빨려들었다.

제4단계는 먼지떨이 방식의 마녀사냥이었다. 1966년 가을부터 시작된 류사오치의 뒷조사는 급기야 그해 12월 18일 사인방의 지휘 아래 특별 조사단 중앙전안심사조(中央專案審查小組, 이하 전안조)가 구성되면서 절정으로 치달았다. 장칭의 지시에 따라서 전안조는 1920-1930년대와 일제 침략기 400만 건의 문서를 샅샅이 뒤졌다. 반역, 배신, 항복의 죄목을 억지로 찾아낸 후에 류사오치를 단죄하기 위함이었다. 1980년 3월 19일 중공중앙의 통지에 따르면, 전안조의 특별 조사는 그야말로 최악의 인격 살해였다.

> (전안조는) 한편으로는 날조, 과장과 왜곡, 고문과 자백 강요 등의 저열한 수단을 써서 견강부회의 거짓 자료를 동원하고 증거를 위조해서 중공중앙에 보고했다. 또 한편으로는 진상을 밝히려는 사람들의 증언을 억누르고,

류사오치를 비판하는 문혁 당시의 포스터(1967). 위쪽에는 작은 글씨로 "모든 것이 그릇된 사상이다. 모든 것이 독초이다. 모든 것이 우귀사신이다. 모두를 철저히 비판 해야 한다. 절대로 그들이 자유롭게 범람하도록 할 수 없다. – 마오쩌둥"이라고 적혀 있고, 아래에는 큰 글씨로 "대독초 『수양』을 철저히 비판하라!"라고 쓰여 있다. 여기 에서 『수양』이란 공산주의자의 품성 수양을 강조한 류사오치의 1939년 강연록을 의 미한다. (chineseposters.net)

핍박에 이기지 못하여 위증한 사람들의 증언을 여러 차례 뜯어고친 후 1968년 9월 '반역도당, 내부 간첩, 공적 류사오치의 죄행에 관한 심층 보고'를 작성했다.1)

제5단계는 인신구속과 의료 방치에 의한 정치적 살해였다. 1966년 8월 1일부터 12일까지 거행된 제8기 중앙위원회 제11차 전체회의에서 류사오치는 실제적으로 권좌에서 밀려났다. 중공중앙 내 그의 서열은 제2위에서 제8위로 내려갔다. 그해 10월 1일, 류사오치는 국가주석으로서 마지막으로 톈안먼의 성루에 올랐다. 이후 그는 정치적 식물로 전락했다. 류사오치는 은퇴를 요청했으나 마오쩌둥은 그의 조용한 퇴장을 용납하지 않았다. 마오는 공개적인 "대비판"을 통해서 류사오치를 죽이는 무자비한 파멸과 생매장의 계획을 착착 진행시켰다. 생애 최후의 1년 동안 류사오치는 화장실도 갈 수 없고 음식도 씹지 못할 정도로 처절하게 무너졌다.

날조와 조작으로 국가주석을 극형에

국가주석 류사오치는 날조와 조작에 의해서 극형에 처해졌다. 사인방의 사주를 받은 전안조는 오직 류사오치를 잡기 위해서 1920년대 그의 행적을 집중적으로 파헤쳐 과감하게 조작하고 터무니없이 왜곡했다. 1968년 10월 18일 중공중앙은 전안조의 보고서를 근거로 "중발 [1968] 155호 : 반역도당, 내부 간첩, 공적 류사오치의 죄행에 관한 심층 보고"를 발표했다. 이로써 중공 부주석 및 국가주석 류사오치는 빠져나올 수 없는 파멸의 늪 속에 머리끝까지 잠겼다.

8쪽 분량의 "중발 [1968] 155호"는 거의 50년에 달하는 류사오치의 혁명

인생을 통째로 부정하는 단죄에서 시작되었다.

지주 출신인 류사오치는 극도의 부패와 반동으로 충만한 지주계급으로서, 자산계급의 사상을 실행하는 이기분자이다. 40년간 그는 꾸준히 반혁명의 양면적 수법을 써서 적에 투항하고, 반란을 획책하고, 외국과 내통하고, 마오 주석을 대표로 하는 무산계급 혁명노선에 미친 듯이 저항하고 무수한 반혁명 행위를 저질러왔다. 그 결과 류사오치는 당내 반혁명 수정주의 집단의 두목이자 자본주의 재건 세력의 대표가 되었다.

그러한 판단의 근거로 전안조는 1925년, 1927년, 1929년 세 차례에 걸친 류사오치의 변절, 반역, 내부 간첩 행위 및 반혁명 죄행을 낱낱이 공개했다. 묘하게도 전안조는 1959년 이래 국가주석의 직무를 수행해온 당 서열 제2위의 류사오치를 죽이기 위해서 40년 전 행적만을 들춰냈다. 전안조의 보고서를 요약하면 다음과 같다.

1. 1925년 상하이 총공회의 책임자였던 류사오치는 병을 핑계로 직책을 내려놓았다. 총공회를 폐쇄한 이튿날인 그해 9월 18일 당시 상하이를 지배하던 군벌 싱스롄은 류사오치 체포령을 내렸다. 이에 지하로 숨었던 류사오치는 11월에 몰래 상하이를 떠나서 후난 성 창사로 달아났는데, 이곳에서는 창사의 군벌 자오헝티가 공산당원을 소탕하기 위해서 일으킨 백색 공포를 맞닥뜨렸다. 12월 16일 결국 류사오치는 체포되어서 참형을 당할 위기에 처했다. 이에 류사오치의 친형을 비롯한 여러 인사들이 자오헝티를 찾아가서 반혁명적 정치협상을 벌인 끝에 가까스로 류사오치를 살려냈다. 이 과정에서 류사오치는 자오헝티에게 투항한 후 유가

의 경전 『사서(四書)』를 하사받고 광둥으로 가서 악의를 품고 공산당에
재입당했다.

2. 1927년 류사오치는 우한에서 후베이 성 총공회의 비서장을 맡고 있었다.
류사오치는 제1차 국내 혁명전쟁으로 혁명과 반혁명 사이의 대결이 첨예
하던 상황에서 제국주의 및 국민당 반동파인 왕징웨이와 천궁보의 주구
가 되어서 노동자 계급을 팔아먹고 혁명을 파괴하는 내부 간첩으로서
활동했다.

　　또한 류사오치는 국민당 중앙의 "노동자 운동 소조장"에 임명된 후
국민당 정부에 노동 운동 정보를 물어다주는 특수 간첩 행위를 일삼았다.
특히 1927년 6월 29일에 그는 노동자의 폭동을 막기 위해서 "공인 규찰
대"를 해산했는데, 이는 국민당과 공모한 류사오치의 반혁명 음모였다.
전날 저녁 류사오치가 국민당에 공개 체포되었다가 풀려났기 때문이다.
공개 체포는 대중을 속이기 위해서 연출된 고도의 고육계(苦肉計 : 제
몸을 해치며 꾸며내는 계략)였다.

3. 1929년 8월 21일, 랴오닝 성 펑톈(奉天)에서 만주성위원회 서기였던
류사오치는 군벌 장쉐량에게 다시금 체포되었다. 류사오치는 이곳에서
장쉐량과 밀약을 맺고 풀려난 후, 만주성위원회와 동북3성의 지하 당조
직을 궤멸하는 파괴적인 매당 행위를 이어갔다.

　1920년 중국 사회주의 청년단에 가입한 류사오치는 이듬해 막 창당된
중국공산당에 가입했다. 그후 거의 50년의 세월을 중공중앙의 핵심인물로
맹활약해온 그는 자타공인 공산주의 혁명투사였다. 1968년 10월 중공중앙

은 그러한 류사오치를 "반당반국"의 반역자로 몰아서 "당 내외 모든 직무를 정지시킨 후, 그의 당적을 영구히 박탈했다."

12년 후, 증거 조작과 위증교사의 모략 밝혀져

1980년 3월 19일 중공중앙은 철저한 재심을 통해서 1968년 전안조의 조사가 모두 허위 증거, 과장과 왜곡, 증거 조작, 위증교사, 자백 강요 등의 불법적, 비윤리적 방법으로 날조된 억지였음을 명백하게 밝혔다. 1980년의 재조사에 따르면, 류사오치에게 적용된 반역도당, 내부 간첩, 공적 등의 모든 구체적 혐의는 1920년대의 언론 보도, 공산당 및 국민당의 내부 문건, 관련자 증언 등을 통해서 빠짐없이 반박된다.

아울러 중공중앙은 류사오치에게 "반당반국"의 유죄를 선고한 1968년의 원심은 "린뱌오, 장칭, 캉성, 천보다 무리의 고의적인 모함"이라고 선언했다. 1980년 발표에서는 명시적으로 마오쩌둥의 책임을 언급하지 않았지만, 1981년 6월 27일 중공중앙은 제11기 중앙위원회 제6차 전체회의에서 채택한 "역사문제 결의문"에서 문화혁명의 최종 책임이 최고영도자 마오쩌둥에게 있음을 공식적으로 선언했다. 역사의 진실은 류사오치가 파멸의 늪에 잠기고 12년의 세월이 흐른 후에야 수면 위로 떠오를 수 있었다.

류사오치는 극적으로 부활했지만, 역사에서 진실의 승리를 장담할 수는 없다. 역사상 수많은 권력자들은 거짓말로 군중을 격분시키고, 성난 군중을 이용해서 정권을 탈취해왔다. 권력을 장악한 이후 그들은 기록을 조작하고 기억을 왜곡한다. 오웰의 통찰대로 과거를 지배하는 자가 미래를 지배하기 때문이다. 정치 권력은 실제로 역사를 조작한다.

기록의 변조, 기억의 왜곡

"과거를 지배하는 자가 미래를 지배한다. 현재를 지배하는 자가 과거를 지배한다." 조지 오웰의 소설 『1984』에서 오세아니아 진실부 기록 관리원 '윈스턴'이 고문을 당하며 되뇌인 영국사회당 "잉쏙(Insoc)"의 구호이다. "미친" 윈스턴을 "치유하기 위해서" 그를 고문하는 진실부의 '오브라이언'이 그에게 속삭인다. "현실은 외부에 객관적으로 실재하는 게 아니라 오직 마음속에만 있단다……. 당이 진실이라고 주장하면 그게 바로 진실이란다."

1948년에 완성된 조지 오웰의 소설 『1984』 속의 디스토피아는 문화혁명 시기에 중국에서 거의 그대로 실현되었다. 그 당시 중국의 현재를 지배하던 마오쩌둥과 사인방은 실제로 정치적 목적에 따라서 과거의 기록을 변조하고 인민의 기억을 왜곡해서 중국의 미래를 완벽하게 지배하려고 했다. 문혁 시절 마오쩌둥의 사주를 받은 관방 역사가들은 혁명의 미명하에 거리낌 없이 과거사를 조작했다. 정확한 기록에 근거한 엄밀한 실증의 역사학은 자산계급 학술권위로 매도되고 배척되었다. 공산당의 권위를 훼손하는 기록은 조직적으로 훼멸되었다.

정치의 시녀가 된 그 시절의 역사학을 중국에서는 "영사 사학(影射史學)"이라고 부른다. 직역하면 "그림자를 투사한다" 정도의 의미이지만, 여기에서 "영사"란 어떤 사물에 빗대서 다른 이야기를 '넌지시 암시하다' 혹은 '에둘러 이야기하다'라는 뜻이다. 즉 영사 사학은 현재의 정치적 목적에 따라서 과거사를 왜곡하는 거짓의 역사학을 이른다. 문혁 시절 영사 사학은 지식분자를 탄압하고 인민대중을 선동하는 이념투쟁의 폭약이 되었다. 과연 어떤 논리로 문혁 시기의 관방 역사가들은 그토록 자의적으로 과거

1998년 류사오치 탄생 100주년을 맞아 중국 우정국에서 발행한 기념우표. <small>(공공부문)</small>

를 조작할 수 있었을까? 그들의 논리를 파헤쳐보면 무덤 속의 마르크스도 벌떡 일어날 것이다.

마르크스 인식론의 역사학적 암시

런던 북부 하이게이트에 세워진 마르크스의 묘비명은 젊은 시절 그가 남긴 잡기장에서 따왔다. "지금까지의 철학자들은 세상을 다양한 방식으로 해석해왔다. 요는 세상을 바꾸는 것이다." 이 한마디는 이후 전 세계에서 수많은 청년들을 사회주의자로 만드는 마력을 발휘했다.

일면 그럴싸하지만, 이 말은 20대 철학도의 오만한 발상, 치기 어린 궤변일 뿐이다. 세상을 제대로 바꾸기 위해서는 복잡한 현실을 있는 그대로 깊이깊이 궁구해도 턱없이 모자라다. 현실을 모르는데 어떻게 세상을 바꿀 수 있나? 20세기 공산주의 운동의 대실패는 복잡한 현실의 질서를 제대로 알지도 못하는 마르크스의 추종자들이 섣부른 혁명정책을 남발한 결과이다. 스탈린의 표현을 빌리면, "머리가 더운" 좌익혁명가들이 세상을 알지도 못하면서 세상을 바꾸려고 했던 까닭이다.

문혁 당시 영사 사학이 득세한 심리적 배경도 이와 다르지 않다. 마르크스를 원용하자면, "지금까지의 역사학자들은 과거를 다양한 방식으로 해석해왔다. 요는 세상을 바꾸는 것이다." 이 논리에 따르면, 역사학은 혁명에 종속될 수밖에 없다. 사회 변혁을 위해서 역사를 조작하고 왜곡할 수 있다는 발상이다. 진정 역사는 정치의 시녀여야만 할까?

제33장

중, 소 군사충돌

수정주의와 교조주의 투쟁

1967-1969년 인구 8억의 거대한 대륙국가 중국은 문화혁명의 광열 속에서 전 세계를 상대로 고립무원의 투쟁을 벌이고 있었다. 1967년 8월 베이징의 홍위병들은 영국 대사관에 난입해서 불을 지르는 망동을 자행했다. 이 사건 이후 중국의 외교적 고립주의는 극한 상황으로 치달았다. 1968년 한 해 중국의 외교는 마비된 상태였다. 외교적 참사의 최절정은 1969년 3월 만주의 국경에서 발생한 소련과의 군사충돌이었다.

대륙국가의 고립노선

1956년 2월 흐루쇼프의 스탈린 비판 이후 중국과 소련의 관계는 점차 악화되었다. 소련은 이후 줄곧 중국과 베트남의 사이를 벌리기 위해서 쐐기전략(wedge strategy)을 사용했고, 중국은 베트남과의 유대를 더욱 강화하여 소련을 고립시키고자 했다. 베트남 전쟁 당시 중국은 배후에서 꾸준히 북베트남으로 비행장, 철도 및 도로 공사에 필요한 기술 인력을 파견했고, 상당량의 다양한 무기와 군수 물자를 지원했다.[1] 베트남으로 직접 군사를 파병해서 항미전쟁을 벌이지는 않았지만, 중국은 분명 미국이 전쟁을 북베트남으로 확전하지 못하도록 억지하고 있었다.2) 한편 문혁 시기 중공중앙은 베트남 전쟁을 반미 제국주의 선전, 선동에 적극적으로 활용했다. 중국공산당 기관지들은 날마다 미국을 비난하고 공격하는 기사로 지면을 채웠다.

중국과 베트남이 군사, 외교적으로 공고히 결합된 상황에서 1968년 3월 31일 미국의 존슨 행정부는 폭격을 중단하는 조건으로 북베트남과의 평화협상을 제안했다. 4월 3일 하노이는 소련과의 물밑 대화를 통해서 그 제안을 수용했고, 5월 13일부터 본격적인 협상이 시작되었다. 그 결과 중국과 베트남의 관계는 큰 시련에 부딪혔다. 1968년 6월 광저우, 쿤밍, 난닝(南寧)의 베트남 영사관에서는 중국 당국의 지시 아래 대규모의 시위가 일어났다. 특히 쿤밍의 베트남 영사관은 큰 피해를 입었다. 미국의 외교전술이 중국과 베트남의 관계를 위협한 셈이었다.3)

중, 소 관계는 1968년 8월 소련의 체코슬로바키아 침공 이후 더 큰 위기로 내몰리고 있었다. 그해 1월 5일 알렉산드르 둡체크(Alexander Dubček, 1921-1992)가 총서기로 선출된 직후, 자유화를 외치는 대규모 시위가 발생했다. 이른바 프라하의 봄이었다. 아래로부터의 요구에 부응한 둡체크 정부는 경제적 분권화 및 자유화 개혁을 추진했고, 이에 분개한 소련은 "공산주의 국가의 배신을 단죄하기 위해서" 65만 "붉은 군대"를 급파했다. 반면 본래 둡체크의 개혁을 수정주의 노선이라고 비판하던 중공정부는 180도 방향을 틀어서 체코슬로바키아의 편에서 소련의 군사행동을 규탄했다. 이후 중, 소 대결은 악화일로를 걸었다.

이외에도 중국은 홍콩 문제를 둘러싸고 영국과 계속 맞서고 있었으며, 인도네시아 및 미얀마와도 충돌했다. 1965년 9월 30일, 세계 최대의 비(非)집권 공산당이 활약하는 인도네시아에서는 육군 용공파가 군부의 장

1968년 8월 소련 점령군 탱크 앞에서 저항하는 프라하의 청년. (공공부문)

성 6명을 사살하며 이른바 9-30 쿠데타를 시도했다가 실패하는 일이 발생했다. 쿠데타가 일어나고 불과 12시간 만에 군부 내에서 반공 세력이 결집되었고, 이튿날부터는 자국 내의 공산주의 세력에 대한 대규모 피의 숙청이 일어나기 시작했다.4) 쿠데타의 배후가 중국이라는 추측이 널리 퍼지면서 반공 감정은 인도네시아 내의 350만 화교를 위협하는 반화(反華) 감정으로 번져갔다. 반공, 반화 감정은 결국 인도네시아 전역에서 50만에서 100만 명의 목숨을 앗아가는 대규모 제노사이드로 귀결되었다.5) 1967년 4월부터 베이징의 홍위병들은 인도네시아 외교공관 앞에서 시위를 벌였고, 8월에는 대사관에 침입하여 불을 질렀다. 그러자 그에 대한 보복으로 인도네시아에서는 자카르타의 중국 대사관을 공격했다. 그 과정에서 여러 명의 중국인들이 부상을 당하고, 인도네시아인 몇 명이 충격으로 사망하는 사태가 빚어졌다. 1967년 10월 30일 인도네시아는 중국과의 국교 단절을 선언했고, 이후 양국은 공관을 모두 철수하는 극단적 조치를 이어갔다.

1964년부터 중국과 일본은 상호 연락사무소를 설치하고, 언론협정을 맺어 기자단의 교환을 결정한 바 있다. 그러나 문혁의 절정에서 중국은 또 심층 취재를 문제 삼아서 일본인 기자단을 추방하고, 재중 일본 사업가들을 박해하기 시작했다. 한편 인도의 반군 세력에 무기를 지원하면서 중국과 인도의 관계도 극심한 위기에 빠졌다. 뒤에서 상세히 다루겠지만, 외교적 고립이 계속되는 사이 1969년 3월 중국과 소련 사이에서 군사충돌이 발생했다. 1969년 5월 5일, 인도를 방문한 소련의 수상 코시긴은 중국을 견제하기 위해서 인도와 소련의 연합을 논했다. 1969년 5월 18-20일, 소련의 의장 니콜라이 포드고르니(Nikolai Podgorny, 1903-1983)는 평양을 직접 찾아가서 김일성(金日成, 1912-1994)과 대담했다. 중국이 국제적으로 고립되는 상황에서 북한과 중국의 관계의 틈을 파고드는 기민한 외교 전술이었다.

오직 캄보디아만이 표면상 중국과의 관계 개선에 성공했다. 미국이 캄보디아 내의 북베트남 병참기지를 공습하자 중국이 1968년 초부터 캄보디아에 군사지원을 보장했기 때문이다. 그러나 중국은 물밑에서 캄보디아의 국왕 노로돔 시아누크(Norodom Sihanouk, 1922-2012)에 저항하는 크메르 루주를 지원하는 양면전략을 취하고 있었다.

1968년 한 해 동안 문혁의 광열 속에서 중국의 외교는 완전히 마비되었다. 8억 인구의 거대한 대륙이 "자력갱생"이라는 구호만 외치며 고립주의의 늪에 빠져서 허우적대는 형국이었다. 외교적 출로가 막히자 중국은 군사적인 방면에서 돌파구를 찾을 수밖에 없었다. 뼛속 깊숙이 게릴라 전사였던 마오쩌둥의 모험심이 다시 발동되는 순간이었다.

1969년 3월 중, 소 국경 분쟁 : 중국의 도발과 소련의 보복

중국과 소련 사이의 국경 분쟁은 1959년에 시작되어서 1969년까지 해마다 점진적으로 고조되었다. 1966년 이후부터 중, 소 이념 갈등이 격화되자 국경 다툼도 거세졌고, 특히 1967년부터 중, 소 국경은 화약고가 되어갔다. 1967년 1월 헤이룽장 성 북단의 우수리 강에서 최초의 국지전이 일어났다. 1967년 12월 7-9일과 23일, 이듬해 1월 말에 아무르 강과 우수리 강에서 분쟁이 계속되었다. 1967년 11월까지 소련의 수 개 사단 병력이 몽골에 배치되었다. 이에 중국은 국경 맞은편으로 병력을 이동시켰다. 이렇게 동남쪽 푸젠 성의 병력까지 끌어다가 소련-몽골 국경에 재배치하는 대규모 군사작전이 전개되었다.

1969년 3월, 우수리 강 전바오다오에서 중, 소 군사충돌이 발발했다. 1860년의 조약에 따라서 청 제국과 러시아 제국 사이의 국경으로 정해진 전바오다오는 아무도 살지 않고 전략적 가치도 없는, 그저 작은 강 위의 섬일 뿐이었다. 이 작은 섬을 두고 중국과 소련 사이에서 두 차례의 격한 전투가 벌어졌고, 그 여파로 10년이 넘도록 중, 소 양국 사이에 갈등이 지속되었다.

전문가의 해석을 종합해보면, 적어도 제1차 교전은 중국의 의도된 도발 때문에 시작된 것으로 보인다. 3월 1일 심야 300여 명의 중공군이 전바오다오에 진입해서 참호를 파고 매복에 들어갔다. 다음 날 오전 11시경 20명에서 30명 가량의 중공군이 구호를 외치면서 소련군을 유인했다. 중국 측

1969년 3월, 전바오다오로 진격하는 중공군. (공공부문)

병력의 이상 징후를 포착한 소련군이 병력을 내보내자 중국 측은 선제적으로 총격을 가했고, 7명이 그 자리에서 사망했다. 이에 매복하던 300명의 중공군이 본격적으로 수류탄, 기관총 및 대전차포를 쏘았다. 중공군은 소련군에게 돌진해서 백병전을 벌였다. 소련 측의 주장에 따르면, 중공군은 19명의 소련군 포로를 생포해서 돌아간 후 즉석에서 처형하는 만행을 저질렀다.6)

3월 15일에는 중국과 소련 사이에 훨씬 더 큰 규모의 군사충돌이 이어졌다. 확실하지는 않지만, 많은 연구자들은 전투가 보복을 맹세한 소련 측의 선제 공격에서 시작되었다고 해석하고 있다. 중국 측이 2,000명 이상의 병력을 투입한 한편, 수적 열세를 보였던 소련군은 50대의 탱크와 병력 수송 장갑차를 내보내서 1만 발 이상의 포탄을 쏘아댔고, 36대의 전투기

1969년 전바오다오 사건 이후 버려진 소련제 탱크 T62 위에 올라선 중국 병사들의
모습. (공공부문)

를 출격시켰다. 9시간에 걸친 전투는 저녁 7시경에야 끝이 났다. 소련 측
사상자는 60명, 중국 측 사상자는 800명에 달했다.[7]

소련, 중국에 핵 공격 위협

1969년 3월 8일, 격분한 소련 정부는 중국에 핵무기를 사용하겠다는 강도
높은 군사협박을 가했다. 그러나 3월 15일 제2차 전투 이후 소련은 대중
유화책을 펴기 시작했고, 중국도 소련과의 전면전을 원하지 않았다. 중국
의 입장에서 전바오다오의 군사충돌은 소련의 침공을 막기 위한 방어적
국지전일 뿐이었다. 그러나 양국은 좀처럼 출구를 찾지 못한 채 6개월 넘
게 과격한 흑색선전과 이념적 공방전을 이어갔다.

1969년 8월 13일 신장 지역에서 대규모의 군사충돌이 다시 일어났다. 소련은 그해 8월 말부터 다시 중국의 핵시설을 폭격하겠다며 엄포를 놓았다. 9월 5일, 미국이 중소 분쟁의 위험을 경고했다. 현실적으로 양측 모두 전면전을 벌일 수는 없지만, 외교적인 해결책도 찾을 수 없었다.

1969년 9월 11일, 결국 소련의 수상 코시긴이 베이징 공항에 도착해서 국무원 총리 저우언라이와 담판을 벌였다. 코시긴이 중국의 핵시설에 대한 폭격이 가능하다고 언급하자 저우언라이는 항일전쟁의 경험을 살려서 전면적인 지구전에 돌입하겠다고 맞섰다. 두 사람은 잠정적 휴전에 일단 합의했지만, 양국 사이의 군사적 긴장은 향후 10년 이상 지속되었다.

그 당시 소련은 실제로 중국에 대한 핵무기 사용 가능성을 검토했었다. 중국은 1964년에 핵무기 개발에 성공하고 2년 후인 1966년 열핵 실험까지 마쳤지만 핵탄두를 탑재한 미사일 개발에서는 여전히 뒤처져 있었다. 그럼에도 소련이 핵무기 사용을 포기한 것은 다름 아닌 중국 특유의 인해전술 때문이었다. 1957년 11월 초 모스크바를 방문한 마오쩌둥은 공식 석상에서 제3차 세계대전이 일어날 경우 자본주의 체제가 멸망할 것이라고 단언하며 다음과 같이 발언했다.

제국주의 전사들이 제3차 세계대전을 감행한다면, 그 결과는 자본주의 체제의 종말일 것이다. 상상해보라. 세계대전이 재발하면 몇 명이나 죽겠는가? 27억 인구 중에서 3분의 1, 혹은 2분의 1이 죽겠지. 최악의 경우 인류의 절반이 죽고, 나머지 절반은 생존하겠지. 그렇게 되면 제국주의 국가는 모두 파멸하고 전 세계는 사회주의 체제가 될 것이다. 그리고 수년 안에 다시 세계의 인구는 27억이 되겠지.[8]

1957년 모스크바에서 연설하는 마오쩌둥의 모습. (공공부문)

1969년 6월 브레즈네프(Brezhnev, Leonid Il'ich, 1906-1982)는 국제 공산당대회에서 중국을 규탄하면서 말했다. "마오쩌둥은 놀라운 허세와 냉소를 머금고서 핵전쟁이 나면 인류의 절반이 죽을 것이라고 말했지요."9) 마오의 발언은 취중의 실언일 수도 있고 엉뚱한 농담일 수도 있지만, 혁명을 위해서라면 세계 인구의 절반까지 기꺼이 걸 수 있는 그의 도박사적 광기를 단적으로 보여준다.10)

인민의 목숨을 건 마오의 도박은 신비로운 마력을 발휘했다. 소련은 흐지부지 중국에 대한 과격한 군사작전을 포기할 수밖에 없었다. 반면 미국은 중, 소 사이의 벌어진 틈으로 비집고 들어가서 외교관계를 재건하는 쐐기전략을 꺼내들었다. 외교적 고립 상태에 빠져 있던 중국으로서는 미국과의 관계 개선이야말로 소련을 견제하고 타이완을 탈환할 수 있는 최고의 묘책이었다.

놀랍게도 마오의 대(對)소련 도발은 새로운 국제질서의 물꼬를 텄다.

1971년 4월 11일 미국의 탁구 팀과 기자단이 중국 땅에 첫발을 내디뎠고, 같은 해 7월 15일에는 미국 대통령 닉슨이 전국 텔레비전 연설을 통해서 이듬해 중국을 방문하겠다는 충격적인 선언을 했다. 냉전의 절정에서 철의 장막 위로 쏘아올린 데탕트 외교의 신호탄이었다.

제34장
음모와 술수의 통치술

정치의 정면은 아름답다. 불의에 항거하고, 부정을 일소하고, 최선의 정책을 입안하는 호모 폴리티쿠스(Homo politicus)의 적극적인 사회개혁 활동이다. 반면 정치의 배면은 추하다. 동지를 배반하고, 정적을 제거하며, 대중을 현혹해서 권력을 탈취하는 야심가들의 권모술수, 사기꾼들의 무도(無道) 작란(作亂)이다. 고대의 유가 경전은 이러한 정치의 두 얼굴을 동시에 보여준다. 예를 들면 『서경(書經)』에는 문명을 개창하고 백성의 교화를 실현한 상고시대 성왕의 행적이 통치의 전범으로 제시되어 있지만, 동시에 폭군의 학정, 혼군의 패정, 권신의 전횡 또한 낱낱이 기록되어 있다.

마오쩌둥은 광적으로 과거의 역사서를 탐독했다. 그는 주변 사람들에게 자신이 전통시대 역대 조대(朝代)의 정사인 『25사(二十五史)』를 통째로 수차례 되풀이해서 읽었노라고 자랑하고는 했다. 물론 마오쩌둥은 마르크스-레닌주의를 따라서 계급혁명을 도모하는 공산주의자였다. 그러나 마르크스는 마오쩌둥에게 계급철폐와 인간해방 등 혁명의 당위와 방향을 알려줄지언정 마키아벨리와 같은 지략을 가르쳐주지는 않았다. 권력자로서 마오쩌둥은 역사의 배면에 깔린 음모와 권모술수를 깊이 파헤쳤다.

역사는 정치투쟁의 무기

마오는 늘 역사를 거꾸로 뒤집어서 보았다. 주지육림에 빠져서 잔악무도한 난정(亂政)을 일삼았던 상나라 최후의 폭군 주왕(紂王, ?-기원전 1046)을 높이 평가했으며, 진시황을 중국사 최고의 인물로 칭송했다. 그는 말하고는 했다. "고작 유생 460명을 죽였는데, 그게 무슨 큰 잘못이라는 말인가?" 그는 "진시황의 사소한 잘못을 과장하고 위대한 업적은 폄하하는" 백면서생의 역사해석을 경멸하고 조롱했다. 고루한 도덕관념에 갇혀서 인간사의 진면목을 외면하는 꽁생원의 질시일 뿐이라고 여겼다.

밤낮으로 문자만 들여다보는 학인들이 대체 정치사의 흑막과 권력자의 간지(奸智)를 어찌 알 수 있나? 그들의 붓끝에서 만들어진 포폄의 역사학이 어떻게 인간사의 진실을 드러낼 수 있나? 고기도 씹어봐야 그 맛을 알 듯이, 권력 역시 직접 누려본 후에야 역사에 기록된 권력자의 높낮이를 평가할 수 있다. 범부의 상식을 거부했던 마오는 역사에 기록된 폭군과 간웅(奸雄)의 행적을 파헤쳐 교묘한 음모의 통치술을 연마했다.

1970-1971년 마오쩌둥은 배반의 정치와 권력투쟁의 술수를 완성했다. 절대 권력을 가지기 위해서 그는 젊은 시절부터 산전수전을 함께 겪으며 오랜 세월 동안 혁명의 동지로 살아온 중공중앙의 권력자들을 과감하게 제거하기 시작했다. 홍위병은 이미 해체된 후였다. 인민해방군의 군부독재로 천하대란의 혼란상도 거의 끝이 난 상황이었다. 그럼에도 70대 후반의 마오는 더욱 저돌적으로 권력투쟁에 나섰다. 군권을 완벽하게 장악하기 위해서 그는 군부의 실세들을 제압해야 할 필요를 느꼈다. 최종 표적은 그가 손수 키운 문화혁명의 영웅인 당 서열 제2위의 린뱌오였다. 더욱 철저히 린뱌오를 제압하기 위해서 그는 30년간 지근거리에서 자신을 보

필하며 마오쩌둥 사상을 정립한 중공중앙의 이론가 천보다를 희생양으로 삼았다.

중공중앙의 당파 싸움 : 마오와 린뱌오의 권력투쟁

1970년 중공중앙은 두 패로 갈려서 사생결단의 당파 싸움에 돌입했다. 군 장성 출신 황융성(黃永勝, 1910-1983) 및 우파셴은 린뱌오가 이끄는 중앙 군사위원회의 핵심인물들이었다. 반대편의 장칭, 캉성, 장춘차오, 야오원 위안 등은 모두 마오쩌둥의 수족이라고 할 수 있는 중앙문혁소조의 성원 들이었다. 본래 사인방 및 캉성과 더불어 중앙문혁소조의 조장으로 맹활 약했던 마오쩌둥 사상의 핵심 이론가 천보다는 장칭 및 캉성과의 관계가 틀어지면서 놀랍게도 린뱌오 집단에 들어갔다. 천보다의 행적에서 알 수 있듯이, 이 싸움은 군부를 장악하고 실질적으로 지배하는 대원수 린뱌오 와 "불멸의 최고영도자" 마오쩌둥 사이의 권력투쟁이었다.

양자의 권력투쟁은 일단 마오쩌둥의 후계자 문제를 둘러싸고 전개되었 다. 일반적으로 전체주의 정권의 권력자들은 자신의 피붙이를 후계자로 양성한다. 전통시대 황제지배체제에서 세자를 책봉해 권력을 이양하던 방 식과 같다. 널리 알려져 있듯, 마오쩌둥의 아들 마오안잉(毛岸英, 1922-1950)은 중공군 지원병으로 참전하여 1950년 11월 25일 평안북도의 창성 군에서 UN군의 공습을 받아서 전사했다. 아들을 잃은 마오쩌둥으로서는 새로운 권력 승계 구도를 짤 수밖에 없었다. 그가 고안한 최초의 방법은 권력의 분할 승계였다.

1959년 4월 제2기 전국인민대표대회에서 마오쩌둥은 류사오치에게 국 가주석 직위를 양도했다. 최고영도자로서 마오는 중국공산당 총서기 및

"중화인민공화국 성립 18주년을 열렬히 환영하고 경축한다! 마오 주석과 함께 영원히 혁명을 하자!" 문화혁명을 이끈 핵심인물들의 모습. 왼쪽부터 캉성, 저우언라이, 마오쩌둥, 린뱌오, 천보다, 장칭. 이 가운데 천보다는 1970년 권력에서 밀려나서 투옥되고, 린뱌오는 1971년 망명하다가 비행기 사고로 사망한다. (chineseposters.net)

중앙군사위원회 주석으로 군림했고, 중화인민공화국을 대표하는 국가주석의 지위는 2인자 류사오치의 몫이었다. 이로써 마오쩌둥과 류사오치 두 사람의 2인체제가 구축되었다. 국경일마다 「인민일보」 1면에는 두 사람의 사진이 나란히 같은 크기로 실렸다. 마오쩌둥 역시 외국 사절과의 공식 만남에서 류사오치를 후계자라고 소개하기도 했다. 당시 누가 보더라도 류사오치는 포스트-마오 시대의 최고영도자였다. 1960년대 중반까지 그렇게 권력의 탄탄대로를 걷던 류사오치는 문혁의 광풍 속에서 3년 넘게 시달리다가 1969년 11월 12일 카이펑의 혁명위원회 건물에 갇힌 채 숨을 거두고 말았다.

류사오치가 축출된 후, 마오쩌둥은 일단 2인자 린뱌오를 후계자로 삼는 공식 절차를 밟았다. 1969년 4월 1일부터 24일까지 베이징 시 인민대회당에서 개최된 중공중앙 제9차 전체회의에는 2,200만 당원 중에서 1,512명의 대표가 참석했다. 이 회의에서는 무산계급독재의 원칙하에 문화혁명을 계속 추진하며, "류사오치를 우두머리로 하는 자본주의 사령부"를 비판하는 것을 최고 의제로 삼았다. 아울러 "중국공산당 당헌"의 수정본 초안이 채택되었는데, 그 총강에는 "린뱌오는 마오 주석의 친밀한 전우이자 후계자"라는 구절이 삽입되었다.

린뱌오의 권력 승계가 당헌에 명기되었지만, 10년 전처럼 권력을 분할하는 절차 따위는 없었다. 10년 전 류사오치를 국가주석에 앉힐 때처럼 마오쩌둥은 행정의 실권을 놓을 생각이 전혀 없었지만, 스스로 국가주석이 되기도 꺼렸다. 대외적으로 중화인민공화국을 대표하는 국가주석은 외빈을 영접하고 해외 순방을 가야 하는 번거로운 자리였다. 그렇다고 린뱌오를 국가주석의 자리에 앉힐 수도 없었다. 1950년대부터 전쟁 영웅이었던 린뱌오는 10대 원수 중 서열 제3위의 영예를 누려왔다. 그는 1959년 국방장관에 임명된 이래 이미 10년간 군부를 강력하게 조정하고 있었다. 마오는 정치 권력의 원천이 군사력임을 잘 알고 있었다. 린뱌오는 군을 직접 지배했고, 마오는 린뱌오를 오른팔 삼아서 군을 지배했다.

1969년 중, 소 국경의 군사충돌 이후 린뱌오는 더욱 세차게 군부를 장악했다. 문혁 시기의 천하대란을 정돈하는 과정에서 군부의 권력은 막강해진 상태였다. 1967년 초부터 "삼지양군"의 원칙 아래에서 군부가 정부를 대체하고 있었다. 그 당시 군부는 중공중앙 정치국 위에 군림했다. 중앙 각 부서의 위원회는 물론, 각 성에 들어선 혁명위원회 역시 군대의 통제 아래에 있었다.

문혁이 발발하기 이전부터 마오쩌둥은 군부의 쿠데타 가능성을 늘 염두에 두고 있었다. 린뱌오를 자신의 후계자로 세우고 나자 그는 곧바로 린뱌오의 권력을 견제하기 시작했다. 마오쩌둥은 헌법에 명시된 국가주석의 직위 자체를 없애고자 했다. 이에 중공중앙은 국가주석 직위의 존폐를 놓고 두 패로 갈라졌다.

마오, "국가주석 직위를 폐기하라"

1970년 8월 23일부터 9월 6일까지 장시 성 북부 주장 강 경내의 루산에서 제9기 중앙위원회 제2차 전체회의가 개최되었다. 산상에 집결한 155명의 중앙위원과 100인의 후보위원은 린뱌오가 이끄는 중앙군사위원회와 마오쩌둥 직속의 중앙문혁소조의 성원들로 나뉘었다. 표면상 대연합을 통한 승리를 구호로 내걸었지만, 실제로는 목숨을 건 정치투쟁이었다. 그 투쟁의 첫 번째 의제는 바로 국가주석 직위의 존폐 여부였다.

절대 권력자였던 마오쩌둥으로서는 국가주석의 직위까지 탐할 필요가 없었다. 그가 아니라면 당헌에 명기된 후계자 린뱌오가 국가주석의 직위를 맡아야 마땅했다. 이미 류사오치를 국가원수에 앉힌 경험이 있었기 때문에 마오쩌둥은 린뱌오의 권력이 강화되는 상황을 경계하고 있었다. 개헌을 통해서 국가주석의 직위 자체를 폐지한다면, 더는 어색한 쌍두(雙頭)의 권력충돌 따위는 없을 터였다. 따라서 마오쩌둥은 이미 1970년 3월 16일 헌법 개정 논의가 일어났을 때에 국가주석 직위를 폐기하라고 지시했다. 3월 17일부터 20일까지 이어진 중앙공작회의에서 이른바 린뱌오 집단은 국가주석 직위를 폐기할 수는 없다며 완강히 맞섰다.

당 서열 제2위의 실력자로서 이미 당헌에 마오쩌둥의 후계자로 명기되었음에도 린뱌오가 맡은 행정직무는 국무원 부총리에 머물러 있었다. 린뱌오는 마오쩌둥보다 14세 연하였다. 마오쩌둥에게 특별한 사정이 생기는 경우 바로 그가 직위를 승계받을 터였다. 따라서 린뱌오는 국가주석 직위를 폐지하는 대신, 마오쩌둥에게 직접 국가주석이 되어달라고 읍소했다.

노회한 마오쩌둥이 린뱌오의 속내를 모를 리 없었다. 1970년 4월 25일 그는 사인방의 일원인 장춘차오를 데리고 쑤저우에 있던 린뱌오를 불쑥 찾았다. 마오는 린뱌오에게 묘한 질문을 들이밀었다.

"나는 늙었지만, 자네는 건강이 좋지 않잖아. 자네의 자리를 누구에게 승계할지 생각해봤나?"

마오는 80세를 바라보는 고령이었기 때문에 후계자를 지명하지 않을 수 없었다. 고심 끝에 14세 연하의 린뱌오를 후계자로 삼았지만, 그 역시 신경쇠약과 갖은 병마에 시달리는 60대의 허약한 노인이기는 마찬가지였다. 마오는 건강하지 못한 린뱌오를 향해서 한시바삐 후계자를 지명해야 한다며, 장춘차오가 어떠냐고 넌지시 물었다. 그는 왜 하필 군부와 상관 없는 상하이의 문관 출신 장춘차오를 린뱌오의 후계자로 제안했을까? 직속의 수족으로 하여금 린뱌오의 권력을 빼앗도록 만들고 군부를 장악하겠다는 신호였다. 아울러 린뱌오가 문혁 시절 공군사령부에 배속시켜 자신의 후계자로 직접 키우고 있던 그의 아들 린리궈(林立果, 1945-1971)를 견제하기 위함이었다.

장춘차오는 린뱌오 집단의 사람들과는 물과 기름처럼 섞일 수 없는 인물이었다. 장춘차오를 린뱌오의 후계자로 삼으라는 마오쩌둥의 요구는 마치 한 민주공화국에서 여당의 핵심인물을 데려다가 야당의 수장으로 앉히라고 주문하는 상황처럼 무리한 압박이었다. 린뱌오 집단은 격분해서 장춘차오를 향한 이념의 십자포화를 가하기 시작했다. 물론 마오 집단 역시 격렬하게 반발했다. 첫 번째 희생양은 한평생 마오를 섬겨온 이론가 천보다였다.

제35장

주군의 배신, 천보다의 몰락

제갈량(諸葛亮, 181-234)은 눈물을 흘리며 아끼던 장수 마속(馬謖, 190-228)을 처형했다. 어리석게도 산 위에 진을 쳤다가 위나라 군대에 포위되어서 휘하의 병사들을 죽음으로 내몬 군사적 패착의 책임을 엄중히 물었던 것이다. 이후 읍참마속의 고사는 사사로운 정에 얽매이지 않는 공경한 법 집행의 의미로 널리 사용되어왔다.

제갈량은 법과 원칙을 세우기 위해서 마속을 처형했지만, 마오쩌둥은 혁명의 미명 아래 권력을 놓지 않기 위해서 동지들을 차례로 제거했다. 1969년 11월 독방에 감금된 류사오치가 의료 방치로 쓰러지고 채 1년이 되기도 전에 마오쩌둥은 천보다에게 정치적 사형선고를 내렸다. 이듬해에는 린뱌오를 대역죄인으로 몰아서 파멸시켰다.

읍참마속의 고사와는 정반대의 정치 행위였다. 그 행위를 뭐라고 부를 수 있을까? "모훼소기(謨毀少奇 : 모략을 꾸며서 유소기를 제거하다)", "돌파백달(突罷伯達 : 돌연히 천보다를 파면하다)", "조폭임표(嘲爆林彪 : 조소하며 린뱌오를 폭격하다)"는 어떨까. 전부 신조어들이지만, 음모를 꾸며서 아랫사람을 제거하는 비정한 보스를 질타할 때에 유용할 듯하다. 제갈량과 달리 마오쩌둥은 아랫사람을 처단할 때에 눈물을 흘리지 않았다. 스스로 배신자와 반역자를 단죄한다고 선언했기 때문이다. 31년 동안

문화혁명 초기 중공중앙의 서열 제1위부터 제4위까지의 모습. 왼쪽부터 마오쩌둥, 린뱌오, 저우언라이, 천보다. (공공부문)

마오쩌둥을 섬겼던 천보다의 비참한 몰락이 마오의 비정함을 단적으로 보여준다.

천보다, 혁명의 설계자 혹은 유령작가

1930년대 말 옌안 시절부터 천보다는 등 뒤에서 마오쩌둥의 연설문, 지시문, 논설문 등을 집필하는 유령작가로 암약했다. 1949년 중화인민공화국 성립 이후 그는 스탈린 탄생 70주년을 경축하는 "스탈린과 중국혁명"을 발표했다. 마침 마오쩌둥이 스탈린의 고희 축하연에 초대되어서 공산권 지도자의 한 사람으로서 난생처음 모스크바를 방문할 즈음이었다. 대원수를 접견해야 하는 마오쩌둥을 위해서 천보다는 미리 스탈린에게 아첨하는 포석을 깔아놓는 기지를 발휘했다. 2년 후, 천보다는 마오쩌둥 사상을 정립하는 두 권의 책『마오쩌둥 사상을 논함(論毛澤東思想)』과『마오쩌둥,

중국혁명을 논하다(毛澤東論中國革命)』를 발표했다. 이로써 천보다는 자타공인 마오쩌둥 사상의 최고 전달자가 되었다.

1950년대 초부터 중공중앙의 굵직한 정책이 입안될 때마다 천보다는 정부의 공식 입장을 정돈해서 문서화하는 역할을 맡아왔다. 그는 중국공산당 "공동강령"의 초안을 작성했고, 헌법 초안도 집필했다. 1950년대에 마오쩌둥이 가장 심혈을 기울였던 농업 생산 합작사와 관련된 결의안들도 천보다의 작품이었다. 대약진 운동 당시 "농촌인민공사조례 제9장 60조"의 모든 항목도 천보다가 직접 작성했다. 마오쩌둥이 "인민공사, 좋다!"고 하면, 천보다는 식당, 양식, 공급제 등등 모든 문제들을 꼼꼼히 점검해서 구체적인 인민공사의 청사진을 그렸다. 마오쩌둥도 인민공사의 발명권은 천보다에게 있다고 말했을 정도였다.『마오쩌둥 선집』을 포함해서 마오쩌둥 명의의 대다수 저서들 역시 천보다의 손을 통해서 정리되었다. 1958년부터 격주로 발행된 중공중앙 최고의 기관지『홍기』의 편집장도 천보다였고, 문혁 초기『홍기』의 모든 사설들 역시 천보다의 지시하에 작성되고 출판되었다.[1] 문혁 직전 사청 운동의 밑그림이 된 사회주의 교육 운동 23조, 문혁 초기 중공중앙의 강령인 5-16 통지도 천보다가 정리했다.

31년 동안 천보다는 마오쩌둥만을 위해, 마오쩌둥의 의도에 따라, 마오쩌둥의 명의를 빌려, 마오쩌둥 사상을 구상하고 급기야 마오쩌둥을 인격숭배의 대상으로 만든 마오쩌둥의 두뇌였다. 천보다를 영혼 없는 꼭두각시라고 볼 수만은 없다. 인간의 관계는 상호적이다. 마오쩌둥이 천보다를 이론가로 썼던 만큼 천보다는 마오쩌둥에게 영향을 끼치고, 또 그를 이용했다. 문혁 시절 마오쩌둥은 천보다를 중앙문혁소조의 조장으로 임명했다. 중공중앙에서 그의 서열은 마오쩌둥과 린뱌오, 저우언라이 다음인 제4위까지

문혁 초기 중앙문혁소조의 영도자들. 왼쪽부터 장칭, 천보다, 캉성, 장춘차오. 마오쩌둥은 1966년 천보다를 중앙문혁소조의 조장으로 임명했다. (공공부문)

올랐다. 천보다의 지위는 마오의 아내 장칭과 마오의 정보통 캉성보다 높았다.

사마천이 그린 이사는 진시황을 지배하는 법가혁명의 주동자였다. 천보다 역시 마오쩌둥을 만든 중국 공산혁명의 주동자라고 볼 여지가 있다. 물론 천보다의 역할은 이사에 미치지 못했다. 이사는 진시황의 최후까지 막후에서 최대의 권력을 휘둘렀지만, 천보다는 문혁의 절정에서 마오쩌둥에게서 버림을 받았기 때문이다. 1970년 제9기 중앙위원회 제2차 전체회의에서 천보다는 권력을 잃고, 곧 인신의 자유를 박탈당했다.

린뱌오의 편에 선 천보다의 몰락

천보다의 정치적 파멸은 이른바 "천재 논쟁"과 "국가주석 논쟁" 두 가지의 미묘하고도 부조리한 정치적 입장의 충돌에서 시작되었다. 이 두 논쟁은

1970년 8월 23일 제9기 중앙위원회 제2차 전체회의에서 헌법 수정안을 둘러싸고 전개되었다. 린뱌오와 천보다는 류사오치가 파면된 후에도 국가주석의 직위를 유지하자는 주장을 펼쳤다. 자신을 의심하는 반대 세력에 맞서기 위해서 린뱌오는 마오쩌둥에게 직접 국가주석에 취임해달라고 요청했다. 아울러 린뱌오와 천보다는 수정헌법의 전문(前文)에 다음 구절을 삽입해야 한다고 강력하게 주장했다.

> 마오쩌둥 동지는 당대 가장 위대한 마르크스-레닌주의자이다. 마오쩌둥 동지는 천재적으로, 창조적으로, 전면적으로 마르크스-레닌주의를 계승 및 호위, 발전시켰으며, 마르크스-레닌주의를 참신한 단계로 제고했다.[2]

이 구절에서 "천재적으로, 창의적으로, 전면적으로"라는 구절은 린뱌오가 편집한 『마오쩌둥 어록』 재판의 서문에 적힌 글귀였다. 그 세 구절의 저작권은 물론 린뱌오에게 있었다. 린뱌오는 바로 이 세 구절을 수정헌법의 전문에 삽입함으로써 마오쩌둥의 절대 권위에 올라타고자 했다. 천보다는 이론적으로 린뱌오를 뒷받침했다. 린뱌오의 야심을 경계했던 마오쩌둥과 중공중앙의 지도자들은 즉각적으로 반발했다. 바로 다음 날인 8월 24일, 천보다는 "마오 주석의 겸양을 이용해서 마오쩌둥 사상을 폄훼하는 세력이 있다"며 공격의 포문을 열었다. 그러나 이 발언은 천보다를 삼키는 태풍이 되어버렸다. 이튿날 마오쩌둥은 린뱌오와 천보다와 관련된 토론을 중단시킨 후에 깊은 생각에 잠겼다. 거의 일주일 후인 8월 31일, 마오쩌둥은 짧고도 강력한 대자보 "나의 견해 하나"를 작성했다. 이 대자보에서 마오쩌둥은 천보다가 "동지들을 기만했다"고 비판하면서 분노의 언어를 쏟아놓았다.

나와 이 '천재 이론가' 천보다 사이에 함께 일을 도모한 30여 년의 세월이 있다. 그러나 일련의 중대한 문제에 대해서는 단 한 번도 우리의 의견이 합치된 적이 없었다. 조화로운 배합을 이룬 적은 단 한 번도 없었다.……
이번에는 조화롭게 배합될 수 있었는데, 천보다는 돌연히 기습공격을 감행해서 바람을 일으키고 불길을 지펴 혹시나 천하에 혼란이 없을까 저어하며 루산을 잿더미로 만들고 지구의 자전이라도 멈출 기세를 보였다! 역사가 및 철학가들 사이에서 그치지 않는 이 논쟁은 결국 우리의 지식이 선천적인가, 후천적인가, 유심론적 선험론이냐 유물론적 반영론이냐의 문제이다. 우리는 오직 마르크스-레닌주의의 입장만을 견지해야 한다. 절대로 천보다의 요설과 궤변을 뒤섞어서는 안 된다."3)

마오쩌둥이 천보다의 말을 마르크스의 유물론을 부정하는 요설과 궤변으로 폄하하는 순간이었다. 표면적인 이유는 자신을 천재로 치켜세웠다는 것이었다. 불과 일주일이 지나기도 전에 중공중앙은 천보다에 대한 철저한 조사를 선포했다. 당 전체가 동원되어서 천보다를 비판하는 이른바 "비진정풍(批陳整風)"이 일었다. 특별 조사단은 천보다의 반혁명 죄행을 드러내는 대량의 물증, 증언 및 방증 자료를 찾았다고 발표했다.

천보다는 순식간에 "마르크스주의자를 가장한 야심가, 음모가"로 전락했다. 해를 넘긴 1971년 1월부터 그는 비참하게 짓밟히기 시작했다. 공산당에 잠입한 국민당 반동분자로 류사오치와 함께 반당 음모를 꾸미고 있었다는 오명이 씌워졌고, 곧 반공분자, 트로츠키파, 반역도당, 특수 간첩, 수정주의분자로 몰려서 가혹하게 단죄되었다. 소련으로 달아나던 린뱌오의 비행기가 추락한 1971년 9월 13일, 천보다는 악명 높은 친청 감옥에 수감되었다.

천보다의 회한 : "나는 미치광이였다!"

1976년 9월 마오쩌둥이 사망한 후, 천보다는 곧바로 다시 체포되어서 "린 뱌오 장칭 반혁명 집단" 재판의 주동인물로 18년 형을 선고받았다. 주군 마오쩌둥에게서 버림받아 이미 6년 가까이 영어의 몸이 되어 있던 천보다 는 문혁 시절 주군의 뜻을 받들어서 광란의 선전, 선동을 행했다는 이유로 다시 12년간 복역했다. 1988년 10월 17일 만기 출소한 천보다는 이듬해 9월 20일에 심근경색으로 사망했다. 죽기 직전 유일하게 그를 방문했던 전기작가 예융례(葉永烈, 1940-2020)에게 천보다는 회한의 일생을 돌아 보며 말했다.

> 나는 큰 죄를 범한 사람이오. 문화대혁명 때 나는 미욱하기 그지없었소!
> 내가 진 죄는 너무나 크오. 문혁은 광기의 시대였소. 그때 나는 한 명의
> 미치광이였소. 나의 일생은 비극이오. 나는 비극의 인물이오. 사람들이 나
> 의 비극에서 교훈을 취하기를 빌 뿐이오.4)

1970년 12월 18일 에드거 스노와의 대담에서 마오쩌둥은 "지금까지 인 격숭배는 필요했지만, 앞으로는 약화되어야 한다"는 입장을 표명했다. 마 오쩌둥 자신의 "천재성"을 강조했다는 이유로 천보다를 유심론자로 몰아 서 비판하고 파면한 지 100일 정도가 지난 후였다. 1960년 내내 마오의 인격숭배는 극단으로 치닫고 있었다. 왜 갑자기 그는 인격숭배의 광열을 제어하려고 했을까?

문혁 이전부터 마오를 인격신으로 격상시키고 숭배의 대상으로 삼은 두 인물은 군부의 린뱌오와 사상계의 천보다였다. 마오쩌둥 인격숭배가 강화

1980년 11월 20일, 사인방과 함께 법정에 선 천보다의 모습. 왼쪽부터 장춘차오, 천보다, 왕훙원, 야오원위안, 장칭. (공공부문)

될수록 린뱌오와 천보다의 권력도 공고해졌다. 인격숭배를 받는 절대 군주 밑에서는 권신들이 무소불위의 권력을 휘두른다. 마오는 린뱌오와 천보다의 결탁을 보면서 두 사람 모두를 제거해야 한다고 생각했던 듯하다. 군대의 수장 린뱌오와 이념의 지도자 천보다가 합쳐지면 곧 "마오쩌둥" 자신이 되어버리기 때문이었다. 두 사람의 결탁을 해체하기 위해서 마오는 우선 천보다를 쳤다.

독재자에게 영혼을 팔아서 최고의 영예를 누렸던 재사(才士)는 영원히 복권되지 못했다. 1970년 천보다는 사인방의 주역인 장칭과 캉성 등에게 맞섰다는 이유로 정치적 사망을 선고받았다. 산송장처럼 짓밟히고 버림받았음에도 10년 뒤인 1980년 그는 사인방과 한 패로 몰려서 다시금 법정에 불려나왔고, 그들과 함께 또다시 역사의 칼날을 맞아야 했다.

오늘날 중국 헌법 전문에 국가이념으로 명기된 마오쩌둥 사상은 마오가 인정하는 천재적 이론가 천보다가 정립한 중국혁명의 이론이다. 시진핑 주석은 마오쩌둥 사상이 "중국 인민이 암흑에서 벗어나 새로운 중국을 건설할 수 있게 지도해준" 이념이라고 칭송한다. 한데 정작 마오쩌둥 사상을 정립한 천보다는 스스로의 일생을 미욱한 인물의 광기가 빚어낸 비극적 과오라고 술회했다.

천보다가 저질렀다는 자신의 죄과란 과연 무엇일까? 스스로 혼신의 힘을 바쳐서 마오쩌둥 사상을 정립한 "사실"을 말할까? 아니면 그가 국민당의 특수 간첩으로서 마오쩌둥에게 반역했다는 "혐의"를 인정하는 것일까? 곧 이어지는 린뱌오의 죽음 속에 해답이 암시되어 있다.

제36장
린뱌오와 마오쩌둥의 대결

한고조 유방(劉邦, 기원전 247?-195)은 천재적인 군사전략으로 자신을 도와서 천하통일의 위업을 이룩한 최고의 개국공신이자 국사무쌍의 명장인 한신(韓信, 기원전 ?-196)을 제거했다. 한신이 배반을 꾀하지 않을까 늘 의심했기 때문이다. 중공중앙 당내 서열 제2위였던 린뱌오는 천재적인 군사전략으로 마오쩌둥을 도와서 중화인민공화국을 세운 희대의 명장이었다. 린뱌오 역시 정치 권력의 정점에서 불운한 최후를 맞았다.

한신과 린뱌오 모두 탁월한 군사적 능력이 액운을 불렀지만, 그들에게 씌워진 모반의 혐의는 그들을 제거하고자 한 권력자가 지어낸 이야기일 수 있다. 누구든 마상(馬上)에서 권력을 잡아 황제의 지위에 오르면 군부의 실력자를 두려워하기 마련이다. 총칼로 권력을 잡은 사람은 언제든 총칼로 다시 권력을 잃을 수 있다. 마오는 늘 군사반란을 경계했다. 길가의 나무나 바위까지 자객으로 의심하는 병적인 히스테리에 시달리기도 했다. 절대 권력자가 측근의 2인자를 제거해야 하는 까닭이 거기에 있었다.

몽골 스텝의 오지에 추락한 비행기

1971년 9월 13일 새벽 2시 30분경 영국제 HS-121 트라이던트(Trident) 운

린뱌오 일가를 태우고 소련으로 향하다가 추락했다는 트라이던트 운수기. (공공부문)

수기가 굉음을 울리며 몽골의 은드르항 부근으로 추락했다. 몽골인 목격
자에 따르면 추락하는 비행기의 꼬리에서는 불길이 치솟았다. 날이 밝자
비행기가 떨어진 초원에서는 불에 탄 시신 9구가 발견되었다. 몽골의 수도
울란바토르에서 파견된 몽골 외무부에 따르면 형체를 알 수 없이 짓뭉개
진 시신들이었다.1)

9구의 시신 가운데 딱 하나에서만 신분증이 발견되었다. 그 주인은 당
서열 제2위로서 마오쩌둥의 후계자로 지명된 린뱌오의 장남 린리궈였다.
나머지 시신들은 전부 신원 미상이었다. 몽골 측 조사에 따르면, 사망자들
은 모두 50세 이하로 추정되었다. 9구 가운데 여성의 시신은 하나였는데,
당시 50세였던 린뱌오의 아내 예췬이라고 보기에는 너무 젊어 보였다.

1971년 말, 소련의 KGB(국가보안위원회)는 비밀리에 의료단을 현장으
로 파견해서 린뱌오와 예췬으로 추정되는 시신의 두개골을 가져갔다. 린
뱌오는 1938-1941년 사이 모스크바에서 머리 부상을 치료받은 적이 있었
다. 이에 따라서 린뱌오의 진단서를 다수 보유하고 있던 소련 측은 린뱌오

의 진단서와 두개골의 특징을 비교한 후, 현장의 시신이 린뱌오임을 확인했다. 이후 소련은 2차 조사를 통해서 린뱌오의 시신 오른쪽 허파에서 딱딱하게 굳은 결핵의 흔적을 발견했다고 한다. 이 사실은 1990년대까지 극비에 부쳐져 있었다.2)

중국 측의 공식 문건은 비행기가 추락한 원인이 연료 부족이었다고 얼버무린다. 반면 소련 측에서는 기장이 레이더를 피하기 위해서 저공비행을 하다가 고도를 잘못 맞춰서 추락했다고 설명한다. 이후 연료 부족, 소련의 요격설, 중국 군부의 포격설까지 나돌았으나 정확한 추락 원인은 지금까지 밝혀지지 않았다. 이른바 "린뱌오 사건"은 여전히 베일에 휩싸여 있다.

린뱌오 사건의 진상은?

사건 발발 닷새 후인 1971년 9월 18일, 중공중앙은 마오쩌둥의 승인을 얻어 정식으로 "린뱌오 반도 출국에 관한 통지"를 발표했다. 그 서두에는 사건의 개요가 16자로 압축되어 있었다.

황급히 도망을 갔지만 (倉惶出逃)
적진에 투항할 때 낭패를 겪고 (狼狽投敵)
당과 국가를 배반한 결과 (叛黨叛國)
스스로 멸망을 자초했다. (自取滅亡)

증인 및 증거 조사에 따르면, 린뱌오는 1971년 9월 13일 극비리에 "삼지창"(트라이던트) 운수기에 오를 때에 수년간 자신을 보위한 경호원을 쏴

문혁 초기 마오쩌둥과 린뱌오는 중공 서열 제1위와 제2위로서 중공중앙과 군부를 완벽하게 장악했으며 손발을 맞춰가며 정국을 주도했다. (공공부문)

죽이고 비행기에 올랐다. 비행기는 몽골 너머의 소련을 향했다. 린뱌오의 목표는 소련 수정주의에의 투항이었다. "확실한 소식통에 따르면, 국경을 지난 비행기는 몽골의 은드르항 부근에서 추락했다." 이어지는 원문의 번역은 다음과 같다.

린뱌오는 장시간에 걸쳐 '반당반국'을 계획했다. 특히 제9기 중앙위원회 제 2차 전체회의(1971. 8. 23-1971. 9. 6) 이후 [자산계급과 노동계급 사이의] 계급투쟁과 [당내 자본주의 세력과 사회주의 세력 사이의] 노선투쟁이 시작 되었다. 그 결과 린뱌오라는 이 자본주의 야심가, 음모가의 정체가 다 폭로 되었고, 그는 최종적인 파산을 맞았다. 제9기 중앙위원회 제2차 전체회의에 서 국민당의 오랜 반동분자, 트로츠키주의자, 반도, 특수 간첩, 반혁명 수정주의자 천보다는 감히 미치광이처럼 [당을] 공격해댔다. 그의 반당, 반9대 (제9차 전국인민대표대회, 1969. 4. 1-1969. 4. 24), 반마르크스-레닌주의, 반마오쩌둥 사상의 검은 배후는 바로 린뱌오였다. 천보다 노선은 실제로는 린뱌오-천보다 노선이었다.3)

1971년 10월 6일 중공중앙은 전국 각 성, 시, 자치구 및 군구의 조직에 "중발 [1971] 65호"를 보내서 린뱌오 사태를 규탄했다. 이 통지문에서 중공중앙은 "제9차 전국인민대표대회 이래, 특히 제9기 중앙위원회 제2차 전체회의부터 중공중앙에서는 마오쩌둥을 영수로 하는 무산계급 사령부와 린뱌오를 우두머리로 하는 자산계급 사령부 사이의 투쟁이 지속되었다"고 규정했다.

이어지는 설명에 따르면, 당내에 자산계급 사령부를 구축한 린뱌오는 그의 아들 린리궈의 조직을 통해서 베이징, 광저우, 상하이 등지에 비밀 전체주의 특수 간첩 조직을 만들고 "여론을 조작하고, 특수 간첩을 훈련하고, 간부들을 매수하여" 반혁명 반란을 일으키려고 했다. 또한 그들은 마오쩌둥이 남방을 순시할 때에 상하이 부근에서 열차에 폭약을 설치해서 암살하려고 했다.

대체 린뱌오가 왜?

물론 중공중앙의 공식 발표를 곧이곧대로 믿기는 힘들다. 당시 린뱌오는 마오쩌둥의 그늘 아래에서 최고의 권력을 누리고 있었다. 그는 국공내전의 영웅이었다. 만주 전역에서 다섯 달 동안 지린 성 창춘을 철조망으로 에워싸고 수많은 민간인들을 가두어 꼼짝없이 굶어 죽게 만들면서 만주에

린뱌오 일가. 왼쪽부터 딸 린리헝, 아내 예췬, 린뱌오, 아들 린리궈. (공공부문)

서 국민당을 패주시킨 주인공이었다. 여세를 몰아 린뱌오는 베이핑(北平, 오늘날의 베이징)과 톈진을 함락했고, 최남단의 하이난다오(海南島)까지 진격하는 극적인 무훈을 세웠다. 그 결과 린뱌오는 1955년에 "중국 10대 원수"로 추대되었고, 주더(朱德, 1886-1976)와 펑더화이에 이어서 군 서열 제3위로 꼽히는 영예를 누렸다.

1959년 루산 회의에서 마오쩌둥은 대기근의 참상을 고발하고 자신에게 직언을 했던 당시 국방장관 펑더화이를 파면하고, 대신 신경쇠약으로 대외 활동을 접었던 린뱌오를 급히 불러와서 국방장관에 앉혔다. 이후 린뱌오는 마오쩌둥에게 절대적 충성으로 보은했다. 1960년대 초반 린뱌오는 군대를 앞세워 전국의 마오 주석 인격숭배의 열풍을 이끌었다. 문혁 시기 린뱌오는 승승장구했다. 1966년 8월 1일부터 12일까지 개최된 제8기 중앙위원회 제11차 전체회의에서 린뱌오는 류사오치를 대신해서 당 서열 제2위에 올랐다.

1969년 제9차 전국인민대표대회에서 린뱌오는 공식적으로 마오의 후계

1959년 10월 1일, 건국 10주년을 맞아 톈안먼 광장에서 열병식을 거행하는 국방장관 린뱌오. (공공부문)

자로 지명되었다. 앞에서 말한 바와 같이 린뱌오는 국가원수 직위의 존폐와 마오쩌둥 천재론을 둘러싸고 마오쩌둥과 부딪혔고, 마오쩌둥은 천보다를 파면시킴으로써 린뱌오를 구석으로 몰아가고 있었다. 그렇다고 해도 설마 당 서열 제2위의 린뱌오가 군사정변을 기획했을까? 80세를 바라보는 마오쩌둥을 축출하고 권력을 찬탈하기 위해서?

게다가 린뱌오는 1969년 3월 소련과의 군사충돌을 배후에서 지시했으며, 공개적으로 소련을 규탄하는 강경 발언을 쏟아낸 바 있었다. 그런 린뱌오가 어떻게 소련으로의 망명을 꾀할 수 있을까? 중공중앙의 발표는 상식적으로 받아들이기 힘들다. 확증이 없음에도 불구하고 많은 연구자들이 그날의 비행기 사고는 마오의 지시에 따른 암살이라고 추측하는 이유가 거기에 있다.

마오쩌둥의 선제 공격설

가령 1983년 5월, 8개국에서 동시 출판된 야오밍러(Yao Ming-le, 가명)의 『린뱌오의 음모와 죽음(*The Conspiracy and Death of Lin Biao*)』에 따르면, 중공중앙의 공식 발표는 진상을 가리는 연막에 불과했다. 야오밍러의 주장이 맞다면, 중공중앙이 린뱌오의 반란 기획이라고 주장했던 "571 공정" 계획은 린뱌오가 아니라 그의 아들 린리궈와 그의 동료들이 짰다. 이들과 달리 린뱌오는 더 치밀한 계획을 세우고 있었다. 그는 또 한 번의 중, 소 군사충돌을 일으킨 이후 마오쩌둥과 저우언라이를 지하 벙커 "옥탑산"에 대피시켜서 제거하고, 스스로 권력을 잡아 전국적인 반마오쩌둥 운동을 벌이려고 했다. 반란 음모를 알아챈 마오쩌둥은 린뱌오 부부를 베이징 서부의 주택으로 초대한 다음 그들의 차량을 폭파했고, 다음 날 급히 소련으로 도망하던 린리궈는 비행기를 타고 몽골 상공에서 추락했다. 이 이야기는 추락한 비행기의 잔해 속에 린뱌오와 예췬의 시신이 없었다는 몽골 측의 최초 조사와 일치한다.

이 책의 근거에 관해서는 많은 논란이 뒤따랐다. 책의 저자가 소련 KGB 혹은 타이완 정보부의 요원이라는 설도 있었고, 중공중앙의 요원으로 중국 공군과 연결된 인물이라는 설도 있었다. 저자의 신뢰성이 다소 의심되기는 하지만, 이 책이 중공중앙의 발표문에 담긴 가장 중대한 결함을 지적하고 있음은 부인할 수 없다. 저자의 말대로 희대의 군사전략가 린뱌오가 대역의 군사반란을 기획했다면, 그렇게 허술한 전술을 써서 허망한 실패를 자초했을 리가 없기 때문이다.

중공중앙의 공식 발표를 반박하면서 야오밍러는 "571 공정 기요"는 린뱌오가 아니라 그의 아들 린리궈가 몇 개월 전에 기획했으며, 린뱌오는

1966년 9월 톈안먼 홍위병 접견식. 오른쪽부터 마오쩌둥, 린뱌오, 저우언라이, 장칭, 캉성. (공공부문)

사실상 린리궈에게 납치된 상태였다고 주장한다. 야오밍러의 분석에 따르면 당시 린리궈는 린뱌오의 오른팔인 우파셴의 도움으로 공군에서 상당한 권력을 행사하고 있었고, 공군 내 사령부 부주임이자 작전 부부장으로서 중요한 문서를 모두 살펴볼 수 있었다. 마오쩌둥과의 권력투쟁에서 아버지 린뱌오가 큰 위기에 봉착했음을 감지한 린리궈는 린뱌오에 대한 공격이 곧 집안 전체의 몰락으로 이어지리라고 생각하고 공군 내부의 동지들을 규합해서 군사반란의 밀모(密謀)를 시작했다.

한편 린리궈의 약혼녀 장닝(張寧, 1949-)과 린뱌오의 딸 린리헝(林立衡, 1944-)에 따르면, 린뱌오와 예췬은 문제의 9월 12일 마오쩌둥의 만찬에 불려간 것이 아니라 베이다이허(北戴河)의 요양지에서 그들과 함께 머물고 있었다고 한다. 중공중앙의 공식 문서에 따르면, 아버지 린뱌오의 안전을 걱정한 린리헝은 저우언라이에게 그들의 도주 계획을 알렸다. 그 결과 린씨 일가가 급하게 도주하는 비행기에 모종의 폭약이 장착되었다는 이야기이다.

여러 추측만 난무할 뿐 린뱌오 사건의 진상은 아직도 드러나지 않았다. 린뱌오 사후 사인방은 "반도 린뱌오 집단"에 대한 공격으로 꺼져가는 문혁의 불길을 다시 댕겼다. 이 사건을 계기로 마오쩌둥은 린뱌오와 결탁된 군부의 린뱌오 집단을 일제히 소탕했다. 정치국 상무위원회에 대한 중앙군사위원회의 영향력을 근본적으로 배제할 수 있는 절호의 기회였다. 1980년 덩샤오핑은 "린뱌오, 장칭 반혁명 집단 사건 심사"를 통해서 린뱌오 집단의 생존자들을 사인방과 동급으로 단죄했다.

린뱌오는 그렇게 역사의 악인으로 폄훼되었지만, 허망한 그의 죽음 뒤에는 변화의 불씨가 뒤따랐다. 그 당시를 살았던 다수 중국인들의 회고에 따르면 급작스러운 린뱌오의 추락은 그들을 혁명의 미몽에서 깨어나게 한 중대한 사건이었다. 문화혁명이 음모와 권모술수로 범벅된 저열한 권력 암투임을 여실히 보여주었기 때문이다.

술렁이는 여론을 바로잡기 위함이었을까. 1970년 10월 14일 중공중앙은 린뱌오 집단이 직접 작성했다는 "571 공정 기요"를 전국에 배포했다. 린뱌오 집단의 군사반란 계획서인데, 그 안에는 이 집단의 정치적 의제가 고스란히 담겨 있었다. 이제 문혁의 절정에서 작성되었다는 군사반란의 계획서를 깊이 뜯어보자.

제37장

린뱌오의 반란계획서?

571 공정 기요

중공 서열 제2위의 국방장관이자 국무원 부총리였던 린뱌오는 급히 소련으로 망명하다가 몽골 상공에서 가족과 함께 잿더미로 돌아갔다. 중공중앙의 발표에 따르면, 린뱌오는 암암리에 당내에 자본주의 사령부를 건설한 후, 군을 동원해서 마오쩌둥을 암살하고 당과 정부를 장악하려고 했다. 이 음험한 기획의 작전명은 "571 공정"이었다. 중국어에서 숫자 "571"의 발음은 '우-치-이'로, "무기의(武起義 : 무장기의)"와 같다. 곧 린뱌오가 군부의 장성들과 공모하여 무장봉기를 획책했다는 이야기였다.

중국의 라오바이싱, 즉 평범한 사람들은 중공중앙의 발표를 쉽사리 받아들일 수 없었다. 린뱌오가 누구인가? 그는 250만 군부의 수장이자 마오쩌둥의 공식 후계자였다. 문혁의 최고 수혜자였다. 무엇보다 린뱌오는 마오쩌둥 신전의 최고제사장이었다. 그가 왜 표변해서 마오쩌둥을 암살하고 자본주의를 되살리려고 했을까? 그 시대를 살았던 사람들로서는 중공정부의 발표를 상식적으로 납득할 수 없었다. 린뱌오 추락사는 실로 기괴한 사건이었다.

이미 6년간 문혁의 광풍 속에서 인민들은 날마다 공포와 불안에 떨고 있었다. 그동안 인민들은 마오쩌둥의 훈시를 맹신하며 온갖 형태의 비투,

1971년 린뱌오 사후 중공중앙이 공개한 "571 공정 기요". 이 문서는 린뱌오 집단이 군사반란을 일으키기 위해서 작성한 구체적인 혁명의 기획안이었다. (공공부문)

문투, 무투에 휩싸였다. 우붕에 서로를 가두고 감시하고 학대해왔다. 그러나 린뱌오가 죽자 그들은 문혁의 목적 자체를 의심하기 시작했다. 문혁은 결국 지저분한 권력투쟁이었을 뿐인가? 중국의 인민은 한 사람의 권력욕을 충족시키기 위해서 동원된 혁명 막장 드라마의 단역이었던가?

린뱌오의 죽음은 혁명신화를 무너뜨렸다. 민심 이반의 쓰나미를 막기 위해서 마오쩌둥은 출구전략을 모색했다. 린뱌오가 역모를 꾸몄다는 결정적인 증거를 만천하에 공개하는 정공법이었다. 사람들의 눈앞에 증거를 보여줌으로써 린뱌오의 대역죄를 믿게 하려는 의도였다.

1971년 11월 14일, 중공중앙은 마오쩌둥의 명령에 따라서 "반혁명정변의 강령 '571 공정 기요'에 관한 통지문"을 전국에 발송했다. 이 통지문에는 지금은 금서가 된 린뱌오의 반란계획서 "571 공정 기요"가 첨부되어 있었다. 군사반란의 정치적 의의와 투쟁전략이 기록된 문건이었다.

문건의 작성자는 린뱌오의 아들 린리궈와 그의 동지 3인이었다. 린뱌오가 소련으로 도주한 1971년 9월 13일, 이 3인 중 1명은 체포되었고 나머지 2명은 베이징에서 비행기를 타고 도주하다가 권총으로 스스로를 쏘아 자살했다. 마오쩌둥 사상의 이론가 천보다 및 린뱌오와 연결된 군부의 5인은 "린뱌오 집단"이 되어 1980년 법정에서 16년에서 20년의 징역형을 선고받았다.

군사반란의 시나리오

린뱌오가 군사반란의 주동자였다면, "571 공정 기요"는 린뱌오의 뜻에 따라서 그의 아들 린리궈가 작성한 반란의 계획서였다. 반면 린뱌오가 그의 아들에게 납치된 상태였다면, 이 문서는 전적으로 린리궈가 거친 상상력을 발휘하여 구성한 쿠데타의 시나리오였다. 구체적으로 이 문건은 ① 가능성, ② 필요성, ③ 기본 조건, ④ 시기, ⑤ 역량, ⑥ 구호와 강령, ⑦ 작전 실행의 요점, ⑧ 정책 및 책략, ⑨ 비밀 보호 및 기율 이상 9항으로 구성되어 있다.

1970년 8월 루산 회의 이후 마오쩌둥과 린뱌오의 갈등이 표면에 드러났다. 문건의 작성자들은 그 상황을 다음과 같이 파악한다.

정국이 불안정해지면서 통치 집단의 모순이 첨예해지고, 우파 세력이 대두하고 있다. 군대는 압박을 받고 있다. 10년 동안 경제는 전에 없는 정체를 보이고 있다. 군중과 기층의 간부들, 부대의 중, 하 간부들의 실제 생활수준

"반역도당 매국노 린뱌오의 반혁명 수정주의 노선을 철저히 비판하라!" 인민의 공적
으로 전락한 린뱌오의 위상을 단적으로 보여주는 포스터. (chineseposters.net)

이 하락했다. 불만이 날마다 커져간다. 감히 분노하지만 결코 말하지는 못
한다. 심지어 분노조차 할 수 없어서 입을 닫아버렸다. 통치 집단 내부의
상층부가 매우 부패한 데다가 우매하고 무능하여 고립무원의 상태에 이르
렀다.

그들은 "정치의 위기가 깊어지고 권력 탈취가 일어나서 중국에서는 점
진적이고 평화로운 변화의 방식으로 정변이 진행되고 있다"고 파악했다.
이 정변은 문인들에게는 유리하고, 군인들에게는 불리한 상황으로 전개
되고 있었다. 따라서 문인들이 이끄는 "반혁명의 점진적인 변화"를 저지
하기 위해서는 "폭력혁명을 통한 급진적 변혁"이 필요했다. 사상, 조직,
군사 모든 면에서 혁명의 조건이 무르익었다는 낙관 위에서 그들은 무장
기의의 초읽기에 들어갔다. 요컨대 이 문건은 군이 직접 나서서 부패한
권력 집단을 일소하고 새로운 혁명정권을 세워야 한다는 대역의 계획서
였다.

린뱌오 집단의 마오쩌둥 비판

"571 공정 기요" 속에서 마오쩌둥은 1950년대 미국 공군의 폭격기 "B-52"라는 암호명으로 불린다. 아마도 최고영도자를 그저 노쇠한 "미 제국주의의 폭격기"라고 폄하하려는 의도인 듯하다.

> B-52의 호시절도 오래갈 수 없다. 초조하고 불안해서 그는 몇 년 내로 후사를 안배할 수밖에 없으니 우리에 대해서 절대로 방심하지 않는다. 손이 묶여서 꼼짝하지 못할 바에는 차라리 결사항전에 나서야 한다. 정치에서는 상대가 공격해오기를 기다렸다가 제압하지만, 군사행동에서는 선수를 쳐서 상대를 제압한다. 우리 나라의 사회주의 제도는 현재 엄중한 위기에 처해 있다. 붓을 든 트로츠키파가 제멋대로 마르크스-레닌주의를 변조하고 왜곡해서 사익을 추구하고 있다. 그들은 거짓된 혁명의 언사로 마르크스-레닌주의를 대체해서 중국 인민을 사상적으로 기만하고 몽폐하고 있다.……그들의 사회주의는 실제로는 사회 전체주의이다. 그들은 중국의 국가기구를 서로 잔인하게 학살하고 서로 헐뜯고 싸우는 고기 가는 기계로 뒤바꿔버렸다.

문건 속에서 말하는 "붓을 든 트로츠키파"는 구체적으로 장칭과 함께 사인방을 이루는 장춘차오, 야오원위안 등을 가리킨다. 그들이 제멋대로 마르크스-레닌주의를 왜곡해서 인민을 죽음의 협곡으로 몰아넣었다는 비판이다. 당시로서는 상상도 할 수 없는 발언이었지만, 불과 10년이 지나지 않아서 이 주장은 만인의 상식이 되었다. 사인방에 대한 이들의 비판은 문혁 이후 사인방에게 내려진 법정의 판결과도 공명한다. 문혁의 절정에서 린뱌오 집단이 사인방에게 사형을 선고한 셈이었다.

린뱌오의 아들 린리궈가 주도하여 작성했다고 알려지는 군사정변의 계획서 "반혁명 정변 강령 '571 공정 기요'(영인본), 기밀 첨부 1"

역설적이게도 1980년 11월 20일 중국의 최고 법원은 소위 린뱌오 집단의 6명을 사인방과 함께 특별 법정에 세워서 단죄했다. 법정의 공식 명칭은 "린뱌오, 장칭 반혁명 집단 사건 심사"였다. 사인방은 린뱌오가 가족과 함께 추락사한 후, 1974년 반년에 걸쳐서 린뱌오와 공자를 동시에 비판하는 이른바 "비림비공 운동(批林批孔運動)"을 광적으로 전개했다. 어떻게 "린뱌오 집단"이 사인방과 함께 반혁명 집단으로 법정에 함께 설 수 있었나? 상충되는 이 두 세력을 반혁명 집단으로 묶음으로써 최고 법원은 마오쩌둥에게 면죄부를 부여했다. 문혁의 책임을 마오쩌둥을 기만하고 오도한 린뱌오 집단과 사인방에게 전가하기 위함이었다.

문혁 이후 류사오치의 명예는 복권되었지만, 린뱌오 집단의 반역 행위는 오히려 더 강력하게 단죄되었다. 린뱌오 사건은 흔히 철안(鐵案)이라고 불린다. 확고부동하게 결정된 번복 불가능한 사건이라는 의미이다. 이는 문혁 시기의 다른 사건들이 의안(疑案 : 의심스러운 사건), 현안(懸案 : 계

문혁 시기 린뱌오의 위상을 단적으로 보여주는 포스터. 『마오쩌둥 어록』을 손에 든 린뱌오가 마오쩌둥과 함께 홍위병을 접견하고 있다. "광휘의 본보기, 위대하고 창조적인 거업! 마오 주석의 제8차 문화혁명 대군 검열!" "최고 지시: 그대들은 국가 대사에 관심을 가지라! 무산계급 문화대혁명을 끝까지 진행해야 한다!"(공공부문)

류 중인 사건), 원안(冤案 : 원통한 사건), 가안(假案 : 거짓 사건), 착안(錯案 : 착오의 사건) 등으로 불리는 상황과 대조된다. 그 이유가 무엇일까? 아마도 이 문건이 마오쩌둥에 대한 강경한 어조의 비판을 담고 있기 때문인 듯하다.

당내와 국가의 정치 생활은 봉건사회 독재 방식의 가부장제 생활로 변질되었다. 당연히 우리는 중국을 통일한 그의 역사적 위업을 부정하지 않는다. 바로 그렇기 때문에 우리 혁명가들은 역사에서 그가 마땅히 누려야 할 지위

1980년 11월 28일, 사인방과 린뱌오 반혁명 집단의 특별 법정. (공공부문)

를 인정하고 지지한다. 다만 현재 그는 중국 인민이 그에게 준 신임을 남용하여 반면의 역사로 치닫고 있다. 그는 이미 오늘날의 진시황이 되었다. 중국 인민과 중국 역사에 대한 무거운 책임 때문에 우리들의 기다림과 인내는 한계에 달했다. 그는 진정한 마르크스-레닌주의자가 아니다. 그는 공자와 맹자의 길을 가면서 마르크스-레닌주의의 외피를 쓰고 진시황의 법을 집행하는 중국 역사상 최대의 봉건 폭군이다!

이는 현재 중국에서도 용인될 수 없는 강한 어조의 마오쩌둥 비판이었다. 사상적 직격탄, 이념의 핵탄두였다. 마오쩌둥이 전근대 중국의 황제였다면 이 "발칙한" 언사는 최악의 불경죄에 해당한다. 당시의 현실에서 마오쩌둥은 황제보다 더 높은 최고영도자였다. 그는 날마다 인민의 눈동자에 강림하는 인격신이었다.

당시 이 문서는 전국 모든 곳의 개개인에게 전달되었다. 저우언라이를 비롯한 중공중앙의 지도자들은 이 "불경스러운" 문건이 민간에 전해지면 안 된다고 건의했지만, 마오쩌둥은 듣지 않았다. 린뱌오가 마오쩌둥을 직접 공격했음이 알려지자 많은 사람들이 놀라지 않을 수 없었다. 국가 안의 "깊은 국가" 속에서 자행된 암투의 비릿한 피 냄새를 맡았기 때문이다.

린뱌오 집단의 재평가 시도

중국 국방대학의 대표적인 문혁사가 왕녠이(王年一, 1932-2007) 교수는 린뱌오 역시 억울하게 누명을 쓰고 의문의 추락사로 희생되었다고 주장한다. 린뱌오는 국가주석의 존폐 여부를 놓고 마오쩌둥과 대립했지만, 부주석으로서 공식 석상에서 자신의 의견을 발표했을 뿐이었다. 왕 교수는 묻는다. 부주석의 개인적 견해의 표명이 어떻게 권력 탈취 혐의가 될 수 있나? 아울러 그는 "571 공정 기요" 자체가 린뱌오가 아니라 그의 아들 린리궈가 구상한 허술한 몽상일 뿐이었다고 주장한다. 설혹 "571 공정 기요"가 날조된 문서는 아니라고 해도 아들의 일탈을 근거로 린뱌오를 반역도당의 수괴로 몰아갈 수 없음은 상식이다.

중국 군부의 10대 원수 천이의 아들 천샤오루(陳小魯, 1946-2018)는 문혁이 막을 내린 후 40년이 지나서 당시를 돌아보며 다음과 같이 술회했다.

오늘날 "571 공정 기요"를 보면 볼수록 린뱌오가 실상 아무것도 모르고 있었음이 더욱 명확해집니다. 게다가 "571 공정 기요"는 당시에는 기층의 모든 사람들에게 전달된 문건이었죠. 이 문건에는 실로 많은 문제들이 제기되어 있었습니다. 사실 문혁의 가장 큰 병폐는 바로 마오쩌둥 혁명노선을 지향했다는 점이었죠. 그 문건이 당시로서는 우파적 견해에 해당되겠지만, 오늘의 관점에서 보면 올바른 견해였어요. 이후 사인방을 비판할 때에 사람들이 사용했던 바로 그 논리죠. 따라서 오늘날 "571 공정 기요"는 극비의 문건이 되었어요. 절대로 외부로 유출할 수가 없죠!

1970년대 초 중국의 전 인민이 린뱌오의 아들 린리궈가 주도하여 작성했다는 군사정변의 계획서를 읽었다. 반면 오늘날 중국에서 그 문서는 금서 목록에 올라 있다. 당시에는 린뱌오 부자의 대역죄를 드러내기 위해서 이 문서를 강제로 읽혔지만, 오늘의 관점에서는 "571 공정 기요"의 내용이 인류의 상식에 부합한다. 언젠가 중국을 지배하는 권력의 진자가 반대 방향으로 움직일 때에는 린리궈가 오히려 영웅의 신전에 안치될 수도 있다. 시대가 변하면 과거사 역시 새롭게 해석되고 평가되기 마련이다.

제38장

닉슨의 대중전략

중국 딜레마의 씨앗

2021년 6월 24일 홍콩의 자유 언론 「빈과일보(蘋果日報)」가 중공정부의 탄압으로 사실상 폐간되었다. 전 세계가 이구동성으로 중공정부를 규탄하자 중공 기관지 「환구시보(環球時報)」(영문판 「글로벌 타임스[Global Times]」)는 "「빈과일보」는 폐간되었지만, 홍콩 내 언론의 자유는 건재하다"면서 내정간섭을 멈추라고 부르짖었다. 언론사를 문 닫게 하고 언론인들을 줄줄이 잡아가면서 어떻게 홍콩 내 언론의 자유가 건재하다고 주장할 수 있을까? 그 주장의 논리적 근거는 놀랍게도 중화인민공화국의 헌법이다.

인류가 직면한 "중국 딜레마"

중화인민공화국 헌법 「총강」 제1조는 "그 어떤 조직이나 개인의 사회주의 제도 파괴도 금지된다"고 명기하고 있다. 중공정부는 「빈과일보」가 중국 헌법이 허용하는 언론의 자유를 넘어서 사회주의 제도를 파괴하는 활동을 일삼았다고 주장한다. 실제로 「빈과일보」는 최근 10년간 홍콩의 반중시위를 지지하고 옹호하는 기사를 집중적으로 게재해왔다. 중공정부는 헌법

「총강」제1조에 따라서 사회주의 제도를 부정하고 파괴하는 「빈과일보」를 합법적으로 폐간할 수 있다고 주장한다.

　서구의 비판자들은 "미니 헌법"이라고 불리는 홍콩의 「기본법」을 근거로 홍콩의 자유를 옹호하지만, 그 역시 간단하지 않다. 홍콩은 「기본법」을 통해서 외무와 안보를 제외한 모든 방면에서 자율권을 보장받지만, 특별행정자치구로서 홍콩의 지위는 중국 헌법 「총강」제31조에 근거하고 있다. 홍콩의 「기본법」제22조는 중공정부가 홍콩의 내치에 개입할 수 없도록 명시하지만, 제158조에 따르면 전국인민대표회의 상임위원회는 홍콩기본권에 대한 유권해석을 내릴 수 있다. 교묘하게 감춰져 있었지만, 1997년 반환 이후 홍콩의 자치 근거는 언제나 중국의 헌법이었다.

　덩샤오핑은 "일국양제"의 원칙을 토대로 적어도 2047년까지 홍콩의 자율권을 보장했건만, 시진핑은 19세기적 "자강의 중국몽"을 내세우면서 그 약속을 깨는 조치를 이어가고 있다. 이미 중공정부는 "일국양제"의 외피를 벗어던졌다. 그들은 국제사회의 비판에 더욱 강경하게 맞서며 홍콩의 탈자유화에 박차를 가하고 있다.

　문제의 핵심은 개인의 자유를 근본적으로 제한할 수 있는 중화인민공화국의 사회주의 헌법이며, 전체주의적 대민지배와 전일적 일당독재를 정당화하는 중국공산당의 레닌주의적 당헌이다. 세계인의 상식이지만, 중국은 공산주의 혁명을 위해서 개인의 자유와 인권을 제약하고 박탈할 수 있는 인민민주독재의 사회주의 국가이다.

　그럼에도 지난 반세기 동안 미국은 중국의 정치체제는 그대로 내버려둔 채 "묻지 마!" 경제 공생을 추구해왔다. 닉슨의 외교노선은 경제의 자유화가 정치의 민주화로 이어진다는 안일한 낙관에 근거하고 있었다. 그 결과 인류는 현재 "중국 딜레마"에 봉착해 있다.

중국 딜레마 : 닉슨 외교전략의 유산

아이젠하워 행정부(1953-1961)에서 8년간 부통령을 역임한 닉슨은 당시 강경한 반공투사로서 명성이 자자했다. 닉슨과는 달리 아이젠하워(Dwight Eisenhower, 1890-1969)는 상업이 경제적 번영을 보장하며 공산주의 독재 권력에 대한 인민의 저항을 추동한다는 개방적 사고하에 한국전쟁 직후부터 중국과의 무역 및 국교 정상화를 추진하고자 했다. 그러나 당시의 완강한 반공 분위기를 뚫을 수 없었던 그는 계획을 실현하지 못했다.

1959년 미국 상원의 외교위원회는 이른바 "콘론 보고서"에 따라서 중국과의 관계 정상화 가능성을 타진했다. 이후 1966년 미국 상원은 "고립 없는 봉쇄" 전략에 따라서 보다 적극적으로 대중국 포용정책의 가능성을 검토했다. 물론 냉전의 정점에서는 중국과의 대화가 요지부동 한발도 나아갈 수 없었다.

대통령으로 취임하기 2년 전인 1967년 10월, 닉슨은 베트남 전쟁의 절정에서 『포린 어페어스(*Foreign Affairs*)』에 "베트남 이후의 아시아"라는 중요한 기고문을 실었다. 그는 이 글에서 대중 봉쇄정책은 미국에 막대한 군사비용을 초래할뿐더러 핵전쟁의 위험을 고조시킨다고 분석했다. 아울러 그는 "고립 없는 봉쇄"보다 더 적극적인 "압박과 설득"의 전략을 모색해야 한다고 주장했다. 나아가 아시아의 비(非)공산주의 국가들이 미국의 지원 아래에서 경제 번영과 안보를 확립할 때에 중국이 침략 야욕을 버리고 이념적 고립 상태를 벗어나서 국제사회의 일원이 될 수 있다는 논지를 전개했다. 이후 닉슨의 외교전략이 그대로 담긴 적극적인 데탕트의 청사진이었다.[1]

대통령 취임 이전부터 닉슨은 헨리 키신저(Henry Kissinger, 1923-)에게 밀명을 내려서 적극적으로 중국과의 대화를 추진하도록 했다. 그는 제 37대 대통령으로 취임한 직후 중국과의 국교 수립을 은밀히 추진하기 시작했고, 문혁의 광풍 속에서 만신창이가 된 중국이 소련과의 군사충돌로 외교적으로 고립되었던 위기의 순간을 파고들었다. 빈곤의 덫에 걸린 비대한 대륙국가 중국을 슬그머니 당겨서 자유주의 시장경제로 유인하려는 외교전략이었다.

1971년 4월 10일, 세계 탁구선수권대회에 참가하기 위해서 일본 나고야에 있던 미국의 선수단이 특별 초빙을 받아서 베이징을 방문했다. 이른바 핑퐁 외교의 드라마가 펼쳐진 것이었다. 이어지는 미, 중의 물밑 대화 끝에 닉슨은 1971년 7월 15일 텔레비전 생방송으로 이듬해 중국을 방문할 계획이라고 발표했다.

1972년 2월 21일부터 28일까지 중국을 직접 방문한 닉슨은 베이징, 항저우, 상하이를 돌며 전 세계를 놀라게 했다. 2월 21일 닉슨은 중국공산당 총서기 마오쩌둥과 1시간 동안 회담했다. 그 짧고도 강렬한 만남을 통해서 닉슨은 한국전쟁 이래 계속되어온 적대적인 미, 중 관계를 청산했다. 미국 외교사 최고의 반전(反轉)이자 냉전의 빙하를 녹이는 세계사적 대전환이었다.

1972년 2월 21일, 베이징에서 마오쩌둥을 만난 닉슨은 의미심장한 말을 남겼다.

오랜 세월 동안 중화인민공화국에 대한 나의 입장은 마오 주석 및 저우 총리와는 완전히 달랐음을 잘 알고 있소. 이제 세계의 상황이 바뀌었음을 인정하고, 한 국가 내부의 정치철학이 중요한 것이 아니라는 점에 서로 동의했기 때문에 오늘 이 만남이 성사될 수 있었소. 중요한 것은 한 국가의

1972년 2월 21일 베이징에서 1시간가량 진행된 마오쩌둥과 닉슨의 회담. 왼쪽부터 저우언라이, 통역 탕원성(唐聞生, 1943-), 마오쩌둥, 닉슨, 키신저. (공공부문)

내부적인 정치철학이 아니라 세계를 향한, 또 우리 미국에 대한 그 나라의 정책입니다.[2]

"정치철학"의 차이 따위는 일단 덮어두고 대외정책의 유, 불리만을 근거로 국가관계를 재정립하자는 제안이었다. 이로써 냉전의 이념 대결 대신 실용적으로 "윈윈(win-win)"의 경제 공존을 모색하자는 미국의 새로운 데탕트 외교전략이 시작되었다. 닉슨의 이 말이 이후 반세기 동안의 미국 대중정책을 결정했다고 해도 과언이 아니다.

닉슨의 방중을 성사시킨 반대급부로 마오쩌둥은 미국의 승인하에 UN 안보위원회에 가입하는 외교적 쾌거를 거머쥐었다. 이로써 장제스의 중화민국은 타이완 공화국으로 국명이 바뀌며 구석으로 밀려났다. 그러나 닉슨의 적극적인 구애 끝에도 마오는 미국과의 국교 정상화 및 경제적 협력까지 나아갈 수 없었다.

결국 마오 사후 2년이 지난 1978년 12월 덩샤오핑은 개혁개방의 시대를 개창했다. 대기근의 참상과 문화혁명의 광기를 겪은 후였지만 중공정부는 공산주의 이념 자체를 비판하거나 폐기하지는 않았다. 대신 레닌주의 정치체제에 자본주의적 생산양식을 적당히 뒤섞어서 "중국 특색 사회주의"라고 명명했다. 자본주의와 공산주의는 물과 기름처럼 서로 섞일 수가 없지만, 덩샤오핑은 실사구시를 외치며 "맨발로 미끄러운 돌을 살살 밟으면서 강을 건너자"고 했다.

1979년 1월 29일부터 2월 5일까지 덩샤오핑은 미국을 방문하여 본격적으로 국교 정상화를 추진했다. 그해 3월 1일 워싱턴과 베이징에 양국의 대사관이 설치되었다. 일사천리로 전개된 미, 중 관계의 정상화는 좋든 싫든 닉슨 패러다임의 실현이었다. 덩샤오핑이 닉슨의 대중 외교전략을 붉은 카펫처럼 밟고서 개혁개방의 물꼬를 텄기 때문이다.

미국 행정부의 "닉슨 패러다임" 비판

2020년 7월 23일 미국의 국무장관 폼페이오(Mike Pompeo, 1963-)는 캘리포니아 요바 린다의 닉슨 대통령 도서관과 박물관을 방문해서 미국 대중정책의 일대 전환을 알리는 의미심장한 연설을 했다. 지난 반세기 미, 중 관계를 지배해온 미국 외교의 기본 노선을 부정하고 비판하기 위함이었다.

폼페이오에 앞서서 중국을 타격한 미국 행정부의 중요 인물 3명이 있었다. 1번 타자는 국가안보고문 오브라이언(Robert O'Brien, 1966-)이었다. 그는 2020년 6월 24일 애리조나 주 피닉스에서 "중국공산당의 이데올로기와 글로벌 야심"을 고발했다. 그는 미국의 정계와 학계, 언론계는 암묵적으로 중국의 경제 자유화는 중국의 민주화를 견인한다는 근거 없는 낙관 위에서 2001년 중국을 WTO에 가입시키고, 중국 내 인권유린과 지적재산권

침해에 눈을 감아왔다며 포문을 열었다.

2번 타자는 FBI 국장 레이(Christopher Wray, 1966-)였다. 그는 2020년 7월 7일 중국공산당의 첩보 행위가 미국에 대한 경제적, 안보적 위협임을 경고하면서 놀랍게도 중국이 1억5,000만 미국인의 신상정보를 해킹했다고 발표했다.

이어서 법무장관 바(William Barr, 1950-)가 타석으로 들어섰다. 그는 7월 16일 미시간의 포드 대통령 박물관에서 세계경제와 정치질서를 위협하는 중국 정부의 전체주의적 야욕을 비판했다. 그는 덩샤오핑의 영악한 "도광양회(韜光養晦)" 전략에 순진한 미국의 전략가들이 말려든 결과, 미국이 전체주의 국가 중국의 경제적, 기술적 웅비에 복무하는 어리석음을 범했다고 지적했다.

마지막으로 타석에 들어선 폼페이오는 앞선 3명의 연설이 "지난 수십 년간 쌓인 미, 중 사이의 심대한 불균형"을 근본적으로 해결하기 위해서 치밀하게 기획된 이념전의 포탄이라고 정의했다. 이어서 그는 미국의 경제, 미국의 자유, 나아가 세계의 자유민주주의 국가들에 대한 중국의 위협을 구체적으로 설명하면서 중국공산당의 행동방식을 근본적으로 고쳐야 한다고 일갈했다. 그는 중국공산당이 "잠재적 동맹국들을 소외시키고, 국내외의 신뢰 기반을 무너뜨리며, 지적재산권과 예측 가능한 법의 지배를 거부하는" 등 구소련이 범했던 오류를 반복하고 있다고 비판했다. 또한 미국이 구소련을 붕괴시켰듯이 중국공산당의 지배구조를 근본적으로 바꾸겠다는 포부를 드러냈다. 중국을 향한 이념전쟁의 선전포고가 아닐 수 없었다.

이어서 등장한 바이든 행정부의 대중전략 역시 트럼프 행정부의 전략을 그대로 이어가고 있다는 분석이 최근 미국 언론의 주류를 이루고 있다.

바이든 행정부는 일본, 인도, 오스트레일리아와 함께 쿼드(Quad) 협의체를 발족시키고, 타이완과의 경제협력에 박차를 가하고 있다. 또한 중국 기업에 대한 트럼프 정권의 블랙리스트를 확장하고, 틱톡을 포함한 중국 애플리케이션에 대한 금수 조치를 강화했다.

반세기 전 닉슨은 중소 분쟁의 틈을 파고드는 기민한 쐐기전략으로 냉전의 수렁에서 극빈의 나락으로 떨어진 중국을 바깥 세계로 끌어당겼다. 자유 무역과 경제적 연대가 냉전의 빙하를 녹이고 독재의 발톱을 뭉갠다는 닉슨의 확신은 탈냉전을 종식하는 세계사적 변화를 견인했다. 개혁개방은 30-40년 만에 극빈 상태의 중국을 적어도 세계 제2위의 경제 대국으로 탈바꿈시켰지만, 중국의 경제성장은 정치의 자유화로 이어지지 않고 있다. 닉슨 방식의 외교전략은 실효성을 잃었나? 트럼프에서 바이든으로 이어지는 대중 강경노선은 닉슨 패러다임의 종언을 상징한다. 돌이켜보면, "정치철학"은 묻지 않고 "정책"의 유, 불리만을 따지는 실용주의 외교 노선 역시 냉전 시기의 낭만주의가 아닐까.

제39장

린뱌오를 비판하고, 공자를 비판하라!

중공 서열 제2위로서 마오의 후계자로 지목되었던 린뱌오는 1971년 9월 13일 가족과 함께 소련으로 망명하던 도중에 추락사했다. 그로부터 약 2년 빈이 지난 1974년 1월 18일, 마오쩌둥은 린뱌오와 공자를 동시에 비판하는 기상천외한 정치 운동을 개시했다. 이른바 비림비공 운동이었다.

한나라 무제(武帝, 재위 기원전 141-87)가 유가의 오경(五經)을 제국의 이념으로 채택한 이래 공자는 인의예지의 보편가치를 선양하는 상징적 인물로 존숭되어왔다. 1911년 중화제국의 붕괴와 더불어 공자의 권위도 무너져내렸고, 문화혁명 시기에는 나락 끝까지 추락했다. 전근대 중국의 역사를 모조리 해방 이전의 봉건시대라고 규정하는 중국 마르크스주의의 단선적, 기계적, 이분법적 역사관에 따르면, 공자는 지주계급의 이익을 대변하는 중국 역사 최대, 최악의 반동분자일 뿐이었다.

문화혁명 당시 홍위병들은 낡은 사상, 낡은 문화, 낡은 풍속, 낡은 습관을 박살내자는 "파사구"의 구호 아래 전통시대 유산을 근본적으로 청산하고자 했다. 중국의 각지에서는 공자 묘와 관련 문물을 조직적으로 파괴하는 반달리즘(vandalism)의 광풍이 일어났다. 1966년 12월 산둥 성 취푸로 몰려간 홍위병들은 공자의 유골을 훼손하기 위해서 무덤을 파헤치고 유물을 대량으로 손상시켰다.

문혁 시절 2인자였던 린뱌오는 파사구의 광풍을 부추기고 주도한 선전, 선동의 핵심인물이었다. 그런데 그런 린뱌오가 놀랍게도 공자와 함께 비판을 당하는 급반전의 막장 드라마가 펼쳐졌다. 린뱌오가 공자와 동급으로 비판당한 이유는 과연 무엇일까? 그들은 어떻게 린뱌오와 공자를 엮는 역사의 마술을 부렸을까?

린뱌오가 사망한 이후 그의 가택은 초토화되었다. 이러한 초가의 과정에서 집 한구석에 숨겨져 있던 현판이 하나 발견되었다. 그 현판 위에는 "극기복례(克己復禮)"라는 네 글자가 쓰여 있었다. 『논어(論語)』 "안연(顔淵)" 편에 등장하는 이 말은 개개인의 사리사욕을 극복하고 공명정대한 보편가치를 실현하라는 공자의 가르침이다. 2,000년 내내 널리 쓰여 중국인의 입에 속담처럼 달라붙은 이 글귀가 "비림비공"의 도화선이 되었다.

1974년 2월 중공중앙의 기관지 『홍기』에는 베이징 대학, 칭화 대학 대비판조가 작성한 "린뱌오와 공맹지도(孔孟之道)"라는 제목의 격문이 실렸다. 유명 대학 학생들의 입을 빌렸지만, 마오쩌둥의 지시에 따라서 장칭의 사주로 급히 작성된 비림비공 운동의 선언문이었다.

린뱌오가 거주하던 검은 소굴에는 도처에 유가 사상의 쓰레기가 널려 있었고, 공학(孔學)의 썩은 내음이 진동했다. 갈수록 더 많은 사실들이 증명하듯이, 반동적인 공맹지도가 바로 린뱌오 수정주의의 중요한 원류였다. 린뱌오 일당은 자본주의의 복원에 힘썼을 뿐만 아니라 사상적으로도 당의 이론적 기초를 바꾸려고 했다. 또한 조직적으로 투항자를 부르고 배신자를 받아들여 사당(死黨)을 결성하고, 반혁명의 대오를 규합하여 크게는 반혁명 양면작전을 구사하며 음모의 궤계(詭計)를 썼는데, 공맹지도에 기대고 매달렸다.[1]

1971년 군민 비림비공대회. (공공부문)

　이어서 이 격문은 "극기복례"가 "노예제를 되살리려고 했던 공자의 반동강령"이라고 규정한 후, 공맹의 가르침을 따르는 린뱌오는 "자본주의를 되살리려고 한 늑대 같은 야심가"라고 비판했다. 공자가 노예제의 복원을 희구했듯이 린뱌오는 자본주의의 복구를 염원했다는 주장이다. 린뱌오는 류사오치가 주자파로 몰려서 숙청된 틈에 2인자의 지위에 오른 문혁 최대의 수혜자였다. 린뱌오가 왜 공자를 숭배하며 자본주의를 되살리려고 했을까? 문혁을 직접 겪은 그 어떤 중국인도 그들의 주장을 납득할 수는 없었다. 린뱌오를 공자의 제자로 모는 언어는 그만큼 허황되고 일방적이었다.

　　린뱌오는 공자의 천명론, 천재론을 이용해서 유물론에 반대하고, 중용의 도를 이용해서 유물변증법에 반대하고, 유가의 '덕, 인의, 충서'를 이용해서 마르크스주의 계급론에 반대하고, 변증유물론과 역사유물론에 대항하여 전면적인 공격을 퍼부었다.……유가가 선양하는 인성론은 일종의 허위의 유심주의 이론이며, 선험의 초계급적 인성을 의미한다. 공자가 말하는 '어진 마음'은 사람을 사랑하는 것이며, 맹자가 말하는 어진 마음은 나면서 절로 있는 사람의 성선(性善)을 의미한다. 그들은 진정 계급을 가리지 않고 모두를 사랑했던 사람들이었나? 가당치도 않다.……수정주의자의 우두머리 린뱌오의 무리가 공자를 존숭한 것은 결코 우연이 아니었다. 거기에는 심각한 계급적, 역사적 근원이 있다.……우리는 반드시 마오 주석과 당 중앙의 영도하에 철저한 무산계급 혁명 정신을 발양하고, 비림비공투쟁의 새로운 승리를 쟁취해서 마르크스주의, 레닌주의, 마오쩌둥 사상이 영원히 무산계급의 사상 진지를 점령할 수 있게 해야 한다!2)

린뱌오는 문혁 내내 『마오쩌둥 어록』을 편찬해서 전국의 마오쩌둥 인격숭배를 주도한 인물이었다. 그런 린뱌오가 창졸간에 공자의 숭배자로 둔갑했다. 그 혹독한 비판의 근거는 "극기복례"가 적힌 현판 하나였다. 1971년 시작된 비림비공의 돌풍은 최소 반년간 수그러들지 않았다. 앞으로 살펴보겠지만, 이 음험한 정치 운동의 진정한 표적은 서주(西周)의 주공(周公, ?-?)에 비견되던 저우언라이였다.

공자가 다시 부활한 까닭은?

문혁 시기 중국의 관변학자들은 공자를 노예제의 복원을 희구했던 노예주 계급의 대변인이라고 비판했다. 그들은 공자를 공씨 둘째 아들쯤을 의미하는 "쿵라오얼(孔老二)"이라고 불렀다. "쿵라오얼의 추악한 면모", "쿵라오얼의 죄악 일생", "쿵라오얼 죄악사" 등 문혁시대의 정치 포스터뿐만 아니라 아동용 만화도 공자를 역사의 죄인으로 몰고 갔다.

문혁 이후 만신창이로 내버려졌던 공자는 2000년대 중반부터 중국공산당의 부름을 받고 되살아났다. 2008년 베이징 올림픽 개막식에서 세계를 향해 아이들이 외친 한마디는 바로 "벗이 멀리서 찾아주니 또한 즐겁지 아니한가!"라는 "공자님 말씀"이었다. 이후로 공자는 "중화민족"의 정신적 스승으로 숭상되고 있다.

중공정부는 왜 공자를 되살려야 했을까? 마르크스-레닌주의와 마오쩌둥 사상만으로는 14억의 다민족 국가를 다스리기 버거웠을까? 경제규모 세계 2위의 대국에 걸맞은 소프트파워가 필요했을까? "중화민족의 부흥"을 위해서 새로운 중화주의의 이념이 필요했을까?

현 중국공산당 총서기 시진핑은 비림비공 운동이 전국적으로 개시되던 1974년 1월 아홉 번의 실패 끝에 중국공산당에 입당했다. 이듬해 그는 공농병 학원의 자격으로 지방영도자의 추천을 받아서 칭화 대학에 입학했다. 따라서 누구보다 공자를 역사의 악인으로 몰아가던 당시의 분위기를 잘 기억하고 있을 터이다. 그럼에도 그는 집권 전부터 작심한 듯 유가의 부흥 운동을 추진했다.

2014년 9월 24일 공자 탄신 2565년 국제학술 연구토론회에서 시진핑은 "공자와 유학의 연구는 중국인의 민족 특성을 인식하고, 오늘날 중국인의 정신세계의 역사적 유래를 인식하는 중요한 길"이라고 말한 바 있다. 시진핑의 강력한 후원하에 중국 교육부는 2019년 현재 전 세계 수십 개 국가에 530개의 "공자학원"이 설립되어 있으며, 앞으로 빠른 시일 내에 그 숫자를 1,000개까지 늘려갈 계획이라고 발표했다.

중공정부의 지원하에 공자의 가르침이 중국 특색 사회주의와 접붙은 어색한 상황이다. 과연 유학이 마르크스-레닌주의 및 마오쩌둥 사상과 조화롭게 공존할 수 있을까?

물론 공자는 중화문명의 상징적인 인물이다. 2,500년 전 춘추시대 노나라에서 태어난 그는 수신(修身)의 방법과 선정(善政)의 원리를 간명하고 진솔한 언어로 설파했다. 공자의 행적을 담은 『논어』는 동아시아 각국에서 성경처럼 읽혔다. 그가 편찬 및 정리했다는 유교의 고경(古經)은 중화제국을 비롯한 동아시아 여러 나라의 국가이념이 되었다. 공자의 행적은 동아시아 사인(士人)들의 귀감이 되었고, 그의 혼령은 공자 묘에 배향되었다. 공자가 설파한 인, 의, 예, 지는 국경을 넘고 문화를 가로지르는 인류의 보편가치라고 할 수 있다. 오늘날에도 공자는 석가모니, 소크라테스, 예수와 함께 기축시대 4대 성인으로 칭송되고 있다.

문제는 불과 40-50년 전에 중국공산당이 직접 공자를 불러내서 역사의 법정에 세워놓고 헐뜯고 깨물고 짓밟았다는 사실이다. 그 역사의 법정에서 공자를 변호하는 사람은 단 한 명도 없었다. 그곳에 있던 모두가 피고인 공자를 매도하고 폄훼하고 타격했다. 마오쩌둥은 중국의 역사에서 암세포를 도려내듯이 공자의 유산을 청소하려고 했다.

이렇듯 공자를 비판하는 모든 과정은 날마다 언론 매체를 통해서 전국의 모든 인민에게 보도되었다. 공자는 "비림비공"의 구호 아래 회생불능의 타격을 입는 듯했다. 공자 비판은 곧 유가 비판으로 확산되었다. 이어서 법가를 재평가하고 유가를 비판하는 평법비유 운동(評法批儒運動)이 일어났다. 이때부터 중국의 철학사는 "유법투쟁(儒法鬪爭 : 유가와 법가의 투쟁)"으로 해석되었다. 물론 그 배후는 최고영도자 마오쩌둥이었다.

유법투쟁 : 마오쩌둥의 근본주의

마오쩌둥은 적대 세력에 대해서는 비타협, 불관용, 무자비의 원칙으로 일관했던 공산 근본주의자였다. 또한 그는 무산계급의 혁명의지에 불을 지피면 단시간에 역사적 비약을 이룰 수 있다고 믿었다. 오늘날 중국 헌법의 이념적 기초로 명기된 마오쩌둥 사상이란 공산 근본주의와 돈키호테적 낭만주의의 결합이 아닐까?

1950-1960년대 내내 마오쩌둥은 제국주의, 봉건주의, 관료 자본주의, 수정주의와 투쟁했다. 그의 심리 밑바탕에는 극단적인 이분법과 적아의 구분이 깔려 있었다. 그가 구사한 이분법은 속류 마르크스주의의 유물변증법에 기초하고 있었다. 스탈린 시대 소비에트 유물변증법에 따르면, 모든 철학의 문제는 의식과 존재의 관계로 환원된다.

철학적 명제로서 엄밀성은 떨어지지만, 유물변증법의 정치적 함의는 명료하다. 공자, 맹자, 칸트, 헤겔 등 어떤 사상가가 무슨 사상을 설파했든, 누구도 자신의 계급적 한계를 벗어날 수 없다는 단정이다. 유물변증법에 따르면, 인간은 누구나 계급의 대변자이며 구조의 수인일 수밖에 없다. 한 사람의 존재(계급, 재산 등)가 그들의 의식(정치 성향, 가치관)을 미리 결정하기 때문이다. 이와 같은 유물변증법의 관점에서 공산주의 이론가들은 세계 철학사를 무산계급을 대변하는 진보적 유물론 대 착취계급을 대변하는 반동적 관념론의 투쟁으로 묘사했다.

중국의 관변철학자들 역시 중국 사상사의 전 과정을 유물론과 유심론의 대립투쟁으로 해석했다. 이들의 관점에 따르면, 유물론은 근로대중의 이익을 대변하는 반면 유심론은 착취계급의 이익을 대변한다. 인류의 역사를 선의 진영과 악의 진영 사이의 대립, 투쟁으로 파악하는 마니교적 이분법이었다.

1973년 8월 5일 마오쩌둥은 중국 역사에서 전개되었던 유법투쟁에 대해서 다음과 같이 말했다.

역대로 어떻게든 행동을 하고 무슨 일이라도 성취한 정치가는 모두 법가였다. 그들은 법치를 주장했으며, 후금박고(厚今薄古 : 현대를 중시하고 고대를 경시)했다. 유가는 입으로만 노상 인의도덕을 외면서 후고박금(厚古薄今)을 외쳤으니, 그들은 역사의 시계를 거꾸로 돌렸다.3)

마오쩌둥답게 2,000년 중국사의 가치체계를 180도 뒤집는 발상이었으나, 이러한 생각이 새로운 것은 아니었다. 이미 1920년대 5-4 운동 때부터 공자를 향한 비판은 거세게 일고 있었다. 1937년 4월 29일 현대 중국 문학의 거장 루쉰은 공자를 비판하면서 "중국의 우민들처럼 그렇게 공자를 이해하는 자들은 아마도 세계 어디에도 없을 듯하다"고 적은 바 있다. 20세기 초부터 중국의 지식인들은 경전의 기록을 의심하고 검증하는 이른바 "의고풍(擬古風)"에 휩싸여 있었다. 중화제국의 몰락은 곧 공자로 상징되는 유교적 세계관의 붕괴를 의미했다. 그러한 맥락에서 문혁 시기에 일어난 공자 비판은 20세기 초부터 진행된 의고풍이 가장 극단적으로 일어난 형태였다.

공자는 노예제의 옹호자인가?

문화혁명 당시 중국의 역사학자들은 공자를 노예주 계급의 대변인이라고 비판했다. 역사학자들뿐만 아니라 전국 각지의 공장 및 노동 현장에서 고된 노동을 마치고 마오쩌둥 사상과 혁명 이론을 공부했던 전국 각지의 노동자 집단도 집체적으로 공자 비판에 나섰다. 비림비공 운동이 한창이던 1974년 1월 중공중앙의 기관지 『홍기』에 실린 그들의 주장을 소략하게 소개하면……

공자는 완고하게 노예제를 지키려고 했던 사상가였다.

공자의 모든 언동은 노예를 해방하는 위대한 역사적 흐름에 정면으로 맞부딪혔다.

공자는 복고적이고 퇴행적인 정치적 입장 때문에 노예들에게 맹렬한 공격을 받았다.

(공자가 되살리고자 했던) 주도(周道)란 서주 노예제 전성시대에 주공이 건립한 일련의 제도이다. 노예제가 몰락하던 시기, 공자는 망령되이 역사의 발전을 막고, 주도를 회복하고자 했다.

공자는 멸망한 노예제 국가를 부활시키고 단절된 노예주 계급의 세습을 기도했다.

공자는 『춘추(春秋)』를 편찬하여 여론상 노예주 계급의 반혁명적 전정을 강화하려고 했다.

공자는 노예에 대한 노예주 계급의 착취와 억압을 지키기 위해서 극진히 역사를 왜곡했다.

공자는 몰락한 노예주 계급을 대표해서 역사를 왜곡하는 악랄하고 용렬한 선례를 개창했다.4)

1974-1976년경 중국의 포스터. "유가와 법가의 투쟁사를 연구하여, 비림비공을 더욱 심화하자!" (공공부문)

물론 『논어』 어디를 읽어보아도 공자가 명시적으로 노예제도를 옹호하거나 노예제도를 회복해야 한다고 주장한 대목은 없다. 그럼에도 당시의 지식인들은 공자가 노예제도를 옹호한 역사의 반동임을 믿어 의심치 않았다. 당시 중국의 역사학자들이 마르크스의 5단계 역사발전론을 기계적으로 중국사에 적용한 결과였다. 그들의 도식대로라면, 주공이 통치하던 서주는 노예제 사회여야만 했다. 이어지는 춘추시대는 대규모 농민봉기의 빈발로 노예제가 급속하게 와해되던 급변기였고, 전국시대는 대지주의 봉건제가 노예제를 대체하는 시기였다.

춘추시대의 혼란기를 살았던 공자는 오매불망 주공을 흠모하며, 주공이 세운 서주의 예제(禮制)를 되살리고자 했다. 마르크스주의의 도식에 따르면, 주공의 예제란 다름 아닌 노예제 사회의 신분질서 및 정치체제였다.

그러한 관점에서 중국의 지식인들은 공자가 급속하게 무너지는 노예제를 복원하고자 시도했다고 맹렬한 비난을 퍼부었다.

전국시대의 맹자 역시 노예제 옹호자의 오명을 써야만 했다. 당시 중국의 학자들에 따르면, 맹자가 말한 어진 정치(仁政)의 이상도 노예제를 복원하려는 역사적 반동의 구호였다. 맹자 역시 계급모순이 첨예하던 전국시대에 산발적으로 일어나던 농민봉기의 현실은 외면한 채 제후들만 보고 어진 정치만을 설파했다. 노예주 제후들을 향해서 어진 정치를 설파한 맹자를 과연 노예주 계급의 대변자라고 부를 수 있을까? 문혁 시기에는 그러한 의문을 제기하는 것조차 반혁명 행위로 간주되었다.

오늘날 중국에서는 문혁 시절 전국을 도배했던 계급투쟁, 영구혁명 등의 구호는 좀처럼 찾아볼 수 없다. 대신 중국공산당은 부강, 화해, 평화 등을 최고의 가치로 내세우고 있다. 이에 부응하여 중국의 연구자들은 유학을 천하를 다스리는 치리의 원리로 재해석하고 있다. 한때 노예주 계급의 대변자로 매도되었던 공자가 중국공산당의 후원하에 "중화민족"의 정신적 스승으로 재평가되고 있다.

공자의 극적인 부활은 역설적으로 마르크스-레닌주의와 마오쩌둥 사상을 내건 중국공산당의 이념적 위기를 단적으로 보여준다. 오늘날 중국은 세계 최고의 빈부격차와 도농 간의 격차를 보인다. 중국공산당은 유가의 화해와 치리를 전면에 내세워서 계급투쟁과 사회의 갈등을 무마하려고 한다. 공자를 죽이든 살리든 중공정부는 변함이 없다. "중화민족의 부흥"의 깃발을 들고 유교를 선양하지만, 중국공산당은 일당독재를 유지하고 강화하려는 목적밖에는 없어 보인다.

오늘날 중국공산당은 유교를 부활시켜 "중국 특색 사회주의"의 이론적 기초로 삼으려고 한다. 문제는 그러한 중국공산당의 숨은 의도에는 눈을 감은 채로 유교의 가치를 탈역사적으로 미화하고 이상화하는 일군의 학자들이 중국 안팎에서 중국 정부의 후원을 받으며 활약하고 있는 오늘의 현실이다.

제40장

"종교의 자유를 달라!"

문혁 말기 무슬림 순교자들

627년 광주(廣州, 오늘날의 광저우)에 중국 최초의 이슬람 사원인 청진사(淸眞寺)가 건설되었다. 이후 1,400년의 세월 동안 이슬람교는 중국 전역으로 꾸준히 퍼져나갔다. 2014년 현재 중국 전역에는 모두 3만9,135개의 이슬람 사원이 있다. 그중에서 2만5,000개의 사원이 신장 지역에 집중되어 있다.

오늘날 중국공산당 정부가 인정한 55개 소수민족들 가운데 10개 민족은 무슬림이다. 정부의 집계에 따르면 중국 내 무슬림 인구는 총인구의 0.45퍼센트(600만)에서 2.85퍼센트(3,900만)까지 상이하다. 다른 민간의 집계는 6,000만 명에서 8,000만 명을 헤아린다. 쉽게 말해, 중국의 무슬림 인구는 최소 600만 명에서 최대 8,000만 명에 달한다. 물론 이처럼 큰 통계적 편차는 현재 중국에서 이슬람이 정치적으로 매우 민감한 문제임을 단적으로 보여준다.

2014년 시진핑 주석은 신장의 종교적 극단주의자들과 분리주의자들이 국가의 안전을 위협한다고 말한 바 있다. 이후 중국공산당 정부는 무슬림 소수민족에 대한 조직적인 감시망을 지속적으로 확대해왔다. 2017년 이래 신장의 인민대표대회가 서부 지역에서의 무슬림 여성의 히잡 착용, 특정 이름의 사용, 긴 수염까지 금지하는 시시콜콜한 반인권적 법령들을 채택했을 정도이다.

2021년 6월 10일 국제 앰네스티는 50명이 넘는 전(前) 수감자들의 사실 증언에 기초해서 중국공산당 정부가 신장 지역의 무슬림들에게 반인륜적 범죄를 자행하고 있다고 고발했다. 이 보고서에 따르면, 현재 신장 지역에서는 수십만 명의 무슬림 남녀들이 집단수용소에 갇힌 채로 날마다 고문에 시달리고 있으며, 수백만 명이 전 세계에서 가장 삼엄하고도 조직적인 대중 감시를 당하고 있다. 중공정부는 무슬림 집단에 그들의 종교 전통, 관습, 지방 언어까지 모두 포기하라는 강한 압박을 가하고 있다.1)

중공정부는 무슬림들의 뇌리에 『코란』의 교리 대신 마르크스-레닌주의와 마오쩌둥 사상을 주입하고, 그들이 "중화민족"의 일원임을 각인하고 싶어한다. 이슬람 분리주의자들에 의해서 신장의 광활한 영토가 독립하는 것이 너무나 큰 군사적, 경제적, 외교적 손실이기 때문이다. 통일정책의 일환으로 중공정부는 무슬림들의 사상 개조를 꾀하고 있다.

사상 개조는 1940년대부터 중국공산당이 정치 운동을 벌일 때마다 전면에 내걸었던 구호였다. 낡고, 부패하고, 타락한 봉건 사상의 잔재를 온전히 뿌리 뽑고 "새롭고 올바른 사회주의 사상"으로 개개인의 정신을 정화한다는 발상이었다. 사상 개조 운동은 1950년대 내내 중국 사회를 들쑤셨고, 문화혁명 시기에 최고조에 이르렀다. 오늘날에도 중국에서는 소수 집단을 향한 문화혁명이 공공연히 진행되고 있다.

사건의 발단 : 사회주의 혁명, 생존의 지혜를 파괴하다!

문화혁명 기간 내내 중국의 각지에서는 크고 작은 학살이 끊임없이 일어

났다. 문혁 연구자들은 일반적으로 1966년 8-9월 베이징의 홍팔월, 1967
년 8-10월 후난 성 다오 현의 대도살, 1968년 7-8월 광시 성 대도살을
문혁 3대 대학살 사건으로 꼽는다. 이 세 사건들은 학살의 규모와 잔혹성
때문에 집중적인 조명을 받았지만, 이외에도 문혁 기간에는 크고 작은 학
살극이 계속 이어졌다.2)

특히 1975년 7월과 8월 윈난 성 남부 사뎬(沙甸) 지방의 7개의 무슬림
촌락 1,500여 호에서는 무려 1,600여 명이 살해당하고 1,000여 명이 상해
를 입거나 불구가 되는 끔찍한 학살이 자행되었다. 전체 인구가 고작
7,200여 명 정도였으니, 거의 22퍼센트 정도, 5명 중 1명꼴로 목숨을 잃었
다. 그중에는 300명이 넘는 아이들과 노인들도 포함되어 있었다. 희생자
들의 대다수는 중국 헌법에 보장된 종교의 자유를 외치며 저항한 무슬림
들이었다. 대량 학살의 주체는 놀랍게도 중공중앙의 명령을 받고 현지에
급파된 인민해방군이었다.3) 문혁 이후 사인방이 과잉 진압의 배후로 지목
되었지만, 당시 중앙군사위원회 부주석으로서 진압을 명령한 최종 책임자
는 3년 반의 긴 유배 생활을 마치고 베이징으로 복귀하여 국가의 중대사를
도맡아보던 덩샤오핑이었다.4)

비극의 발단은 1949년 중화인민공화국의 성립까지 소급된다. 인민해방
을 내걸고 전국을 군사적으로 점령한 중국공산당은 사회주의 혁명의 기치
를 들고 기존의 사회체제를 허물기 시작했다. 후이족이 모여 사는 사뎬은
수백 년의 역사를 자랑하는 무슬림 군락이었다. 1949년 해방 이전 그들은
채소 및 담배 농사에 종사했고, 작은 규모로 농작물과 축산물을 시장에
내다 팔며 생계를 이어왔다. 1950년대 초반 인민해방군이 윈난 성을 점령
한 이후 사회주의 정책이 시행되자 사뎬의 후이족은 일대의 혼란에 빠져
들었다. 중공정부의 농업정책에 따라서 채소 농사 대신 곡물을 재배하는

1975년 사뎬 사건의 피해자들이 죽은 동지들의 시신을 윈난 성의 성도 쿤밍의 이슬람 사원에 안치하는 장면. (공공부문)

업무를 할당받았기 때문이었다.

중앙집권적 명령경제의 폐단을 몸소 체험하면서 그들은 정부를 원망하지 않을 수 없었다. 특히 대약진 운동 기간 후이족은 죽음의 벼랑 끝으로 몰려갔다. 마오쩌둥이 곡물 증산을 핵심으로 삼는 "이량위강(以糧爲綱)"의 구호를 외치면서 전국의 농촌을 닦달할 때였다. 지방의 현실을 무시한 중공중앙의 명령은 생존의 지혜를 파괴했다. 1959-1961년 대약진의 돌풍은 사뎬 지방에도 대기근의 쓰나미로 몰아쳤다.

참다못한 사뎬의 후이족은 지방정부를 향해서 채소 농사를 할 수 있게 해달라고 요청했다. 그들의 요구는 1959년부터 1975년까지 줄기차게 이어졌지만, 지방정부는 후이족의 정당한 요구를 짓밟았다. 격분한 후이족

은 관료들의 부패와 간부들의 횡포를 처벌하라고 요구하며 강력한 저항을
이어갔지만, 그럴수록 더욱 궁지로 내몰렸다.

윈난의 무슬림, 종교의 자유를 잃다!

사회주의 명령경제가 초래한 사회, 경제적 모순과 부조리 위에 종교적 갈
등이 중첩되었다. 정부의 불합리한 정책에 항의하는 후이족의 종교가 하
필이면 이슬람교였다. 중공정부는 오래 전부터 사뎬에 공작조를 주둔시키
며 후이족의 동향을 면밀히 감시하고 있었다. 공작조는 종교 활동이 생산
력을 저하한다며 종교의 자유를 더욱 제약했다. 문혁의 전조인 사청 운동
의 과정에서는 그나마 3개 남아 있던 이슬람 사원들이 모두 폐쇄 조치되었
다. 후이족은 더욱 거세게 저항했다. 공안기구가 구속자를 늘려가면서 팽
팽한 긴장이 이어졌다. 그 절정이 바로 문화혁명이었다.

　문혁 당시 중국의 홍위병은 소수민족 고유의 사상, 문화, 풍속, 습관에
일말의 관용도 베풀지 않았다. 그들은 "파사구" 깃발을 들고 소수민족 고
유의 문화를 말살하려고 했다. 조반파 홍위병들은 사뎬으로 몰려가서 후
이족이 신성시하는 이슬람 사원을 "봉건 보루"라고 부르며 폐쇄했다. 그들
은 이슬람 경전을 훼멸함은 물론 사원의 제사장을 잡아와서 비투를 벌였
고, 저항하는 사람들을 잡아와서는 집단 린치를 가하기도 했다. 후이족은
집단 모독에 시달리고 백주의 테러에 무방비로 노출되었다. 홍위병은 마
호메트 상을 파괴하는 만행도 저질렀다.

　1968년 3월 윈난 성 혁명위원회가 설립되자 곧 인민을 조반파와 보황파
로 양분하는 적대적 계급투쟁이 시작되었다. 사뎬의 다수는 보황파로 몰
려서 격심한 공격에 시달려야 했다. 이어서 1968년 12월 사뎬에 진주한

1974년 11월 17일 윈난 성 카이위안 현(開遠縣) 다좡(大莊)의 무슬림의 쿤밍 방문 기념. (공공부문)

군인 선전대는 200여 명의 후이족을 잡아서 정치집회를 열어 모욕을 준 후, 그중 84명에게 반군의 혐의를 씌워 단죄하고, 14명을 죽음으로 내모는 가혹 행위를 저질렀다. 군대가 이슬람 사원에 주둔하면서 종교 활동은 원천적으로 금지되었다. 그후로도 계속 사뎬의 후이족들을 향한 광기 어린 공격이 그치지 않았다.5)

참다못한 후이족은 1973년 10월부터 정부를 상대로 종교 활동을 허락하라고 요구했지만, 정부는 묵묵부답이었다. 격분한 촌민들은 폐쇄된 이슬람 사원을 다시 여는 강경책을 이어갔다. 지방정부는 이를 반혁명 행위라고 규정하며 맞섰다.

1974년 말 사뎬의 후이족은 본격적인 저항 운동을 시작했다. 800여 명에 달하는 이들이 윈난 성의 성도 쿤밍으로 몰려가서 "헌법에 보장된 종교의 자유를 보장하라!"며 격렬한 시위를 벌였다. 또 한 무리는 베이징까지 가서 예배의 자유를 인정하는 보다 현실적인 민족종교 정책을 실시하라고 요구하며 투쟁했으나⋯⋯. 역시 근본적 해결책은 전혀 마련되지 않았다.

오히려 혁명위원회는 선제적으로 비(非) 무슬림 촌민들로 민병 연합지휘부를 결성한 후, 그들에게 총과 실탄을 지급하여 각 지역의 순찰을 맡겼다. 이에 강한 위협을 느낀 후이족은 자체적으로 사뎬 민병단을 결성해서 맞섰다. 보름이 채 못되어 인근 지대의 촌민들은 군대의 무기고를 털어서 무장하기에 이르렀다. 이때부터 두 집단이 군사적으로 충돌하여 다수의 사상자가 발생했다. 중앙정부까지 나서서 두 집단 사이의 타협책을 마련하고자 했으나 효과는 없었다.[6]

인민해방군의 양민 학살!

급기야 1975년 7월 29일 중공중앙은 인민해방군 14군을 사뎬에 투입했다. 다음 날 새벽 3시를 기해 부대는 사뎬의 후이족 민병단이 보위하던 이슬람 사원에 총격을 가했다. 새벽 4시경, 후퇴했던 사뎬 민병단이 기습적으로 반격을 가해서 사원을 탈환하고 군의 화기까지 탈취했지만, 이미 수백 명이 목숨을 잃은 후였다. 이에 격노한 후이족 민병단은 몇 자루의 총과 재래식 창칼 등을 휘두르며 격렬하게 저항했다. 점심 무렵부터 군부대는 대포를 쏘아댔다. 이후 군대와 민병단 사이에는 7-8일에 걸친 유혈의 무장투쟁이 이어졌다. 그 과정에서 900여 명의 후이족이 학살당하고, 600여 명이 부상당하거나 영영 불구가 되었다.

8월 4일, 157명의 남녀노소가 투항 의사를 밝히며 목숨만 살려달라고

1975년 1월 사뎬 사건의 해결을 위해서 베이징으로 간 사뎬 후이족 대표단. (공공부문)

간청했지만, 군대는 그들을 정조준해서 일제히 사격을 가했다. 갑작스러운 총격에 비명도 지르지 못하고 쓰러진 시신들 틈에서 꿈틀거리거나 흐느끼는 사람들을 향한 확인 사살이 이루어졌다. 확인 사살 후에도 3명은 살아남았다지만……. 사망자의 총수는 1,600명에 달했고, 부상자가 1,000명을 넘었다.

1975년 여름, 막바지로 치달은 문화혁명은 여전히 하늘과 땅이 뒤집히는 천번지복의 혼란상을 보이고 있었다. 국무원의 만년 총리 저우언라이가 세상을 떠나기 4개월 전이었다. 최고영도자 마오쩌둥이 숨을 거두기 불과 1년 전이었다. 덩샤오핑이 최고영도자의 지위에 올라서 개혁개방의 깃발을 들고 전국의 인민을 향해서 "치부하면 큰 영광이다!"라고 소리치기 불과 3년 전이었다.

제41장
톈안먼의 군중

권력투쟁의 목적으로 마오쩌둥은 사인방의 선전, 선동을 적극 활용했지만, 그들을 신뢰하지는 않았다. 1975년 초 국무원의 만년 총리 저우언라이의 건강이 급속도로 쇠약해지자 마오쩌둥은 덩샤오핑에게 군사, 행정, 정치의 3권을 떠넘기는 파격적 정부 개편을 시도했다. 놀랍게도 사인방은 그로부터 채 1년도 되지 않은 1976년 4월 7일 군중반란을 책동한 혐의를 씌워서 다시금 덩샤오핑을 몰아낼 수 있었다. 저우언라이가 세상을 버린 지 3개월 즈음 되던 날이었다. 사인방은 과연 어떤 방법으로 덩샤오핑을 몰아냈을까?

마오, 쫓아냈던 덩샤오핑에게 국정의 책임을 다시 맡겨

문혁이 개시된 후, 덩샤오핑은 류사오치와 함께 반혁명적 수정주의 주자파의 우두머리로 몰려 곤욕을 치렀다. 1969년 11월 류사오치는 독방에 유폐된 채 의료 방치로 지병을 안고 쓸쓸히 고독한 혁명가의 일생을 마감했다. 덩샤오핑은 1969년 10월 아내 쥐린(卓琳, 1916-2009)과 함께 장시 성 난창 외곽의 농기구 정비소로 추방되었다.

1972년 11월 덩샤오핑은 마오쩌둥에게 베이징으로의 복귀를 요청하는

1976년 4월 4일과 5일, 톈안먼 광장에 운집해 저우언라이의 죽음을 추모하며 사인방을 비판하는 베이징의 군중. (공공부문)

간곡한 서신을 보냈다. 덩샤오핑을 수정주의자로 몰아서 지방에 유폐한 장본인이었던 마오쩌둥 역시 시간이 갈수록 덩샤오핑을 복귀시켜 국정을 맡겨야 한다는 절박한 필요를 느끼고 있었다. 붉은 정치꾼들만을 앞세워 통치를 하기에는 국정 혼란이 가중되고, 민심 이반이 극심했기 때문이었다. 저우언라이가 병상에 있었기 때문에 더더욱 그의 곁에는 합리적인 정무의 관리자가 필요했다.

1973년 2월 22일, 3년 반의 유배 생활 끝에 베이징으로 복귀한 덩샤오핑은 곧장 국무원 부총리에 임명되었다. 1975년 1월 5일, 덩샤오핑은 중공 중앙 군사위원회 부주석 및 중국 인민해방군 총참모장으로 임명되었다. 그는 마오쩌둥의 승인 아래 1975년 6월 초부터 정치국, 국무원 및 중앙군사위원회를 관장하는 국가의 총지휘자가 되었다.

1975년 1월 13일 저우언라이는 제4기 전국인민대표대회에서 농업, 산업, 국방, 과학기술에 걸친 이른바 "4대 현대화"의 원대한 계획을 선포했다. 계급투쟁 대신 경제건설로 국정의 방향을 트는 조치였다. 1975년 2월 1일 저우언라이가 은퇴를 선언하자 국무원의 모든 직무는 덩샤오핑에게 위임되었다. 5월 3일, 마오쩌둥은 사인방의 교조주의를 비판하면서 덩샤오핑이 중공중앙 정치국 회의를 주재하도록 지시했다. 5월 12일 덩샤오핑은 중국대표단을 이끌고 프랑스를 전격 방문하는 외교적 깜짝쇼를 이어갔다. 실로 놀라운 국면의 전환이었다. 물론 그 배후에는 마오쩌둥이 있었다.

마오쩌둥은 왜 덩샤오핑에게 대권을 일임하는 파격 조치를 감행했을까? 그 역시 계급투쟁만으로는 경제를 살리고 민생을 챙길 수 없음을 깨달았기 때문이다. 동시에 마오는 군권을 확실히 장악하고자 했다. 당시 중국의 모든 지방에서는 행정과 사법의 총지휘권이 군부가 이끄는 혁명위원회에 있었다. 마오는 덩샤오핑에게 군권을 맡겨서 "당이 총을 지배한다!"는 대원칙을 실현하고자 했다. 마오쩌둥이 보기에 무너진 경제를 살리고, 불안한 군권을 장악하고, 혼란스러운 정치 상황을 이끌 유능한 관리자는 덩샤오핑밖에 없었다.

덩샤오핑은 기민하게 철도교통의 회복을 국가개혁의 출발점으로 삼았다. 문혁의 광풍 속에서 전국 곳곳의 철로가 두절되어 경제가 곤두박질치고 있었다. 막힌 철도를 뚫기 위해서 덩샤오핑은 1만1,000여 명의 반혁명분자를 색출하고, 3,000명을 중범죄자로 단죄하는 대규모의 계급투쟁을 벌였다. 정치투쟁에 매몰된 철도노동자들을 모두 일터로 복귀시키자 1975년 4월부터는 전국의 철도가 순행하기 시작했다.

곧이어 덩샤오핑은 철강 생산력 회복에 박차를 가했다. 문혁의 광풍은 철강 생산량을 급감시켰다. 매일 전국적인 평균 철강 생산량이 목표치보

1959년 대약진 운동 당시 정책을 토론하는 마오쩌둥(왼쪽)과 덩샤오핑(오른쪽)의 모습. (공공부문)

다 2,000 혹은 3,000톤이나 미치지 못하는 상황이었다. 생산 현장의 노동 자들이 여러 분파로 갈려서 정치투쟁에 몰두했던 문혁의 참담한 결과였 다. 철강 생산력을 복구하려면 무엇보다 생산 현장에 유능한 관리자를 임 명하는 경제적 합리성의 회복이 급선무였다.

덩샤오핑은 파업하는 노동자들과 태업하는 중간층 관리자들을 단호하 게 처벌했다. 저장 성 혁명위원회의 과격한 노동자들이 개혁에 저항하자 덩은 공작조를 급파하여 굴복시켰다. 그는 윈난 성 사뎬의 무슬림 저항을 진압하기 위해서 군을 파견해서 무려 1,600명에 달하는 촌민들을 도륙하 는 극한 조치까지 마다하지 않았다.

실용적 합리성, 치밀한 계획성, 무자비한 실행력. 덩샤오핑이 실현한 것 들은 마오쩌둥이 그에게 원했던 "비상한 재능"이었다. 이로써 전국을 붉은 혁명의 광열로 몰아넣고 있던 사인방으로서는 배신감을 넘어서 생존의 위협을 느낄 지경이 되었다. 사인방은 덩샤오핑을 정조준해서 반격을 개시해야 했다.

저우언라이의 죽음, 들불처럼 번진 추모 열풍

1976년 1월 8일 아침 9시 57분, 국무원의 만년 총리 저우언라이가 베이징 한 병원의 병상에서 조용히 숨을 거두었다. 향년 78세. 여러 사람의 증언에 따르면, 저우언라이는 마오쩌둥의 명령을 그대로 이행한 충직한 조수에 불과했다. 특히 문혁 개시 후 6년의 세월 동안 마오쩌둥은 저우언라이를 꼭두각시처럼 움직여 중앙정치를 좌우해왔다.

저우언라이 역시 문혁에 대해서 큰 책임이 있었지만, 중국의 대다수 인민은 그를 진정한 지도자로 존경하고 흠모했다. 문혁 초기에는 모두가 마오쩌둥의 주술에 걸려 있었기 때문에 저우언라이가 특별한 표적이 될 리 없었고, 1973년 비림비공 운동 이후부터는 사인방이 저돌적으로 저우언라이를 공격했기 때문이었다. 사인방은 그가 우경분자들을 되살려내서 수정주의 주자파의 노선을 걷고 있다고 비판했다. 저우언라이를 향한 그들의 창끝은 문혁 초기부터 줄곧 수정주의 주자파의 수괴로 몰렸던 덩샤오핑을 동시에 겨누고 있었다.

저우언라이 사후, 중국 전역이 술렁였다. 전국에 들불처럼 거센 추모의 열풍이 일어날 조짐이 보였다. 사인방은 추모 열기를 전하는 기사를 사전에 검열하고 삭제했다. 대규모 민중시위를 미연에 차단하기 위함이었다. 인민의 사랑을 한 몸에 받았던 저우언라이이지만, 그에게는 대규모 국장 따위 허락되지 않았다. 오히려 중공중앙은 전국 각지에서 전개되던 추모

1976년 1월 8일, 베이징 톈안먼 광장에서 인민영웅기념탑을 향해 저우언라이의 초상화를 들고 행진하는 젊은이들의 모습. (공공부문)

활동을 과도하게 제약하고 나섰다. 그럴수록 군중은 더욱 격심한 분노에 휩싸여 추모식을 거행했다.

1976년 1월 11일 저우언라이의 시신이 베이징 바바오 산 혁명공묘에 안치될 때, 100만 명이 넘는 군중이 추위에 떨며 길거리를 메웠다. 저우언라이를 공격해온 사인방으로서는 그런 군중의 움직임에 촉각을 곤두세울 수밖에 없었다. 저우언라이와 관련된 언론의 보도를 통제하고 영화 상영까지 금지했지만, 추모의 파도는 더욱 거세지기만 했다. 특히 난징에서 거행된 추모식에는 수십만 군중이 모여들었다. 추모식이 대규모 정치집회로 바뀔 것을 우려한 지방정부가 기념관을 폐쇄하자 난징의 시민들은 더욱 격분했다.

1월부터 4월까지 중국 전역에서는 중국 인민들이 저우언라이의 사진을 내걸고 공개적으로 그의 죽음을 애도했다. 3월 말 난징의 곳곳에서는 저우

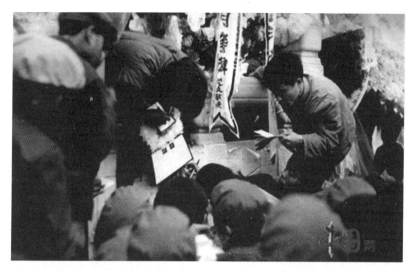

1976년 4월 4일, 톈안먼 광장에서 저우언라이의 죽음을 애도하는 군중의 모습. 사람들이 기념탑에 붙어 있는 추모시를 공책에 받아적고 있다. (공공부문)

언라이를 추모하고 사인방을 비판하는 대자보와 표어가 나붙었다. 3월 29일 800여 명의 난징 대학 학생들이 가두시위를 벌이면서 본격적인 투쟁에 나섰다. 3월 29-30일 기차역으로 몰려간 학생들은 10시간이 넘도록 달리며 먼 지방까지 가는 열차의 벽면에 페인트로 저우언라이 총리를 추모하고 사인방을 규탄하는 수많은 구호들을 과감하게 적었다. 전국에 저항의 메시지를 전하는 효과적인 전술이었다.

놀란 중공중앙은 배후 세력을 조사하기 시작했지만, 난징 시민들은 더 큰 추모식을 개최하며 저항했다. 사흘 동안 무려 60만의 추모객이 모여들었다. 추모 열기는 곧 전국으로 확산되었다. 허난 성 정저우(鄭州)에서도 4월 초부터 추모 행렬이 이어졌다. 급기야는 4월 4일 청명절, 베이징의 톈안먼 광장에 대규모 군중이 화환을 들고 추모시를 읊으며 구름 떼처럼 모여들었다.

1976년 톈안먼 사건, 깨어나는 광장의 군중

확인할 수는 없지만, 흔히 그날 톈안먼 광장에는 200만 군중이 운집했다고 한다. 그 속에는 학생들, 가난한 농민들, 군인들, 고급 간부의 자제들, 평범한 중년의 시민들도 다수 섞여 있었다. 1966년 홍위병 집회 때와는 달리 이번에는 정부의 감시와 규제를 뚫고 모여든 성난 군중의 집회였다. 시민들의 자발적 저항이라는 점에서는 1949년 중화인민공화국 성립 이래 유례를 찾기 힘들었다.

10년 내내 갈가리 찢겨서 서로를 헐뜯고 짓밟는 문혁의 광기 속에서 지칠 대로 지친 민중이었다. 밀실을 벗어나 광장으로 뛰쳐나온 군중은 정당한 분노를 공유하고 있음을 확인했다. 그들은 대담하게 한목소리로 중앙정치를 장악한 사인방의 만행을 규탄했다. 더 나아가 마오쩌둥의 오류를 지적하고 비판하는 목소리도 적지 않았다. 광장의 군중은 이구동성으로 목이 쉬도록 "민주를 원한다! 파시즘은 물러가라!"라며 구호를 외쳤다. "진시황의 시대는 갔다!"며 대담하게 마오쩌둥 시대의 종언을 외치는 사람들도 있었다.

4월 5일 이른 아침, 정부는 베이징 주변의 군부대를 동원해서 연합지휘부를 만들고, 광장의 남쪽과 북쪽을 동시에 봉쇄했다. 기념탑 아래 인민이 쌓아올린 추모의 화환과 팻말들은 이미 전날 밤에 철거된 후였다. 10만 명에 달하는 추모객들이 격분해서 광장 주변의 정부 청사들에 난입했다. 곤봉으로 무장한 대규모 민병대가 광장에 투입되었다. 곤봉을 휘두르며 해산을 외치는 민병대의 기세에 겁먹은 군중은 서서히 흩어져서 집으로 돌아갔다. 그날 저녁 6시 무렵 광장은 텅텅 비었지만, 소수의 시위대는 10시까지 투쟁을 이어갔다고 한다.

1979년 베이징 시단에서 일어난 민주의 벽 운동 (공공부문)

모처럼 일어난 군중의 저항은 그토록 허망하게 끝이 났지만, 그 여진은 전국을 흔들었다. 무엇보다 모래알처럼 흩어져 있던 군중이 광장으로 몰려나와서 정부를 향해 분노의 감정을 표출했다는 사실만으로 1976년 4월 5일 톈안먼 광장은 저항의 공간으로 거듭날 수 있었다. 그날의 기억은 1978년 11월 베이징 시단(西單)을 대자보로 도배한 민주의 벽 운동(民主牆運動, 1978. 11-1979. 12)으로, 10년 뒤에는 1989년 6월 4일 톈안먼 민주화 운동으로 이어졌다.

저우언라이 사후 사인방은 반(反)덩샤오핑 운동에 박차를 가했다. 2월 2일부터 덩샤오핑은 실제적인 가택 연금 상태에 놓였다. 3월 3일 마오쩌둥은 다시금 문화혁명의 정당성을 재확인하는 통보를 반포했다. 청명절 톈안먼 사건 직후, 사인방은 덩샤오핑을 군중시위의 배후로 지목했고, 덩샤오핑은 곧 모든 직책을 상실한 후 중앙정치 외곽으로 밀려날 수밖에 없었다.

다시 컴컴한 어둠이 밀려왔다. 그때는 감히 그 누구도 문혁의 종식을 예감하지 못했다. 오직 하늘만이 구시대의 종언을 알리는 거대한 전조를 내비쳤다. 1976년 7월 28일 새벽 3시 26분, 후베이의 탄광 도시 탕산(唐山)에 강도 7.6의 대지진이 엄습했다. 최소 24만2,000명, 최대 65만 명이 사망하고, 70만 명이 부상을 입은 대재앙이었다. 마오쩌둥이 세상을 버리기 불과 40일 전이었다.

제42장
빅브라더의 죽음과 사인방의 체포

하늘 아래 땅이 있는 형상의 "천지비(天地否)" 괘는 『주역(周易)』 64괘 중 가장 불길한 점사이다. 반대로 땅 아래 하늘이 있는 "지천태(地天泰)" 괘는 가장 융성하고 상서로운 앞날을 예고한다. 표면상 상식에 반하지만, 모든 것이 끊임없이 변하고 있음을 상기하면 고개가 끄덕여진다. 천지비 괘에는 하늘과 땅이 뒤집히는 대혼란이 숨어 있다. 지천태 괘를 보면, 머지않아 천지가 제자리를 찾아가는 순리의 변화가 읽힌다.

문화혁명이 일어난 10년의 대동란 동안 하늘이 무너져내리고 땅이 갈라져서 치솟았다. 천지번복의 혼란이 펼쳐졌다. 문혁의 참극이 막바지에 달할 때에는, 하늘이 바닥으로 내려가고 땅이 맨 위까지 치솟았다. 어둠의 긴 터널이 끝나가고 있었지만, 인민의 대다수는 그 거대한 변화의 기운을 감지하지 못했다. 진정으로 동 트기 직전이 더 어둡고 폭풍의 전야가 더 고요한 법.

1976년 9월 9일, 마오쩌둥이 사망했다. 한 달이 채 지나지 않아서 사인방이 전격 체포되었다. 곧이어 문혁 10년의 대동란은 공식적으로 종말을 맞았다. 이후 2년의 권력투쟁을 거쳐 덩샤오핑이 개혁개방의 깃발을 들고 지치고 굶주렸던 인구 8억의 광활한 대륙에 제2의 혁명을 일으켰다. 실로 인류사에 흔치 않은 "지천태"의 격변이었다.

혁명의 우상 최고영도자 마오쩌둥의 죽음

1976년 7월 28일 새벽 3시 42분 53초, 베이징에서 불과 120킬로미터 떨어진 중국 허베이 성 탕산에 강도 7.6의 대지진이 몰아쳤다. 불과 몇 분 내에 탕산의 건물 대부분이 무너지고, 대부분의 철도와 고속도로가 끊기고, 수도관이 터지고, 통신이 모두 두절되었다. 중국사에 기록된 가장 참혹한 지진이었다. 정부 공식 통계만으로도 최소 24만2,000여 명이 순식간에 목숨을 잃고, 16만4,000여 명이 중상을 입었다. 물론 비공식 통계의 수치는 그 몇 배를 상회한다.

탕산 대지진이 발발하기 32일 전인 6월 26일, 마오쩌둥은 두 번째 심근경색으로 쓰러졌다. 중난하이의 실내 수영장 옆방에 마오의 병상이 마련되었다. 16명의 의사와 24명의 간호사로 구성된 전담 의료단이 지근거리에서 밤낮으로 마오를 돌보았다. 마오의 병상 주변에는 의료단 외에도 중공중앙 부주석 화궈펑과 왕훙원, 중앙위원회 정치국위원 장춘차오와 중앙경위국장 왕둥싱이 머물며 불철주야 위급한 상황을 점검하고 있었다.

대지진이 발발하자 중난하이에 위치해 있던 마오의 병실도 무사할 수는 없었다. 지진파가 땅을 뒤흔들며 지나자 건물 벽이 심하게 흔들리며 수영장의 물이 격하게 출렁였다. 공포에 질린 의료단과 중앙위원들은 황급히 마오의 병상을 중난하이에서 가장 안전하다는 "202" 건물로 옮겼다. 탕산 대지진 발발 6주 후인 1976년 9월 9일 0시 10분께 마오쩌둥은 숨을 거두었다.

마오쩌둥은 중화인민공화국 건국 이래 27년 동안 중국공산당 서열 제1위의 최고영도자로 군림해왔다. 그는 정치, 행정, 군사 3권을 모두 장악하고 국가의 모든 대사를 최종적으로 결정했다. 교통, 통신, 정보, 군사기술

탕산 대지진, 1976년 7월 28일. (공공부문)

등 현대 국가의 기반 위에서 그는 전통시대 어느 황제도 가지지 못했던 막강한 "권력의 인프라"를 확보했다.

또한 마오쩌둥은 조직적인 선전, 선동의 기술을 발휘하여 대중매체를 전면 장악하고 대중의 의식을 정치적으로 지배했다. 문화혁명이 일어나던 내내 그는 단순한 지도자를 넘어서 전 인민의 눈동자에 날마다 강림하는 인격신으로 군림했다. 그는 천신지기(天神地祇 : 하늘의 신과 땅의 신)를 대신해서 중국 인민의 심성을 파고들었다. 사람들은 "마오 주석 만세!"를 외치며 하루를 시작했고, 날마다 그의 어록을 줄줄 암송했다. 요컨대 마오쩌둥은 전 중국의 역사에서 가장 강력한 정치 권력, 행정권, 군사력, 문화 권력, 이념 권력까지 장악하고 행사했던 전체주의 정권의 전제군주였다.

마오가 사망한 1976년 9월 9일 중국의 언론에는 그의 죽음을 알리는 어떤 기사도 나지 않았다. 그의 죽음은 9월 9일 오후 4시에야 세상에 알려

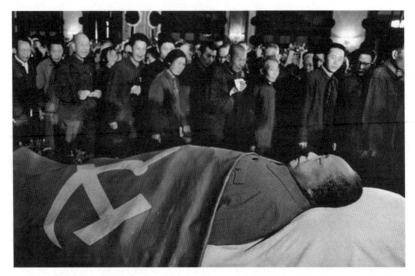

1976년 9월 9일 마오쩌둥 사망 후 열흘간 중국은 국장에 돌입했다. 9월 18일에는 100만 군중이 추도식에 참가했다. 10월 8일, 중공중앙은 마오쩌둥 기념관을 짓기로 결정했다. (공공부문)

졌다. 9월 10일 전 중국의 모든 조간 1면에는 최고영도자의 죽음을 알리는 특대급 부고가 실렸다. 부고의 표현을 그대로 빌리면, 마오는 "중국공산당, 중국인민해방군, 중화인민공화국의 창조자이며 영명한 영수"였다. 한 달이 넘도록 날마다 마오쩌둥의 죽음을 애도하고, 그의 업적을 칭송하고, 그의 사상을 학습하고, 유지를 계승하자는 취지의 기사들이 홍수처럼 쏟아졌다.

몇 가지 인상적인 기사만 추려서 살펴보자. 9월 11일 자 「인민일보」 1면 오른편 상단에는 큼직하게 북한의 김일성이 발신한 조전(弔電)의 원문이 게재되었다. 9월 14일에는 중국뿐만 아니라 "세계 각국의 인민의 마음속에 마오쩌둥이 영원히 살아 있다"는 기사가 장식되었다. 9월 19일에는 수도의 100만 군중이 모여서 추도대회를 거행했다는 기사가 실렸다.

9월 21일에는 "8억 인민의 서언"이 실렸다. 10월 9일에는 중공중앙이 "주석 기념관"의 건립과 『마오쩌둥 선집』 및 『마오쩌둥 전집』의 출판을 결정했다는 기사가 대서특필되었다. 10월 10일에는 다시금 "마오 주석의 혁명노선을 계승하자"는 "억만 인민의 공동 염원"이 실렸다.

한 달이 넘도록 지루하게 이어진 애도, 칭송, 결의의 릴레이였다. 10월 13일에야 총리 화궈펑의 사진이 처음으로 「인민일보」 1면 중앙을 장식했다. 중앙정치의 큰 변화를 암시하는 사건일 수 있었지만, 아직 물밑의 정치투쟁은 좀처럼 모습을 드러내지 않고 있었다. 곧이어 화궈펑은 느닷없이 5-4 운동의 상징 루쉰의 정신을 학습하자는 운동을 벌이기 시작했다. 인민의 애국심을 고취해서 마오쩌둥의 부재에 따른 이념의 빈자리를 채우려는 듯했다.

급기야 10월 22일, 놀랍게도 사인방의 체포가 대서특필되었다. 급격한 사태의 반전이었다. 마오쩌둥 사후 최소 한 달간 언론은 변함없이 사인방의 선전, 선동을 그대로 옮겨 적었기 때문이다. 사인방이 장악했던 언론에 몰아닥친 변화의 쓰나미였다. 그날 「인민일보」 1면에는 "사인방 반혁명 집단의 중국공산당 찬탈 및 국가 권력 탈취 음모를 분쇄한 화궈펑의 영웅적 업적을 기리고 중공중앙 주석 및 중앙군사위원회 주석 취임을 경축하는 수도 150만 군민의 행진"이 대서특필되었다. 표제는 이례적으로 붉은 글씨로 인쇄되었다.

그때서야 중국의 평범한 인민들은 화궈펑이 정치투쟁을 통해서 사인방을 제압하고 권력을 온전히 장악했다는 사실을 깨달을 수 있었다. 바로 전날까지도 중공 기관지들은 사인방에 대해서는 일체 함구하고 있었다. 사후에 밝혀졌지만, 사인방은 10월 6일에 이미 긴급 체포되어 억류되어 있었다.

화궈펑의 등장과 사인방의 몰락

마오의 사망선고를 내렸던 주치의 리즈수이의 기록에 따르면, 마오의 호흡이 멈추자 최후 14년간 그림자처럼 가까이에서 그를 따라다니며 모셨던 52세 연하의 비서 장위펑(張玉鳳, 1945-)은 울부짖었다. "주석님, 가십니까? 이제 저는 어떻게 하죠?" 마오의 아내 장칭이 장위펑의 손을 잡고 "울지 마, 내가 있잖아. 이후에는 내가 너를 쓸게!"라고 말했다. 울음을 멈춘 장위펑은 웃음을 지으며 "장칭 동지, 고맙습니다!"라고 했다.

장위펑은 왜 울음을 터뜨렸을까? 사라진 주군을 향한 충성이었을까? 정치적 반대 세력에 대한 공포였을까? 장칭은 왜 시녀처럼 애첩처럼 14년간 자신의 남편을 독점했던 어린 장위펑을 위로하며 흔쾌히 화해의 손짓을 보였을까? 절대 권력자가 사라진 이후 더 큰 권력을 갈구했기 때문일까? 본능적으로 정치투쟁의 피비린내를 맡았기 때문일까?

국무원의 만년 총리 저우언라이가 세상을 떠난 후, 사인방은 전국적으로 거세지는 추모의 열기를 반혁명 세력의 준동이라고 여기고 억압했다. 1976년 4월 4일과 5일 베이징의 톈안먼에 수많은 군중이 운집하여 사인방을 규탄했을 때, 그들은 마오쩌둥을 설득해서 전격적으로 덩샤오핑을 몰아낼 수 있었다. 사인방은 중상모략으로 덩샤오핑을 축출할 수 있었지만, 게릴라 전사의 예리한 정치 감각을 유지하고 있었던 마오는 사인방이 국가를 운영할 수 없음을 잘 알고 있었다.

1976년 4월 7일 마오는 덩샤오핑을 파면하는 동시에 화궈펑을 중공중앙 제1부주석이자 국무원 총리에 임명했다. 마오가 죽고 나면, 당연히 제1부주석이 주석의 지위를 승계하게 될 터였다. 또 화궈펑은 행정부를 도맡았던 저우언라이의 직무를 그대로 이어받았다. 이로써 화궈펑은 명실상부 마오의 공식 후계자의 자리에 올랐다. 그의 급부상은 사인방을 제압하는 마오 최후의 한 수였다.

수령이 떠난 세상에서 수령의 권위를 빌려 권력을 유지하려는 세력은 위기에 처할 수밖에 없다. 수령의 수족들이 모두 모여도 수령을 대신할 수 없기 때문이다. 사인방은 오로지 마오의 지시에 따라, 마오의 심기를 살피며, 문혁의 마지막 순간까지 마오쩌둥 사상의 깃발을 높이 들고 "진격, 앞으로!"를 외쳤던 마오의 선전대원일 뿐이었다. 사인방에게 마오의 죽음은 자신들이 누려온 권력 기반의 붕괴를 의미했다.

"사인방 반혁명 집단"의 체포

중공중앙의 권력은 마오의 간택을 받은 화궈펑에게 기울었다. 마오가 죽기 전에 화궈펑에게 사인방 집단을 몰아내라는 유촉을 남겼을 수도 있다. 마오의 사후, 화궈펑은 야생의 맹수를 생포하는 사냥꾼처럼 치밀하게 덫을 치고 살금살금 다가가서 사인방의 모가지에 올가미를 걸었다. 문혁 10년의 대동란에 종지부를 찍는 정치극이었다. 마오가 죽고 나서 채 한 달도 지나지 않은 1976년 10월 6일, 사인방과 베이징 대학, 언론사에 대거 포진해 있던 그들의 선전대원들이 모두 체포되었다.

화궈펑이 사인방을 손쉽게 제압할 수 있었던 까닭은 무엇일까? 이는 예젠잉, 천시롄(陳錫聯, 1915-1999) 등 군부의 실력자들이 의기투합해서 화궈펑의 편에 서고, 중공중앙 판공청 주임으로서 마오쩌둥의 안전을 도맡았던 왕둥싱이 적극적으로 협력했기 때문이었다.

이미 한 달간 물밑 작업을 통해서 의기를 투합한 군부와 경호대는 10월 6일 오후 3시 체포작전을 수행했다. 치밀한 계획 아래, 왕둥싱은 『마오쩌

「인민일보」는 1면에 "사인방 반혁명 집단의 중국공산당 찬탈 및 국가 권력 탈취 음모를 분쇄한 화궈펑의 영웅적 업적을 기리고 중공중앙 주석 및 중앙군사위원회 주석 취임을 경축하는 수도 150만 군민의 행진"을 보도했다. (1976년 10월 22일 「인민일보」 1면)

둥 선집』 편찬 건으로 중난하이의 화이런탕에 정치국 상위의 위원들을 불러 모았다. 저녁 8시경, 미리 짜놓은 체포 시나리오에 따라서 사인방이 차례로 붙잡혀갔다.

체포조가 사인방을 덮칠 때마다 화궈펑은 그 앞에서 체포영장을 읽었다. 상하이 노동자의 상징이었던 왕훙원은 몸싸움을 벌이며 격렬하게 저항했으나 결국 "이렇게 빨리 잡힐 줄 몰랐다!"고 중얼거리면서 끌려갔다. 장춘차오는 순순히 체포에 응했다. 야오원위안은 체포의 순간 "『마오쩌둥 선집』 제5권의 출판과 관련된 토론을 하러 왔다! 어찌 감히!"라고 소

1981년 사인방 반혁명 세력 재판. 왼쪽부터 장춘차오, 왕훙원, 야오원위안, 장칭. (공공부문)

리쳤다. 장칭 체포작전에는 중앙경위국의 8341부대가 투입되었다. 사태를 제대로 파악하지 못한 장칭은 방에 놓인 개인용 비밀금고의 열쇠를 봉투에 넣어서 밀봉한 이후 그 위에 "화궈펑 주석이 열어볼 것!"이라고 썼다고 한다.

마오쩌둥 생전 호가호위하며 최고의 권력을 휘두른 사인방이었다. 그들은 왜 그토록 속수무책으로 죄인의 멍에를 써야 했나? 군부의 핵심 세력과 중앙경위국이 사인방 대신 화궈펑을 지지했기 때문이다. 화궈펑은 왜 사인방을 제거하고자 했을까? 군부는 또 왜 그런 화궈펑의 계획에 동조했을까? 이유는 가장 단순한 데에 있었다. 바로 1976년 4월 4일과 5일 베이징의 톈안먼 광장에 집결하여 사인방의 죄악을 규탄했던 구름 떼 같은 군중의 힘을 보았기 때문이다. 그날 광장을 가득 채웠던 중국의 "인민 권력"은 과연 어디로 갔을까?

에필로그

마오쩌둥의 사망은 급변을 예고했다. 1977년 7월 중공중앙에 복귀한 덩샤오핑은 1978년 12월 최고영도자의 지위에 올랐다. 이듬해 1월 29일 그는 아내와 함께 미국의 수도 워싱턴에 도착했다. 변화를 향한 중국의 의지를 세계에 알리기 위함이었다. 문화혁명이 일어나는 과정에서 두 번이나 축출을 당한 바 있었던 덩샤오핑은 1962년에 이미 "검은 고양이든 흰 고양이든 쥐만 잘 잡으면 좋은 고양이"라는 비유를 들며 실용주의 개혁을 주도하고 있었다. 그 과정을 알고 있는 세계 각국의 지도자들은 개혁개방을 향한 덩샤오핑의 의지를 신뢰했다.

1979년에서 2018년 사이 중국은 연평균 9.5퍼센트의 경제성장을 이어갔다. 경제가 매해 10퍼센트씩 성장하면, 매 7년마다 2배, 4배, 8배, 16배씩 기하급수적으로 경제규모가 팽창한다. 1980년과 2016년을 비교하면, 중국의 국내 총생산량은 58.2배 증가했다. 국가의 기본 노선이 변했기 때문이다. 마오의 공산근본주의 대신 덩샤오핑의 실용주의가 새로운 시대정신이 되었다. 중국 철학의 개념을 빌리자면, "엄(嚴)"의 통치가 "관(寬)"의 통치로 뒤바뀐 결과였다.

리더십이 국가의 명운을 가른다. 좋은 리더는 정부의 중장기 목표를 설정하고, 발전전략을 제시한다. 행정관리체제를 구축하고, 액션 플랜을 설계한다. 복잡한 현안을 해결하고, 위기를 관리한다. 쉽고 분명한 언어로 대중과 소통하고, 난관을 뚫고 정책을 추진한다. 리더십은 한 나라의 기본 가치를 세우고, 사회, 경제적 기본 제도를 결정한다. 좋은 리더는 경제를 살리고 사회를 안정시킨다. 나쁜 리더는 경제를 후퇴시키고 사회를 해체한다.

유교의 전통에서 리더십의 총체적인 실패를 폭정이라고 부른다. 폭정을 초래한 나쁜 지도자는 폭군이라고 부른다. 폭군의 폭정은 최악이다. 경제를 망쳐서 민중의 삶을 위태롭게 만든다. 갈등을 조장해서 야만적인 폭력의 상황을 초래한다. 다수의 지지를 얻어서 등장한 권력일지라도 정책 실패로 위기를 야기하면 통치의 정당성은 상실되고 만다. 천명이 뒤바뀐다. 총체적 실정으로 민심이 이반하고, 국민적 신뢰의 실추로 천명이 뒤바뀌면, 정권의 교체를 넘어서 국가체제의 근본적인 전환까지 필요할 수 있다. 폭군의 폭정은 그렇게 혁명의 순간을 배태한다.

마오쩌둥의 경제정책은 대실패였다. 5개년 계획으로 잠시 4퍼센트의 성장을 이루었지만 섣부른 대약진 운동은 인류사 최악의 대기근을 낳았다. 이어지는 문혁 10년의 대동란은 최악의 난정이자 학정이었다. 마오쩌둥의 통치는 한마디로 폭군의 폭정이었다. 그럼에도 중국에서 마오쩌둥의 권위는 여전히 철통처럼 유지되고 있는 듯하다. 이 난해한 부조리를 과연 어떻게 설명할 수 있을까?

바로 이 질문을 화두처럼 붙잡고 지난 10여 년간 나는 맥마스터 대학교에서 거의 매해 학부 4학년생을 대상으로 "문화대혁명" 세미나를 개설해왔다. 수강생의 대다수는 역사를 전공하는 학생들이었지만, 그 외에도 인문 사회계통이나 이공계열의 다양한 학생들이 많이 참가했다. 정규 학부생 외에도 인상적인 수강자들이 꽤나 있었다. 그중 2명이 특히 기억에 남는다.

글로벌 마오주의와 항마오주의 백신

몇 년 전 70대의 의학박사 매슈 매퀸이 정식으로 세미나에 등록했다. 은퇴 후 석사과정에 진학해 본격적으로 역사를 탐구하기 위함이라고 했다. 스코틀랜드 남서부의 항구 도시 글래스고에서 대학까지 마쳤다는 매슈는 어느 날 교실에 빛바래고 해어진 영문판 『마오쩌둥 어록』을 들고 나타났다. 1960년 후반 글래스고의 한 책방에서 구입한 책이라고 했다. 그는 1960-1990년대에 세계 각국을 강타했던 "글로벌 마오주의"에 관한 기말 보고서를 제출했다. 그 내용은 대충 다음과 같다.

문혁 발발 직후부터 영어권 기자들과 연구가들은 현장 보도, 분석 기사, 번역 자료, 논문 등 산더미 같은 기록을 남겼다. 1960-1970년대 문혁 프로파간다는 세계 전역으로 퍼져나갔다. 베트남, 캄보디아 등 공산권 국가뿐만 아니라 미국과 영국, 독일, 프랑스, 이탈리아, 페루, 아르헨티나, 아프리카의 여러 나라들에도 마오주의의 광풍이 일어났다.

성난 군중이 들고일어나서 무능하고 부패한 정부의 "사령부를 폭파하고" "권력을 빼앗아서" 인민의 코뮌을 건립한다는 장쾌한 대반란의 서사는 세계 각국의 반란자들을 열광시키기에 충분했다. 좌익 소아병을 앓는 낭만적 젊은이들은 문혁을 미화하고 마오쩌둥을 영웅시했다.

다행히 서구권의 학계에는 문혁의 실상을 파고드는 전문가 집단이 있었다. 제2차 세계대전의 참상을 생생히 기억하고, 전체주의 정권의 속셈을 꿰뚫어보는 경험 많고 지혜로운 학자들이었다. 그들은 차가운 머리로 문혁 10년 권력투쟁의 미망과 폭민 정치의 광기를 고발했다. 덕분에 서구권은 일찍부터 문혁 바이러스를 퇴치하는 항(抗)마오주의 백신을 보유할 수 있었다. 백신은 일단 개발되었지만, 날마다 반전시위가 끊이지 않는 냉전

시기 이념전쟁의 격랑 속에서 많은 사람들에게 신속하게 접종될 수는 없었다.

마오쩌둥 사후부터 중국에서 일군의 문혁사가들이 나타났다. 관변 이데올로그의 판에 박힌 해석을 벗어나 문혁의 실상을 체계적으로 파헤친 많은 역작들이 집필되었다. 1990년대부터 2000년대에 이르는 20년 동안 중국 안팎의 학자들은 문혁의 참상을 더 깊이 파헤쳤다. 중국 문혁사가들의 연구성과는 속속 영역되어 세계학회에 알려졌다. 국제학계의 자발적인 협업에 힘입어 항마오주의 백신은 갈수록 더욱 강력해졌다.

중공정부가 항마오주의 백신의 출현을 반길 리 없었다. 1989년 톈안먼 대학살 이후 출판의 자유가 억압되었다. 대륙의 문혁사가들은 홍콩의 출판사를 물색해야 했다. 대부분의 중요한 저작들은 홍콩이라는 "사상의 해방구"에서 출판되었다. 2020년 중국공산당이 "홍콩 특별행정구 유지, 보호 안전법"을 통과시켜 비판적 언론을 탄압하고 정치의 자유를 제한하는 이유가 여기에 있다. 홍콩이 항마오주의 백신의 생산기지이기 때문이다.

리위저우의 낡은 예배당

매슈 외에 가장 인상에 남는 인물은 제1장에서 이미 언급한 중국인 청강생 왕샤오춘이다. 몇 년 전 왕샤오춘은 중국공산당의 종교 박해를 피해서 캐나다 정부에 정식으로 망명을 신청해 피난민 지위를 얻었다. 수강 당시 그는 캐나다 시민권을 받기 위해서 노력하고 있다고 했는데, 얼마 전 내게 전화를 걸어 드디어 캐나다 시민권을 얻었다며 즐거워했다.

중국공산당을 대변하는 "애국자"들과는 달리 왕샤오춘은 수업 시간에 격앙된 음성으로 "중국공산당은 사악하다!"고 소리쳤다. 그때마다 학생들은 웃음을 터뜨렸지만, 모두가 그의 말을 새겨들었다. 그는 청강생이었음에도 1949년부터 거의 70년에 걸친 중국공산당의 기독교 탄압 역사를 다룬 보고서를 제출했다. 주제 발표 시간에 왕샤오춘은 잘 정리된 슬라이드를 띄웠다. 스크린에 문혁 당시 저장 성 원저우(溫州) 지하교회의 침묵시위, 극비리에 사용된 성경과 찬송가, 홍위병들에게 조리돌림당하는 마리아의 전교자 프란치스코 수녀회의 사진이 차례로 떠올랐다. 왕샤오춘은 다시금 "중국공산당은 사악하다!" 소리쳤다. 학생들은 모두 굳은 얼굴로 묵묵히 화면을 응시했다.

2006년 왕샤오춘은 장시 성 난창 시 팽려 호 근처의 리위저우(鯉魚洲)를 방문했다. 1969-1971년 당시 그곳에는 베이징 대학의 5-7 간부학교가 있었다. 마오쩌둥이 베이징 대학의 교수와 학생들을 내려보낸 곳이었다. 왕샤오춘의 해석에 따르면, 마오가 그들을 5-7 간부학교로 보낸 이유는 젊은 시절 베이징 대학 도서관 사서로서 그가 겪었던 수모에 복수하기 위함이었다. 리위저우에서는 숨 막히는 폭염과 살을 에는 혹한이 교차했다. 피부로 침투하면 혈관을 타고 전신으로 퍼져나가 몸속에 알을 까고 수십 년간 기생하며 폐렴, 간염, 지라비대, 혈변 등의 병증을 유발한다는 무시무시한 일본주혈흡충이 득실대는 곳이었다.

왕샤오춘은 그곳에서 한 작고 낡은 집 문짝에 적혀 있는 "리위저우 교당(鯉魚洲教堂)"이라는 붉은 글씨를 발견했다. 그 근처에 있는 커다란 불교 사원 천자묘(天子廟)에 비할 바 없이 초라한 예배당이었다. 그 붉은 글씨를 보는 순간 왕샤오춘의 눈가에 이슬이 맺혔다. 그는 오래도록 그곳을 떠나지 못하고 우두커니 서 있었다고 했다. 문혁의 광풍도 개조할 수 없는 인간의 진성(眞性)을 보았기 때문일까. 역사의 신을 보았기 때문일까. 마침내 "대륙의 자유인들"을 만났기 때문일까.

문화혁명 간략 연표

1958-1962	대약진 운동, 인류사 최악의 대기근 초래
1962. 1.	7천인 대회, 대기근을 인재(人災)로 규정
1962 여름	마오쩌둥, "계급투쟁을 잊지 말자" 운동
1962 가을	사청 운동 개시
1963-1964	류사오치의 지도 아래 500만 당원 비판 및 처벌
1964. 10. 15.	제1차 핵폭탄 실험
1965. 1.	마오쩌둥 사청 운동의 목표 개정, 당내 주자파 겨냥
1965. 11. 10.	야오원위안의 『해서파관』 비평문 발표, 문혁의 도화선
1965. 12.	역사학자 우한 관련 역사논쟁 전국적 개시
1966. 2.	베이징 시장 펑전 "2월 제강" 제출
1966. 5. 7.	마오쩌둥 "5-7 지시", 군·민 합일 유토피아 비전 제시
1966. 5. 4-5. 27.	펑전, 뤄루이칭, 루딩이, 양상쿤, 반당 혐의로 파면
1966. 5. 16.	중공중앙, "5-16 통지" 채택, 문혁의 공식화
1966. 5. 25.	베이징 대학 "최초의 마르크스주의 대자보" 출현
1966. 5. 28.	중앙문혁소조 결성, 천보다, 장칭, 야오원위안, 장춘차오 참가
1966. 6. 1.	「인민일보」 사설, "우귀사신을 모두 쓸어버리자!" 전국 초, 중, 고 휴교 돌입
1966. 6-7.	류사오치, 덩샤오핑 50일간 문혁 지도. 공작조 파견
1966. 7. 16.	마오쩌둥, 우한에서 강물 수영, 문혁 의지 표명

1966. 8. 1.	마오쩌둥, 홍위병 지지 표명
1966. 8. 5.	「인민일보」 마오의 대자보 "사령부를 폭파하라!" 게재
1966. 8. 12.	린뱌오, 류사오치를 밀어내고 중앙 서열 제2위 등극
1966. 8. 18.	마오쩌둥 톈안먼 광장에서 100만 홍위병 접견, 군복 입고 홍위병 수장 착용, 연말까지 1,200만 홍위병 접견
1966. 8월 말-9월 초	베이징 "홍팔월"의 비극, 1,772명 학살
1966. 9. 5.	중공중앙, 전국 홍위병에 교통비 및 숙식 무료 제공 통고, 전국 홍위병 베이징 결집, 대천련의 시작
1966. 12. 26.	마오쩌둥 "천하대란" 예고
1967. 1. 6.	1월 폭풍, 상하이 조반파 노동자 시 정부 권력 탈취, 전국적 탈권투쟁 개시
1967. 1. 23.	군대에 좌파 혁명군중 지원명령
1967. 4. 6.	군에 조반파 군중 집단에 대한 사살, 해산, 보복 금지령 하달
1967. 5.	전국적으로 무장투쟁 확산
1967. 7. 20.	후베이 성 우한 내전 상태 돌입, 7-20 우한 사건 발생
1967 여름	사분오열된 군중조직, 전국적 무장투쟁 전개
1967. 8. 22.	조반파 군중의 베이징 영국 대사관 난입, 방화
1967. 8. 30.	마오쩌둥, 무장투쟁 및 군중조직 무기 탈취 금지령 하달
1967. 9.	마오쩌둥 전국 순례, 혁명 집단의 대연합 촉구
1968. 3. 22.	린뱌오, 군부 숙청, 군권 장악
1968. 7-8.	광시 쫭족 자치구 대학살, 우쉬안 현 식인(食人) 사건 발생
1968. 7. 27.	마오쩌둥 사상 선전대 칭화 대학 투입, 홍위병 운동의 종말
1968. 9. 5.	신장 성 혁명위원회 건립, 1967년 1월부터 전국 28개 성급 단위에 혁명위원회 건립

1968 여름-1969 가을	청계 운동 개시, 문혁 끝까지 지속
1968. 12. 22.	마오쩌둥, 홍위병 하방 지시, 1968-1980년까지 약 1,700만 명 도시 홍위병, 농촌 하방
1969. 3.	저우언라이, 2년간 지속된 네이멍구 내인당 마녀사냥 중지 지시
1969. 3.	만주 우수리 강 전바오다오에서 중-소 무력 충돌, 린뱌오 전국의 군사화 추진
1969. 4.	제9차 인민대표대회, 린뱌오를 마오쩌둥의 공식 후계자로 지명
1970. 2-11.	일타삼반 운동의 본격화
1971. 4.	미국 탁구 팀, 중국 방문, 핑퐁 외교의 시작
1971 여름	마오쩌둥, 남부 순방, 린뱌오 비판
1971. 9. 11.	린뱌오, 몽골 상공에서 추락사 다음 날, 마오쩌둥 베이징 복귀
1972. 2. 21-2. 28.	닉슨, 중국 방문
1972. 8.	군대, 혁명위원회를 떠나서 부대로 복귀
1973. 11-1974. 1.	사인방의 맹활약, 저우언라이 공격
1974. 4.	덩샤오핑 복귀, 중국대표단 이끌고 UN 회의 참가
1975. 1.	저우언라이 농업, 산업, 국방, 과학기술의 4대 현대화 운동 전개
1975. 11-1976. 1.	마오쩌둥, 사인방 요구로 다시 덩샤오핑 축출
1976. 1. 8.	저우언라이 사망
1976. 4. 4-5.	톈안먼 광장에서 대규모 저우언라이 추모 집회 개최, 군경에 의한 강제 해산
1976. 7. 28.	탕산 대지진, 최소 24만여 명 사망
1976. 9. 9.	마오쩌둥 사망
1976. 10. 6.	사인방 집단 전격 체포

주

제1장

1) 楊繼繩, 「道路, 理論, 制度 : 我對文化大革命的思考」, 『記憶 Remembrance』第 104期 (2013.11.30.), 2-23.

2) 徐志高 編, 『文革史稿』(世界華語出版社, 2016), 7.

3) 楊繼繩, 같은 책, 17.

4) 楊繼繩, 같은 책, 17.

5) 옌안 시절의 정풍 운동에 대한 최신 연구로는 전 난징 대학의 가오화(高華, 1954-2011) 교수의 기념비적 저작 『붉은 태양은 어떻게 떠올랐나?(紅太陽是怎樣升起的 : 延安整風運動的來龍去脈)』(中文大學, 2000)를 참조하라; Gao Hua, How the Red Sun Rose : The Origins and Development of the Yan'an Rectification Movement, 1930-1945, translated by Stacey Mosher and Guo Jian (The Chinese University of Hong Kong Press, 2018).

6) 같은 책, 특히 캉성의 고문 기법과 잔혹 행위에 대해서는 제12장을 볼 것. Gao Hua, How the Red Sun Rose, chapter 12, "The Revolution Hits Its Peak : The Cadre Examination, Anti-spy, and Emergency Rescue Campaigns."

7) Jung Chang and Jon Halliday, Mao : The Unknown Story (New York : Knopf, 2005), 245-246.

8) Alexander V. Pantsov and Steven I. Levin, Mao : The Real Story (New York : Simon & Schuster, 2012), 334.

제2장

1) Chang and Holliday, Mao : the Unknown Story, p. 206; Pantsove and Levine, Mao : the Real Story, 252-253.

2) 스탈린 정부의 감시하에서 미국인의 저서가 그대로 번역, 출판될 수는 없었다. 미국 랜덤하우스의 원본은 474쪽에 달하는 방대한 분량인데, 러시아어 축약본은 고작 108쪽 정도였다. Yong Chen and Bu-fen Hu, "On the Publicity Channels of Red Star over China and Their Impact," International Conference on Humanities and Social Sciences (HSS 2016), 897.

3) 장칭과 캉성의 묘한 관계에 대해서는 仲侃, 『康生評傳』(紅旗出版社, 1982), 11장;

Roger Faligot and Rémi Kauffer, *The Chinese Secret Service : Kang Sheng and the Shadow Government in Red China* (William Morrow and Company, 1989), 81-83을 참조하라.

4) 폴 포트 정권과 중공정부의 긴밀한 관계에 대해서는 John D. Ciorciari, "China and the Pol Pot Regime," *Cold War History* Vol. 14-2 (2014)를 참조.

5) Pansov and Levine, *Mao : The Real Story*, 65-66.

6) Chang and Halliday, *Mao : The Unknown Story*, p.319; Harry Wu, *Laogai : The Chinese Gulag*, 72.

7) 반우파 운동 당시 중앙서기처의 조치에 관한 영어권의 연구로는 Yen-lin Chung, "The Witch-hunting Vanguard : The Central Secretariat's Roles and Activities in the Anti-Rightist Campaign," *The China Quarterly* No. 206 (2011), 391-411, 반우파 운동 당시 마오쩌둥의 계략에 관한 중국어권의 깊은 연구로는 丁抒, 『陽謀 : 反右派運動始末』(香港 : 開放雜誌社, 2007) 등이 있다.

8) Frank Dikötter, *Mao's Great Famine : The History of China's Most Devastating Catastrophe, 1958-1962* (Walker & Company, 2010), 특히 제4장 "생존(Survival)"에서는 전통적인 삶의 질서를 빼앗긴 농민들의 처절한 생활이 핍진하게 그려져 있다.

9) 楊繼繩, 『墓碑 : 中國六十年代饑荒紀實』(香港 : 天地圖書, 2008), 특히 제1장에는 신양 사건과 관련된 대약진 운동 당시 관료행정의 부패와 거짓의 실상이 고발되어 있다.

제3장

1) 대기근을 둘러싼 중공중앙의 논쟁 및 7천인 대회는 송재윤, 『슬픈 중국 : 인민민주독재 1948-1964』(까치, 2020), 제27-29장을 참조.

2) 楊繼繩, 『天地翻覆 : 中國文化大革命史』上 (香港 : 天地圖書, 2016), 제1장 7 "社會主義敎育運動," 81-93.

3) 2006년 필자는 하버드 대학교에서 맥파커 교수의 학부 강의 "중국 무산계급 문화대혁명"에 조교로 참여했다. 당시 맥파커 교수는 강의 중 중국 정치사에 등장하는 투사와 관리자 두 유형의 리더십을 강조해서 설명했다.

4) Nicholas R. Lardy, *The Cambridge History of China*, Vol.14 : The People's Republic, Part I : The Emergence of Revolutionary China, eds. Roderick MacFarquhar and John Fairbank (Cambridge : Cambridge University Press, 2008), 391-397.

5) 같은 책.

제4장

1) 「人民日報」 1965년 11월 30일 자.

2) 姚文元, "評新編歷史劇<海瑞罷官>,"「人民日報」 1965년 11월 30일 자.

제6장

1) MacFarquhar and Scheonhall, *Mao's Last Revolution*, 15-19.
2) 楊繼繩, 『天地飜覆』 上, 187.
3) 같은 책, 157.
4) MacFarquhar and Schoenhals, 같은 책, 43.

제7장

1) Simon Leys, *The Chairman's New Clothes : Mao and the Cultural Revolution* (Allison &Busby, Schochen Books, 1981), 13 : "[The Cultural Revolution] was a power struggle waged at the top between a handful of men and behind the smokescreen of a fictitious mass movement."
2) 1966년 5월 15일 중공중앙은 전당에 5-7 지시를 하달한 후, 이것을 "매우 중요한 역사적 의의를 가지는 문헌이며 마르크스-레닌주의의 획기적 발전"이리고 선전했다. 마오쩌둥의 5-7 지시는 1966년 8월 1일 자 「인민일보」의 사설 "전국은 마땅히 마오쩌둥 사상의 대학이 되어야 한다"에 그 주요 부분이 게재되었다. 楊繼繩, 『天地飜覆』 上, 178; 黃瑤 : "毛澤東爲何把「五, 七指示」 寫給林彪", 『炎黃春秋』 2003 年第9期.
3) 중앙선전부의 조직과 활동, 역사적 변천과정에 관해서는 Anne-Marie Brady, *Marketing Dictatorship : Propaganda and Thought Work in Contemporary China* (Rowman &Littlefield Publishers, 2009)을 참조할 것. 1949-1976년까지 중앙선전부의 변천과정은 35-39쪽에 소략하게 기술되어 있다.
4) 中共中央文獻硏究室編, 『毛澤東傳(1949-1976)』 (中央文獻出版社, 2003), 1407.
5) 楊繼繩, 같은 책, 186.
6) 같은 책, 146; MacFarquhar and Schoenhals, *Mao's Last Revolution*, 35.

제8장

1) 楊繼繩, 『天地飜覆』, 上, 183-184. 베이징 대학에서 전개된 사청 운동에 관한 보다 상세한 내용은 郭德宏, 林小波, 『四淸運動實錄』 (浙江人民出版社, 2005), 187-203을 참조.
2) 郭德宏, 林小波, 같은 책, 197.
3) 같은 책, 197-198.
4) 같은 책, 201.
5) MacFarquhar and Schoenhals, 70.
6) 같은 책, 66.

7) 楊繼繩, 같은 책, 186.

제9장

1) 「인민일보」 1966년 6월 16일 자 1면 : 난징 대학이 반당, 반사회주의의 반혁명분자 쾅야밍을 색출하다! "혁명적 사생들이 마오쩌둥 사상의 붉은 깃발을 높이 들고 무산 계급 문화대혁명을 일으키다! 장쑤 성 위원회는 쾅야밍의 모든 직책을 박탈해서 열렬한 지지를 받았다!"
2) Dong Guoqiang, "The First Uprising of the Cultural Revolution at Nanjing University : Dynamics, Nature and Interpretation," *Journal of Cold War Studies*, Vol.12 No. 3 (2010) : 30-49.

제10장

1) Jung Chang and Jon Halliday, *Mao : The Unknown Story* (New York : Anchor Books, 2005), 1.
2) Stéphane Courtois, Andrzej Paczkowski, Nicolas Werth, et al., *The Black Book of Communism : Crimes, Terror, Repression* (Cambridge, MASS. : Harvard University Press, 1997).
3) 徐志高 編, 『文革史稿 : 文革史料彙編(1) : 社會主義文化革命』(世界華語出版社, 2016), 179-206.

제11장

1) 王友琴, 『文革受難者』(開放雜志出版社, 2019), 39-64. 현재 미국 시카고 대학교 에 재직 중인 이 책의 저자 왕유친은 볜중옌 교감이 홍위병의 폭력에 시달리다가 사망했을 때 베이징 사범대학 부속 여중에 재학 중이었다.
2) 「人民日報」 1985년 4월 9일 자.
3) 王年一, 『動亂的時代』, 71.
4) 「北京晚報」 1987월 23일 자 보도. 같은 책, 71 재인용.
5) MacFarquhar and Schoenhals, *Mao's Last Revolution*, 117.
6) 王年一, 같은 책, 71.
7) 같은 책, 118.
8) 같은 책, 119.
9) 楊繼繩, 『天地飜覆』上, 제7장, 특히 265-271.
10) 같은 책, 103.

제12장

1) 『新京報』 2014.1.13. "베이징 사범대학 부속 여중 문혁에 참가한 학생의 사죄".

2) 이 부분은 영국 「가디언」의 기사, "China's Cultural Revolution : Son's Guilt over the Mother He sent to Her Death"(https://www.theguardian.com/world/2013/mar/27/china-cultural-revolution-sons-guilt-zhang-hongping)와 홍콩 중문대학 중국 연구 서비스센터의 "민간역사(民間歷史)" 웹사이트에 게재된 周群, 陳寶成, "一個狼孩的懺悔訴訟(부랑아 1명의 참회 소송)"에 기초했다(http://www.mjlsh.org/Book.aspx?cid=4&tid=1357).

제13장

1) Tony Huiquan Zhang, "The Rise of the Princelings in China : Career Advantages and Collective Elite Reproduction," *Journal of East Asian Studies 19* (2019), 169-196.
2) 楊繼繩, 『天地飜覆』上, 248-249.
3) 위뤄커의 짧은 일생에 대해서는 王友琴, 『文革受難者』, 579의 짧은 기록 외에도 현재 중국에서는 금서에 올라 있는 金鍾 編, 遇羅克(1942-1970) 『中國人權先驅』(開放出版社, 2010), 유작과 회고담이 함께 묶인 徐曉, 丁東, 徐友漁 編, 『遇羅克 : 遺作與回憶』(北京 : 中國文聯出版公司, 1999) 등이 있다.

제14장

1) 王年一, 『大動亂的時代』(鄭州 : 河南人民出版社, 1988), 77.
2) 卜偉華, 『中華人民共和國史「砸爛舊世界」: 文化大革命的動亂與浩劫(1966-1968)』(香港 : 中文大學出版社, 2008), 256.
3) 같은 책, 256.
4) 같은 책, 258.
5) Frank Dikötter, *The Cultural Revolution : A People's History*, chapter 9 "Linking Up."
6) 『毛澤東年譜, 1949-1976』第6卷 (中央文獻出版社, 2013), 24-25.
7) MacFarquhar and Schoenhals, *Mao's Last Revolution*, 155; 楊繼繩, 『天地飜覆』上, 332.
8) 楊繼繩, 같은 책, 289.
9) Frank Dikötter, 같은 책, chapter 7 : "Destroying the Old World".
10) 王向清, 胡丹, "抓革命, 促生産"命題的內龍去脈考」『黨史研究與教學』2016.3 : 74-80.
11) 위의 논문 저자들의 분석에 따르면, 1967년부터 1976년까지 「인민일보」는 일관되게 "혁명견지 생산촉진" 구호를 상용했다. 같은 논문, 77.
12) 이상의 서술은 楊繼繩, 『天地飜覆』上, 王年一, 『大動亂的時代』, 卜偉華, 「砸爛舊世界」 등에 기초했다.

13) 中國人民解放軍國防大學黨史唐建政工敎硏室 編, 『文化大革命硏究資料』上冊 (北京 : 國防大學圖書館, 1988), 182 : "中共中央關于抓革命, 促生産的十條規正 (草案)"(1966.12.9.).

14) 周良霄, 顧菊英, 『十年文革大事記』(新大陸出版有限公司, 2008), 160. 이 책에 는 정치국 확대회의의 개최일이 11월 16일로 기재되어 있는데, 오류로 보인다. 楊繼 繩, 같은 책, 344. 『毛澤東年譜1949-1976』第6卷, 16.

제15장

1) Paul Jakov Smith, "Anatomies of Reform : The Qingli-Era Reforms of Fan Zhongyan and the New Policies of Wang Anshi Compared," in Patricia Buckley Ebrey and Smith, eds., *State Power in China, 900-1325* (Seattle : University of Washington Press, 2016), 153-91.

2) Donald S. Sutton, "Consuming Counterrevolution : The Ritual and Culture of Cannibalism in Wuxuan, Guangxi, China, May to July 1968", *Comparative Studies in Society and History*, 1995 (37) No. 1 : 136-172.

제16장

1) Stéphane Courtois, Andrzej Paczkowski, Nicolas Werth, et al., *The Black Book of Communism : Crimes, Terror, Repression* (Cambridge, MASS. : Harvard University Press, 1997).

2) 譚合成, 『血的神話 : 公元1967年湖南道縣文革大屠殺紀實』, 제14장.

3) 같은 책, 제14장에서 탄허청은 가해자의 총수를 1만4,000여 명이라고 기록했는데, 이후 미국 언론과의 인터뷰에서 그는 그 수치를 1만5,050명으로 수정했다. (Ian Johnson, "China's Hidden Massacres : An Interview with Tan Hecheng," *The New York Review* : January 13, 2017).

4) 같은 책, 제14장.

5) 卜偉華, 『砸爛舊世界』, 591.

6) Yang Su, *Collecive Killings in Rural China during the Cultural Revolution* (Cambridge University Press, 2011), 1.

7) 같은 책.

8) 같은 책, 6-7.

9) 같은 책, 제2장.

10) William Doyle, *The Oxford History of the French Revolution*(Oxford University Press, 2002), Chapter 11 "Government by Terror, 1793-1794".

11) Ian Johnson, "China's Hidden Massacres : An Interview with Tan Hecheng," *The New York Book Review*, Jan. 13, 2017 (nybooks.com).

12) 廣西, 『全州縣志』 발췌.

13) ___, 『臨桂縣志』 발췌.

제17장

1) 楊繼繩, 『天地飜覆』 上, 第13章.

2) 卜偉華, 『砸爛舊世界』, 525-528.

3) 鄧禮峰, 「"三支兩軍"論述」 『當代中國史研究』 8.6(2001), 39.

4) 『砸爛舊世界』, 525. 문혁 기간의 국민경제에 관해서는 楊繼繩, 『天地飜覆』下, 第
   30章 : "文革其間的國民經濟" 참조.

5) 鄧禮峰, 같은 책, 39-52.

6) 楊繼繩, 같은 책, 453.

7) 같은 책, 544-541.

8) 徐志高 編, 『文革史稿 : 革史料彙編(1), 第一冊 : 社會主義文化革命』 (世界華語
   出版社, 2016), 7.

9) 楊繼繩, 「道路, 理論, 制度 : 我對文化大革命的思考」, 『記憶 Remembrance』 第
   104期 (2013.11.30.), 2-23.

10) 같은 논문.

11) 卜偉華, 같은 책, 591.

12) 楊繼繩, 같은 책, 454.

13) 같은 책.

14) 徐海亮, 『武漢 720事件 實錄』(香港 : 中国文化傳播出版社 2017), 432.

15) 같은 책, 441-442.

16) Shaoguang Wang, "The Wuhan Incident Revisited," *The Chinese Historical Review*,
    Vol. 13 (Fall 2006), 245. 원문은 우한 군구에서 출판된 「913 戰報」 (1967년 7월
    21일)에서 발췌.

17) 1967년 우한의 내전은 일반적으로 "우한 사건", "우한사변", 혹은 "7-20 사건" 등
    으로 불린다. 우한 사건에 관해서는 MacFarquhar and Schoenhals, *Mao's Last Revol-*
    ution, Chapter 12 : "The Wuhan Incident"; 楊繼繩, 『天地飜覆』上, 제15장, 520-551;
    卜偉華, 『砸爛舊世界』, 제7장 등을 참조할 것.

18) 卜偉華, 같은 책, 591.

19) MacFarquhar and Schoenhals, *Mao's Last Revolution*, 204.

20) 같은 책, 204-205.

21) 이상의 서술은 MacFarquhar and Schoenhals, *Mao's Last Revolution*, Chapter 12 :
    "The Wuhan Incident"; 楊繼繩, 『天地飜覆』上, 제15장, 520-551; 卜偉華, 『砸爛舊
    世界』, 제7장과 「인민일보」 등 당시의 사료를 근거로 구성되었다.

22) 卜偉華, 같은 책, 542; MacFarquhar and Schoenhals, 같은 책, 214.

제18장

1) 周良霄, 顧菊英 編著, 『十年文革大事記』(香港 : 新大陸出版社, 2008), 321.

2) 같은 책, 322.

3) 余汝信, 『香港 1967』(香港 : 天地圖書, 2012). 188.

4) 楊繼繩, 『天地飜覆』下, 693; 『十年文革大事記』.

5) 李志綏, 『毛澤東私人醫生回憶錄』(臺北 : 時報出版, 2015), 第21章; Li Zhi-sui, *The Private Life of Chairman Mao* (New York : Random House, 1994), 206.

6) 楊繼繩, 같은 책, 691-692.

7) 같은 책, 692.

8) 이는 류사오치를 단죄하는 장칭의 언어로, 당시 널리 쓰인 표현이었다. 『十年文革大事記』 1967. 9. 16.

9) 같은 책, 第5節. 이 연표는 날짜별로 정리되어 있으므로 쪽 번호 생략.

10) 같은 책.

11) 같은 책, 第5節 : 1967. 7. 18.

12) 楊繼繩, "從清華大學看文革," 孫怒濤, 『良知的拷問 : 一个清華文革頭頭的心路歷程』(香港 : 中国文化傳播出版社, 2013), 1-2.

13) William Hinton, *Hundred Day War : The Cultural Revolution at Tsinghua University* (Monthly Review Press, 1972).

14) 劉冰, 『風雨歲月 : 清華大學 文化大革命 憶實』 清華大學出版社, 1998.

15) 중문판 「뉴욕 타임스」(紐約時報中文網, cn.nytimes.com), 2016. 6. 7. : 文革口述史 : 王光美憑什麼站着挨批鬪?"

제19장

1) 戚本禹, "評李秀成自述 : 并同羅爾綱, 梁岵廬, 呂集義 等先生商榷," 『歷史研究』 第4期 (1963) : 27-42.

2) 같은 논문, 41.

3) 楊繼繩, 『天地飜覆』下, 695.

4) 戚本禹, "怎樣對待李秀成的投行變節行爲？" 『歷史研究』第4期(1964) : 1-20.

5) 같은 논문, 2.

6) 楊繼繩, 같은 책, 697-699.

7) 같은 책.

8) http://digitalarchive.wilsoncenter.org/document/117302, 윌슨센터 디지털 아카이브.

9) Vladimir Lenin, "Left-Wing Communism : An Infantile Disorder"(www.marxists.org).

제20장

1) 卜偉華, 『砸爛舊世界』, 572-576.

2) 인도네시아에서 발생한 1965년의 "9-30 운동"과 공산당 동조 세력에 대한 무차별 학살에 관해서는 바바 기미히코, 『세계사 속의 중국 문화대혁명』, 장원철 옮김(AK 커뮤니케이션즈, 2020), 제2-3장 참조.

3) 1967년 홍콩에서 벌어진 격렬한 시위와 충돌에 대해서는 余汝信, 『香港, 1967』(天地圖書, 2012), 6, 7章을 참고.

4) Melvin Gurtov, "The Foreign Ministry and Foreign Affairs during the Cultural Revolution," *The China Quarterly*, no. 40 (1969) : 65-102, 72-73.

5) John Garver, *China's Quest : The History of the Foreign Relations of the People's Republic of China* (University of Oxford Press, 2016), 266-267.

6) 같은 책, 267.

7) Anthony Grey, *Hostage in Peking* (London, Joseph, 1970).

8) Garver, *China's Quest*, 264-269.

9) 같은 책, 265.

제21장

1) 卜偉華, 『砸爛舊世界』, 608-609.

2) 같은 책, 612.

3) 楊繼繩, 『天地翻覆』 上, 552.

4) 같은 책, 552.

5) 李志綏, 『毛澤東私人醫生回憶錄』 第27章 : "我這才瞭解周恩來其實只是毛的'奴隸,' 對毛絕對服從."

6) 吳法憲, 『吳法憲回憶錄』(香港 : 北星出版社, 2008), 750.

제22장

1) 마오쩌둥의 이 발언은 1967년 11월 우한 대학 철학과에서 편집한 『毛澤東思想萬世 (1958-1960)』, 72에 포함되어 있다. 이 책의 표지에는 "내부 학습용, 외부 배포 금지(內部學習, 不得外傳)"라는 문구가 적혀 있다. 마오의 주치의 리즈수이도 마오의 이 강화를 인용하고 있는데, 내용이 약간 차이가 있다. [ ]의 인용구는 리즈수이의 기록에 따른 것이다. 李志綏, 『毛澤東私人醫生回憶錄』 第10章.

제23장

1) 楊繼繩, 『天地翻覆』 上, 552; 王力, 『王力反思錄』(香港 : 北星出版社, 2011), 261.

제24장

1) 陳曉文, "重慶紅衛兵墓地素描,". 『百姓』(2004)(4) : 34-36.

2) 何蜀, 『爲毛澤東而戰：文革重慶大武鬪實錄』 (香港：三聯書店, 2010), 3-5章.

3) 82호 분묘의 묘지명. https://zh.wikipedia.org/wiki/重庆文革墓群.

4) Guobin Yang, *The Red Guard Generation and Political Activism in China* (New York, NY : Columbia University Press, 2016), 25-26.

5) 徐友漁, 『形形色色的造反：紅衛兵精神素質及演變』 (香港中文大學出版社, 1999), 152.

6) 徐友漁, 같은 책.

7) Guobin Yang, 같은 책, "Introduction".

8) 徐友漁, 같은 책, 153-156.

9) 『十年文革大事記』第7節, 1968. 7. 27. 칭화 대학의 문혁에 관한 보다 상세한 내용은 孫怒濤 編, 『良知的拷問：一个清华文革头头的心路历程』, 李仕林 外, 「清華文革"全面內戰"時期的第三種聲音」, 163-184 참조.

10) 陳意新, "從下放到下崗1968-1998"『二十一世紀』, 1999年12月號總第五十六期：122-136.

11) 「人民日報」 1968년 12월 22일 자 1면.

12) Rae Yang(楊瑞), *Spider Eaters : A Memoir* (University of California Press, 1995), 218-219.

13) 같은 책, 239-240.

14) Feng Jicai, *Ten Years of Madness : Oral Histories of China's Cultural Revolution* (China Books & Periodicals, 1996), 30.

제25장

1) 김일성을 찬양하는 북한 매체의 상투적 표현.

2) 李志綏, 『毛澤東私人醫生回憶錄』(臺北：時報出版, 2015), "自序".

3) 1957년 상하이에서 태어난 민안치(閔安琪, 1957-)의 회고록, 『붉은 진달래(*Red Azalea*)』는 장칭을 흠모하며 닮고자 했던 어린 소녀의 심리를 세밀하게 보여준다. Anchee Min, *Red Azalea : Life and Love in China* (Pantheon Books, 1994).

4) Hung-Yok Ip, "Fashioning Appearances : Feminine Beauty in Chinese Communist Revolutionary Culture," *Modern China* Vol.29, no. 3 (2003) : 329-361.

5) Heather Worth, et al., "Under the Same Quilt : Paradoxes of Sex between Men in the Cultural Revolution," *Homosex* 64(1) (2017) : 61-74.

6) 章德寧, 岳建一, 『中國知靑情戀報告』(光明日報出版社, 1998), "序言."

7) Emily Honig, "Socialist Sex : The Cultural Revolution Revisited," 153.

8) Jung Chang, *Wild Swans : Three Daughters of China*, 315-330.

9) 같은 책.

10) Everett Yuehong Zhang, "Rethinking Sexual Repression in Maoist China : Ideology,

Structure and the Ownership of the Body," *Body & Society.* Vol. 11(3) : 1-25, 3-4.

11) 이 녹취록의 영역본은 다음 책에 수록되어 있다. Michael Schoenhals, *China's Cultural Revolution, 1966-1969 : Not a dinner party* (An East gate reader), (Armonk, N.Y. : M.E. Sharpe, 1996). 101-116.

12) 徐志高 編, 『文革史稿』(世界華語出版社, 2016)「三瀋王光美」, 562.

13) 孫怒濤 主编, 『眞話與懺悔 : 文革50 周年清華校友討論集』(中國文化傳播出版社, 2018), 唐少杰, 「清華大学"文化大革命"的一首 狂飇飙曲 : 1967 年4 月10 日清華大学批斗王光美大会述评」, 505-524; Elizabeth J. Perry, "The 1960s : Wang Guangmei and Peach Garden Experience," in the *Chinese Communist Party : Ten Moments that Shaped China*, Timothy Cheek, Klaus Muhlhahn, and Hans van de Ven, eds.. Cambridge University Press, 2021.

14) Wenqi Yang and Fei Yan, "The annihilation of femininity in Mao's China : Gender inequality of sent-down youth during the Cultural Revolution," *China Information* (2017) Vol. 31(1) : 68-83.

15) Emily Honig, "The Socialist Sex : The Cultural Revolutioin Revisted," *Modern China*, Vol. 29 No. 2 (2003) : 143-175, 149.

16) Ha Jin, *The Ocean of Words : Army Stories* (Zoland, 1996).

제26장

1) 中共中央文獻研究室 編, 『毛澤東年譜 1949-1976』 第5卷(中央文獻出版社, 2013), 548.

2) 원문은 "中國共産黨在民族戰爭中的地位"(1938.10.)인데 이후 『毛主席語錄』 28 「共産黨員」에 포함되었다.

3) 「人民日報」 1966년 6월 18일 자 2면 머리기사.

4) 「人民日報」 1966년 6월 18일 자 2면 "당 중앙과 마오 주석께 낡은 진급제도의 폐지를 강력히 요구하는 서신".

5) 王敏營, 『拂去歲月的風塵(Sweeping Away the Dust of Time : My Seventy Years)』, American Academic Press, 2018.

6) 같은 책.

7) 鄧微達, 『敎育與高試』 2017年 1期 「文革期間高考的廢除及其危害」, 9-13.

8) 中共中央文獻研究室 編, 같은 책, 第6卷 (中央文獻出版社, 2013), 173.

9) 「人民日報」 1968년 7월 22일 자 1면.

10) 「人民日報」 1968년 7월 22일 자 2면.

11) 鄧微達, 『敎育與高試』 2017年 1期 「文革期間高考的廢除及其危害」, 10.

12) 같은 책, 10-12.

13) 楊繼繩, 『天地飜覆』 下, 577.

14) 같은 책, 862.

제27장

1) Michael Mann, *The Dark Side of Democracy : Explaining Ethnic Cleansing* (Cambridge : Cambridge University Press, 2005).
2) 「人民日報」 1949년 7월 1일 자 毛澤東, "論人民民主專政".
3) 中共中央文獻硏究室 編, 『毛主席年譜 1949-1976』第5卷, 77. 1962년 1월 30일 확대 중앙공작회의 전체회의에서 마오쩌둥이 행한 장편 강화의 일부.
4) Frank Dikötter, *The Cultural Revolution : A People's History 1962-1976* (Bloombury Press, 2016), 183.
5) 席宣, 金春明, 『"文化大革命"簡史』(中共黨史出版社, 2006), 195.
6) 청계 운동의 피해자 수에 대해서는 공식적인 통계가 여전히 발표되지 않았다. 상기 숫자는 재미 사학자 딩수의 조사와 미국의 사회학자 월더와 양 쑤의 조사를 통합한 수치이다. 월더와 양 쑤는 1,500개 지방지에 제시된 통계를 보정하여 피해자를 3,600만 명으로, 사망자를 75만에서 150만 명으로 도출했다. 丁抒, 「大規模迫害人民的'淸理階級隊伍'運動」, 宋永毅主編 『文化大革命 : 歷史眞相和集體記憶』(香港田園書屋, 2008), 605 ; Andrew G. Walder and Yang Su, "The Cultural Revolution in the Countryside : Scope, Timing and Human Impact," *The China Quarterly*, no. 173 (2003) : 74-99, 95-96; MacFarquahar and Schoenhals, *Mao's Last Revolution*, 261-262.
7) 楊繼繩, 『天地飜覆』 下, 600.
8) Frank Dikötter, 같은 책, 189.
9) Yongyi Song, "Chronology of Mass Killings during the Chinese Cultural Revolution (1966-1976)," *Mass Violence and Resistance : Research Network*, 9.
10) Frank Dikötter, 같은 책, 189.
11) Frank Dikötter, *The Cultural Revolution*, 185. 당시 상하이에서 구속되어 고문당한 사람의 생생한 기록으로는 야오녠위안(姚念媛, 1915-2009)의 회고록을 참조. Nien Cheng, *Life and Death in Shanghai* (Penguin Books, 1987).
12) 卜偉華, 『砸爛舊世界』, 677.
13) 같은 책, 677.
14) Frank Dikötter, 같은 책, 187.
15) Paul Hyer and William Heaton, "The Cultural Revolution in Inner Mongolia," *The China Quarterly* (1968), No. 36 : 114-128.
16) Yang Haiying, "The Truth about the Mongolian Genocide during the Cultural Revolution," アジア研究, 別冊 6 (2017) : 1-76, 66-67.
17) Frank Dikötter, 같은 책, 190.

18) 같은 책, 190-191.

19) William R. Jankowiak, "The Last Hurrah? Political Protest in Inner Mongolia," *The Australian Journal of Chinese Affairs* (1988), No. 19 : 269-288, 274.

20) 같은 논문, 274-275.

21) 宋永毅, "廣西文革絶密檔案中的大屠殺和性暴力," 文革博物館通訊 (905) : 華夏文摘增刊 第1073期, 2017. 4. 3.

22) Donald S. Sutton, "Consuming Counterrevolution : The Ritual and Culture of Cannibalism in Wuxuan, Guangxi, China, May to July 1968," *Comparative Studies in Society and History* (1995), Vol. 37.1 : 136-172.

23) 楊繼繩, 『天地飜覆』, 501.

24) 宋永毅, "廣西文革絶密檔案中的大屠殺和性暴力".

25) _____ 等, 『中國文化大革命文庫』(2006) CD검색; 楊繼繩, 『天地飜覆』 下, 594-595.

26) 楊繼繩, 같은 책, 595.

27) 같은 책, 595-560.

28) Andrew Walder, "Rebellion and Repression in China, 1966-1971," *Social Science History*, Vol. 38, no. 3-4 (2014) : 513-539.

29) Walder, "Rebellion and Repression in China," 533-535.

30) Julia Lovell, *Maoism : A Global History* (Bodley Head, 2019), "Introduction".

31) Wang Chenyi, "The Chinese Communist Party's Relationship with the Khmer Rouge in the 1970s : An Ideological Victory and a Strategic Failure," *Cold War International History Project : Working Paper #88*, Woodrow Wilson International Center for Scholars.

제28장

1) Li Zhisui, *The Private Life of Chairman Mao*, chapter 61.

2) MacFarquahar and Schoenhals, *Mao's Last Revolution*, 255.

3) 楊繼繩, 『天地飜覆』, 下, 600.

4) MacFarquahar and Schoenhals, 같은 책, 258.

5) 巴金, 「十年一夢」『巴金自傳』(人民大學出版社, 2017).

6) MacFarquhar and Schoenhals, 같은 책, 255-256.

7) 周鯨文, 『風暴十年 : 中國紅色政權的眞面貌』(時代批評社, 1962). 이 책의 원문은 모두 www.marxists.org에서 검색 가능하다.

8) 謝泳, 「1949-1976年間中國知識分子及其它階層的自殺問題」, 『當代中國硏究』 (2001) 第3期.

제29장

1) 사인방이 체포되고 문혁이 공식적으로 막을 내린 1976년 10월 이후의 정부 조사 결과, 『十年文革大事記』, 1969. 1. 29. 楊繼繩, 『天地飜覆』 下, 608.
2) 『當代中國的北京』(中國社會科學出版社, 1989), 169; 楊繼繩, 『天地飜覆』 下, 609.
3) 楊繼繩, 같은 책, 608-609.
4) 白介夫, 「我與蕭光琰的苦澀友誼」, 『炎黃春秋』 7期, 2005.
5) 郝斌, 『流水何曾洗是非 : 北大"牛棚"一角』(臺北市 : 大塊文化出版, 2014).
6) 같은 책.
7) Ji Xianlin, *The Cowshed : Memories of the Chinese Cultural Revolution* (New York : New York Review Books, 2016).
8) 季羨林, 『牛棚雜憶』(北京 : 中國言實出版社, 2006), "第1節緣".

제30장

1) 「人民日報」 1970년 1월 1일 자.
2) MacFarquhar and Schoenhals, *Mao's Last Revolution*, 301-307.
3) 중공중앙 중발 [1970] 3호.
4) 같은 문건.
5) 楊繼繩, 『天地飜覆』, 下, 634.
6) MacFarquhar and Schoenhals, 같은 책, 308.
7) 丁抒, 「風雨如磐的日子 : 1970 年的一打三反運動」, 『華夏文摘』 343(2003), 1-14; 王年一, 『大動亂的年代』, 337; 楊繼繩. 『天地飜覆』, 下, 632.

제31장

1) Lian Xi, *Blood Letters : The Untold Story of Lin Zhao, A Martyr in Mao's China* (New York : Basic Books, 2018), chapter 3 "The Crown".
2) 같은 책, chapter 3.
3) 이상 왕페이잉의 일생에 관한 서술은 기본적으로 郭宇寬, 『王佩英评传』에 근거하고 있다. 홍콩 중문대학 중국연구소 "民間歷史" 웹사이트에 이 책의 전편이 게재되어 있다(http://mjlsh.usc.cuhk.edu.hk/book.aspx?cid=2&tid=473&pid=2449).

제32장

1) 中共中央 "通知" : 1980년 3월 19일.

제33장

1) Chen Jian, "China's Involvement in the Vietnam War, 1964-1969," *The China Quarterly* (1995) : 356-387.

2) Nicholas Khoo, *Collateral Damage : Sino-Soviet Rivalry and the Termination of the Sino-Vietnamese Alliance* (Columbia University Press, 2011), chapters 2 and 3.

3) 같은 책, chapter 3.

4) John Garver, *China's Quest : The History of Foreign Relations of the People's Republic of China* (London : Oxford University Press, 2016), 218-223.

5) 바바 기미히코, 『세계사 속의 중국 문화대혁명』, 장원철 옮김(AK커뮤니케이션즈, 2020), 3-4장.

6) Lorenz M. Lüthi, "Restoring Chaos to History : Sino-Soviet-American Relations, 1969," *The China Quarterly* 210 (2012) : 378-397; Dmitri Ryabushkin, "Origins and consequences of the Soviet-Chinese border conflict of 1969," *Eager Eyes Fixed on Eurasia* (Sapporo, 2007) : 73-91 Priscilla Roberts, et al., "Mao, Khrushchev, and China's Split with the USSR : Perspectives on The Sino-Soviet Split," *Journal of Cold War Studies* 12, no. 1 (2010) : 120-165.

7) Lyle J Goldstein, "Return to Zhenbao Island : Who Started Shooting and Why It Matters," *The China Quarterly*, no. 168 (2001) : 985-997.

8) 1957년 모스크바 회의 당시 마오쩌둥이 세 차례에 걸쳐서 연설한 연설문들은 문혁 기간 중 비공식적으로 출판되었다. 영역본은 Schoenhals, "Mao Zedong : Speeches at the 1957 'Moscow Conference,'" *Journal of Communist Studies*, Vol.2, Issue 2 (1986) : 109-126을 참조할 것.

9) Leoni I. Brezhnev, *Pages from His Life* (Pergamon Press, 1982), 218.

10) 더 자세한 내용은 송재윤, 『슬픈 중국 : 인민민주독재 1948-1964』, 제31장 참조.

제35장

1) 葉永烈, 『陳伯達傳』(四川人民出版社, 2016), 마오쩌둥의 뒤에서 천보다가 작성 한 문건들에 관해서는 특히 제11-13장을 볼 것.

2) 楊繼繩, 『天地翻覆』下, 747.

3) 毛澤東, "我的一點意見"(1970년 8월 31일). "中共中央關于傳達陳伯達反黨問題 的指示(1970년 11월 16일); 중발 [1970] 62호", http://marxistphilosophy.org/Chen Boda/120601/240.htm

4) 葉永烈, 같은 책, 제1장.

제36장

1) Frederick C. Teiwes and Warren Sun, *The Tragedy of Lin Biao* (Honolulu : University of Hawaii Press, 1996); Peter Hannam and Susan V. Lawrence, "Solving a Chinese Puzzle : Lin Biao's Final Days and Death, after Two Decades of Intrigue," *U.S. News* (Dec. 16, 2013).

2) Hannam and Lawrence, 같은 기사.

3) "中共中央关于林彪叛逃出國的通知"1971.09.18.; 中发[1971]57号,『文化大革命文庫』.

제38장

1) Richard M. Nixon, "Asia After Vietnam," *Foreign Affairs*, vol. 46, no. 1 (Oct. 1967) : 111-125.

2) Richard M. Nixon, *The Memoirs of Richard Nixon* (New York : Simon & Schuster, 2013), 1972 : "I am aware of the fact that over a period of years my position with regard to the People's Republic was one that the Chairman and the Prime Minister totally disagreed with. What brings us together is a recognition of a new situation in the world and a recognition on our part that what is important is not a nation's internal political philosophy. What is important is its policy toward the rest of the world and toward us."

제39장

1) 北京大學, 淸華大學 大批判租, 「林彪与孔孟之道」『红旗』(1974.2) : 8-15.

2) 같은 논문.

3) 『毛澤東年譜 1949-1976』第6卷, 490.

4) 『红旗』(1974) 1期에 실린 글들에서 발췌된 명제들.

제40장

1) "China : Draconian repression of Muslims in Xinjiang amounts to crimes against humanity," 10 June 2021, www.amnesty.org

2) 宋永毅 主編, 『文革大屠殺』(香港 : 開放雜誌社, 2002).

3) 楊繼繩, 『天地翻 覆』, 678-683.

4) 周康, 「"文革"埋禍 : 駭人聽聞的云南"沙甸慘事案"」『炎黃春秋』 7期 (2007) : 61-63.

5) 楊繼繩, 같은 책.

6) 周康, "骇人听闻的云南沙甸惨案",『炎黄春秋』(2007) 第7期 : 61-63.

참고 문헌

참고서 및 기본사료

中共中央文獻硏究室 編.『毛澤東年譜(1893-1949)』1-3卷. 人民出版社, 2013.

_____.『毛澤東年譜(1949-1976)』1-6卷. 人民出版社, 2013.

周良霄, 顧菊英.『十年文革大事記』. 新大陸出版有限公司, 2008.

宋永毅 外.『中國文化大革命文庫』. 香港 : 中文大學校, 2010.

_____ 編.『千名中國右派處理結論和個人人檔案』1-6冊. 國史出版社, 2015.

_____ 編.『反右絕密文件』1-12冊. 國史出版社, 2015.

中國當代政治運動史數據庫 (http://ccrd.usc.cuhk.edu.hk/Default.aspx)

徐志高 編.『文革史稿 : 文革史料彙編』. 1-2冊. 世界華語出版社, 2016.

王年一, 編.『文化大革命硏究資料』1-3卷. 北京 : 中國人民解放軍 國防大學 黨史 黨建 政工 敎硏室, 1988.

Change, Tony H. *China during the Cultural Revolution, 1966-1976 : A Selected Bibliography of English Language Works.* Greenwood Press, 1999.

Jian, Guo Song, Yongyi, Zhou, Yu. *Historical Dictionary of the Chinese Cultural Revolution.* Scarecrow Press, 2006.

Sullivan, Lawrence R. *Historical Dictionary of the Chinese Communist Party.* Scarecrow Press, 2011.

영어권 연구서

Andreas, Joel. *Rise of the Red Engineers : The Cultural Revolution and the Origins of China's New Class.* Stanford California : Stanford University Press, 2009.

Anne-Marie Brady. *Marketing Dictatorship : Propaganda and Thought Work in Contemporary China.* Rowman &Littlefield Publishers, 2009. The Guardian. "China's Cultural Revolution : Son's Guilt over the Mother He sent to Her Death" (https://www.theguardian.com/)

Becker, Jasper. *Hungary Ghosts : Mao's Secret Famine.* The Free Press, 2013.

Berlie, Jean A. *Islam in China_ Hui and Uyghurs between Modernization and Sinicization.* White Lotus Press, 2004.

Blanchette, Jude. *China's New Red Guards : The Return of Radicalism and the Rebirth of Mao Zedong.* Oxford University Press, 2019.

Blecher, Marc J and White, Gordon. *Micropolitics in contemporary China : A technical unit during and after the Cultural Revolution.* MacMillan, 1980.

Brezhnev, Leoni I. *Pages from His Life.* Pergamon Press, 1982.

Chan, Alfred L. *Mao's Crusade Politics and Policy Implementation in Chinas Great Leap Forward.* Cambridge University Press, 2002.

Chan, Anita. *Children of Mao : Personality Development and Political Activism in the Red Guard Generation.* Palgrave Macmillan, 1985.

Chang, Jung. *Wild Swans : Three Daughters of China.* Simon &Schuster, 2008.

_____ and Halliday, Jon, *Mao : The Unknown Story.* New York : Knopf, 2005.

Chen, Da. *Colors of the Mountain.* Anchor Books, 2001.

Cheng, Nien. *Life and Death in Shanghai.* New York. Grove Press, 1986.

Clark, Paul, Pang Laikwan, Tsai Tsan-Huang, eds. *Listening to China's Cultural Revolution : Music, Politics, and Cultural Continuities.* Palgrave : MacMillan, 2016.

Courtois, Stéphane, Paczkowski, Andrzej, Werth, Nicolas, et al. *The Black Book of Communism : Crimes, Terror, Repression.* Cambridge, MASS. : Harvard University Press, 1997.

Demare, Brian James. *Mao's Cultural Army : Drama Troupes in China's Rural Revolution.* Cambridge University Press, 2015.

Dikötter, Frank. *Mao's Great Famine : The History of China's Most Devastating Catastrophe, 1958-1962.* Walker & Company, 2010.

_____. *The Cultural Revolution : A People's History 1962-1976.* Bloombury Press, 2016.

Dillon, Michael. *Deng Xiaoping : The Man who Made Modern China.* I.B. Tauris, 2014.

Dittmer, Lowell. *Liu Shao-ch'i and the Chinese Cultural Revolution : The Politics of Mass Criticism.* Berkeley : University of California Press, 1974.

Domes, Jürgen. *China after the Cultural Revolution : Politics between Two Party Congresses.* University of California Press, 1977.

_____. *Peng Te-huai : The Man and the Image.* Stanford University Press, 1985.

Donaldson, Day Blakely. *Self-Immolators* (2013) : (thespeakernewsjournal.com)

Dong Guoqiang. "The First Uprising of the Cultural Revolution at Nanjing University : Dynamics, Nature and Interpretation." *Journal of Cold War Studies*, Vol.12 No. 3 (2010) : 30-49.

Doyle, William. *The Oxford History of the French Revolution.* Oxford University

Press, 2002.

Emily Honig, "The Socialist Sex : The Cultural Revolutioin Revisted," *Modern China*, Vol. 29 No. 2 (2003) : 143-175.

Erie, Matthew S. *China and Islam : The Prophet, the Party, and Law*. Cambridge University Press, 2016.

Esherck, Joseph W. et al., eds. *The Chinese Cultural Revolution as History*. Stanford : Standford University Press, 2006.

Faligot, Roger and Kauffer, Rémi. *The Chinese Secret Service : Kang Sheng and the Shadow Government in Red China*. William Morrow and Company, 1989.

Feng Jicai. *Ten Years of Madness : Oral Histories of China's Cultural Revolution*. China Books & Periodicals, 1996.

Feng. Chuan, Nelson, Leyton P., and Simon, Thomas W. *China's Changing Legal System : Lawyers and Judges on Civil and Criminal Law*. Palgrave, MacMillan, 2015.

Forster, Keith. *Rebellion and Factionalism in a Chinese Province : Zhejiang, 1966-1976*. Armonk, ME : Sharpe. 1990.

Gao, Hua. *How the Red Sun Rose : The Origins and Development of the Yan'an Rectification Movement, 1930-1945*, translated by Stacey Mosher and Guo Jian. The Chinese University of Hong Kong Press, 2018.

Garver, John W. *China's Quest : The History of the Foreign Relations of the People's Republic of China*. Oxford University Press, 2016.

Gerhardt, Christina. *Screening the Red Army Faction : Historical and Cultural Memory*. Bloomsbury Academic, 2018.

Grey, Anthony. *Hostage in Peking*. London, Joseph, 1970.

Ha Jin. *The Ocean of Words : Army Stories*. Zoland, 1996.

Han, Dongping. *The Unknown Cultural Revolution : Life and Change in a Chinese Village*. Monthly Review Press, 2008.

Hinton, William. *Hundred Day War : The Cultural Revolution at Tsinghua University*. Monthly Review Press, 1972.

_____. *Turning Point in China : An Essay on the Cultural Revolution*. Monthly Review Press, 1972.

Honig, Emily and Hershatter, Gail. *Personal Voices : Chinese Women in the 1980s*. Stanford University Press, 1988.

Ji, Xianlin. *The Cowshed : Memories of the Chinese Cultural Revolution*, New York : New York Review Books, 2016.

Jiang, Yaron and Ashley, David. *Mao's Children in the New China : Voices from the*

Red Guard Generation. Routledge, 2000.

Jude D. Blanchette. *China's New Red Guards : The Return of Radicalism and the Rebirth of Mao Zedong*. Oxford University Press, 2019.

Khrushchev, Nikita Sergeevich. *Memoirs of Nikita Khrushchev, Vol.3 Statesman [1953-1964]*. Sergei Khrushchev, ed. Penn State, 2007.

Lee, Hong Yung. *The Politics of the Chinese Cultural Revolution : A Case Study*. Berkeley, CA : University of California Press, 1978.

Leese, Daniel. *Mao Cult : Rhetoric and Ritual in China's Cultural Revolution*. Cambridge University Press, 2011.

Li Zhi-sui, *The Private Life of Chairman Mao*. New York : Random House, 1994.

Lovell, Julia. *Maoism : A Global History*. London : The Bodley Head, 2019.

Lyle J Goldstein, "Return to Zhenbao Island : Who Started Shooting and Why It Matters." *The China Quarterly*, no. 168 (2001) : 985-997.

MacFarquahar, Roderick. *The Origins of the Cultural Revolution, Vol.2 : The Great Leap Forward 1958-1960*. Columbia University Press, 1983.

_____. *The Origins of the Cultural Revolution, Vol. 3 : The Coming of the Cataclysm, 1961-1966* (New York : Columbia University Press, 1997).

_____, and Fairbank, John King, eds. *The Cambridge History of China. Vol. 15, The People's Republic, Part 2 : Revolutions within the Chinese Revolution, 1966-1982*. Cambridge, UK : Cambridge University Press, 1991.

Maitan, Livio. *"Party, Army, and Masses in China : A Marxist interpretation of the Cultural Revolution and its Aftermath."* Gregor Benton and Marie Collitti, translated. London, NLB : Humanities Presss, 1976.

Mann, Michael. *The Dark Side of Democracy : Explaining Ethnic Cleansing*. Cambridge : Cambridge University Press, 2005.

Medvedev, Roy. *Khrushchev*. New York : Anchor Press, 1983.

Min, Anchee. *Red Azalea : Life and Love in China*. Pantheon Books, 1994.

Nicholas Khoo. *Collateral Damage : Sino-Soviet Rivalry and the Termination of the Sino-Vietnamese Alliance* (Columbia University Press, 2011.

Nicholas R. Lardy. *The Cambridge History of China*, Vol.14 : The People's Republic, Part I : The Emergence of Revolutionary China, eds. Roderick MacFarquhar and John Fairbank. Cambridge : Cambridge University Press, 2008.

Nien Cheng. *Life and Death in Shanghai*. Penguin Books, 1987.

Nixon, Richard M. *The Memoirs of Richard Nixon* (New York : Simon & Schuster, 2013.

Pan, Philip P. *Out of Mao's Shadow : The Struggle for the Soul of a New China.* Simon and Schuster, 2008.

Pantsov, Alexander V. and Levin, Steven I. *Mao : The Real Story.* New York : Simon & Schuster, 2012.

_____. *Deng Xiaoping : A Revolutionary Life.* Oxford University Press, 2015.

Perry, Elizabeth and Li, Xun. *Proletarian Power : Shanghai in the Cultural Revolution.* Westview Press, 1997.

Perry. Elizabeth J. "The 1960s : Wang Guangmei and Peach Garden Experience." Timothy Cheek, Klaus Muhlhahn, and Hans van de

Potter, Pitman. *China's Legal System.* Cambridge, UK, and Malden, MA : Polity Press, 2013.

Rittenberg, Sr., Sidney and Bennett, Amanda. *The Man Who Stayed Behind.* Durham & London : Duke University Press, 2001.

Schoenhals, Michael. *China's Cultural Revolution, 1966-1969 : Not a dinner party* (An East gate reader). Armonk, N.Y. : M.E. Sharpe, 1996.

_____. *Spying for the People : Mao's Secret Agents, 1949-1967.* Cambridge University Press, 2013.

Simon Leys. *The Chairman's New Clothes : Mao and the Cultural Revolution* (Allison & Busby, Schochen Books, 1981),

Steinberg, David I. and Fan, Hongwei. *Modern China-Myanmar Relations : Dilemmas of Mutual Dependence.* NIAS(Nordic Institute of Asian Studies) Press, 2012.

Su, Yang. *Collective Killings in Rural China during the Cultural Revolution.* Cambridge University Press, 2011.

Tan, Hecheng. *The Killing Wind : A Chinese County's Descent into Madness during the Cultural Revolution.* Stacy Mosher and Guo Jian, translated. Oxford University Press, 2017.

Taubman, William. *Khrushchev : The Man and His Era.* New York : W.W. Norton, 2004.

Teiwes, Frederick C. and Sun, Warren. *The Tragedy of Lin Biao.* Honolulu : University of Hawaii Press, 1996.

Thaxston, Ralph A., Jr. *Catastrophe and Contention in Rural China.* Cambridge University Press, 2008.

Van Dyke, Nella. 2003. "Protest Cycles and Party Politics." *States, Parties, and Social Movements,* edited by J. Goldstone. New York : Cambridge University Press.

Ven, eds. the *Chinese Communist Party : Ten Moments that Shaped China.* Cambridge

University Press, 2021.

Walder, Andrew G. *Agents of Disorder : Inside China's Cultural Revolution.* Harvard University Press, 2019.

_____. *China Under Mao : A Revolution Derailed.* Harvard University Press, 2017.

_____. *Fractured Rebellion : The Beijing Red Guard Movement.* Harvard University Press, 2012.

Wang, Chang and Madson, Nathan. *Inside China's Legal System.* Chandos Publishing, 2018.

Wang, Chenyi. "The Chinese Communist Party's Relationship with the Khmer Rouge in the 1970s : An Ideological Victory and a Strategic Failure," *Cold War International History Project : Working Paper #88,* Woodrow Wilson International Center for Scholars.

Wemheuer, Felix. *A Social History of Maoist China : Conflict and Change, 1949-1976.* Cambridge University Press, 2019.

White, Lynn T. *Politics of Chaos : The Organizational Causes of Violence in China's Cultural Revolution.* Princeton, NJ : Princeton University Press, 1989.

Woeser, Tsering. Photographs by Dorje, Tsering. *Forbidden Memory : Tibet during the Cultural Revolution.* Edited by Robert Barnett and translated by Susan T. Chen. Potomac Books, 2006.

Wu, Yiching. *The Cultural Revolution at the Margins : Chinese Socialism in Crisis.* Harvard University Press, 2014.

Xi, Lian. *Blood Letters : The Untold Story of Lin Zhao. A Martyr in Mao's China.* New York : Basic Books, 2018.

Yang, Guobin. *The Red Guard Generation and Political Activism in China.* Columbia University Press, 2016.

Yang, Rae(楊瑞). *Spider Eaters : A Memoir* (University of California Press, 1995.

Ye, Tingxing. *My Name is Number 4.* Seal Books, 1997.

Zhang, Joshua and Wright, James. *Violence, Periodization and Definition of the Cultural Revolution : A Case Study of the Two Deaths by the Red Guards.* Boston, MA : Brill, 2018.

Zheng, Yongnian. *Contemporary China : A History since 1978.* Wiley-Blackwell, 2014.

_____. *Globalization and State Transformation in China.* Cambridge University Press, 2004.

동아시아권 연구서
余汝信, 『香港 1967』, 香港 : 天地圖書, 2012.

李志綏, 『毛澤東私人醫生回憶錄』, 臺北：時報出版, 2015.

丁抒, 『陽謨：反右派運動始末』, 香港：開放雜誌社, 2007.

____, 「大規模迫害人民的'清理階級隊伍'運動」, 宋永毅主編 『文化大革命：歷史真相和集體記憶』(香港田園書屋, 2008)

中國人民解放軍國防大學[黨]史唐建政工教研室 編, 『文化大革命研究資料』 上冊 (北京：國防大學[圖書館, 1988])

何蜀, 『爲毛主席而戰：文革重慶大武鬪實錄』, 香港：三聯書店, 2010.

余汝信, 『香港, 1967』, 天地圖書, 2012.

劉冰, 『風雨歲月：清華大學：文化大革命憶實』, 清華大學出版社, 1998.

卜偉華, 『中華人民共和國史』「砸爛舊世界」：化大革命的動亂與浩劫(1966-1968)』, 香港：中文大學出版社, 2008.

吳法憲, 『吳法憲回憶錄』, 香港：北星出版社, 2008.

周倫左, 『文革造反派眞相』, 田園書屋出版社, 2006.

周良霄, 顧菊英 編著, 『十年文革大事記』, 新大陸出版社, 2008.

周鯨文, 『風暴十年：中國紅色政權的眞面貌』, 時代批評社, 1962.

季羨林, 『牛棚雜憶』, 北京：中國言實出版社, 2006.

孫怒濤 主編, 『眞話與懺悔：文革50周年清華校友討論集』, 香港：中國文化傳播出版社, 2018.

_____ 主編, 『良知的拷問：一個清華文革頭頭的心路曆程』, 香港：中國文化傳播出版社, 2013.

孫怒濤 主編, 『眞話與懺悔：文革50 周年清華校友討論集』, 中國文化傳播出版社, 2018.

宋永毅 主編, 『文革大屠殺』, 香港：開放雜誌社, 2002.

_____, 『從毛澤東的擁護者到他的反對派：文革中異端思潮文獻檔案』, 國史出版社, 2015.

_____ 主編, 『文化大革命：曆史眞相和集體記憶』, 香港：田園書屋, 2007.

_____ 主編, 『文革五十年：毛澤東遺產和當代中國』, 紐約：明鏡出版社, 2016.

席宣, 金春明, 『"文化大革命"簡史』, 中共黨史出版社, 2006.

徐友漁, 『形形色色的造反：紅衛兵精神素質及演變』, 香港中文大學出版社, 1999.

_____, 『直面曆史』, 北京：中國文聯出版社.

徐曉, 丁東, 徐友漁 編, 『遇羅克：遺作與回憶』, 北京：中國文聯出版公司, 1999.

徐海亮, 『武漢 720事件 實錄』, 香港：中国文化傳播出版社, 2017.

李遜, 『革命造反年代』, 香港：牛津大學出版社, 2015.

楊健, 『中國知青文學史』, 北京：中國工人出版社, 2002.

楊繼繩, 「道路, 理論, 制度：我對文化大革命的思考」, 記憶 Remembrance 第104期 (2013.11.30.), 2-23.

楊麗君 著, 趙曉靚 譯, 『文革中的公民權競爭與集體暴力』, 香港中文大學, 2019.

橙實 等 編著, 『文革笑料集』, 劍豪藏書, 2006.

毛澤東, 『建國以來毛澤東文稿』, 北京：中央文獻出版社, 1987-1996.

_____, 『毛澤東外交文選』, 北京：中央文獻出版社, 1994.

沈如槐, 『清華大學文革紀事：一個紅衛兵領袖的自述』, 香港：時代藝術出版社, 2004.

_____, 『清華大學文革紀事』, 香港：天地圖書, 2004.

熊景明, 宋永毅, 餘國良主編, 『中外學者談文革』, 香港：中文大學出版社.

王力, 『王力反思錄』, 香港：北星出版社, 2011.

王友琴, 『文革受難者』, 開放雜志出版社, 2019.

_____, 『文革受難者：關於迫害, 監禁與殺戮的尋訪實錄』, 開放雜誌出版社, 2004 (琴禮書屋, 2019).

王年一, 『大動亂的時代』, 鄭州：河南人民出版社, 1988.

王敏營, 『拂去歲月的風塵(*Sweeping Away the Dust of Time : My Seventy Years*)』, American Academic Press, 2018.

章德寧, 岳建一, 『中國知青情戀報告』, 光明日報出版社, 1998.

約翰 西西弗斯(John Sisyphus) 編纂, 『資深獄吏：康生與「文革」』(I)-(IV), 西西弗斯出版社, 2016.

紐約時報中文網 (cn.nytimes.com), 2016. 6. 7.：文革口述史：王光美憑什麼站着挨批鬥?"

聶元梓, 『我在文革漩渦中』, 香港：中國文革曆史出版社, 2018.

_____, 『聶元梓口述自傳』, 香港：時代國際出版有限公司, 2005.

葉永烈, 『陳伯達傳』, 四川人民出版社, 2016.

蒯大富, 『清華文革"五十天"』, 香港：中國文化傳播出版社, 2014.

蘇楊 著, 宋熙 譯, 『文革時期中國農村的集體殺戮』, 中文大學出版社, 2012.

譚合成, 『血的神話：公元1967年湖南道縣文革大屠殺紀實』, 香港：天行健出版社, 2010.

郝斌, 『流水何曾\洗是非：北大"牛棚"一角』, 臺北市：大塊文化出版, 2014.

郭德宏, 林小波, 『四清運動實錄』. 浙江人民出版社, 2005,

鄭義, 『紅色紀念碑』, 華視文化公司出版, 1993.

金春明, 『"文化大革命"史稿』, 成都：四川人民出版社, 1995.

金鍾 編, 遇羅克(1942-1970)：中國人權先驅(開放出版社, 2010).

錢庠理, 『中華人民共和國史 第5卷 歷史的變局：從挽救危機到反修防修, 1962-1965』(香港：香港中文大學, 2008).

陳益南, 『青春無痕：一個造反派工人的十年文革』, 香港：中文大學出版社, 2006.

陳曉文, "重慶紅衛兵墓地素描." 『百姓』(2004)(4) : 34-36.

高樹華, 陳鐵軍合著, 『內蒙文革風雷 : 一個造反派領袖的口述史』. 紐約 : 明鏡出版社, 2007.

高皋, 嚴家祺, 『文化大革命十年史 1966-1976』, 天津人民出版社, 1986.

高華, 『紅太陽是怎樣升起的 : 延安整風運動的來龍去脈』, 中文大學, 2000.

澤仁多吉 사진, 唯色 글, 『殺劫』, 臺北 : 大塊文化出版股份有限公司, 2016.

바바 기미히코, 『세계사 속의 중국 문화대혁명』, 장원철 옮김, AK커뮤니케이션즈, 2020.

송재윤, 『슬픈 중국 : 인민민주독재 1948-1964』, 서울 까치, 2020.

연구논문

"China : Draconian repression of Muslims in Xinjiang amounts to crimes against humanity," 10 June 2021, www.amnesty.org.

Andreas, Joel. "Battling over Political and Cultural Power during the Chinese Cultural Revolution." *Theory and Society* (2002) Vol. 31 : 463-519.

_____. "The Structure of Charismatic Mobilization : A Case Study of Rebellion During the Chinese Cultural Revolution." *American Sociological Review* (2007) Vol. 72 : 434-458.

Burton, Barry. "The Cultural Revolution's Ultra-left Conspiracy : The 'May 16 Group," *Asian Survey*, (1971) Vol. 11(11) : 1029-1053.

Chan, Anita, Rosen, Stanley and Unger, Jonathan. "Students and Class Warfare : The Social Roots of the Red Guard Conflict in Guangzhou (Canton)." The China Quarterly (1980) Vol.83 : 397-446.

Chan, Anita. 1992. "Dispelling Misconceptions about the Red Guard Movement : The Necessity to Re-Examine Cultural Revolution Factionalism and Periodization." *Journal of Contemporary China*, Volume 1, Issue 1, 61-85.

Chen, Jian. "China's Involvement in the Vietnam War, 1964-1969," *The China Quarterly* (1995) : 356-387.

Dmitri Ryabushkin, "Origins and consequences of the Soviet-Chinese border conflict of 1969," *Eager Eyes Fixed on Eurasia* (Sapporo, 2007) : 73-91

Dong, Guoqiang and Walder, Andew W. "Local Politics in the Chinese Cultural Revolution : Nanjing Under Military Control." *The Journal of Asian Studies* (2011) Vol. 70(2) : 425-447.

_____. "Factions in a Bureaucratic Setting : The Origins of Cultural Revolution in Nanjing." *The China Journal* (2001) 65 : 1-26.

_____. "Foreshocks : Local Origins of Nanjing's

Qinming Demonstrations of 1976." *The China Quarterly* (2014) Vol. 220 : 1092–1110.

Holland, Jeremy. "Narrative Fidelity to the Little Red Book in the Collective Action Framing Efforts of the Red Guard Movement : A Theoretical Model for Foundational Documents." *Discourse & Society* (2014) Vol. 25.3 : 383–401.

Honig, Emily. "Socialist Sex : The Cultural Revolution Revisited." *Modern China* (2003) Vol. 29 (2) : 143–175.

Hyer, Paul and Heaton, William. "The Cultural Revolution in Inner Mongolia." *The China Quarterly* (1968), No. 36 : 114–128.

Ip, Hung-Yok. "Fashioning Appearances : Feminine Beauty in Chinese Communist Revolutionary Culture." *Modern China* (2003) Vol.29 (3) : 329–361.

John D. Ciorciari. "China and the Pol Pot Regime," *Cold War History* Vol. 14-2 (2014) : 215–235.

Johnsong, Ian. "China's Hidden Massacres : An Interview with Tan Hecheng," *The New York Review* : January 13, 2017.

Lenin, Vladimir I. "Left-Wing Communism : An Infantile Disorder," (www.marxists.org).

Lester, David. "Suicide and the Chinese Cultural Revolution." *Archives of Suicide Research* (2005), Vol.9(1) : 99–104.

Lorenz M. Lüthi. "Restoring Chaos to History : Sino-Soviet-American Relations, 1969," *The China Quarterly* 210 (2012) : 378–397.

Melvin Gurtov. "The Foreign Ministry and Foreign Affairs during the Cultural Revolution," *The China Quarterly*, no. 40 (1969) : 65–102.

Nixon, Richard M. "Asia After Vietnam." *Foreign Affairs*, (1967) Vol. 46 (1) : 111–125.

Paul Jakov Smith. "Anatomies of Reform : The Qingli-Era Reforms of Fan Zhongyan and the New Policies of Wang Anshi Compared." Patricia Buckley Ebrey and Smith, eds., *State Power in China, 900–1325*. Seattle : University of Washington Press, 2016 : 153–91.

Priscilla Roberts, et al., "Mao, Khrushchev, and China's Split with the USSR : Perspectives on The Sino-Soviet Split." *Journal of Cold War Studies* (2010) 12(1) : 120–165.

Robinson, Thomas W. "The Wuhan Incident : Local Strife and Provincial Rebellion during the Cultural Revolution." *The China Quarterly* (1971) Vol. 47 : 413–438.

Schoenhals, Michael. "Mao Zedong : Speeches at the 1957 'Moscow Conference,'" *Journal of Communist Studies*, Vol.2, Issue 2 (1986) : 109–126.

Song, Yongyi. "Chronology of Mass Killings during the Chinese Cultural Revolution

(1966-1976)." *Mass Violence and Resistance : Research Network*, 9.

Sutton, Donald S. "Consuming Counterrevolution : The Ritual and Culture of Cannibalism in Wuxuan, Guangxi, China, May to July 1968." *Comparative Studies in Society and History* (1995) Vol. 37(1) : 136-172.

Tsai, Wen-hui. "Mass Mobilization Campaigns in Mao's China." *American Journal of Chinese Studies* (1999). Vol. 6(1) : 21-48.

Unger, Jonathan. "The Cultural Revolution at the Grass Roots." *The China Journal* (2007) Vol. 57 : 109-137.

Walder, Andrew G. "Tan Lifu : A 'Reactionary' Red Guard in Historical Perspective." *The China Quarterly* (2004) Vol. 180 : 965-988.

_____. and Su, Yang Su. "The Cultural Revolution in the Countryside : Scope, Timing and Human Impact," *The China Quarterly* (2003) Vol. 173 : 74-99.

Walder, Andrew. "Factional Conflict at Beijing University, 1966-1968." China Quarterly (2006) Vol. 188(I) : 1023-1047.

_____. "Rebellion and Repression in China, 1966-1971," *Social Science History*, Vol. 38, no. 3-4 (2014) : 513-539.

Wang, Aihe. "Wuming : an Underground Art Group during the Cultural Revolution." *Journal of Modern Chinese History* (2009) Vol.3(2) : 183-199.

Wang, Shaoguang. "The Wuhan Incident Revisited," *The Chinese Historical Review*, Vol. 13 (Fall 2006) : 241-270.

Wang, Youqin. "Finding a Place for the Victims : The Problem in riting the History of the Cultural Revolution." *China Perspectives* [Online], 2007/4.

_____. "Student Attacks Against Teachers : The Revolution of 1966." Issues & Studies (2001) Vol. 37(2) : 29-79.

William R. Jankowiak. "The Last Hurrah? Political Protest in Inner Mongolia," *The Australian Journal of Chinese Affairs* (1988), No. 19 : 269-288, 274.

Worth, Heather, et al., "Under the Same Quilt : Paradoxes of Sex between Men in the Cultural Revolution," *Homosex* (2017) Vol. 64(1) : 61-74.

Yang, Haiying. "The Truth about the Mongolian Genocide during the Cultural Revolution," アジア研究, 別冊 6 (2017) : 1-76.

Yang, Wenqi and Yan, Fei. "The annihilation of femininity in Mao's China : Gender inequality of sent-down youth during the Cultural Revolution," *China Information* (2017) Vol. 31(1) : 68-83.

Yen-lin Chung. "The Witch-hunting Vanguard : The Central Secretariat's Roles and Activities in the Anti-Rightist Campaign," *The China Quarterly* (2011) Vol. 206 : 391-411,

Yong Chen and Bu-fen Hu. "On the Publicity Channels of Red Star over China and Their Impact," *International Conference on Humanities and Social Sciences* (HSS 2016)

Yongyi Song. "Chronology of Mass Killings during the Chinese Cultural Revolution (1966-1976)," *Mass Violence and Resistance : Research Network*, 9.

Zhang, Everett Yuehong. "Rethinking Sexual Repression in Maoist China : Ideology, Structure and the Ownership of the Body," *Body & Society* (2005) Vol. 11(3) : 1-25.

Zhang, Tony Huiquan. "The Rise of the Princelings in China : Career Advantages and Collective Elite Reproduction," *Journal of East Asian Studies* (2019) Vol. 19 : 169-196.

『新京報』2014년 1월 13일 자, "베이징 사범대학 부속 여중 문혁에 참가한 학생의 사죄".

宋永毅, 「廣西文革絶密檔案中的大屠殺和性暴力」, 『文革博物館通訊』(905) : 華夏文摘增刊 第1073期, 2017. 4. 3.

鄧微達, 「文革期間高考的廢除及其危害」, 『教育與高試』2017年 1期 : 9-13.

周康, 「"文革"埋禍 : 駭人聽聞的云南"沙甸慘事案"」, 『炎黃春秋』 7期 (2007).

____, 「骇人听闻的云南沙甸惨案」, 『炎黃春秋』(2007)7 : 61-63.

黃瑤, 「澤東爲何把「五, 七指示」寫給林彪」, 『炎黃春秋』 2003年第9期.

唐少杰, "清華大学文化大革命'的一首斷魂曲", https://www.aisixiang.com/data/107 11.html.

謝泳, 「1949-1976年間中國知識分子及其它階層的自殺問題」, 『當代中國研究』, (2001) 第3期.

丁抒, 「風雨如磐的日子 : 1970 年的一打三反運動」, 『華夏文摘』, 343(2003),

白介夫, 「我與蕭光琰的苦澀友誼」, 『炎黃春秋』7期, 2005.

鄧禮峰, 「"三支兩軍"論述」, 『當代中國史研究』 8.6(2001), 39-52.

戚本禹, 「評李秀成自述 : 并同羅爾綱, 梁岵廬, 呂集義 等先生商榷」, 『歷史研究』 第4期 (1963) : 27-42.

_____, 「怎樣對待李秀成的投行變節行爲?」, 『歷史研究』 第4期(1964) : 1-20.

http://digitalarchive.wilsoncenter.org/document/117302, 윌슨센터 디지털 아카이브.

인명 색인